창계집

한국고전번역원 한국문집번역총서

창계집 5

滄溪集

임영 지음
林泳

변구일 옮김
정동화
홍기은

일러두기

1. 이 책의 번역 대본은 한국고전번역원에서 간행한 한국문집총간 159집 소재《창계집(滄溪集)》으로 하였다. 번역 대본의 원문 텍스트와 원문 이미지는 한국고전종합DB(http://db.itkc.or.kr)에서 확인할 수 있다.
2. 내용이 간단한 역주는 간주(間註)로, 긴 역주는 각주(脚註)로 처리하였다.
3. 한자는 필요한 경우 이해를 돕기 위하여 넣었으며, 운문(韻文)은 원문을 병기하였다.
4. 맞춤법과 띄어쓰기는 한글 맞춤법과 표준어 규정을 따랐다.
5. 이 책에서 사용한 부호는 다음과 같다.
   - : : 제시어와 내용 사이에, 각주에서 각주 표제어와 내용을 구분할 때 사용한다.
   - ( ) : 번역문과 음이 같은 한자, 이두, 외국어를 묶어서 보일 때 사용한다.
   - 〔 〕: 번역문과 뜻은 같으나 음이 다른 한자를 묶어서 보일 때 사용한다.
   - " " : 글 안에서 대화를 표시할 때, 남의 말이나 서책 또는 시문 등의 문장을 인용할 때 사용한다.
   - ' ' : " " 안의 재인용, 강조 부분을 나타낼 때 사용한다.
   - 「 」: ' ' 안의 재인용을 나타낼 때 사용한다.
   - 『 』: 「 」 안의 재인용을 나타낼 때 사용한다.
   - 《 》: 책명 및 각주의 전거(典據)를 나타낼 때 사용한다.
   - 〈 〉: 편명, 작품명, 논문 제목을 나타낼 때 사용한다.
   - ~ : 인명의 생년과 몰년 사이에 사용한다.
   - …… : 번역문에서 원문의 '云云'을 처리할 때, 각주에서 긴 인용문을 처리할 때, 각주 표제어가 네 어절 이상일 경우 생략되는 말을 처리할 때 사용한다.
   - - - : 본문에서 소자(小字) 원문 주(註)의 처음과 끝에 사용한다.
   - □ : 원문의 글자가 빠진 빈 난을 표기하거나, '결락과 판독 불가 글자에 대한 지침'에 따라 번역할 때 사용한다.

차례

창계집 제15권

서書

창계집 제16권

교서 教書

전 箋

제문 祭文

기 記

서 序

발 跋

잡저 雜著

상량문 上樑文

창계집 제17권

묘문 墓文

창계집 제18권

창계집

제15권

書서

서 書

조장경[1] 형기 에게 답함

答趙長卿 亨期

뜻밖에 특별히 사람을 시켜 보내온 편지를 받고서 근래 혹심한 무더위에 정사를 보는 체후가 좋으심을 알았으니, 우러러 위안이 되는 저의 간절한 마음 금할 길 없습니다. 보내 주신 편지의 자세한 말씀을 통해 관직을 맡아 공무가 바쁜 와중에도 자신을 돌이켜 보아 스스로 반성하는 공부를 그만두지 않는다는 것을 족히 알 수 있으니, 저로 하여금 찬탄하고 우러르게 합니다. 다만 마음이 사욕에 덮여 황폐하게 되어 자탄하고 상심한다는 말씀은 평소 눈썹을 치켜뜨고 기염을 토하며 우쭐하게 세상을 내려 보고 큰소리를 치시던 기상과는 전혀 다르니, 어쩌면 또한 새로이 마음이 나약해지고 지난날에 용맹했음을 서글퍼한다던 한자(韓子)의 뜻[2]이 있는 것인지요? 만약 이로부터 더욱더 겸양하고

1 조장경(趙長卿) : 장경은 조형기(趙亨期, 1641~1699)의 자(字)이다. 본관은 임천(林川), 호는 신재(新齋)이다. 부친은 조시형(趙時馨)이다. 1680년(숙종6) 별시 문과에 장원으로 급제하여 지평, 장령, 경상도 관찰사, 호조 참판 등을 역임하였다. 창계의 외종숙이다.

2 새로이……뜻 : 한자(韓子)는 당(唐)나라 때 문인 한유(韓愈)로, 그의 문집인 《창

자신을 단속하여 분잡하고 달뜬 생각을 다 제거하고 간경(簡敬)한 법도를 수렴해 들인다면 신심(身心)에 반드시 크게 보탬이 있을 것이고, 이를 미루어 세상일에 응수(應酬)한다면 어디서나 그 힘을 얻게 될 것이니, 어찌 좋은 소식이 아니겠습니까.

저는 슬픔과 질병으로 모든 일을 방치하고 있지만 그래도 몹시 쓸쓸하고 담박하게 지내는 생활 속에 내면을 돌이켜 볼 생각이 없지 않습니다. 저는 나이 열여덟아홉일 적에 양심의 발현에 대한 고인의 절실한 말씀을 읽은 것을 계기로 제 생각으로 헤아리고 더듬는 중에 본성의 그림자나마 언뜻 엿보고서[3] 실로 이에 종사하려는 뜻이 있었습니다. 그렇지만 소견(所見)이 아직 진실하지 못하여 독실하게 믿고 힘써 미루어 나가지 못한 나머지 결국 외물에 유혹되고 시속에 이끌려 어둠 속을 헤매고 갈팡질팡 내달리다가 홀연 반평생을 보냈습니다. 그러하기에 지금 비록 끊어진 정학(正學)의 단서를 다시 찾고자 하지만 나이

려집(昌黎集)》 권1 〈추회시(秋懷詩)〉 11수 가운데 다섯 번째 시에 "벼슬에서 물러나니 새로이 마음 나약해지고, 명리 좇아 벼슬하던 지난날에 용맹했음을 서글퍼하네.〔斂退就新懦, 趨營悼前猛.〕"라고 한 데서 온 말이다.

3 저는……엿보고서 : 창계는 박세채(朴世采)에게 보낸 편지에서 "18세 때에 비로소 《주자대전》을 보고서 어렴풋이 의혹스러운 가운데서도 더욱더 감격하여 마침내 스스로 몇 달 동안 전일한 마음으로 잠심하고 완미하여 심성정의의 개념과 인의예지의 의미에서부터 학문의 첩경과 사업의 본말에 이르기까지 책에 실려 있는 것들을 모두 다 마음으로 미루어 징험하여 밤낮으로 구하였습니다.〔十八, 始見朱子大全, 怳惑之中, 采增感激, 遂自一意潛玩累月, 自心性情意之名目, 仁義禮智之意味, 以至學問蹊逕, 事業本末, 凡載於書者, 悉心推驗, 早夜以求.〕"라고도 하였다. 《滄溪集 卷6 答玄江》 한편 '고인의 말씀'은 주희(朱熹)의 말로, 주희가 장식(張栻)에게 보낸 편지 등에서 양심의 발현에 대해 논한 것을 가리킨다.

와 역량을 스스로 헤아려 보건대 다시 어찌해 볼 수 없을 듯합니다. 이 때문에 서글퍼서 낮이나 밤이나 마음이 편치 않습니다.

보내 주신 중숙부님[4]의 편지는 삼가 잘 받았습니다. 보내온 편지에서 말씀하신 것은 이미 은연중에 숙부님의 말씀과 서로 부합한 듯하니, 참으로 이른바 '형과 아우가 절로 지기(知己)가 된다.'[5]라는 경우입니다. 저 같은 자는 바로 보내온 편지에서 한스러워하신 '견해와 믿음이 부족한' 자입니다. 지금 이 인편을 통해 답장을 올리려고 하지만 숙부님께서 하신 말씀의 뜻을 다 알지 못하고서 가벼이 쟁변을 벌이는 것은 진실한 마음으로 유익함을 구하는 방도가 아닐 것입니다. 그러므로 다시 마음을 비우고 여러 번 반복하여 생각해 보고 또 고금의 일들을 참고하고 증험해서 그 잘잘못을 실제로 알고 난 뒤에 가부를 결정하고자 하니 저를 위해 이러한 뜻을 다 전해 주시기 바랍니다.

저는 내달 초에 성묘하러 길을 나서려고 하니 늦가을에나 돌아올

4 중숙부님 : 조형기의 셋째 형 조성기(趙聖期)를 가리키는 듯하다. 창계는 외종숙 조성기, 조창기(趙昌期)와 편지를 주고받았는데 《창계집》에는 각각 28편, 3편이 수록되어 있다. 수록 편수의 차이에서도 알 수 있듯이 창계는 특히 조성기와 학문에 대한 견해 차이로 격렬한 토론을 전개하였는데 조형기 역시 조성기와 학문적 입장이 비슷했던 듯하다. 《滄溪集 卷10》

5 형과……된다 : 당(唐)나라 때 한유(韓愈)가 동계(董溪)라는 사람을 위해 지은 묘지명(墓誌銘)에 "동계의 부친인 태사가 그를 어질게 여기고 아껴 아버지와 아들이 절로 지기가 되니 다른 아들들이 비록 어질더라도 감히 그를 넘볼 수가 없었다.〔太師賢而愛之, 父子間自爲知己, 諸子雖賢, 莫敢望之.〕"라고 하여 마음과 지향을 함께하는 부자 관계를 말한 데서 온 것인데, 후대에는 형제, 구생(舅甥) 등 혈연이나 인척 관계로도 확장되어, 벗은 아니지만 서로 마음을 허여하고 의기가 투합하는 사귐을 이렇게 표현하였다. 《韓昌黎集 卷29 唐故朝散大夫商州刺史除名徙封州董府君墓誌銘》

듯합니다. 만약 그 전에 미처 답장을 올리지 못하면 더 지체될 듯하여 이러한 뜻을 아울러 말씀드리지 않을 수 없습니다. 병든 몸을 애써 일으켜 이 글을 쓰느라 마음에 담아 둔 말을 다 올리지 못합니다.

조장경에게 드림

與趙長卿

근일 따뜻한 봄 날씨에 어버이 모시는 체후가 더욱 좋으실 것이라 삼가 생각됩니다. 저는 집에 틀어박혀 어버이를 곁에서 모시면서 다행히 그럭저럭 지내고 있습니다. 다만 학업은 진전되지 않으면서 나이는 점점 많아지니 심히 근심스럽고 부끄러울 따름입니다. 근래 마 복파(馬伏波)가 형의 아들을 경계하는 글[6]을 보았는데 그 말이 노성하고 간절하였습니다. 재기(才氣)가 있으면서 쉽게 외부로 내달리는 후생들에게 이 글을 읽게 한다면 병통을 치료하는 약이 되기에 딱 좋을 것입니다. 모르겠습니다만 숙부께서는 평소 이 글을 보면서 어떻게 생각하셨는지요? 제 생각에 숙부께서 만약 여기에 마음을 비우고 세밀히 생각하여 겸손히 받아들여 가슴에 새긴다면 몸을 단속하고 덕을 기르며 세상에 처신하고 타인을 대하는 데 반드시 큰 진전이 있을 것이니 작은 보탬이 될 뿐만이 아닐 것입니다. 제가 중숙부와 종유한 지 이미 오래된지라 숙부에 대해 아끼고 바라는 마음이 절로 간절하기에 경솔하게 이렇게 말씀드리니 부디 허물하지 말고 깊이 살펴 주시기 바랍니다.

6 마 복파(馬伏波)가……글 : 후한(後漢) 때 복파장군(伏波將軍)을 지낸 마원(馬援)이, 남을 비평하기를 좋아하고 경박한 유협(遊俠)들과 사귀던 조카 마엄(馬嚴)과 마돈(馬敦)에게 호협(豪俠)한 두보(杜保)를 본받지 말고 신중(愼重)한 용술(龍述)을 본받으며 입을 조심하라고 간절한 어조로 경계한 편지를 말한다. 《後漢書 卷24 馬援列傳》《小學集註 卷5 嘉言》

조자직[7] 상우 에게 드림 정묘년(1687, 숙종13)

與趙子直 相愚 丁卯

추위가 갑자기 매서워진 요즘 상중(喪中)[8]에 어버이 모시는 체후를 신(神)이 도와 잘 견디고 계시리라 삼가 생각합니다만 근심스럽고 그리워하는 제 마음 조금도 그칠 수가 없습니다. 호곡(號哭)하고 사모(思慕)하며 적막하게 지내느라 다시 털끝만큼의 다른 생각이 없으리라 아울러 삼가 생각하고 있습니다. 모르겠지만 예전에 배운 것을 온습(溫習)하면서 심의(心意)가 어떠하신지요? 제가 주자(朱子)께서 상중에 계실 적에 유공보(劉共甫)에게 준 편지를 읽어 보니, "지난날의 학문이 몹시 엉성한데 이런 상태로 위로 성현(聖賢)을 바라고 아래로 속진(俗塵)을 벗어나려고 하니 또한 이미 어려운 일이다."[9]라고 스스로 말씀하셨습니다. 이는 본래 성대한 덕이 있는 주자께서 스스로 겸양으로 하신 말씀이니 또한 그 담박하고 적막한 생활 속에서 공부가 더우더 정밀하고 전일해져서 지난날의 학문이 아직도 엉성한 데서 벗어나지 못하였

7 조자직(趙子直) : 자직은 조상우(趙相愚, 1640~1718)의 자이다. 본관은 풍양(豐壤), 호는 동강(東岡), 시호는 효헌(孝憲)이다. 부친은 예조 판서를 지낸 조형(趙珩)이다. 이경석(李景奭)의 제자이며, 1657년(효종8) 사마시에 입격한 뒤 송준길(宋浚吉)의 문인이 되었다. 연천 현감(漣川縣監), 동부승지, 대사성, 대사헌, 이조 판서, 우의정 등을 역임하였다. 남평(南平)의 용강사(龍岡祠)에 제향되었다.

8 상중(喪中) : 조상우의 모친은 사천 목씨(泗川睦氏)로 목장흠(睦長欽)의 딸인데, 이해에 연로하여 세상을 떠났다.

9 지난날의……일이다 : 《회암집(晦庵集)》 별집 권2 〈유공보(劉共甫)〉에 나온다.

음을 깨달은 것임을 상상할 수 있습니다.

상중에 있는 당신 같은 이는 평소 또한 오늘날의 이른바 학문하는 선비이니 삼가 헤아리건대 위로 성현을 바라고 아래로 속진을 벗어나려는 뜻이 반드시 작지 않을 것입니다. 다만 이른바 학문이라는 것이 참으로 늘 엉성한 데 대한 한스러움이 있을 수밖에 없는 법이니 바로 오늘 깊이 스스로 반성해 보면 반드시 마음에 화들짝 놀라 감발(感發)하는 단서가 없지 않을 것입니다. 또 이를 계기로 타성(惰性)을 벗어던지고 몸소 학문을 담당하여 앞으로 나아간다면 이로부터는 참으로 토론할 점들이 있을 것이니, 모르겠습니다만 당신께서는 저의 이 말을 어떻게 생각하시는지요?

저는 떠돌아다니고 황폐해져서 알고 지내는 벗들과 인사를 왕래하는 것조차 뜸해진 지 오래되었으니 어찌 관례를 따라 타인을 권면하는 말을 할 만한 심정이겠습니까. 다만 당신을 사모하는 마음이 깊은 데다 조카께서 돌아가는 길에 저를 방문하여 주었기에 문득 편지를 쓰고 아울러 이러한 충정(忠情)을 바치려는 뜻을 말씀드립니다. 올리는 말은 비록 미진하지만 제 뜻은 범범하지 않으니 진실로 유의하여 살펴보신다면 매우 좋겠습니다, 매우 좋겠습니다. 그렇지만 제 자신을 내버려두고 남을 책망하는 것이 또한 어찌 작은 병통이겠습니까. 또 깊이 스스로 두려워합니다.

조 양양[10] 종저 에게 답함
答趙襄陽 宗著

사또께서 어찌 바닷가에서 지내고 있는 한 쓸데없는 사내를 기억하여 이처럼 다정하게 서찰을 보내 안부를 물으신단 말입니까. 저로 하여금 감동하고 부끄럽게 합니다. 양양이 비록 영해(嶺海)[11] 사이의 한 신선 땅이라고 일컬어지지만 수토(水土)가 다 좋지는 못하다고 들었습니다. 게다가 공무와 책임도 본래 있으니 질병을 요양할 만한 지역이라고 말할 수 없음은 참으로 그러합니다. 그렇지만 힘들게 도성에서 벼슬살이하며 앞으로 이익에 유혹되고 가난에 쪼들리는 폐해가 있고 뒤로 시끄러운 구설에 휘말리는 고통이 있는 것보다는 또한 훨씬 낫습니다. 더구나 흉금을 넓히고 기상을 완미할 수 있는 동해와 설악산이라는 높고 기이하며 광활한 경관이 있으니 잘 관찰하는 자라면 이를 통해 마음에 자득하면 될 것이고 그다음 수준의 사람 또한 문장 짓는 데 도움은 될 것입니다. 그러하니 사또께서 그곳에서 지내는 것이 어찌 즐겁지 않으시겠습니까. 병들기도 하고 재액을 당하기도 한 도성의

10 조 양양(趙襄陽) : 양양은 조종저(趙宗著, 1631~1690)가 부사(府使)를 지낸 곳이다. 본관은 한양(漢陽), 자는 경숙(褧叔), 호는 간재(艮齋)・남악(南岳)이다. 1660년(현종1) 성균관에 입학하였고, 1669년 동몽교관(童蒙教官)이 되었다. 1672년 별시 문과에 급제하여 정언, 지평, 회양 부사(淮陽府使) 등을 역임하였다. 저서로 《남악집》이 있다.

11 영해(嶺海) : 본래 중국에서 오령(五嶺)의 남쪽, 근해(近海)의 변지(邊地)로 대표적인 유배지를 가리키는데, 여기서는 우리나라의 영동(嶺東) 지방을 가리킨다.

벗들은 모두 염려할 만합니다. 그렇지만 시운(時運)이 이러하니 어찌 하겠습니까. 오직 강호에서 서로 잊고 지내야 할 것입니다.[12]

12 강호에서……것입니다 : 《장자(莊子)》 〈대종사(大宗師)〉에 "샘물이 말라 물고기들이 물에 있으면서, 입 안의 습기로써 서로 불어 주고 거품으로써 서로 적셔 주는 것이 강호에서 서로 잊고 사는 것만 못하다.〔泉涸, 魚相與處於陸, 相呴以濕, 相濡以沫, 不如相忘於江湖.〕"라고 한 데서 온 말로, 조정의 일들을 잊고 초야에서 유유자적하며 지내야 할 것이라는 뜻이다.

이 감사[13] 세화 에게 드림

與李監司 世華

부모님을 다 여의는 재앙을 받고 남은 목숨이 평범한 사람에 비할 수 없는데도 문득 대감께 안부를 여쭙는 것은 참으로 또한 감히 편안히 있을 수 없는 점이 있어서입니다. 지난해 제 아우에게 보낸 편지를 통해서 말씀을 전하며 안부를 묻고 왕래하는 수령을 통해서 매번 저를 염려하는 정의(情誼)를 전해 주셨습니다. 본래 제가 뒤늦게 태어나 곤궁하게 칩거하여 일찍이 하루의 교분(交分)도 없는데 이렇게까지 두터이 돌봐 주시는 은혜를 입고 보니 경도되고 감사하는 제 마음이 심상하게 자주 얼굴을 마주하는 사이보다 더욱더 깊고 간절합니다. 그런데 지금 또 저의 간절한 속뜻을 우러러 하소연하지 않을 수 없는 점이 있으니, 어찌 상례(常禮)로 제 자신을 구속하고서 끝내 근심하며 침묵하고만 있을 수 있겠습니까.

전일에 본읍(本邑 용담(龍潭))에서 곡식을 바꾸어 주신 일은 이미 대감의 은혜를 입었습니다만 근래 진안(鎭安)으로 이사하려고 하여 새 집을 짓는데 형편이 더욱 어려웠습니다. 그래서 바닷가 고향에서 바꾸고 남은 곡식을 진안에서 바꿔 주시기를 다시 청하려고 하였는데 자주

13 이 감사(李監司) : 이 당시 전라도 관찰사로 있었던 이세화(李世華, 1630~1701)를 가리킨다. 이세화의 본관은 부평(富平), 자는 군실(君實), 호는 쌍백당(雙柏堂)·칠정(七井), 시호는 충숙(忠肅)이다. 1657년(효종8) 식년 문과에 병과로 급제하였다. 정언, 장령, 육조(六曹)의 판서를 두루 역임하였다. 저서로 《쌍백당집》이 있다.

번거롭게 해 드리는 것이 두려웠기에 문득 수령이 대감을 뵙는 계제에 이런 사정을 전달해 말씀드려 주기를 바랐습니다. 이 또한 대감께서 저를 염려해 주시는 마음을 우러러 믿어서였습니다. 하지만 다른 사람을 통해 말을 전달하는 것은 본뜻을 왜곡하기 쉽기에 결국에는 대감께서 지나치게 신경 쓰고 시급하게 염려하여 본읍의 포부(逋負)를 탕감해 주는 명령을 내리시게까지 하였습니다. 이는 제가 처음 바랄 때 감히 생각했던 뜻도 아니고 또한 제 미천한 분의(分義)에 감히 편안히 여길 수 있는 것도 아닙니다.

평소 청렴하고 신중함이 남보다 뛰어난 대감께서 관청의 곡식을 특별히 덜어 준 것이 한두 섬이 아니었으니 이는 저를 염려해 주시는 지극한 마음인지라 참으로 또한 감사드릴 만합니다. 다만 생각건대 본읍의 포흠(逋欠)은 본래 가을걷이를 기다려 갖추어 납부할 수 있고 곤궁한 제 집의 형편으로 보자면 아직 바꿀 수 있는 남은 곡식이 있습니다. 이러한데도 대번에 큰 은혜를 받으면 비단 비천한 제 마음이 편안하지 못할 뿐만 아니라 또한 법도를 지키고 공정함을 다하시는 대감의 평소 규범에 어긋남이 있게 될까 염려됩니다. 반복하여 생각해 보다가 끝내 우러러 전후의 곡절을 말씀드리고 그만두기를 청하지 않을 수 없으니 부디 굽어살펴 첩문(帖文)을 환수해 주시기 바랍니다. 그리고 환곡 정장(換穀呈狀)을 살펴보고 아울러 시혜를 내려 주기를 바라니 이렇게 해 주신다면 공사(公私) 간에 모두 적절할 것이고 대감께 또한 큰 은혜를 받는 것이 될 것입니다. 모르겠습니다만 어떻게 생각하시는지요? 참람되고 경솔하게 이렇게 말씀드리니 몹시 두렵습니다.

조상보[14] 의징 에게 답함
答趙祥甫 儀徵

형과 오랫동안 이별한 터라 몹시 그리워하면서도 제 성품이 편지 쓰는 것을 좋아하지 않아 아직껏 안부 한번 여쭙지 못했습니다. 그런데 지난달 중순쯤에 홀연 형께서 지난해 동짓달에 보내신 편지를 받아 보고 그 당시에 몹시 부끄럽고 감사했습니다. 그런데 그 뒤에 또 미적대면서 지금까지 답장을 드리지 못하였습니다. 그동안 부지런하지 못했던 죄를 저는 스스로 벗어날 수가 없으니 오직 형께서 용서해 주시는 데 달려 있을 따름입니다. 요사이 날씨가 점점 따스해지는데 형께서 어버이 모시면서 공부하는 체후가 더욱 좋으시리라 삼가 생각합니다.

저는 평소 식상증(食傷症)이 있었는데 근래 더욱 심해져서 전혀 책을 읽지 못하고 한가로이 아무 일도 없을 때면 매양 형의 편지를 펴 보면서 적적한 심사를 위로하고 있습니다. 그러다가 편지의 문장과 의리(義理)를 자세히 음미해 보니 문사(文詞)가 매우 아름답고 의론 역시 고상한지라 마치 다 실제로 터득한 데서 나오고 구차하게 공허한 말을 늘어놓은 것이 아닌 듯하였습니다. 여기에서 우리 벗께서 마음에 보존하고 있는 것이 참으로 엉성하지 않음을 볼 수 있으니 매우 기쁘고 매우 기쁩니다. 또 저를 하찮게 여기지 않고 지향(志向)이 서로 부합한

14 조상보(趙祥甫) : 상보는 조의징(趙儀徵, 1649~?)의 자이다. 본관은 한양(漢陽)이다. 1682년(숙종8) 증광시에 갑과로 급제하였다. 지평, 장령, 정언, 헌납, 승지 등을 역임하였다.

다고 인정해 주셨는데 스스로 생각해 볼 때 용렬한 제가 감히 감당할 수 있는 것이 아니었습니다. 그렇지만 제 뜻을 말씀드릴 것 같으면 또한 형의 생각과 아주 다르지는 않다고 스스로 여겼습니다. 근래 벗의 도리가 사라진 지 오래되었기에 제가 참으로 어리석고 천박한 자신을 헤아리지 않고 이 벗의 도리에 뜻을 두었습니다. 그렇지만 괴로이도 저와 뜻이 같은 이를 아직 만나지 못하여 종종 이에 대해 말하고는 그저 스스로 후회할 뿐이었습니다. 그런데 지금 무슨 행운으로 우리 형을 만나게 된 것인지요. 이제부터 각자 면려하여 그 실제 잘못을 비판하고 그 진실한 비판을 받아들이는 데 힘써야 할 것이니 이렇게 하면 곁에서 서로 이끌어 주며 군자의 경지에 같이 들어갈 수 있을 것입니다. 이렇게 된다면 참으로 다행이겠습니다. 참으로 다행이겠습니다.

보내온 편지에서 과거(科擧)의 득실에 마음을 동요함이 없게 하라고 경계하고 몸소 힘써 실천하라고 권면하신 것은 그 말씀이 절실하여 모두 제가 가진 단점에 적중하니 제가 받은 은혜가 참으로 큽니다. 저는 근래 서너 해 동안 문을 닫고 집에 틀어박혀 세상만사에 대해 이미 마음을 끊어 버려서 어느 날 세상 속으로 발을 들여놓더라도 제 마음은 그리 동요되지 않을 것이라고 스스로 여겼습니다. 그런데 지난해 부친의 명령에 쫓겨 다시 과거에 뜻을 두었는데 속으로 혼자 성찰할 때 실제로 득실에 대해 동요함이 없을 수가 없었습니다. 참으로 이른바 '어느 날 싹터 움직이면 다시 처음과 같다.'[15]라고 한 경우이기에 진정

15 어느……같다 : 정호(程顥)가 16, 7세 때에 사냥을 좋아했는데, 얼마 뒤에 스스로 사냥을 좋아하는 마음이 없어졌다고 자신하자 주돈이(周敦頤)가 "어찌 그리 말을 쉽게

스스로 부끄럽고 격분하여 극복하려는 마음 간절하였는데 마침 형께서 이에 대해 말씀해 주시니 더욱 화들짝 놀라게 되었습니다.

다만 이러한 일은 반드시 도리의 큰 곳에서 실제로 터득한 바가 있어야 비로소 자연스럽게 놓아 버릴 수 있는 것입니다. 그렇지 않고 한갓 억지로 제재하려고 하면 끝내 제대로 되지 않을 것입니다. 이것이 옛사람들이 궁리(窮理)를 중요하게 여긴 까닭으로 매우 절실하고 매우 긴급한 공부가 됩니다. 이른바 궁리라는 것은 오로지 해박하기를 힘쓰는 것만을 말하는 것이 아닙니다. 그 힘쓰는 부분을 논해 보자면 반드시 먼저 일상과 인륜, 신심(身心)과 성정(性情)의 사이에서 구해야 하는 것이고 그 공부의 목표를 논해 보자면 반드시 환하게 의심이 없고 진실하게 알고 실제로 터득함을 급무로 삼아야 하는 것입니다. 이와 같이 공부를 쌓아 나가다 보면 한 가지 이치를 밝히고 나서 한 가지 선(善)을 소유할 수 있게 되고 만 가지 이치를 통달하고 나서 만 가지 선을 절로 갖추게 될 것입니다. 세상에서 이른바 '알기만 하고 행하지 못한다.'라고 하는 것은 실제로 일찍이 안 적이 없는 것입니다. 그렇지만 이치를 궁구하고자 한다면〔窮理〕 또한 반드시 힘써 행해야 하니〔力行〕 그래야 의거하는 바가 있어 그 앎을 진전시킬 수 있습니다. 그리고 이치를 궁구하고 나서는 또 반드시 힘써 행해야 궁구하는 이치가 비로소 내 소유가 되는 것입니다. 저의 뜻은 또한 궁리와 역행 둘 다 공부해야

하는가. 단지 그 마음이 숨어서 드러나지 않는 것일 뿐이니 어느 날 싹터 움직이면 다시 예전과 같을 것이네.〔何言之易也? 但此心潛隱未發, 一日萌動, 復如前矣.〕"라고 하였다. 과연 정호가 12년 뒤에 들에서 사냥하는 것을 보고 자신도 모르게 기뻐하는 마음이 생기자, 그제야 그 마음이 완전히 없어진 것이 아님을 알았다고 한다. 《二程遺書 卷7》《近思錄 卷5 克治》

한다고 말하는 것이지 한쪽을 폐기해도 된다고 말하는 것이 아닙니다. 그런데 지금 형께서 말하는 공부는 단지 실천하는 데만 있고 격물치지(格物致知)하는 데는 있지 않으니 형 자신의 뜻에 치우침이 없지 않으므로 남에게 말하는 것 역시 이러하신 듯합니다. 그런대로 다시 이렇게 말씀드리니, 모르겠습니다만 형께서는 어떻게 생각하시는지요?

대체로 학문을 하는 것은 그 앎이 넉넉하고 행함이 부족하기보다는 차라리 행함이 넉넉하고 앎이 부족함만 못합니다. 그렇지만 반드시 기질을 크게 변화시켜 성인이 되고 현인이 되고자 한다면 반드시 궁리의 영역에서 크게 공부를 해야지만 비로소 인욕의 찌꺼기가 절로 사라져서 행하는 것이 천리(天理) 아닌 것이 없게 됩니다. 이러한 지위에 이르게 되어서야 비로소 학문을 한 효험이 있는 것입니다. 후세의 배우는 자들은 이러한 공부가 없는 경우가 많습니다. 그래서 일생 동안 기질에 구속됨을 면치 못하여 그 굳센 자는 비록 몸을 검속하는 데 주밀(周密)하고 부지런한 자는 비록 독서하는 데 힘쓰지만 끝내 성현의 경지에 함께 들어가지 못하는 것이니 뜻이 있는 선비라면 깊이 생각하고 스스로 힘써야 할 것입니다. 당시의 벗들에게 근래 오랫동안 안부를 묻지 못하였는데 훗날 만약 서찰을 왕복하게 된다면 한번 이러한 제 뜻을 말하겠다고 생각하였습니다. 그렇지만 제 자신이 미치지 못하는 일을 대번에 남에게 요구하는 일이기에 부끄러운 마음 없지 않습니다. 그래서 매번 편지를 쓸 적이면 겸연쩍어 감히 말하지 못하였습니다. 이는, 자신에게 있은 뒤에 남에게 구하는 것은 이치가 마땅히 이러할 뿐만 아니라 또한 인정이 그러하지 않을 수 없음을 알기 때문입니다.

형의 집의 풍광이 아름답다고 하는 말을 듣고는 저도 모르게 마음이 그쪽으로 내달렸습니다. 다만 남악(南嶽), 운곡(雲谷)과 비슷하다고 말씀하신 것은 너무 지나치지 않습니까.[16] 이러한 말은 고원(高遠)한 것을 좋아하면서 실질이 없는 데 가까우니 이제부터 제거한다면 또한 수사(修辭)의 한 가지 일일 것입니다.[17]

16 남악(南嶽)……않습니까 : 남악은 중국의 오악(五嶽) 가운데 하나인 호남성(湖南省)에 있는 형산(衡山)으로, 주희(朱熹)가 장식(張栻)과 함께 이곳을 유람하면서 서로 수창한 시들을 모아 《남악창수집(南嶽唱酬集)》을 편찬한 고사가 있다. 운곡(雲谷)은 복건성(福建省) 건양현(建陽縣) 서북 70리에 있는 노산(蘆山)의 정상에 주희가 회암(晦庵)이라고 명명한 초당(草堂)을 지은 곳으로, 여러 봉우리가 둘러 있고 가운데가 패인 분지인데, 맑은 낮에도 흰 구름이 몰려들면 지척도 분간할 수 없다가 갑자기 일기가 바뀌면 구름이 어디로 사라졌는지 알 수 없는 곳이라서 이렇게 불렀다고 한다. 《晦庵集 卷78 雲谷記》 여기서는 조의징(趙儀徵)이 자신이 사는 곳을 송대(宋代)의 대학자였던 주희와 장식의 고사가 깃들어 있는 곳에 비긴 것이 겸손하지 못한 말이라고 비판한 것이다.

17 이러한……것입니다 : 실천은 따르지 않는데 뜻만 고원한 데 두지 말고 비근한 곳에서 실천하는 것을 바탕으로 의론을 펴는 것이 문장을 연마하는 한 방법이라는 말이다. 수사(修辭)는 공자(孔子)가 "군자는 덕을 진취시키고 학업을 닦는다. 충과 신이 덕을 진취시키는 것이고, 문사(文辭)를 연마함에 그 성실함을 세우는 것이 학업을 보유(保有)하는 것이다.〔君子進德修業, 忠信, 所以進德也, 修辭立其誠, 所以居業也.〕"라고 한 데서 온 말이다. 《周易 乾卦 文言》

조상보에게 답함

答趙祥甫

보내 주신 편지의 긴 말씀은 명백하고 절실하여 전혀 빠뜨리거나 문제가 되는 곳이 없습니다. 형께서 근일 정밀하게 공부하시는 것을 충분히 볼 수 있으니 매우 기쁘고 매우 기쁩니다. 대체로 이 일에 대해서는 이미 옛 성현들이 나아갈 방향을 확정해 두었습니다. 그러므로 사람들이 만일 사사로운 뜻을 조금이라도 가지고 그 사이에서 주장한다면 곧장 치우치는 폐단이 생기게 되니 몹시 두려워할 만합니다. 그렇지만 또 그저 성현들이 만들어 놓은 가르침을 견지하기만 하고 마침내 이것으로 다 끝났다고 말해 버리면 안 되니 반드시 하나하나 실제로 경험하여야 비로소 그 말씀이 진실로 나를 속이지 않고 그 이치가 반드시 옳음을 알게 될 것입니다. 형께서 하신 말씀을 보면 마치 성현의 뜻을 실제로 터득한 듯하니 이것이 제가 몹시 기뻐하는 까닭입니다. 저는 형의 간곡한 가르침을 받들어서 옛 습성을 버리고 가볍고 게으른 기질을 바로잡아 벗에게 부끄러움이 없기를 몹시 바랐습니다. 그렇지만 용렬하고 혼매하여 전혀 떨쳐 일어나지 못하니 그저 스스로 부끄럽고 격분할 뿐입니다. 그곳의 풍광이 아름답다는 말을 듣고는 몹시도 찾아가 모시고 완상하고 싶었습니다. 그렇지만 다리에 병이 들어 실로 도보로 가기 힘겨운 데다 집안 형편이 군색하고 또 노복과 말이 없으니 어찌하겠습니까, 어찌하겠습니까.

조상보에게 답함
答趙祥甫

장생(莊生)이 말하기를 "텅 빈 골짜기에 숨어 사는 자는 사람의 발자국 소리만 들어도 기뻐하는 법이다."[18]라고 하였는데 하물며 벗이 써 보낸 편지가 얼굴 맞대고 이야기하는 것과 족히 맞바꿀 수 있음이겠습니까. 제 기쁨을 알 만할 것입니다. 저는 멀리 영외에서 타향살이하는 데다 한 해가 저무는 때를 만나고 보니 시절에 감개하고 고향을 그리워하여 근심스러운 마음을 이루 말하기 어렵습니다. 어떻게 해야 한번 웹고서 이 울적한 마음을 풀 수 있을는지요.

형께서 가을에 열린 과거(科擧)에 응시하지 않았다고 들었습니다. 과거라고 하는 것은 온 세상 사람들이 급급하게 여기는 것이니 형께서 응시하지 않은 것은 반드시 이유가 있을 것입니다. 어쩌면 이로부터 수양하고 자중하여 외물을 향모(向慕)하는 마음이 없도록 하려는 것입니까, 아니면 지금 사람들과 함께 한때의 명리(名利)를 다투는 것을 좋아하지 않아서입니까? 그것도 아니면 혹여 딱히 의리를 확정하지는 않고 그저 이렇게 행동하신 것입니까? 출처는 큰일이니 부디 이에 대해 자세히 살펴서 처신하시기 바랍니다. 세도(世道)는 진작되지 않고 인심(人心)은 유약합니다. 그러므로 견고하게 뜻을 세운 자가 아니라면 속습(俗習)에 떠밀려 다니지 않는 경우가 드무니 매우 두려워할 만합니다. 우리들은 마음가짐을 차라리 고상하게 할지언정 비루하게

18 텅……법이다 :《장자(莊子)》〈서무귀(徐无鬼)〉에 나오는 말이다.

하지 말고 차라리 편벽하게 할지언정 구차하게 하지 말아야 비로소 근거할 곳이 있게 될 것입니다. 모르겠습니다만 형께서는 어떻게 생각하시는지요? 그런대로 제가 들은 것을 말씀드려 형의 결단을 도우려 하니 제 경솔한 말을 이상하게 여기지 마시기 바랍니다. 이만 줄입니다.

외숙 김중혜[19] 성적 에게 답함 병인년(1686, 숙종12)

答金叔仲惠 盛迪 丙寅

떠나실 날이 가까워짐을 바야흐로 생각하고 있으면서도 전별(餞別)할 길이 없어 목을 빼고 서쪽을 바라보면서 그저 서글피 상상하고 있었습니다. 그런데 뜻하지 않게 인편이 이르러 또 보내 주신 서찰을 받고서 흙비 내린 뒤에 숙부의 체후를 신(神)이 돕고 있음을 알았으니 제 마음 우러러 위안이 되는 한편으로 감회 또한 깊습니다. 지금 막 소명(召命)을 받들어 조정에 들어가신다고 하니 일의 체모로 볼 때 본래 합당한 처신입니다. 비록 숙부의 평소 뜻으로 볼 때 처음의 뜻을 이루지는[20] 못하겠지만 조용히 물러나는 방법이 어찌 없겠습니까. 앞서 제가 드린 말씀이 용렬하였는데 분수에 넘치게 받아들여 주시니 숙부의 이러한 뜻이 몹시 좋기에 다시 깊이 탄복합니다. 참으로 이러한 뜻을 미루어서 만나는 사람들에게 성심(誠心)으로 물어보고 좋은 의견을 가려 쓴다면 절로 직분(職分)을 다하고 국은(國恩)에 보답할 수 있을 것입니다. 어떻게 생각하십니까, 어떻게 생각하십니까? 자리를 보내니 긍휼하게

19 김중혜(金仲惠) : 중혜는 김성적(金盛迪, 1643~1699)의 자이다. 본관은 안동(安東), 호는 일한재(一寒齋)이다. 1669년(현종10) 동몽교관(童蒙敎官)이 된 뒤 1684년(숙종10) 정시 문과에 병과로 급제하여 정언, 수찬, 교리, 이조 참의, 충청도 관찰사 등을 역임하였다.

20 처음의 뜻을 이루지는 : 진(晉)나라 때 문인 손작(孫綽)이 은거하려고 마음먹은 처음의 뜻을 이루게 되었다는 내용으로 〈수초부(遂初賦)〉를 지은 데서 유래한 말이다. 《晉書 卷56 孫綽列傳》 후세에 흔히 벼슬을 그만두고 은거하는 전거(典據)로 인용된다.

여겨 주시는 마음에 매우 감사드립니다. 이 자리에서 뒹굴 때마다 어떻게 숙부를 잊을 수 있겠습니까. 마음속에 천만 가지 쌓아 놓은 것을 글로는 다 표현하지 못하겠습니다. 오직 여정에 더욱 몸을 보중(保重)하고 성상(聖上)을 보필하는 데 전일하게 하여 천리 먼 곳에서 바라는 저의 마음을 위로해 주시기를 기원합니다.

소명을 받고 떠나는 행색은 오직 양사(兩司 사헌부와 사간원)의 관리로 임명되었을 때는 공복(公服)을 입고 옥당(玉堂 홍문관)의 경우에는 평복(平服)을 입고 떠나는 것이 본래 만들어 놓은 규례가 있으니 의심할 것이 없습니다. 어떻게 생각하십니까, 어떻게 생각하십니까? 한번 조정에 들어간 뒤에는 숙부의 평소 뜻을 이루고자 하더라도 또한 절로 쉽지 않을 것입니다. 이미 뜻을 이루기 쉽지 않다면 직분에 뜻을 온전히 쏟아 세도(世道)를 자임하는 것이 합당함만 못할 것입니다. 그 심사(心思)를 다하고 또 자문을 널리 구하여 밤낮으로 생각이 항상 성상의 잘못을 바로잡고 공공의 도리를 부지하는 데 있게 된다면 어찌 지금의 정사에 보탬이 되는 바가 없겠습니까. 정말로 이 의리를 깊이 체득하여 종시 해이하지 않을 수 있다면 물러나 움츠려서 자신의 처신을 편안히 여기는 부류들과 비교할 때 훨씬 나을 것입니다. 숙부를 깊이 생각하는 마음에 저도 모르게 참람되이 말씀드린 것이니, 부디 헤아려 주시기 바랍니다.

이중심[21] 행 에게 줌 기유년(1669, 현종10)

與李仲深 涬 己酉

며칠 전 관부(官府)의 인편이 세시(歲時)에 안부를 묻고 선물하는 일로 도성에 들어가기에 처음에는 꼭 편지를 써서 안부를 물으려 하였네만 인편이 출발할 때 홀연 다시 잊어버렸으니 슬프고 서운한 마음 이루 다 말할 수 있겠는가. 요사이 깊어 가는 겨울에 어버이 모시며 공부하는 체후가 더욱 신의 가호(加護)를 받고 있는지 모르겠네. 변변찮은 나는 몹시 그리워하는 마음 기눌 길이 없네. 이 선생의 장례[22]는 다 마쳤다고 들었네. 이제 모든 일이 다 끝나 버렸으니 애통해한들 어찌할 수 있겠는가. 그대가 참담하고 서글픈 심사에 더욱 마음 가누기 어려우리라 생각되네. 나는 관문(關門) 너머 천리 먼 곳에 들어앉아 있는데 마침 지금 추위가 매서운 데다 모친이 이제 막 도착하셔서 대번에 떠나 다른 곳으로 갈 수가 없네. 그래서 끝내 상여 앞에 엎드려 곡하지 못하였으니 이 한스러움이 다시 어떠하겠는가. 세상에서 비웃고 손가락질하는 자들이 선생의 은덕(恩德)을 저버렸다고 나를 비난할 뿐만 아니

21 이중심(李仲深) : 중심은 이행(李涬, 1657～1702)의 자이다. 본관은 한산(韓山)이다. 이단상(李端相)의 맏사위이고 송시열(宋時烈) 문하에서 수학하였다. 희릉 참봉(禧陵參奉), 포천 현감(抱川縣監), 종묘서 영(宗廟署令) 등을 역임하였다. 천문학과 예학에 조예가 있었다.

22 이 선생의 장례 : 이 선생은 이행의 장인 이단상으로, 1669년(현종10) 9월 19일 42세의 나이로 세상을 떠났는데 11월 19일 가평(加平) 조종현(朝宗縣)에 장사 지냈다. 《文谷集 卷19 副提學靜觀李公墓誌銘, 韓國文集叢刊 133輯》

라 혹여 또 선생께서 변변찮은 나를 지나치게 허여하셨다는 말로 위로 선생의 문하를 더럽힐까 실로 염려되네. 생각이 여기에 이르니 더욱더 부끄럽고 두려워지네. 그렇지만 이 일은 이미 지나 버렸기에 말해 보아야 무익하다네.

북관(北關)으로 온[23] 지 벌써 4, 5개월이 되었는데 줄곧 공부를 놓아 버려서 전혀 학문에 진전이 없네. 만약 그저 이렇게 일생을 보내면 어찌 선생을 잊어버리고 말지 않겠는가. 선생의 마음이 형형하게 아직도 내 눈앞에 어른거리는 듯한데 나는 도리어 보잘것없어 선생의 가르침을 받들어 따르지 못하니 상심할 만하네, 상심할 만하네. 자정(子正) 형[24] 앞으로 처음에 편지를 보내려고 하였지만 내 소회가 여기서 벗어나지 않으므로 다시 편지를 보내지 않으니 부디 별도로 안부를 전하지 않는 것을 이상하게 여기지 말고 함께 이 마음을 헤아려 주기 바라네. 얼굴 볼 날이 기약이 없으니 편지를 앞에 두고 어찌 한스러운 마음 금할 수 있겠는가. 모쪼록 어버이 모시며 각자 평안히 지내며 학업이 날로 진전되기를 바랄 뿐이네. 이만 줄이네.

23 북관(北關)으로 온 : 《창계집》 〈창계선생연보초(滄溪先生年譜草)〉에 의하면, 1669년 창계는 북관에 부임하는 부친을 따라갔는데 방 안에 조용히 들어앉아 《논어》와 《맹자》를 읽었다고 한다.

24 자정(子正) 형 : 자정은 이성조(李成朝, 1648~1696)의 자이다. 본관은 연안(延安)이다. 이단상의 맏형 이일상(李一相)의 맏아들이다. 1673년 사마시(司馬試)에 입격하였는데 숙종 즉위 후 양주(楊州) 쌍수촌(雙樹村)에 은거하였다. 1680년(숙종6) 정세가 바뀌자 전설사 별검, 의금부 도사, 호조 정랑, 금산 군수(錦山郡守), 예천 군수(醴泉郡守) 등을 역임하였다. 《芝村集 卷23 從氏僉正公墓誌銘, 韓國文集叢刊 170輯》

박사원[25] 태보 에게 답함 계축년(1673, 현종14)
答朴士元 泰輔 癸丑

저는 당신께 답장을 올립니다. 저는 교하(交河)에서 당신을 만나던 날을 늘 기억하면서 참으로 당신의 자태와 바탕이 단아(端雅)하고 담박(淡泊)함을 아끼어 마음에 잊을 수가 없었습니다. 근간에 남자문(南子聞)[26]을 통해 당신께서 지은 〈등루부(登樓賦)〉를 얻었는데 읽어 보고는 다시 그 사기(辭氣)가 고고(高古)하여 시속(時俗)의 말과 비슷하지 않음에 탄복하였습니다. 이미 바탕이 아름다운 데다 문장까지 아름다우니 이 정도만 가지고도 지금 세상의 선비가 되는 것으로 치자면 또한 얻기 어려운 선비라고 이를 만합니다. 다만 옛 도에 비해 볼 때 어떠할지는 모르겠습니다.

저는 병으로 칩거하여 문하에 예물을 들고 나아가 당신께서 보존하고 있는 것을 여쭈어 스스로 유익함을 얻지 못하는 것을 항상 한스럽게 여기고 있습니다. 그런데 지금 편지를 먼저 보내어 안부를 물어 주시니

25 박사원(朴士元) : 사원은 박태보(朴泰輔, 1654~1689)의 자이다. 본관은 반남(潘南), 호는 정재(定齋), 시호는 문열(文烈)이다. 부친은 박세당(朴世堂)이고 모친은 남일성(南一星)의 딸이다. 1675년(숙종1) 사마시에 입격하고 1677년 알성 문과에 급제하여, 성균관 전적, 사헌부 지평, 사간원 정언, 파주 목사(坡州牧使) 등을 역임하였다. 저서로 《정재집》이 있다.

26 남자문(南子聞) : 자문은 남학명(南鶴鳴, 1654~1722)의 자이다. 본관은 의령(宜寧), 호는 회은(晦隱)이다. 남일성의 손자이고, 남구만(南九萬)의 아들이다. 저서로 《회은집》 등이 있다. 남일성의 외손자 박태보(朴泰輔)는 그의 고종사촌이다.

저로 하여금 놀라고 부끄럽게 합니다. 다만 이를 통해 당신의 식견(識見)과 의취(意趣)가 이러한 면이 있음을 엿볼 수 있으니 당신의 소식을 듣는 가운데 감화됨이 또한 적지 않습니다. 매우 다행입니다, 매우 다행입니다. 다만 당신께서 이미 옛 도에 뜻을 두고 계시니 한 말씀 드리겠습니다. 저는 옛날의 도는 남을 함부로 깎아내리거나 추어올리지 않는다고 들었습니다. 그런데 당신께서 저에 대해 칭술(稱述)하시는 것은 한마디도 제 실정(實情)보다 지나치지 않은 것이 없으니 이는 작은 병통이 아닐 듯합니다. 당신께서는 반드시 억지로 남을 추중(推重)하는 데 마음을 두지 않았을 것이니, 남자문이 당신을 속인 것이 아닙니까. 헤아리건대 남자문 역시 남을 속이는 데 마음이 있는 자는 아니니, 제가 평소 처신이 정성스럽지 못해 절로 이런 상황을 초래한 것이 아니겠습니까. 다시 더욱 두렵고 떨립니다.

저의 실상은 그저 혼매하고 나약한 사람일 뿐입니다. 그런데 다만 저는 자신의 천박함을 헤아리지 않고 옛사람의 위기지학(爲己之學)에 함부로 뜻을 둔 사실은 있지만 또한 빈 마음, 빈말로 끝날 뿐이었습니다. 당신께서 이미 이렇게 졸렬한 저의 실상을 알면서도 저의 포부가 크다는 장점 하나를 취하여 저를 거두어 절차탁마(切磋琢磨)하는 벗으로 여기려고 하신다면 참으로 다행스럽고 바라는 바입니다. 그렇지 않고 떠도는 말을 지나치게 믿고 마치 참으로 제게 어질다고 할 만한 일이 있다고 여겨서 저와 벗이 되기를 구하는 것이라면 저는 정말로 부끄러워 감히 당신을 뵐 수가 없으니 당신께서 살펴 주시는 데 달려 있을 뿐입니다. 그렇지만 제게 어질다고 할 만한 일이 있다고 하는 것은 전하는 자들의 말이고, 제가 이러한 실제는 없고 단지 대략 여기에 뜻만 있다고 스스로 말하는 것은 바로 제가 진심을 터놓고 말씀드리는 것입니다. 당신께서 정말 저에게 마음이 있다면 분명히 남들의 말을 가지고 제가 진심을 터놓고 말씀드린 것을 무시하지 않으실 것입니다. 그러하니 제가 이로부터 당신과 함께 삶을 마칠 수 있다면 참으로 다행이겠습니다.

박사원에게 답함

答朴士元

앞서 보내 주신 편지에서 《심경(心經)》을 점점 더 세밀하게 연구하고 있다는 말씀을 통해 또한 당신의 견해가 남들보다 뛰어남을 상상할 수 있습니다. 다만 저의 의견이 당신의 견해와 같지 않은 부분은 논쟁할 점이 많지 않습니다. 저의 의견은 먼저 《심경》의 대의(大義)가 편벽(偏僻)한지 온전한지를 먼저 증명하고, 그다음에 정황돈(程篁墩)의 마지막 설이 도를 어지럽힌 것[27]을 논의하자는 것입니다. 그래서 《심경》 주석의 여러 설에 대해 비록 일찍이 존모(尊慕)하고 애완(愛玩)하지마

27 정황돈(程篁墩)의……것 : 황돈은 명(明)나라 정민정(程敏政, 1445~1499)의 호이다. 휘주부(徽州府) 휴령(休寧) 사람으로, 자는 극근(克勤)이다. 남송(南宋)의 진덕수(眞德秀)가 지은 《심경(心經)》에 부주(附註)를 달아 《심경부주》를 간행하였다. 주희(朱熹)가 내제(內弟) 정순(鄭洵)이 도문학(道問學)으로 재명(齋名)을 삼으려고 하자 존덕성(尊德性)으로 바꾸고 지어 준 〈존덕성재명(尊德性齋銘)〉이 《심경》 권4 마지막 장에 실려 있는데, 이에 대해 정민정이 자기의 안설(按說)과 그를 뒷받침하는 정주(程朱) 이하 성리학자들의 주장을 담은 부주를 달았다. 그 내용에 주희가 기본적으로 도문학과 존덕성 두 공부가 어느 한쪽으로 치우치는 잘못이 있어서는 안 된다고 주장하였지만 중년에는 도문학을 조금 더 중시하다가 만년에는 존덕성을 더 중시하여 정순에게 〈존덕성재명〉을 써 준 것이라고 주장하였다. 여기서 말하는 '마지막 설'은 정민정의 이러한 육학(陸學)의 주장을 말한다. 퇴계(退溪) 이황(李滉)은 〈심경후론(心經後論)〉을 지어 《심경》은 성현의 말씀이 담겨 있고 정민정의 부주는 정주 이하 성리학자들의 격언이 담긴 것으로 육학을 주장한 정민정이 엮은 《심경부주》가 주희의 뜻과 다른 점이 있다고 폐기할 수는 없다고 주장하는 한편, 정민정에 대해 몇 가지 의문을 표시하기도 하였다. 《心經附註 卷4 尊德性齋銘》 《退溪集 卷41 心經後論, 韓國文集叢刊 30輯》

는 그 대체(大體)를 논해 보자면 제대로 갖추어져 있지 못함이 한스럽습니다. 정황돈의 경우에는 참으로 저 또한 사람을 현혹하는 마지막 장의 잘못을 공격하지만 잘못이 없는 곳에서 잘못을 찾아내어 부주(附註)를 모조리 폐기하고 싶지는 않습니다. 대체로 《심경》 전편(全篇)의 부주를 보면 비록 정황돈의 손에서 이루어졌지만 이미 모두 성현들의 지극한 논의이기에 장마다 부류별로 소속시키는 것이 애초 안 되는 것이 아니니 이전처럼 존모하고 애완하는 것 또한 본래 당연합니다. 정황돈이 육구연(陸九淵)의 학문을 배운 것을 모르는 것도 아니고 또한 제가 마지막 장의 설에 대해 사람을 현혹하는 것이 아니므로 내쳐서는 안 된다고 하는 것도 아닙니다. 다만 마지막 장의 몇 조문의 잘못을 가지고 마침내 전편을 폐기하고 싶지는 않은 것입니다.

그런데 당신의 논의는 먼저 정황돈을 공격하는 것을 골자로 삼고서 부주의 모든 설들이 일찍이 정황돈의 손을 거쳐 나왔기에 모두 도를 해치고 사람들을 그르칠까 염려된다고 말씀하십니다. 그래서 마침내 이 책을 단지 유취서(類聚書)로 간주하여 가끔씩 들춰 볼 만할 뿐이라고 여기시니 이러하다면 마음을 쓰는 것과 일을 논하는 것이 모두 그 공평함을 얻지 못하고 이 책을 대하는 것이 너무 지나치게 야박한 것이 아니겠습니까. 요약하자면 저의 말이 참으로 완전하지 않은 듯하지만 그 대의(大義)를 증명하고 작은 실수를 공박한 것은 그리 지나치지는 않을 듯합니다. 그리고 당신의 견해는 비록 엄밀한 듯하지만 사람 때문에 그가 지은 책을 폐기하는 병폐가 없지 않습니다. 그래서 성현의 가르침이 모조리 정황돈에게 연루되어 함께 섞여 사람들이 꺼리게 될 것입니다. 이것이 어리석은 제 견해로는 아직 이해하지 못하여 감히 당신의 견해에 동조하지 않는 점이니 부디 다시 생각해 보시고 다시 가르쳐 주시기를 바랍니다.

남자문(南子聞)이 학문에 대해 논한 내용은 정말 앎을 우선하는〔先知〕 뜻이 있었는데 지금 이 답장 가운데 실천을 부지런히 하는〔敏行〕 뜻을 대략 언급하였습니다.[28] 그렇지만 제 자신이 미치지 못하는 것을 문득 남에게 권면하니 그에게 보탬이 없고 단지 제 자신만 해칠까 염려됩니다. 당신께서 평소 주장하시는 실천을 힘쓰는〔力行〕 설은 남자문의 견해와 서로 정반대되니 서로 강론(講論)하기에 몹시 좋습니다. 대체로 학문을 하는 것은 단지 진실한 마음과 실천에 달려 있을 뿐입니다. 그렇지 않고 앎을 말하고 실천을 말하는 것은 그저 덧없는 변론이 되고 말 뿐이니 이는 우리들이 오늘날 함께 힘써야 할 것입니다. 어떻게 생각하십니까, 어떻게 생각하십니까?

28 남자문(南子聞)이……언급하였습니다 : 남학명(南鶴鳴) 역시 《심경》에 대한 의문점을 창계와 서찰을 주고받으며 여러 차례 토론한 사실이 《창계집》 권14 〈남자문께 드림〔與南子聞〕〉에 실려 있다. 창계는 이 편지에서 주희(朱熹)의 초년설(初年說)과 만년설(晩年說)이 다르다고 주장하면서 원(元)나라 오징(吳澄)의 설을 덧붙인 정민정(程敏政)의 잘못을 비판하고 퇴계(退溪)가 정민정의 잘못에 관대했던 것이 아닌가 의문을 표하였다. 그리고 남학명이 《심경》이 심성(心性)을 논하는 설들만 수록하고 격물치지(格物致知)의 논의를 수록하지 않은 것에 의문을 표한 데 대해 이는 《심경》을 처음 편찬한 진덕수(眞德秀)의 잘못이지 정민정의 잘못이 아니라고 하였다. 또한 편지의 마지막 부분에서는 《심경》을 읽으며 진실한 마음으로 실천하였던 선배들을 말로만 지적하는 것이 혹 근리(近理)할 수는 있지만 자신의 신상(身上)에는 유익함이 없을 수 있다고 충고하였다. 이를 통해 《심경부주》의 편찬과 관련하여 남학명이 치지(致知)를 중시한 데 대해 창계가 궁행(躬行)에 힘쓰라고 충고한 것을 엿볼 수 있다.

이수옹[29] 세귀 에게 답함 경신년(1680, 숙종6)

答李壽翁 世龜 庚申

줄곧 소식이 막혀 있어 그리워하는 마음 날로 깊어 가고 있었습니다. 그런데 뜻밖에도 상중인 당신[30]께서 보내 준 서찰을 삼가 받고서 근래 무덥고 비가 내리는 날씨에 모친을 모시며 잘 견디고 계심을 삼가 알았습니다. 제 마음 위안이 되고 감사드립니다. 저는 앞서 올린 소장에 대한 하비(下批)를 이제 막 삼가 받았는데 성상께서 장려하고 용서해 주시는 유지(諭旨)가 평범한 소관(小官)이 문득 얻을 수 있는 것이 아니었기에 몹시도 놀라고 두려워 몸 둘 바를 알지 못하였습니다. 그런데 갑자기 또 새로운 명을 삼가 받들게 되어 소명(召命)의 전지(傳旨)가 거듭하여 이르렀습니다.[31] 스스로 돌아보건대 천박한 저에게 무슨

29 이수옹(李壽翁) : 수옹은 이세귀(李世龜, 1646~1700)의 자이다. 본관은 경주(慶州), 호는 양와(養窩)이다. 이항복(李恒福)의 증손이고, 박장원(朴長遠)의 문인이다. 1672년(현종13) 진사시에 입격하고, 1685년(숙종11) 음보(蔭補)로 경양도 찰방(景陽道察訪)에 임명되었으나 사직하였다. 이후 여러 관직에 임명되었지만 모두 사양하다가 뒤에 홍주 목사(洪州牧使)를 역임하였다. 저서로 《양와집》이 있다. 《樗村遺稿 卷43 養窩李先生墓碣銘, 韓國文集叢刊 208輯》

30 상중인 당신 : 이세귀의 부친은 이시현(李時顯)으로, 이세귀는 이 당시 부친상 중이었다.

31 소명(召命)의……이르렀습니다 : 1680년 숙종이 창계를 사간원 정언에 임명하자, 창계는 〈사정언소(辭正言疏)〉를 올려 사직을 청하였는데, 이에 대해 숙종은 지나치게 사양하지 말고 올라오라고 하교하였다. 뒤이어 부수찬에 제수하는 새로운 명이 내리자 창계는 도성 밖까지 올라와 병을 이유로 다시 〈사부수찬소(辭副修撰疏)〉를 올렸다.

문학(文學)이 있기에 헛된 명성을 도둑질하여 성상께서 잘못 아시게 한 것인지요. 이러한 상황에 맞닥뜨리자 참으로 뒷일을 잘 수습할 방도가 없으니 형께서 염려해 주시는 것이 진실로 매우 옳습니다.

직분을 맡은 뒤에 어찌 감히 성심(誠心)을 다해 스스로 힘쓰지 않겠습니까마는 평소 제 자신 온축(蘊蓄)한 공부가 없으니 또한 어찌 하루아침에 억지로 힘써서 직책을 감당할 수 있겠습니까. 오직 한사코 피하고 나아가지 않아야 거의 큰 잘못이 없을 것입니다. 그렇지만 지금 일의 형세가 실로 몹시 난처한 점이 있으니 위로는 성상의 유지로부터 아래로는 조정의 중의(衆議)에 이르기까지 살펴보면 모두 저의 이러한 엉성한 실상을 아직 알지 못하고 있습니다. 지난날 상소한 일은 모두 제 자신의 배우지 못하고 재주 없는 본모습을 스스로 말씀드린 것인데, 성상께서는 비답에서 지나친 사양이라고까지 말씀하셨습니다. 이는 그 형세가 장차 사양하면 할수록 받아들여지지 못할 점이 있었습니다. 그래서 오직 일찌감치 스스로 몸을 바쳐야 조정의 군신(君臣)이 제 오활하고 쓸모없는 모습을 실제로 보고 저를 버릴 수 있을 것이었습니다. 그렇지 않으면 그대로 앉아 헛된 명성을 끼고서 오래도록 조정의 이목을 속이게 될 것이니 이는 참으로 감히 하루도 스스로 편안할 수 없는 점이 있습니다.

그래서 반복해서 생각해 보고는 마침내 소명에 나아갈 계획을 결정하였습니다. 그런데 지난번 관례대로 사면하던 때에 청직(淸職)과 현직(顯職)의 지위가 차례로 점점 더 높아졌기에 오늘 소명을 받들면

이 편지는 창계가 이 당시 도성으로 향하는 도중에 쓴 것이다.《承政院日記 肅宗 6年 6月 12日》《滄溪集 卷3 辭正言疏·辭副修撰疏, 卷6 上尤齋 庚申》

또한 낮은 관직을 사양하고 높은 관직을 차지하게 되는 혐의가 있습니다. 이천(伊川)이 서감(西監)을 사양하고 설서(說書)를 받을 적에 그 자처한 의리가 매우 정밀하였는데도 당시 사람의 말을 보면 오히려 낮은 관직을 사양하고 높은 관직을 차지한다고 의심하였으니[32] 하물며 저처럼 말세의 평범한 사람이 진퇴하는 경우이겠습니까. 도성 밖에 당도하여 마땅히 이런 이유로 본직에 대해 힘써 사양해야 할 것입니다. 그리고 만약 사직이 받아들여지지 않으면 단지 분수에 따라 스스로 힘써야 할 것입니다. 다행히 임금께서 제 쓸모없음을 알고 벼슬에서 물러나는 것을 허락해 주신다면 마침내 제 평소 소원을 이루게 될 것입니다. 그리고 만약 이렇게도 되지 않는다면 또 단지 성심을 다해 봉직

32 이천(伊川)이……의심하였으니 : '이천'은 북송(北宋)의 성리학자 정이(程頤)를 가리키고, '서감(西監)'은 서경 국자감 교수(西京國子監教授)의 약칭이다. 1085년(원풍8) 신종(神宗)이 죽고 철종(哲宗)이 즉위하자 사마광(司馬光), 여공저(呂公著), 한강(韓絳)이 정이를 천거하니, 11월 수렴청정(垂簾聽政)하던 태황태후(太皇太后)가 정이를 여주 단련추관(汝州團練推官), 서경 국자감 교수에 제수하였으나, 정이는 사양하고 취임하지 않았다. 그러자 이듬해인 1086년(원우1) 3월 정이를 도성으로 불러와서 선덕랑(宣德郎) 비서성 교서랑(秘書省校書郎)에 제수하였는데, 역시 정이는 소명(召命)을 받은 포의(布衣)의 선비가 아직 황제를 입견(入見)하지 못하였으므로 명을 받들지 못하겠다고 하였다. 이에 태황태후가 비로소 정이를 소대(召對)하고서 숭정전 설서(崇政殿說書)에 임명하려 하자, 정이는 더 이상 사양하지 못하고 전년에 내렸던 서감에 취임하였다. 서감이 되어서는 경연(經筵)에서 행할 세 가지 일을 논하였는데, 얼마 있다가 제수의 명이 내려 통직랑(通直郎)의 품계에 숭정전 설서로 임명되니 정이는 거듭 사양한 뒤에 취임하였다. 이에 대해 충숙공(忠肅公) 유지(劉摯)는 정이가 낮은 관직을 사양하고 높은 관직을 차지하며, 임명을 받지도 않았는데 먼저 정사를 논한 것이 옳지 않다고 논박하였다. 이러한 논박에 대해 《이정유서(二程遺書)》를 편찬한 주희(朱熹)는 정이가 나아가고 물러나며 말하고 침묵하는 사이에 그 의리가 본래 이미 정밀(精密)하였음을 유지가 몰랐다고 논평하였다. 《二程遺書 附錄 伊川先生年譜》

(奉職)하여 군신간에 부합하지 않는 일이 있고 나서야 비로소 떠날 수 있을 뿐입니다. 당신께서 염려해 주시는 지극한 뜻을 받고 소회를 다 말씀드리니, 모르겠습니다만 어떻게 생각하시는지요? 시비를 강마(講劘)하는 것은 바로 벗 사이의 일인데 지금 벌써 길을 나선 상황이기에 의논드리는 것이 너무 늦었습니다. 하지만 혹여 당신의 의견을 통해 늦게라도 도모할 수 있게 된다면 또한 전혀 보탬이 없지 않을 것입니다.

이수옹에게 드림

與李壽翁

요사이 봄추위에 한가로이 지내는 체후가 매우 좋으시리라 멀리서 생각합니다. 저는 우매하고 완악한 몸이 죽지 않고 앞뒤의 상기(祥期)를 모질게 보내었으니 애통하고 곤궁함을 다시 말할 것이 뭐가 있겠습니까. 병을 앓으며 해를 보내느라 날로 더욱 게을러지기만 하니 친상(親喪)을 행하는 데 이미 스스로 극진하게 하지 못하는 점이 많습니다. 그러하니 어찌 다시 진취하는 공부가 있겠습니까.

외람되이 정성스럽게 안부를 물어 주시니 그저 몹시 서글프고 부끄럽기만 합니다. 존양(存養)과 성찰(省察)의 설과 격치(格致)와 사변(思辨)의 법은 선학(先學)들이 논한 것이 이미 매우 분명하게 갖추어져 있습니다. 비록 식견이 매우 얕고 어두운 저로서도 또한 착수할 곳에 대해 완전히 혼매한 지경에 이르지는 않을 듯합니다. 그렇지만 반평생을 대충 보내다가 끝내 하루의 노력조차도 실제로 해 보지 못했습니다. 그런데 지금 부모님의 상을 거듭 당하게 되어 기혈(氣血)과 정신(精神)이 거의 다 꺾이고 사그라졌으니 더욱 다시 용맹하게 나아갈 희망이 없습니다. 이는 품성이 나약하고 느슨하여 실천하기를 더욱 어려워한 데서 기인한 것이거나 아니면 제가 '완전히 혼매하지는 않다.'라고 스스로 말한 것이 실제로는 완전히 혼매해서 이렇게 된 것이겠지요. 한가로이 학문을 하면서 반드시 이렇게 어둡고 어리석은 저를 경계하여 깨우칠 수 있는 새로 터득하신 것이 있으리라 삼가 생각합니다. 그리고 정성스럽게 안부를 물어 주신 것은 또 어쩌면 저를 인도하는

데 뜻이 있는 것이라 생각합니다. 만약 다시 당신께서 훌륭한 말씀을 보내 길을 헤매는 저를 한번 밝혀 주신다면 그만한 감사와 다행이 또 어디에 있겠습니까.

뭉친 음(陰)의 아래에 미약한 양(陽)이 생겨나거니와 인생의 곤궁함이 극에 이르면 이치상 근본으로 돌아가기도 합니다. 혹시 저를 잘 이끌어 주시는 도움을 입게 된다면 비록 아주 몹시 학업이 거칠고 뒤떨어졌지만 그래도 조금이나마 진보를 바랄 수도 있겠지요. 보잘것없는 저는 아직도 바라는 뜻이 없지 않습니다.

유도숙[33] 신일 에게 줌 경오년(1690, 숙종16)

與兪道叔 信一 庚午

송계촌(松溪村)에 하룻밤 찾아 주셨으니 그 후한 정의(情義)를 어찌 잊을 수 있겠습니까. 그 뒤로 또 읍도(挹陶) 제영(諸詠)[34]을 부쳐 주어

33 유도숙(兪道叔) : 도숙은 유신일(兪信一, 1660~1699)의 자이다. 본관은 창원(昌原)이다. 1689년(숙종15) 증광 문과에 병과로 급제하였다. 집의, 문학, 장령, 장악원정 등을 역임하였다.

34 읍도(挹陶) 제영(諸詠) : 읍도는 동진(東晉)의 전원시인(田園詩人) 도잠(陶潛)을 흠모하여 그가 지은 시(詩) 혹은 사(辭)에 화운(和韻)하거나 그 체재(體裁)를 모방하거나 그의 사적을 노래하는 것을 말하는데, 여기서는 유신일이, 도잠이 팽택 현령(彭澤縣令)을 버리고 고향으로 돌아갈 것을 결심하며 지은 〈귀거래사(歸去來辭)〉에 나오는 열 가지 일을 가지고 오언절구(五言絶句) 10수를 지은 것을 말한다. 최석항(崔錫恒)이 지은 〈읍도당십영(挹陶堂十詠)〉에 붙인 서문에 "내 벗 유도숙이 일찍이 영산(永山)의 남쪽에 집을 짓고 시름겹게 이곳에서 여생을 마칠 뜻이 있었다. 그는 평생 도 정절(陶靖節)의 사람됨을 흠모하여 그 당을 '읍도'라고 명명하고 또 〈귀거래사〉 가운데 마음에 더욱 와닿는 일 열 가지를 가져다 각각 절구 1수씩 읊어 위로 옛사람을 벗하려는 회포를 부쳤다."라고 하였고, 윤증(尹拯)이 지은 〈차읍도당십영운(次挹陶堂十詠韻)〉에 붙인 서문에 "도숙이 호남에 직임을 맡았다가 돌아가는 길에 다시 방문해서는 이른바 '읍도당십영'이라는 것을 꺼내 보여 주었다. 읍도라는 것은 도숙이 지내는 당의 편액인데 〈귀거래사〉에서 열 가지 일을 발췌하여 십영을 지은 것이다. 〈귀거래사〉라는 이 사는 본래 소인(騷人)과 묵객(墨客)이라면 다들 익히 음미하는 것으로, 그 운에 맞추어 그 소리의 울림을 본뜨는 자가 있기도 하고, 그 글자를 모아 그 의취를 서술하는 자가 있기도 한데 아직껏 이렇게 청신하고 초절한 격조의 시를 보지 못하였으니 참으로 기뻐할 만하다."라고 하였다. 유신일이 지은 십영의 제목은 〈남창기오(南牕寄傲)〉, 〈서주유사(西疇有事)〉, 〈출수고운(出岫孤雲)〉, 〈지환권조(知還倦鳥)〉, 〈무송반환(撫松盤桓)〉, 〈치장운자(植杖耘耔)〉, 〈친척정화(親戚情話)〉, 〈금서소우(琴書消憂)〉, 〈등고서소(登皐舒

받았고 또 새로 지은 시들까지 보내 주셨으니 노형의 정중한 뜻을 더욱 볼 수 있습니다. 근년에 도성에 들어가 여러 달 머물 적에 마땅히 사례하는 인사를 했어야 합니다. 그런데 풍진(風塵) 속에 있는 가소로운 제가 운산(雲山)에서 편안히 지내시는 한가로운 당신을 감히 찾아뵙지 못하였으니 인사가 소홀하고 태만하게 된 듯하지만 제 마음만은 서글펐습니다. 그런데 근래에 뜻하지 않게 노형께서 오히려 너그러이 용서하고 다시 멀리서 서찰을 보내 주시어, 저로 하여금 감사하고 부끄럽게 하니 더욱 스스로 몸 둘 곳이 없었습니다. 곧장 편지 한 통을 받들어 올려 그동안 정성스러운 노형의 뜻에 감사드리고 이를 통해 부지런하지 못했던 자신을 자책해야 마땅한데 다시 눈병을 앓느라 붓을 잡지 못해 지금껏 빼먹고 지체하여 이 지경까지 되었으니, 모르겠습니다만 노형께서는 오히려 저를 용서해 주실 수 있겠습니까? 한 해가 저물어 갑니다. 깊은 산속 추운 날씨에 춘부장께서 한가로이 지내시는 체후는 한결같이 강건하고 노형의 기거도 편안하리라 삼가 생각하니 노형을 그리워하는 구구한 마음 그지없습니다.

저는 가난과 질병 속에 쇠퇴하여 아무 일도 말할 만한 것이 없고 시구(詩句)를 음영(吟詠)하는 일 또한 용이하게 할 수가 없습니다. 그렇지만 노형의 정성스러운 부탁이 한두 번이 아니었음을 생각하고 막 졸렬하고 거친 필력을 억지로 펼쳐 조금이나마 노형의 뜻에 부응하려고 하였습니다. 그런데 전에 보내 주신 초본(草本)을 책 상자를 샅샅

嘯)〉, 〈임류부시(臨流賦詩)〉이다. 《損窩遺稿 卷5 挹陶堂十詠, 韓國文集叢刊 169輯》《明齋遺稿 卷3 次挹陶堂十詠韻, 韓國文集叢刊 135輯》《壺谷集 卷8 挹陶堂十詠, 韓國文集叢刊 131輯》《東溪集 卷1 挹陶堂十詠用存窩韻爲兪道叔賦, 韓國文集叢刊續 51輯》

이 찾아보았지만 끝내 찾을 수가 없었습니다. 이 일은 제가 몹시 주밀하지 못한 것이니 거의 이런 사정을 말씀드리지 못하겠습니다. 부디 허물하지 말고 다시 모시는 자를 시켜 한 통을 써서 보내 주실 수 있겠습니까?

그리고 제가 기억하기에 읍도 제영 가운데 한 수의 압운(押韻)이 정법(正法)을 어긴 점이 있으니 또한 마땅히 다시 고쳐서 더 완비되도록 하심이 모르겠습니다만 어떻겠습니까? 지금은 오래되었는지라 무슨 말이었는지 다시 기억하지 못하겠는데 제 스스로 잘못 본 데서 벗어나지 못한 것이 아니겠습니까. 중간에 노형께서 전해 준 말이 과연 또한 근거가 있었으니 대체로 이는 노형께서 등제(登第)하였을 때의 말을 들은 것입니다. 지금 다시 생각해 보면 '일지계(一枝桂)'는 단지 '오두미(五斗米)'와 대구(對句)를 이룰 수 있습니다.[35] 만약 어제가 잘못되었고 지금이 옳다는 것에 대해 참으로 깨닫는 점이 있게 된다면[36]

35 일지계(一枝桂)는……있습니다 : 일지계는 진 무제(晉武帝) 때 극선(郤詵)이 현량 대책(賢良對策)에서 천하제일로 뽑혔는데, 무제가 극선에게 이르기를 "경(卿)은 스스로 어떻게 생각하는가?" 하자, 극선이 대답하기를 "신의 현량 대책이 천하제일로 뽑힌 것은 마치 계림의 계수나무 한 가지나 곤륜산의 한 조각 옥과 같은 것입니다.〔臣擧賢良對策, 爲天下第一, 猶桂林之一枝, 崑山之片玉.〕"라고 한 데서 온 말로 과거에 급제하여 출사하는 것을 비유한다.《晉書 卷52 郤詵列傳》 오두미(五斗米)는 도잠(陶潛)이 일찍이 팽택 현령(彭澤縣令)으로 있을 때, 마침 군(郡)의 독우(督郵)가 현(縣)을 순시하게 되어, 아전이 도잠에게 의관(衣冠)을 갖추고 독우를 뵈어야 한다고 하자, 도잠이 탄식하며 말하기를 "나는 오두미 때문에 허리를 굽혀서 향리(鄕里)의 소인(小人)을 정성으로 섬길 수 없다." 하고는, 마침내 현령의 인끈을 풀어 던지고 〈귀거래사(歸去來辭)〉를 읊고 고향으로 돌아갔다고 한 데서 온 말이다.《晉書 卷94 隱逸列傳 陶潛》 여기서는 일지계와 오두미가 각각 출사와 은거를 뜻하는 말로 대구를 이룬다는 뜻이다.

오히려 읍도인(挹陶人)이 되는 데 손색이 없을 것이니 어떻게 생각하십니까, 어떻게 생각하십니까. 몹시 우습습니다, 몹시 우습습니다.

또 집을 짓고 무이(武夷) 제영(諸詠)[37]을 본받아서 창화(唱和)하려고 하심을 알았습니다. 노형께서 옛것을 좋아하는 습벽은 참으로 탄복할 만합니다. 다만 읍도조차도 쉽지 않을 듯한데 하물며 감히 이 일을 하겠습니까. 옛사람이 "본떠 보려 하면 참람한 짓이다."라고 하였으니[38]

36 어제가……된다면 : 도잠의 〈귀거래사〉에 "실로 길을 헤맸으나 아직 멀리 가진 않았으니, 지금이 옳고 어제가 잘못 되었음을 깨달았노라.〔實迷途其未遠, 覺今是而昨非.〕"라고 한 데서 온 말로, 벼슬길에서 헤매던 지난날의 잘못과 벼슬을 던지고 은거를 택한 지금의 옳음을 깨닫는다는 뜻이다.

37 무이(武夷) 제영(諸詠) : 남송(南宋)의 유학자 주희(朱熹)가 순희(淳熙) 10년 계묘년(1183) 봄에 태주(台州) 숭도관(崇道觀)을 주관하라는 명을 받고 복건성(福建省) 숭안현(崇安縣)에 있는 무이산(武夷山)에 내려가서 무이구곡(武夷九曲) 가운데 오곡(五曲)에다 정사(精舍)를 지었는데 4월에 정사가 완성되자 이를 기념하여 〈무이정사잡영(武夷精舍雜詠)〉이라는 연작시를 지었다. 이 연작시는 〈정사(精舍)〉, 〈인지당(仁智堂)〉, 〈은구재(隱求齋)〉, 〈지숙료(止宿寮)〉, 〈석문오(石門塢)〉, 〈관선재(觀善齋)〉, 〈한서관(寒栖館)〉, 〈만대정(晩對亭)〉 등 모두 8수로, 여기서 무이 제영은 바로 이를 가리킨다. 참고로 주희는 무이산 구곡의 경치를 읊은 〈무이도가(武夷棹歌)〉 10수를 남기기도 하였다. 《晦庵集 卷9》

38 옛사람이……하였으니 : 옛사람은 계곡(谿谷) 장유(張維)를 가리키며, 그가 석주(石洲) 권필(權韠)의 문집에 써 준 서문에 "시는 천기이다. 소리로 울리고 색깔로 꾸며져 맑고 탁하며 고상하고 저속한 것들이 다 절로 그러한 데서 드러난다. 그런데 소리와 색깔은 만들어 낼 수 있지만 천기의 오묘함은 어떻게 만들어 낼 수가 없다. 가령 시가 소리와 색깔에 그칠 뿐이라면, 미혹에 빠진 무리도 팽택의 운율을 빌려다 쓸 수 있고, 국량이 협소한 자도 청련의 시어를 모방해 쓸 수 있을 것이다. 그러나 흉내 내려 하면 광대 짓이고 본떠 보려 하면 참람한 짓이니, 그 까닭은 무엇이겠는가? 그 속에 '참'이 없기 때문이다. '참'이란 무엇인가? 바로 천기를 말하는 것이 아니겠는가.〔詩, 天機也. 鳴於聲, 華於色澤, 淸濁雅俗, 出乎自然. 聲與色, 可爲也, 天機之妙, 不可爲也. 如以聲

삼가 노형께서는 조금 말을 아끼시기 바랍니다. 이러한 제 뜻을 또 모르겠습니다만 어떻게 생각하시는지요? 껄껄.

色而已矣, 顚冥之徒, 可以假彭澤之韻, 齷齪之夫, 可以效靑蓮之語. 肖之則優, 擬之則僭, 夫何故? 無其眞故也. 眞者何? 非天機之謂乎!〕"라고 한 데서 온 말이다.《谿谷集 卷6 石洲集序》

박군서 태초 에게 드림

與朴君瑞 泰初

근일 박군 조카가 들러서 상중에 계시는 형의 서찰을 전해 주니 서찰을 받들어 읽으매 슬프고 목이 메어 할 말을 알지 못하였습니다. 칠석날에 본가(本家)로 돌아오실 것이라고 조카가 전하는 말을 들었습니다. 가족들이 모두 모여 그 정경이 예전 그대로겠지만 관을 어루만지면서 부르짖고 애통해하며 마음은 분명 더욱 견디기 힘드실 것이라 삼가 상상합니다. 부디 슬픔을 절제하고 몸을 보중하여 우러러 걱정하는 제 마음을 위로해 주시기 바랍니다. 임시방편으로 이치에 따라 마음 달래는 데 본래 반드시 방도가 있겠지만 애락(哀樂)이 아직 일어나기 전에 고요함〔靜〕을 주장하는 한 단계의 일이 문학(問學)의 근원이 될 뿐만 아니라 또한 심정(心情)을 안정시키는 방법에 보탬이 있을 듯합니다. 때때로 다시 여기에 뜻을 두시는 것이 모르겠습니다만 어떻겠습니까?

장지(葬地) 잡는 일은 반드시 마음을 어지럽히는 것을 벗어나지 못할 터이니 모르겠습니다만 지금 한창 어떻게 경영하고 계신지요? 구하는 데에 정해진 방법이 있고 얻는 데에 정해진 운명이 있음[39]은 세속의

39 구하는……있음 : 《맹자》〈진심 상(盡心上)〉에 "구하는 데에 일정한 방법이 있고 얻는 데에 정해진 운명이 있으니 이런 것을 구하는 것은 얻는다고 유익함이 없다. 이는 자신의 밖에 있는 것을 구하기 때문이다.〔求之有道, 得之有命, 是求無益於得也, 求在外者也.〕"라고 한 데서 온 말이다.

명리(名利)만 그러한 것이 아니라 장지 잡는 일 또한 의당 그러할 뿐입니다. 분수에 따라 힘을 다하는 가운데 항상 천명(天命)에 맡기며 초탈하여 얽매이지 않는 뜻을 가지는 것이 마땅할 듯한데 형께서 마음에 보존하고 있는 뜻이 반드시 이러하시리라 생각합니다. 얼굴 뵙고 말씀드릴 길이 없어 그저 그리운 마음 더욱 형께 향하고 있었는데 마침 그쪽으로 돌아가는 인편을 만나 대략 이렇게 써 올려 삼가 간곡한 마음을 다합니다. 이 외의 말들은 편지로 다 말씀드릴 수가 없으니 형께서 헤아려 주시기를 바랄 뿐입니다.

박군서에게 답함

答朴君瑞

해가 바뀌어 그리운 마음 또한 새로운데 한 달이 지나도록 미루면서 안부 한 글자 올리지 못하였으니 이 또한 미적거리는 옛 습성 때문입니다. 아침에 한가로이 앉아 있는데 문득 다정한 편지를 받으니 펼쳐 보고 위로되는 마음 몹시도 깊습니다. 이는 비록 작은 일이지만 또한 먼저 베풀어 주시는〔先施〕[40] 한 가지 일이 아니겠는지요. 우리들은 모두 나이가 4, 5십 사이에 있는 사람들입니다. 그런데 우리 형의 조예와 성취를 보자면 비록 천박한 제가 다 알 수 있는 것은 아니지만 요약하자면 대소 간에 자기 몸에 체득한〔有諸已〕[41] 분에 가까우신 듯합니다. 한편 저는 전체가 지리멸렬하여 있는 듯 없는 듯하고 하는 듯 안 하는

40 먼저 베풀어 주시는 : 《중용장구》 제13장에서 공자(孔子)가 "군자의 도 네 가지 가운데 나는 하나도 능하지 못하다. 아들에게 바라는 것으로 부모를 섬기지 못하였고, 신하에게 바라는 것으로 임금을 섬기지 못하였고, 동생에게 바라는 것으로 형을 섬기지 못하였고, 벗에게 바라는 것으로 먼저 베푸는 것을 하지 못하였다.〔君子之道四, 丘未能一焉. 所求乎子, 以事父未能也, 所求乎臣, 以事君未能也, 所求乎弟, 以事兄未能也, 所求乎朋友, 先施之未能也.〕"라고 한 데서 온 말로, 박태초(朴泰初)가 먼저 서찰을 보내준 일을 가리킨다.

41 자기 몸에 체득한 : 《맹자》 〈진심 하(盡心下)〉에 "사람들이 그렇게 되기를 바랄 만한 사람을 선인(善人)이라 하고, 자기 몸에 선을 체득한 것을 신인(信人)이라 하고, 선을 충실히 보유한 것을 미인(美人)이라 하고, 충실하여 빛남이 있는 것을 대인(大人)이라 하고, 대인이면서 저절로 화한 것을 성인(聖人)이라 하고, 성인이어서 측량할 수 없는 것을 신인(神人)이라 한다.〔可欲之謂善, 有諸已之謂信, 充實之謂美, 充實而有光輝之謂大, 大而化之之謂聖, 聖而不可知之之謂神.〕"라고 한 데서 온 말이다.

듯해서 실제로 의거할 만한 장점이 하나도 없습니다. 그리고 외로이 떨어져 지내며 병들고 게을러져서 다시 학문을 수습하기를 기대할 수 없기에 오직 저보다 나은 사람을 가까이하여 조금이라도 바라보고 감화되는 보탬이 있기만을 생각하고 있는데 아직껏 스스로 실행하지 못하고 있습니다. 보내 준 편지에서 저를 초평(初平)에 비유한 것[42]은 어찌 그리도 지나치신지요. 올봄에 반드시 한번 나아가 가르침을 받아 숙원을 이루고자 하지만 또한 어찌 반드시 그렇게 될 수 있겠습니까. 사경(士絅)은 어제 그 맏형이 아프다는 소식을 듣고 오늘 늦게 떠나야 합니다. 우리들의 바람이 와해되고 있으니 탄식하고 한스러워한들 어찌하겠습니까. 지금 막 가서 사경과 이별하려고 하므로 바빠서 소회를 다 말씀드리지 못합니다.

42 초평(初平)에 비유한 것 : 초평은 북송(北宋) 때의 이초평(李初平)으로, 박태초가 창계를 그에게 비유한 일을 가리킨다. 염계(濂溪) 주돈이(周敦頤)가 침(郴) 지역의 계양 영(桂陽令)으로 있을 적에 그 지역의 군수(郡守)로 있던 이초평이 주돈이가 현인이라는 것을 알고 후대하였다. 주돈이가 강학(講學)을 열자 이초평이 독서의 요령에 대해 물었는데, 주돈이가 "공은 연세가 많아 무리가 있으니, 그저 제가 해 드리는 말만 들으십시오." 하므로, 초평이 매일같이 그 말을 들어 2년 만에 마침내 깨달음이 있었다고 한다. 늦게 학문에 뜻을 두어 성취가 있는 것을 가리킬 때 흔히 쓰는 말이다. 《宋史 卷427 道學列傳 周敦頤》

유집중[43] 성운 에게 답함

答柳集仲 成運

보내 주신 서찰의 말뜻이 매우 범상하지 않습니다. 이를테면 "문을 닫고 인사를 사절하고 서책을 음미한다.〔閉門謝事 玩繹遺編〕"라고 말씀하신 것은 참으로 제일의 더할 나위 없는 진리이기에 저로 하여금 거듭 읽으며 감개하여 옷깃을 여미도록 합니다. 그대가 이 일에 뜻을 둔 것이 오래되었습니다만 당초에 확실한 학문의 원칙을 세우지 못하여 뒤에 자못 명(明)나라 문인들의 부화(浮華)한 문장의 소굴 속에 넘나들듯이 하셨던 것이 한스럽습니다. 그렇지만 지금 이렇게 과거 공부를 포기하고 아직 직무에 얽매이지 않는 여가를 이용하여 옛 습성을 씻어 버리고 일의(一意)를 집중하여, 곧장 《대학》부터 시작해서 글자마다 구절마다 탐구하면서 반드시 정밀하고 익숙하게 하는 데 힘써 자신의 가슴속의 뜻이 날로 고명(高明)한 데에 이르고 그 길을 따라 더 올라가서 힘쓰고 힘써 그만두지 않게 할 수 있어야 합니다. 이렇게 할 수 있다면 뿌리가 깊어지매 따라 잎이 무성해지고 몸이 커지매 따라 소리가 웅장하게 되는 것은 자연스러운 이치입니다. 이렇게 된다면 장래에 세상에 부응하여 책무를 맡게 될 때에 어찌 분명하게 의거할 만한 실제가 있지 않겠습니까.

43 유집중(柳集仲) : 집중은 유성운(柳成運, 1651~1710)의 자이다. 본관은 진주(晉州), 호는 묵수(默守)이다. 윤증(尹拯)의 문인이다. 1683년(숙종9) 증광 문과에 병과로 급제하여 주서, 병조 좌랑, 지평, 문학, 제용감 정(濟用監正) 등을 역임하였다.

대체로 본원(本源)을 배양하는 것은 경서를 읽는 것보다 급한 것이 없거니와 다스림의 본체를 밝히고 세상의 일들에 통달하여 남의 말의 허실(虛實)을 판단하고 나랏일의 완급(緩急)을 아는 것은 또 사책(史冊)을 정밀히 보는 것만 한 것이 없습니다. 이는 모두 급급하게 힘을 써야 하고 혹시라도 느슨하게 해서는 안 되는 것입니다. 예로부터 자질이 매우 높은 사람은 비록 학문을 통한 보탬이 없더라도 오히려 그 재주와 천성을 따라 공훈을 세우고 절개를 지킨 것이 우뚝하여 볼만한 데도 위로 옛사람을 논하는 자들은 오히려 불만스러운 마음이 있었습니다. 그런데 하물며 보통 사람 이하의 기질을 가지고 기질을 바로잡는 공부가 없고 학문을 강명(講明)하는 실질이 없이 대번에 말세의 쇠미한 풍속 사이에 내달린다면 명예와 이익에 일희일비하고 경박한 의론에 영향을 받지 않을 이가 거의 드물 것입니다. 부디 우리 벗께서는 깊이 생각하고 돌이켜 살펴서 오늘의 진덕수업(進德修業)하려는 뜻을 더욱 가다듬어, 이렇게 이미 반평생을 그르치고서 뒤미처 후회해도 어찌지 못하는 자로 하여금 우러러 의지하여 스스로 위로할 수 있게 해 주시기를 바랍니다.

질병에 꺾이고 쇠잔해져서 다시 스스로 떨치지 못하는데 궁벽한 산에 숨어 살면서 또 벗들이 충고해 주는 유익함이 없으니 앞날의 일을 이미 알 만합니다. 비록 탄식한들 어찌하겠습니까. 조 사문(趙斯文 조성기(趙聖期))은 참으로 지금 세상에 얻기 어려운 사람으로, 학문에 자득한 맛이 많기에 본래 평소 사모하고 친애하는 분입니다. 그런데 저의 재주와 식견이 평범하기에 아직껏 그분의 경지의 일부분도 엿보지 못하였습니다. 지금 그분과 교분이 매우 깊다고 들었으니 더욱 저도 모르게 정신과 마음이 그쪽으로 내달립니다.

유집중에게 답함
答柳集仲

근일 인편을 통해 안부 물어 주시는 서찰을 받으니 감격스럽고 위안되는 마음 형언할 수 없습니다. 요사이 무더운 장마철에 형의 한가로운 근황은 더욱 좋으실 것입니다. 저는 오래도록 제가 맡을 수 없는 직명(職名)을 띠고 있어 날로 근심스럽고 부끄러운 마음 더해 가고 있었는데 성상께 체직해 주시는 은혜를 입었으니[44] 이만한 다행이 어디 있겠습니까. 보내온 편지에서 자신을 헤아리라는 말씀은 실로 제 마음을 알아주신 것입니다. 조 숙부(趙叔父)는 또한 어찌 깊이 저를 염려해 주는 분이 아니겠습니까.[45] 다만 저를 다그치고 면려하시는 뜻은 끝내 저의 본분에 감당할 수 있는 것이 아닐 뿐입니다.

산속에서 나물을 씹고 있는 저의 근황[46]은 진정 보내온 편지에서

44 저는……입었으니 : 본 서찰의 뒷부분에서 첫아들 임동(林董)이 태어난 일을 언급하고 있는 것을 통해서, 1687년(숙종13) 본 서신이 작성된 것을 알 수 있다. 이 당시 창계는 예조 참의, 홍문관 부제학, 성균관 대사성 등에 제수된 데 대해 모두 사직하여 체차되었는데 여기서는 당시 출사(出仕)와 관련한 일련의 일들을 가리킨 듯하다.

45 조 숙부(趙叔父)는……아니겠습니까 : 조 숙부는 창계의 외종숙인 조성기(趙聖期)로, 창계가 1687년 조성기에게 보낸 세 통의 서찰을 살펴보면 이 당시 조성기가 창계에게 출사(出仕)를 권유한 사실을 엿볼 수 있다. 《滄溪集 卷9 與趙叔成卿》

46 산속에서……근황 : 본래 북송(北宋) 여본중(呂本中)의 《동래여자미사우잡지(東萊呂紫微師友雜志)》에 "왕신민(汪信民)이 일찍이 '사람이 늘 나물 뿌리를 씹으며 살 수 있으면 모든 일을 이룰 수 있다.〔人常咬得菜根, 則百事可做.〕'라고 하니, 호강후(胡康侯)가 그 말을 듣고 무릎을 치며 감탄했다."라고 한 데서 온 말인데, 주희(朱熹)가

말씀하신 그대로입니다. 다만 병들고 게으른 데다 외롭고 고루하여 더욱 심하게 해이해져 가니 앞으로 과연 몇 권의 남은 서책을 다 읽을 수 있을지 모르겠습니다. 서책을 완벽히 다 읽는다는 것은 참으로 쉬운 일이 아닙니다. 성현들의 절실하고 긴요한 교훈들을 우리 가운데 누구인들 펼쳐 보지 않겠습니까. 그렇지만 범범하게 보고 지나치는 것이 늘 걱정되는 점이니 착실하게 한두 권의 서책을 끝까지 읽어 그 서책 속의 의리가 환하게 의문이 없어져 내 마음에 부합하게 하지 못한다면 서책을 완벽히 다 읽었다고 말할 수 없습니다. 모르겠습니다만 우리 벗께서는 이에 대해 근년에 터득한 것이 어떠하신지요? 산가(山家)에 아기가 태어난 기쁨[47] 때문에 특별히 천리 멀리서 번거로이 축하하게 해 드렸습니다만 또한 벗의 두터운 정의(情誼)인지라 감탄스럽기 그지없습니다.

조정에 나갈 것을 권유하는 진량(陳亮)에게 보낸 답장에서 "쓸모없는 사내가 산에서 나물 뿌리를 씹어 먹으면서 남들과 서로 간섭하는 일 없이 몇 권의 남은 서책을 마저 끝내고 시골의 뛰어난 선비들과 강학하도록 내버려 두는 것도 한 가지 방법입니다.〔留取閑漢在山裏咬菜根, 與人無相干涉, 了却幾卷殘書, 與村秀才子尋行數墨, 亦是一事.〕" 라고 하였다. 말년에 초야에 남아 학문을 마치겠다고 말했던 주희의 상황에 창계 자신의 상황을 비유하여 한 말이다. 《小學 卷6 善行》《晦庵集 卷28 答陳同父書》

47 산가(山家)에……기쁨 : 《창계집》 〈창계선생연보초(滄溪先生年譜草)〉에 의하면, 창계는 39세 때인 1687년(숙종13) 2월 둘째 부인 한산 이씨(韓山李氏)에게서 첫아들 임동(林董)을 얻었다.

이성망[48] 사상 에게 답함 을축년(1685, 숙종11)

答李聖望 師尙 乙丑

지난달 그믐에 함평(咸平) 선산(先山)의 여막(廬幕)[49]에서 돌아오니 8월 24일 보내 주신 장문의 편지가 서안(書案)에 놓여 있은 지 오래되었습니다. 편지를 펼쳐 글 뜻을 거듭 음미해 보니 저를 매우 깊이 흠모해 주시는 말씀이기에 곤궁하고 고루한 제 마음에 몹시도 깊이 위안이 되었습니다. 감격스럽고 다행스러운 심정을 형언할 수가 없습니다. 요사이 초겨울 추위에 학문하는 체후가 더욱 좋으시리라 삼가 생각합니다. 보내 주신 편지의 긴 말씀을 통해 당신의 평소 뜻을 알게 되었으니 경탄을 금치 못하겠습니다. 이미 과거 공부를 괴롭게 여기는 데다 부화(浮華)한 문장이 또 당신의 마음에 들어갈 틈이 없어 지금 막 자양(紫陽 주희(朱熹))께서 남긴 서책을 뽑아 읽는 것을 귀착할 곳으로 삼으려 하시니 이 뜻이 참으로 고상하고 이 계획이 참으로 합당합니다. 질박하고 넉넉한 자질의 훌륭함과 깊고 넓은 식견의 원대함을 소유한 당신이 아니라면 어떻게 여기에까지 이를 수 있겠습니까. 저로 하여금 당신에 대해 생각할 때 부지불식간에 옷깃을 여미게 합니다.

48 이성망(李聖望) : 성망은 이사상(李師尙, 1656~1725)의 자이다. 본관은 전주(全州)이다. 1689년(숙종15) 증광 문과에 장원으로 급제해 문학, 지평, 광주 부윤(廣州府尹), 경상도 관찰사, 대사간, 도승지, 대사성, 대사헌 등을 역임하였다.

49 함평(咸平) 선산(先山)의 여막(廬幕) : 1684년 창계는 부친 임일유(林一儒)의 상을 당하여 1683년에 세상을 떠난 모친 임천 조씨(林川趙氏)과 함께 함평의 선산에 모셨는데, 이해에 묘소에서 시묘살이를 한 것으로 보인다.

다만 이상한 점이 하나 있습니다. 당신께서 학문의 방향을 정할 때 이미 본래 스승을 만났을 것이고 도성의 사우(士友)들 가운데서도 토론할 이가 없지 않았을 터입니다. 그런데 도리어 천리 멀리 서찰을 보내 속내를 토로하면서 심지어 주자(朱子)의 글을 취사선택하는 일을 부탁하여 마치 제가 절차탁마할 만한 점이 있다고 여기는 듯하니 또 어찌 이리도 저에 대해 잘 알지 못하신단 말입니까. 당신께서 이미 진실한 학문에 뜻을 두었으니 어찌 일부러 헛되이 이렇게 저와 왕래할 필요가 있겠습니까. 단지 저를 잘 알지 못한 연고로 그러하셨을 뿐이니 저는 지금 또한 감히 제 자신에 대해 숨기지 않고 말씀드리겠습니다. 저는 어린 시절 정말로 주자의 전서(全書)를 열람하여 그 서찰의 문답(問答) 속에 말뜻이 절실하고 간곡함을 보고 마치 주자를 대면하여 직접 가르침을 받는 듯 절로 감동하여 깨달은 단서가 없지 않았습니다. 그렇지만 대강 한번 보기만 하고 숙독하지는 못하였습니다. 비록 잠시 《주자서절요(朱子書節要)》를 읽은 적은 있지만 또한 익숙하게 반복하여 보지는 않았습니다. 그래서 지금까지 이렇게 거칠고 엉성하니 이 어찌 속히 주자의 성대한 학업에 대해 참여하여 논의하고 또 감히 그 서책 가운데서 취사선택할 수 있겠습니까. 그렇지만 변변찮은 제가 감동하여 깨달은 단서는 아직도 잊을 수 없는 점이 있기에 제가 죽기 전에 혹 다시 힘을 쏟아 오랫동안 품어 온 뜻을 이루기를 바라고 있었습니다. 그렇지만 병들고 게을러서 다시 이 소원을 이룰 날이 없을 듯하여 늘 남기신 서책을 껴안고 그저 절절히 비탄에 빠지곤 할 뿐이었습니다. 그런데 지금 보내 주신 편지를 받고 문득 마음이 움직여 참으로 함께 배우고픈 소원이 있지만 궁벽한 곳에서 거상(居喪) 중이라 스스로 이룰 수가 없기에 그저 더욱 상심하고 슬퍼할 따름입니다.

지금 이후로는 제가 원해 왔지만 아직 하지 못한 것들을 모두 당신께 바라니 부디 더욱더 힘써서 빠른 효과를 보는 데 성급해하지 말고 작은 성취에 취해 나태해지지 마시기 바랍니다. 그래서 《주자서절요》를 디딤돌로 하여 다시 주자의 전서에서 해박함을 이루어 반드시 이것을 일생의 사업으로 삼고, 서찰들에서 논한 경전(經典)과 사서(史書)를 읽는 방법 역시 모두 성실히 지켜 공부해 나간다면 그 성취하는 바를 어찌 저처럼 우매한 이가 헤아릴 수 있겠습니까. 이로부터 감동하여 깨달아 여기에 귀착한다면 인생에서 할 일이 여기에서 벗어나지 않을 것입니다. 혹 종전의 글을 외고 짓는 학업을 근본 바탕으로 삼고서 새로이 두어 편을 뽑아 읽는 것을 귀착할 계획으로 삼는다면 크게 발명해 내는 것이 없어서 겉만 꾸며 대는 일과 또한 그리 다르지 않을 듯합니다. 어떻게 생각하십니까, 어떻게 생각하십니까? 등불 아래 눈을 비비며 힘겹게 씁니다. 이만 줄입니다.

박조능[50] 태은 에게 답함
答朴祖能 泰殷

보내온 편지에서 흉년에 어버이를 봉양하고 처자식을 양육하는 일로 깊이 우려하여 심지어 "오래도록 빈천하게 살면 족히 부끄러운 일이다."[51]라는 말을 인용하고서 참으로 그 말을 옳다고 여기는 듯하셨습니다. 가사를 주관하는 근심과 수고가 깊어 자신도 모르게 이 지경에 이르신 것을 상상할 수 있으니 저로 하여금 근심하는 정도에서 그치게 할 뿐만이 아닙니다. 저는 그저 구복(口腹)과 처자식을 위하는 데 지나지 않는데 지금 한창 곤경에 빠져 또한 마음이 뒤숭숭함을 면치 못하고 있으니 이는 비루한 일입니다. 대개 농사에 힘쓰고 씀씀이를 절약하는 것은 본분으로 볼 때 마땅히 해야 하는 일이거니와 이 정도를 넘어서서 조금이라도 생계를 영위하게 되면 곧장 천박하고 불인(不仁)한 지경에 떨어지게 됩니다. 성인(聖人)께서 관대하게 대하고 두루 헤아리면서도 이 부분에 대한 구분을 매우 엄격하게 하여 곧장 단정하여, "도(道)를 도모하지 먹을 것을 도모하지 않으며, 도를 걱정하지 가난을 걱정하

50 박조능(朴祖能) : 조능은 박태은(朴泰殷, 1650~1696)의 자이다. 본관은 반남(潘南), 호는 극재(克齋)이다. 박세채(朴世采)의 장남이다. 돈녕부 참봉, 내시교관(內侍教官), 장악원 주부, 경기 좌수운 판관(京畿左水運判官) 등을 역임하였다.

51 오래도록……일이다 : 《사기(史記)》 권129 〈화식열전(貨殖列傳)〉에서 사마천(司馬遷)이 "산속에 은거하는 고상한 선비의 행실이 없는데도 오래도록 빈천하게 살면서 인의를 말하기 좋아하는 것은 또한 족히 부끄러운 일이다.〔無巖處奇士之行, 而長貧賤, 好語仁義, 亦足羞也.〕"라고 한 데서 온 말이다.

지 않는다."[52]라고 말씀하신 것은 반드시 이유가 있는 것입니다. 보잘것없는 제가 평소 자못 이 의리에 스스로 힘쓰려고 하였는데 근래 들어 곤궁함이 더욱 심해져 점점 생각이 침체됨을 느끼니 혈기가 더욱 쇠하여 평소의 경계를 굳게 지키지 못한 채 벗들의 수치가 될까 몹시 두렵습니다. 부디 형께서 때때로 경계의 말씀을 함으로써 해이하고 나약한 저를 격려하여 끝내 그 본심을 잃어버리지 않게 해 주시기를 바랍니다. 이렇게 해 주신다면 제게 다행이겠습니다.

52 도(道)를……않는다 : 《논어》 〈위령공(衛靈公)〉에서 공자(孔子)가 한 말이다.

김숙함[53] 재해 에게 답함

答金叔涵 載海

몇 달 동안 묘소 곁에 머물다가 어제 비로소 옛집에 돌아왔는데 오가는 길 곳곳마다 비통하고 애절한 심정이었으니 참으로 살아 있는 것이 좋은지를 모르겠습니다. 그런데 세월이 얼마나 흘렀기에 연기(練期 소상(小祥))가 또 다가오니 눈 한번 돌리는 사이에 이 무슨 인간사란 말입니까. 그저 슬피 흐느끼며 하루를 보낸다고 말씀드릴 뿐입니다. 보내 준 편지를 돌아와서 살펴보니 말뜻이 매우 정성스러운지라 근래 정진(精進)해 오신 공부를 상상해 볼 수 있습니다. 이 때문에 탄복하였으니 그리워하는 제 마음에 크게 위안이 됩니다.

저는 부모님을 다 여읜 뒤로 정력(精力)이 완전히 상실되어 줄곧 학문을 놓아 버리고 있어 다시 말할 만한 것이 없지만 담박하고 적적한 생활 속에서 몸을 반성하고 내면으로 향하는 뜻이 또한 전혀 없지는 않았습니다. 다만 이러한 생각을 하기만 하면 문득 지난날의 온갖 행위가 뒤엉키고 잘못된 일 아닌 것이 없기에 몹시 한스럽고 후회스러운 마음을 거의 견딜 수 없습니다. 지금 이미 반평생을 잘못 보낸 사람이 되었으니 설령 앞으로 혹 조금이나마 수습할 수 있다 하더라도 또한

53 김숙함(金叔涵) : 숙함은 김재해(金載海, 1658～1720)의 자이다. 그는 박세채(朴世采)의 문인으로 윤증(尹拯)의 문하에서도 수학하였으며, 성리학에 조예가 깊었고 김창협(金昌協), 이희조(李喜朝) 등과 교제하였다. 세자익위사 부솔을 지냈으며, 저서에 《쌍호초고(雙湖草稿)》가 있다. 김재해 부부의 청렴함을 보여 주는 일화가 신돈복(辛敦複)의 《학산한언(鶴山閒言)》에 전한다.

족히 말할 것이 무엇이겠습니까. 이러하지만 그래도 차마 대번에 스스로 포기하지 못하고 소인이 되는 것만은 혹시라도 면하기를 바라고 있으니 그대처럼 젊은 나이에 학문에 뜻을 두고 조금도 때가 묻지 않은 사람이라면 더욱 어찌 스스로 힘쓰지 않아서야 되겠습니까. 정말로 지금부터 더욱더 힘써서 이렇게 감동하여 깨달은 단서를 발판으로 다시 물러나지 않는다면 온전한 덕을 갖춘 군자가 되는 것을 또한 누가 막겠습니까. 더욱 유념하여 마침내 이렇게 우러러 기대하는 제 마음을 위안해 주시기를 다시 바랍니다.

지금 《논어》를 읽고 계심을 알았습니다. 또 의심나는 부분을 써서 보내 주겠다고 하시니 더욱 깊이 위안이 되고 기대가 됩니다. 다만 거칠고 천박한 제가 어떻게 그대의 사고(思考)에 조금이나마 보탬이 될 수 있겠습니까. 그렇지만 만약 보내 주시는 편지를 통해 혼매하고 꽉 막힌 저를 개발할 수 있다면 저에게 또한 어찌 보탬이 없겠습니까. 그런데 반드시 《논어》 읽기를 다 마친 뒤에 의문점을 보내신다면 저의 짧은 정력으로 일일이 조문마다 대답하기는 더욱 어려우니, 부디 바라건대 편지를 보낼 때마다 써서 보여 주시는 것이 어떻겠습니까? 비록 몇 조문이라도 또한 무방합니다.

김숙함에게 드림

與金叔涵

밝은 창가 아래 자리에서 책을 펼치고 숙연하게 앉아 계신 기상을 누워 상상하노라니 벌떡 일어나 찾아가서 종유(從遊)하지 못함이 한스럽습니다. 저의 이 병은 어제에 비해 조금 차도가 있지만 아직도 맥없이 누워 있습니다. 대개 허물과 뉘우침이 속에 쌓여 마침내 기(氣)를 움직여 병을 더하는 데 이른 듯합니다. 그대는 한 부(部)의 정묘(精妙)한 진리들을 두루 보아 마음을 안정시키는 법과 병증을 치료할 약이 반드시 있을 것이라고 생각하니, 그 가운데 가장 긴요한 것을 뽑아 보여주어 저로 하여금 깨우치고 익히게 하실 수 있겠습니까? 병으로 누워 있다가 문득 이런 생각이 들었기에 말씀드립니다.

김숙함에게 답함

答金叔涵

봄과 여름 이래로 병으로 더욱 몹시 피폐하여 앞서 보내온 서찰에 아직까지도 답장을 보내지 못하였는데 조카가 돌아오는 편에 다시 서찰을 받으니 부쳐 주신 뜻이 매우 정성스러운지라 몹시 감격스러우면서도 부끄럽습니다. 서찰에서 비록 근래의 공부 과정을 말씀하지는 않았지만 보내 주신 편지를 삼가 보니 문사(文辭)가 통창(通暢)하고 자획(字畫)이 단정하고 원숙하였습니다. 비록 일상적인 서찰이기는 하지만 또한 마음에 보존하고 계신 것이 날로 새로워지고 있음을 상상할 수 있으니 저로 하여금 탄상(歎賞)하게 합니다.

이곳의 근황은 보내온 서찰에서 이미 다 말씀하셨으니 다시 더 말할 만한 것이 없습니다. 다만 그 가운데 저의 실정(實情)보다 지나친 말은 혹 실제에 들어맞지 않을 뿐입니다. 며칠 전에 지쳐 누워 있느라 무료하여 우연히 혼자 한마디 말을 하기를 "굶주려도 근심하지 않고 추워도 마음 편안하니, 밭 없고 집 없는 것이야 모두 마음 쓰지 않노라.[54] 단지

54 밭……않노라 : 삼국(三國) 시대 위(魏)나라의 허사(許汜)가 일찍이 유비(劉備)와 함께 이야기를 나누던 중 한번은 자기가 진등(陳登)을 찾아갔더니, 진등이 손님 대접을 제대로 하지 않았다고 하면서 주인인 진등은 높은 와상으로 올라가 눕고 손님인 자기는 아래 와상에 눕게 하더라고 말하자, 유비가 말하기를 "그대는 전답이나 집을 구하려고 다니는 사람이라, 그대의 말이 채택할 만한 것이 없었기 때문이다.〔君求田問舍, 言無可采.〕"라고 했던 데서 온 말로, 창계 자신은 허사처럼 집과 밭을 구하는 데 구차하게 마음 쓰지 않는다는 뜻이다. 《三國志 卷7 魏書 陳登傳》

지난 일들에 잘못과 후회가 많기에, 고요한 중에 뒤미처 생각할 때면 얼굴 붉어지네.〔飢亦不憂寒亦安 無田無舍摠非關 只緣往事多尤悔 靜裏追思每厚顔〕"라고 하였고, 또 말하기를 "이내 마음 거울에는 외물 하나도 편안함을 용납하기 어려우니, 이 몸에 관한 일 외에 다시 무엇을 신경 쓰랴. 뒷일 아직 안 왔는데 앞일이 가 버리니, 단지 지금 여기서 증자(曾子)와 안자(顔子)를 체득해야 하리.〔心鏡難容一物安 手頭事外更何關 後事未來前事往 只須當處體曾顔〕"라고 하였습니다. 이 말들이 비록 비속하여 시어(詩語) 같지 않지만 보잘것없는 저의 심경(心境)을 또한 대략 볼 수 있을 것입니다. 다만 또한 저의 행실이 이 말에 미치지 못하는 것이 한탄스러우니 오직 그대만 보고 한번 웃고 다시 다른 사람들이 보거나 듣지 않도록 해 주심이 어떻겠는지요? 그대가 누차 편지를 보내 주신 정성스러움에 감격하여 병을 무릅쓰고 이 편지를 이생(李生)이 가는 길에 부칩니다. 나머지 말은 서찰로 다 올리기가 어렵습니다.

김숙함에게 드림
與金叔涵

근일 초봄에 어버이 모시며 학문하는 체후가 매우 좋으리라 멀리서 생각합니다. 이곳에 있는 저는 고질병이 예전 그대로여서 다시 할 수 있는 일이 없기에 초심(初心)을 돌아볼 때마다 그저 몹시도 상심하고 한탄할 뿐입니다. 전일의 비속한 말은 우연히 써 보낸 것이기에 글의 조리가 정말로 맞지 않는 부분이 많은데도 번거로이 의견을 말씀해 주시니 저를 생각해 주는 마음에 몹시 감사드립니다. 그 말 가운데 저의 본뜻은 또한 혹 보내 주신 의견과 같지 않은 점이 있으니 마주 보고 한번 토론하지 못하는 것이 한스럽습니다. 보내 주신 시(詩)에서 스스로 힘쓴다는 뜻은 저로 하여금 거듭하여 감탄하게 합니다. 선비 된 자는 본래 이와 같이 하려고 하지 않지만 이와 같이 되는 경우가 때때로 있습니다.[55] 이것이 세도(世道)에 있어 깊이 우려되는 점이니 어찌하겠습니까, 어찌하겠습니까. 뜻을 함께하는 이들과 어울려 분수에 따라 강론하고 면려하면서 피차간에 서로 유익함이 있다는 말을 들었습니다. 이 또한 진학(進學)에 조금은 보탬이 되는 일이니 어찌 좋지 않겠습니까. 그들 가운데 지향과 학업을 일컬을 만한 자를 부디

55 선비……있습니다 : 이 부분은 김재해(金載海)가 창계에게 보낸 서찰에 적은 시의 내용에 대한 창계의 의견으로, 선비의 출사 혹은 나라를 걱정하는 마음이 혼란한 세도(世道)와 충돌하는 상황을 가리키는 것으로 보이는데, 김재해의 서찰을 확인할 수 없어 정확히 무엇을 가리키는지는 알 수 없다.

다시 자세히 알려 주어 비루한 저를 위로해 주시기 바랍니다.

이곳에 있는 저는 고질병을 앓고 있을 뿐만 아니라 외로이 혼자 지낸 날들이 많은 연고로 근일에 그저 친척들과 담소 나누고 아이들에게 글을 가르치는 일로 그냥저냥 세월을 보내고 있습니다. 비록 잠시 주의를 기울이는 동안에는[56] 간혹 생각이 내면의 양심을 향하는 경우가 있지만 잠시 보존했다가도 곧장 잃어버려 밝히기는 어렵고 어두워지기는 쉬우니 참으로 족히 말씀드릴 것이 없습니다. 보내온 서찰에서 부탁하신 뜻이 자못 깊은데 제가 전혀 감당할 수 있는 것이 아니기에 그저 스스로 부끄러울 따름입니다.

대개 노년에 접어든 용렬한 사람이 비록 학문에 정진하려는 마음은 있지만 그 식견(識見)과 의취(意趣)가 항상 세속의 범용(凡庸)한 사람의 마음에서 스스로 떨쳐 일어나지 못함이 괴롭습니다. 그러하니 만약 깊이 생각하고 용맹하게 성찰하여 크게 감동하여 깨닫는 점이 있어 천백 번 갈고 닦아서 차근차근 힘을 다하는 것이 아니라면 끝내 도(道)에 가까워지지 못할 듯합니다. 이는 참으로 병들고 졸렬한 제가 밤낮으로 두려워하는 것이거니와 비록 우리 숙함처럼 현명한 이라도 또한 때때로 경계하는 마음을 쓰셔야 할 것입니다. 모르겠습니다만 어떻게 생각하시는지요? 어제 집안에 기제(忌祭)를 지내느라 눈병이 더욱 심

56 잠시……동안에는 : 원문의 '개연지경(介然之頃)'은, 맹자(孟子)가 고자(高子)에게 이르기를 "산중의 오솔길이 잠깐 사람이 이용하면 길이 되고, 한참 동안 이용하지 않으면 띠풀이 나서 막아 버리나니, 지금 그대는 띠풀이 마음을 막아 버렸도다.〔山徑之蹊間, 介然用之而成路, 爲間不用則茅塞之矣, 今茅塞子之心矣.〕"라고 한 데서 온 말이다. 맹자는 마음속의 의리, 즉 양심을 산길에 비유하여 사람들이 찾지 않으면 양심이 잡초로 우거져 가려진다고 하였다. 《孟子 盡心下》

해져 자력으로 간신히 대강 썼기에 하고자 하는 말을 다 하지 못하였습니다. 부디 더욱 높고 깊은 경지에 나아가기를 힘써 저의 깊은 기대에 부응해 주시기 바랍니다.

김숙함에게 답함

答金叔涵

근래 선생님의 서찰을 받았는데 그대가 의리(義理)에 대해 참으로 절실하게 이해하여 앞날을 매우 기대할 수 있겠다고 말씀하셨습니다. 이는 반드시 그대에게 취할 만한 점이 있어서일 것이니 저로 하여금 탄복하여 마지않게 합니다. 또 종종 얽매이고 막히는 병통이 없지 않은 듯하다고도 말씀하셨는데 이 말씀으로 보자면 과연 그대가 지금 어떠한 상태인지는 모르겠습니다만, 착실하게 탐색하다 보면 자연스레 이러한 병통이 생기기 쉬운 법이니 공부가 깊어진 뒤에는 저절로 식견이 트일 것입니다. 병으로 쓰러져 지내는 저 같은 사람은 비록 분수에 따라 스스로 힘쓰고자 하지만 외로이 지내며 사우(師友)들과 어울리는 유익함이 없어 날로 더욱 방기하고 게을러지니 슬퍼하고 탄식한들 어찌하겠습니까.

김계내 여옥 에게 답함 갑인년(1674, 현종15)

答金啓乃 汝沃 甲寅

국가가 불행하여 자성(慈聖)[57]께서 돌아가셨으니 신민(臣民)들의 애통해하는 마음이 어찌 서울과 지방에 차이가 있겠습니까. 저는 집안의 재앙까지도 참혹하여 병든 아내가 마침내 일어나지 못하는 지경에 이르렀기에[58] 아프고 찢어지는 마음을 오랫동안 견디지 못하였습니다. 그런데 근래 인편을 통해 지난해 섣달에 보내 주신 서찰을 삼가 받아 보니 글 뜻이 정중하여 마치 얼굴을 마주하고 이야기 나누는 듯하였습니다. 저를 하찮게 여기지 않는 당신의 마음에 몹시 감사드리는 한편으로 또 제가 어떻게 이런 대우를 받을 수 있게 되었는지 부끄럽습니다.

저는 자질이 용렬한 데다 어려서부터 배울 때를 놓쳐 지나간 세월을 돌아보노라면 잘못이 아닌 일이 없기에 보잘것없는 저의 지금 뜻은 바로 이 상태에서 부족함을 메꿔 나가는 데 있습니다. 그런데 보내온 서찰에서 잘못을 고치는 일을 특별히 들어 저를 가르쳐 주시니 어찌 매우 절실한 비판이 아니겠습니까. 이치를 구하고 생각을 다하는 일에 다 뜻은 있지만 실제로 아직 제대로 하지는 못하였습니다. 그리고 가르쳐 주신 '용(勇)'이라는 한 글자를 제 자신에 비춰 보면 스스로 더욱

57 자성(慈聖) : 효종(孝宗)의 비(妃)이자 현종(顯宗)의 모후(母后)인 인선왕후(仁宣王后)를 가리킨다.

58 병든……이르렀기에 : 창계는 1674년(현종15) 2월 첫째 부인 창녕 조씨(昌寧曺氏)의 상을 당하였다.

부족함을 느낍니다. 이러한 가르침을 받으니 몹시 다행이라고 생각합니다만, 옛 습관은 분분하게 일어나는데 한때의 억지로 애쓰는 마음은 매양 쉽게 사라지고 마니 어떻게 자신을 지켜 끝내 당신의 충심 어린 가르침을 어기지 않을 수 있을지 모르겠습니다. 마침 인편을 만나 대강 씁니다. 이만 줄입니다.

김계내에게 답함
答金啓乃

지난겨울 용협(龍峽)에 의원을 찾아갔는데, 돌아와서 보내 주신 서찰이 서안(書案)에 놓여 있은 지 이미 오래였음을 알았습니다. 서찰을 들고 읽노라니 멀리 있는 형을 그리워하는 마음이 더하였습니다. 지금 이때 형께서 어버이를 모시며 공부하는 체후가 더욱 좋으시리라 삼가 생각합니다. 저는 어버이 곁에서 그럭저럭 지내고 있습니다만 고질이 된 신병(身病)이 근년에 더욱 심해져 한 달 중에 거의 스물아홉 날은 신음하며 아파하고 있습니다.

앞서 보내온 편지에서 충고의 말을 해 주지 않는다고 나무라셨는데 이러한 뜻이 몹시 훌륭합니다. 그런데 제가 그렇게 한 것은 제 스스로 감히 형을 도외시하여 그렇게 한 것이 아니라 실로 스스로 적실(的實)하게 터득한 것이 없어서입니다. 또 형이 가진 자질의 장단점과 문학(問學)의 과정을 다 알지 못하기에 감히 경솔하게 이러쿵저러쿵 말씀드릴 수 없었을 뿐이지 제 스스로 형을 도외시한 것이 아닙니다. 대개 우리의 이 도(道)는 정자(程子)와 주자(朱子)께서 천명(闡明)하신 이후로 성인의 정밀하고 심오한 의리가 거의 드러나지 않은 것이 없으니 단지 후인들이 강직(剛直)하고 정대(正大)하게 뜻을 세워 성심(誠心)으로 강마(講劘)하고 실천해야 할 뿐입니다. 모르겠습니다만 형께서는 뜻을 세워 정말로 도를 구하고 성인을 바라는 일을 자신의 책무로 여기고 강마하고 실천하는 일이 날마다 새로워지는 실제가 있으십니까? 이와 같이 하여야 비로소 참된 학문이니, 이와 같이 하지 않으면 성현들의 수많은 말씀들이 매양 귀로 듣고 입으로 말하는 자료에 불과하여 끝내 이 도에 들어가지 못할 것입니다. 제가 드리는 이 말이 몹시 평범하니 누구인들 알지 못하겠습니까. 그렇지만 이 말을 가지고 날마다 스스로 반성한다면 자신이 아직 이르지 못한 부분을 스스로 알고서 힘쓸 수 있을 것입니다.

과거(科擧) 보신 일은 이미 지나갔는데, 모르겠습니다만 다시 한 번 과거 보러 가시려는지요? 형께서 과거를 보신 일은 오로지 어버이의 뜻을 따른 것이라고 들었으니 여기에서 더욱 형의 효성스러운 실제를 볼 수 있습니다. 다만 시세(時勢)를 살펴 자신을 지켜야지 또한 오래도록 마음을 바꿀 계획이 없어서는 안 될 듯합니다. 모르겠습니다만 어떻게 생각하시는지요? 선배가 말하기를 "윤화정(尹和靖)의 모친이 아들이 잘 봉양하는 것을 편안히 여기지 않았다면 이 또한 효자의 수치였을 것이다."라고 하였는데[59] 이 말은 깊이 음미해야 할 듯합니다.

59 선배가……하였는데 : 여기서 창계가 말한 선배는 성혼(成渾)이다. 그가 이이(李珥)에게 준 〈여이숙헌(與李叔獻)〉에서 "화정의 어머니가 녹봉으로 봉양하는 것을 편안히 여기고 잘 봉양하는 것을 편안히 여기지 않았다면 이 또한 효자의 수치였을 것입니다.〔和靖之母, 安於祿養, 而不安於善養, 則亦孝子之羞也.〕"라고 한 말을 창계가 인용한 것으로, 김여옥(金汝沃)이 비록 부모를 위하여 자신의 뜻을 굽혀 과거를 보았지만 아들의 곧은 뜻을 무시하면서 과거를 계속 종용하는 것은 부모의 진정한 뜻이 아닐 것이라는 뜻으로 한 말이다. 《牛溪集 續集 卷3 與李叔獻, 韓國文集叢刊 43輯》 참고로, 화정은 정이(程頤)의 문인(門人)인 윤돈(尹焞)의 자이다. 윤돈이 일찍이 과거를 보기 위하여 과장(科場)에 들어가니, 원우(元祐) 연간에 벼슬하였던 사마광(司馬光), 정이 등의 제신(諸臣)을 주벌하는 문제를 논하라는 책문(策問)이 나왔다. 이에 윤돈은 훌륭한 분들을 비판할 수 없으므로 과거를 보지 않고 그대로 물러 나와 정이에게 "저는 다시는 과거에 응시하지 않겠습니다."라고 다짐하였는데, 정이는 "그대는 노모가 계시니, 과거를 보지 않을 수 없다." 하였다. 윤돈이 이 사실을 어머니에게 말씀드리자 그의 어머니는

어떻게 생각하십니까, 어떻게 생각하십니까? 주제넘고 경솔하게 이런 말씀을 드리는 것은 충고를 듣기 좋아하시는 형의 저에 대한 정의(情誼)를 믿어서입니다. 드리고 싶은 말씀은 많지만 이만 줄입니다.

"나는 네가 잘 봉양하는 것만 알지 녹봉으로 봉양하는 것은 알지 못한다.〔吾知汝以善養, 不知汝以祿養.〕" 하였다. 정이는 이 말을 듣고 참으로 훌륭한 모친이라고 칭찬하였다. 이후 윤돈은 종신토록 과거에 응시하지 않았다.《宋史 卷428 道學列傳 尹焞》

김계내에게 답함
答金啓乃

초봄에 친형님이 고향에서 돌아오셨을 때 형이 보낸 편지를 받았습니다. 편지에 담긴 은미한 말씀과 오묘한 의리가 고루한 저를 개발하기에 충분하였으니 형께서 저를 하찮게 여기지 않는 마음에 몹시 감사드립니다. 다만 그때 한창 제가 공무에 시달리고 있어서 곧바로 답장을 보내지 못하고 여름에 호중(湖中)에 돌아와서야 비로소 답장을 쓰려고 하였는데 옛 종이들을 두루 찾아보았지만 끝내 보내 주신 편지를 찾지 못하였습니다. 혹시 도성의 집에 있는 상자 안에 빠뜨리고 왔을지도 모른다 생각하고 가을에 도성에 들어가 다시 샅샅이 찾아보았지만 찾지 못하였으니 소홀히 다룬 일이 몹시 부끄러워 뭐라 드릴 말씀이 없습니다. 형께서 만약 끝내 저를 내치지 않는다면 번거롭겠지만 다시 보내 줄 수 없으신지요? 학문을 논하는 이러한 서찰은 반드시 초본(草本)이 있을 것이므로 감히 말씀드립니다만 부끄러움과 탄식을 금치 못하겠습니다.

대개 이 일은 퇴도(退陶 이황(李滉))와 고봉(高峯 기대승(奇大升))으로부터 석담(石潭 이이(李珥))과 파산(坡山 성혼(成渾))에 이르기까지 그분들이 이미 심도 있게 강론(講論)하였으니 후학들이 용이하게 결단할 수 있는 일이 아닙니다. 그렇지만 근세에 노성한 선생들은 강론을 통해 또 모두 석담의 주장을 존숭(尊崇)하여 지키고 있고, 형의 서신에 담긴 뜻의 곡절을 제가 지금 비록 기억하지는 못하지만 그 대강의 뜻을 보면 또한 석담을 존숭할 줄 알고 계셨습니다. 그러하니 우선 이에 의거하여 오랫동안 체인(體認)해 나가면 반드시 저절로 깨닫는 곳이 있을 것입니다. 이렇게 된다면 또한 어찌 식견이 얕은 제가 엿볼 수 있겠습니까. 다만 보내 준 편지 가운데 저의 뜻이라고 지적하면서 논변하신 부분은 저의 뜻과 같지 않은 점이 많은 듯합니다. 어쩌면 지난해 제가 경황이 없던 중이라 말하는 요지가 분명하지 않아서 그렇게 된 것이 아니겠는지요. 이미 보내 주신 본 편지가 없어서 자세히 분별할 수가 없기에 대략 그 핵심만 이와 같이 논하였으니, 모르겠습니다만 형께서는 어떻게 생각하시는지요?

이경장 한좌 에게 답함

答李景張 漢佐

작별한 뒤로 세 번 보내 준 서찰에서 정성스레 부탁한 뜻과 공손하게 표해 준 예가 모두 보잘것없는 내가 감히 감당할 수 있는 것이 아니었네. 비록 몹시 몸 둘 바를 몰랐네만 또한 어찌 한마디 감사하는 답장이 없을 수 있겠는가. 그렇지만 실제로 내가 근년 들어 병세가 더욱 심해져서 눈이 아프고 마음이 어지러워 종이를 펼쳤다가 다시 거두어 버리기도 하고 어느 때는 간혹 중간까지 써 내려 갔다가 그대로 내버려 둔 적도 있네. 그런데 생각지도 못했는데 그대가 오히려 너그러이 나를 이해해 주어 의심하거나 성내지 않고 봄 사이 종손(從孫)이 남쪽으로 돌아오는 편에 또 시를 부쳐 거듭 마음을 써 주니 이는 그대의 너그러운 도량과 참된 정성이 옛사람의 경우와 몹시 비슷하다 하겠네. 그렇지만 도리어 내가 그대의 뜻에 조금도 보답하지 못하니 다만 더욱 부끄럽고 한편으로 탄식할 뿐이네.

그대가 내게 요구한 자설(字說)은 참으로 요구대로 지어 주려는 뜻이 있었네. 다만 생각건대 당시에 그대의 표덕(表德)[60]을 명명해 준 일은 본래 이름을 고려하여 뜻을 취한 데서 나왔을 뿐 반드시 그 표덕을 가지고 종신토록 기대하고 축원하는 표어로 삼으려던 것은 아니었네.

60 표덕(表德) : 《안씨가훈(顔氏家訓)》 권상(卷上) 〈풍조(風操)〉에 "옛날에는 이름으로 몸을 바르게 하고, 자로 덕을 표명한다.〔古者, 名以正體, 字以表德.〕"라고 한 데서 온 말로, 후대에는 자(字)나 별호(別號)를 가리키게 되었는데, 여기서는 자를 가리킨다.

그러하니 지금에 와서 그 표덕을 나중에 연역하여 글을 짓는 것은 이미 나의 본뜻이 아니고 또한 수식하는 문장이 되고 말 것이네. 이 때문에 이 일을 신중하게 여겨 아직 감히 그대의 요구에 응하지 못하고 있을 뿐이니, 모르겠네만 그대는 어떻게 생각하시는가? 그대가 교훈과 경계의 말을 내게 요구한 일로 말하면 이러한 뜻이 몹시 훌륭하네. 만약 내가 참으로 그대에게 조금이라도 도움을 줄 수 있는 새로운 의리를 터득하였다면 진정 오래전에 벌써 그렇게 하였을 것이네. 또한 입과 귀로 가르침을 받은 것이 간혹 한두 가지 실마리가 있지만 아직 생각이 투철해지지 않고 실천이 지극해지지 않아 모두 그대의 요구에 응하기에 충분하지 않네. 이것이 그대의 서찰이 세 번이나 왔는데도 감히 답장하지 못한 까닭이네만, 그래도 그만두지 말라고 한다면 한 가지 해 줄 말이 있네. 듣자 하니 그대가 근일에 그대 숙부와 형님의 가르침을 따라 남쪽으로 올 것이라고 하던데 이 일이 정말로 이루어진다면 거의 강호에서 그대를 종유할 수 있을 것이네. 이렇게 된다면 피차간에 보탬이 있을 것은 말할 것도 없고 일마다 강론(講論)하여 그 생각이 미칠 수 있는 부분을 끝까지 궁구할 수 있을 것이니 어떻게 생각하는가, 어떻게 생각하는가? 날이 어두워 가는 와중에 글을 쓰느라 눈이 뻑뻑하여 어렵사리 대강 쓰네. 이만 줄이네.

이경장에게 줌

與李景張

초봄에 작별하고 나서 한 해가 벌써 저물어 가는데 모르겠네만 그 사이 어떤 공부를 해 왔는가. 나는 병을 앓으며 그저 그렇게 지내느라 조금도 진보한 점이 없기에 평소 늘 울적하여 스스로 유쾌하지가 않으니 어찌하겠는가, 어찌하겠는가. 대개 고서에 담긴 뜻과 사물이 품은 이치는 모두 깊고 절실한 듯하니 지금 내가 이해하고 있는 정도일 뿐만이 아닐 것이네. 그런데 나는 노쇠하고 고질을 앓아 비록 탐구할 만한 의리가 있음을 대강은 알지만 끝내 각고의 노력으로 공부하지 못하고 그저 주관적인 견해만 이루었을 뿐이네. 그렇지만 재주가 높고 근력이 강한 그대 같은 이는 또한 무엇을 생각한들 터득하지 못하겠으며 무엇을 힘쓴들 이루지 못하겠는가. 마땅히 뜻을 겸손하게 하고 생각을 깊이 하여 옛사람이 마음 쓰던 곳을 더욱 탐색하여 분명하게 앞으로 나아가야 할 것이고, 그저 당장의 식견(識見)과 의취(意趣)를 가지고 문득 이미 첩경(捷徑)을 찾았다고 스스로 여기면서 느긋하게 마음 가는 대로 지내려고 해서는 안 될 것이네. 모르겠네만 그대는 이를 어떻게 생각하는가?

재종제 사가 수 에게 줌 기미년(1679, 숙종5)

與再從弟士佳 滫 己未

사찰 문에서 작별했던 괴로움이 지금까지도 마음에 맺혀 있는 데다 더욱이 사함(士涵)이 함께하지 못한 것 때문에 한탄하는 마음 몹시 컸으니, 그의 마음 또한 그러하였으리라 생각하네. 요사이 매서운 추위에 어버이 모시는 그대들 모두 편안히 잘 지내고 있을 테지. 일가의 형제들과 친족들을 여러 해 멀리 떨어져 지내다가 돌아와 만나 보고저마다 정의(情誼)를 다 나누지 못한 채 돌아가노라니 곳곳마다 마음에 걸리고 자나 깨나 잊어버리기 어렵네. 이러한 마음을 넓혀 나가면 거의 우리 가문이 예로부터 돈독하게 지내 온 지극한 덕행을 실추하지 않을 것이네. 이러한 뜻을 지금 막 스스로 경계하고 반성하고 있으니 그대들 역시 몰라서는 안 될 것이네. 도착하자마자 돌아가는 인편을 보내며 바삐 대강 쓰느라 이만 줄이네. 오직 각자 몸을 보중하기 바라네.

조화중[61] 정례 에게 드림 기사년(1689, 숙종15)

與趙和仲 正禮 己巳

나는 북쪽을 바라보며 통곡하고 흐느끼며 말씀 올리네. 천만뜻밖에 숙부님이 갑자기 돌아가셨다는 소식을 삼가 듣고 일순간 경악하여 부르짖으면서 마음을 안정시킬 수가 없었네. 애고, 애고, 이 무슨 일이란 말인가. 지난달에 도성에서 내려온 인편이 있었는데 필동[部洞]의 우리 누이 집에 막 역병이 돌고 있었으므로 서신을 가져오지 않아 그 뒤로는 다시 도성 소식을 듣지 못하였네. 그러다 그제 인편을 통해 홍씨(洪氏)의 부인인 질녀(姪女)의 편지를 얻어 보고서야 비로소 지난달 열흘 사이에 초상이 있었던 사실을 알았네. 천리 멀리서 그리워하며 밤낮으로 마음이 그쪽을 향하고 있었는데도 돌아가실 즈음에 까마득히 모르고 지낸 것이 한 달 남짓이었네. 나라는 사람은 어찌 이 정도로 마음이 영민하지 못하고 사귐의 정의에 교감이 없단 말인지. 병을 앓으며 게을러져 매양 서찰로 안부 묻는 데 소홀함을 늘 비록 몹시 슬퍼하고 한스러워해 왔지만 그래도 남은 날들 동안 힘쓸 수 있을 것이라고 여겼으니 어찌 지금 대번에 이 지경에 이를 줄 생각했겠는가. 몹시도 애통하여 흐느끼니 어이하면 좋겠는가, 어이하면 좋겠는가. 며칠 동안 문을

61 조화중(趙和仲) : 화중은 조정례(趙正禮, 1664~1725)의 자이다. 본관은 임천(林川)이다. 사산감역(四山監役), 장악원 주부, 사헌부 감찰, 선산 부사(善山府使) 등을 역임하였다. 부친은 조성기(趙聖期)로, 이 당시 조정례가 부친상을 당한 데 대해 창계가 이 편지를 보내 외종숙 조성기의 죽음을 애도하고 지병 때문에 문상하지 못하는 안타까움을 토로하였다.

닫고 쓰러진 채 마치 취한 사람처럼 미친 사람처럼 지냈으니 거의 옛사람이 "통곡하다가 저절로 병이 들 것이네."라고 한 경우[62]이니 다시 무슨 말을 하겠는가. 다시 무슨 말을 하겠는가.

숙부님은 평생의 뜻이 글을 저술하는 데 있었는데 이 일은 아직 미처 하시지 못하였을 것이라 생각하니, 하늘이여, 어찌하여 뜻 있는 선비의 소원을 이루어 주지 않는가. 숙부님처럼 재덕(才德)을 갖춘 분이 위독한 질병으로 쓰러지셨으니 곤궁함이 또한 지극하네. 혹여 하늘이 수명을 연장해 주어 그분이 뜻했던 일을 끝까지 마칠 수 있게 하였다면 부귀영화 따위야 참으로 그 일보다 나을 것이 없을 터인데 어찌하여 또 수명을 더 연장받지 못했단 말인가. 비록 고질이 된 숙환이 있었지만 조섭하는 방도가 있어 정신과 외모가 쇠하지 않았으니 지금 이렇게 되고 만 일은 참으로 꿈에도 미처 생각하지 못한 일이네. 모르겠네만 무슨 병증 때문에 대번에 이 지경에 이르게 된 것인가? 숙환이 갑자기 위중해져서인가, 아니면 다른 병증 때문인가? 몹시도 애통하구려. 어찌하면 좋단 말인가, 어찌하면 좋단 말인가.

삼가 생각건대 그대의 효심이 망극할 것인데 어떻게 견디고 계시는가? 집안이 처참하고 인생 만사가 길이 끝나 버렸다는 생각이 드니 슬픈 감정과 서글픈 마음을 다시 어떻게 형언할 수 있겠는가. 할머님은 춘추가 높으시고 막내 숙부님 또한 멀리 유배 가 계시는데 하루아침에

62 옛사람이……경우 : 주희(朱熹)가 제자이자 사위인 황간(黃榦)에게 주는 편지에서 채원정(蔡元定)의 죽음을 애도하면서 "인생 만사 끝나 버렸으니 다시 무슨 말을 하겠는가. 통곡하는 나머지 저절로 병이 들 것이네.〔萬事盡矣, 尙何言哉. 一慟之餘, 行自病也.〕"라고 하였다. 《晦庵集 續集 卷1 答黃直卿》

사람 일이 이 지경에 이르렀으니 그 누가 할머님의 마음을 우러러 위로하여 저승에 계시는 우리 숙부님의 한을 풀어 드릴 수 있겠는가. 생각이 여기에 미치니 더욱 나로 하여금 기가 막히게 하는구려. 장지는 어느 곳에 정하였으며, 장사 지내는 날은 언제쯤인가? 나는 질병과 곤궁함으로 곧장 관 앞에 나아가 통곡하지도 못했는데 그대로 무덤 앞에 임곡(臨哭)하는 영결이 이루어졌으니 이 마음에 맺힌 애통함이 어찌 그 끝이 있겠는가. 혼백이 달아나 글로는 내 뜻을 다 전하지 못하니 부디 스스로 힘을 내고 견디어 숙부님의 뜻과 일을 잘 계승하여 보잘것없는 나의 서글픈 생각을 위로해 주기 바라네. 인편 때문에 급히 대강 쓰네. 이만 줄이네.

외숙 김덕장 홍광 에게 답함

答金叔德章 弘光

보내 준 서찰을 삼가 받고 새해에 공부하는 체후가 더욱 좋으심을 우러러 알았으니 위안이 되는 마음 그지없습니다. 서찰에서 말씀하신 자세한 내용을 보니 놀라고 한탄스러운 마음을 견딜 수 없습니다. 만약 그 일을 담당하는 자를 만나서 들은 바 실상을 대략 들어 말해 주고 그 일을 처리하는 과정에 내 자신은 관여하지 않는다면 안으로는 곤경에 빠진 형제를 돕는 의리를 다하고 밖으로는 혐의를 멀리하는 데 문제가 없을 것입니다. 다만 그 일을 담당하는 자가 마침 탄핵을 받아 조만간 파직되어 떠나게 생겼으니 뒤에 오는 자가 만약 생소한 사람이라면 들은 바를 또한 대략 전달할 수 없을 것입니다. 어찌하겠습니까, 어찌하겠습니까.

대개 곤경에 대처하고 재해를 벗어나는 방도에 있어 만약 앞으로 나아가 겨루면서 속이 후련하게 말해 버리고 할 수 있는 데까지 다 하려고 하면, 그 주장하는 바가 비록 매우 간단하고 명백하다 하더라도 일의 양상이 변해 가는 데 따라 자신의 뜻대로 되지만은 않고 종종 재앙과 원망을 더하기도 하는 것이 늘 문제입니다. 오늘의 일로 말하자면 또한 다시 깊이 유념하셔야 할 듯하니, 모르겠습니다만 어떻게 생각하시는지요? 대개 그저 한때의 분노나 풀어 보려고 한다면야 그렇게 해도 괜찮겠지만 만약 이를 통해 후일의 화근을 영원히 제거하려고 한다면 그런 식으로는 결코 쉽지 않을 듯합니다. 서찰로는 제 뜻을 다 말씀드리지 못하니 묵묵히 헤아려 주시리라 생각합니다.

김미회[63] 지광 에게 답함

答金美晦 知光

책을 들고 산에 들어가셨다는 말을 근래에 들으니 저로 하여금 멀리 노닐고픈 마음 배나 더하게 하였습니다. 그런데 보내 준 서찰을 받고 병 때문에 오래 머무르지 못하신 사실을 알게 되었으니 또한 한스럽습니다. 여기 있는 저 또한 이러한 계획이 있었지만 한 달을 지나 지금까지 병이 계속되어 이루지 못하였습니다. 비록 우리끼리 열흘 정도 게로기 먹으며 책을 읽고 싶지만[64] 이조차도 쉽지 않으니 더욱 몹시 부끄럽고 한스럽습니다. 어찌하겠습니까. 질병에 시달려 억지로 할 수 없는 점이 있는 경우는 본래 어떻게 할 수 없습니다. 하지만 또한 비록 질병이 있더라도 분수에 따라 스스로 힘쓸 수 있는 경우에도 도리어 간혹

63 김미회(金美晦) : 미회는 김지광(金知光, 1663~?)의 자이다. 본관은 광산(光山)이다. 부친은 김여석(金汝錫)이다. 1705년(숙종31) 생원시에 입격하였다. 《창계집》 권2 〈황룡의 김지광, 박태구 두 숙부가 찾아왔다가 돌아가려 할 때 운자를 불러 입으로 읊조려 드리다〔黃龍金朴兩叔來訪將歸呼韻口占以贈〕〉를 통해 전라도 장성(長城)의 황룡천(黃龍川)에 살았던 사실을 알 수 있다.

64 게로기……싶지만 : 서산(西山) 채원정(蔡元定)이 "서산의 절정에 올라가 굶주림을 참느라 게로기를 캐어 먹으며 책을 읽었다.〔登西山絶頂, 忍饑啖薺讀書.〕"라고 한 데서 온 말로, 여기서는 김지광처럼 산에 들어가 독서하고 싶다는 뜻이다. 《宋史 卷434 儒林列傳 蔡元定》 참고로 게로기〔薺〕에 대해 성혼(成渾)은 "게로기는 산나물인데 그 뿌리가 사삼(沙蔘) 즉 더덕과 비슷하다. 이는 식량이 부족했기 때문에 게로기를 캐 먹으면서 독서한 것이었다.〔薺者山菜, 其根似沙參. 蓋以糧乏, 故啖薺以讀書耳.〕"라고 하였다. 《牛溪集 卷1 寄金剛寺讀書諸生, 韓國文集叢刊 43輯》

스스로 힘쓰지 못하기도 하니 이는 더욱 한스럽습니다. 모르겠습니다만 당신께서는 어떻게 생각하시는지요? 하늘의 마음은 변함이 없어 새봄이 하룻밤 뒤로 다가왔으니 우리들이 이때에 각자 더욱 깊이 반성하여 조화(造化)와 더불어 새로워지는 일을 꼭 힘쓰지 않아서는 안 되겠습니다. 그렇지만 편지를 대하고 되는 대로 말씀드렸으니 스스로 또 헛된 말이 될까 염려스러울 뿐입니다. 인편이 와서 답장을 독촉하기에 바삐 적느라 이만 줄입니다.

김미회에게 답함

答金美晦

"서로 그리워하는 것은 지난밤 달빛이요, 아직 답하지 못한 것은 지난 가을 보내온 편지로세.〔相思前夜月 未答去秋書〕"라고 노래하였던 옛사람의 시어(詩語)[65]는 오늘 저의 정경과 참으로 부절(符節)이 들어맞는 듯합니다. 봄이 깊어 가는 때에 어버이 모시며 학문하는 근황이 어떠하신지요? 겨우내 어느 산에 들어가 어떤 책을 읽으셨으며 지금은 무슨 공부를 하고 계십니까? 집안에서 어버이의 훈도를 받으면서 형제끼리 절차탁마하는 공부가 도와주는 이 없이 독학하는 저와는 비할 수 없어 조예(造詣)가 나날이 더욱 깊어지실 것이니 저로 하여금 당신을 그리워하는 마음 그지없게 합니다. 저는 병이 더욱 고질이 되고 나이가 더욱 노쇠해져 가는 데다 흉년에 집안일이 더욱 다시 마음 쓰이게 하니 비루한 일이기에 저를 아껴 주시는 분께 족히 말씀드릴 것이 없습니다. 내달 초쯤에 고향에 돌아갈 수 있을 듯한데 혹시 만날 기회가 있을지요? 떠나는 인편을 통해 답장을 부치느라 이런저런 하고 싶은 말들이 있지만 이만 줄입니다.

65 서로……시어(詩語) : 당(唐)나라 때 시인 가도(賈島)가 지은 〈기송주전중승(寄宋州田中丞)〉에 "서로 그리워하는 마음은 깊은 밤 뒤요, 아직 답하지 못한 것은 지난가을 보내온 편지로세.〔相思深夜後, 未答去秋書.〕"라고 노래한 것을 가리킨다. 《唐詩拾遺 卷7》 다만 이 시의 앞 구가 여러 판본에는 모두 '相思深夜後'로 되어 있어 창계가 '相思前夜月'이라고 한 것과 다른데, 의미상의 차이는 크지 않다.

박삼로[66] 태구 에게 답함

答朴三老 台耇

보내온 편지에서 저를 흠모해 주시는 뜻이 매번 깊은데 용렬하고 천박함을 스스로 부끄러워하는 제가 어떻게 당신에게 이러한 대우를 받게 되었단 말입니까. 몹시도 두려운 마음입니다. 그렇지만 이를 통해 또한 그대가 학문을 좋아하고 남의 장점을 취하는 뜻이 일찍이 조금도 시들지 않았음을 상상해 볼 수 있으니 저로 하여금 감탄하게 합니다. 저는 매양 이러한 일의 공부 과정에 대해서는 선각(先覺)들이 말씀하신 것이 이미 자세하고 지극하다고 외람되이 생각합니다. 만약 정말로 뜻이 있다면 시급히 순서를 따라 공력을 다하기를 이를테면 하루에 한 가지 어려운 일을 행하고,[67] 하루에 한 가지 물건을 궁구한다[68]고 한 것처럼

66 박삼로(朴三老) : 삼로는 박태구(朴台耇, 1659~1710)의 자이다. 본관은 밀양(密陽), 호는 용암(龍庵)이다. 부친은 박세정(朴世瑱)이다. 1699년(숙종25) 생원시에 입격하였다. 저서로 《용암유고(龍庵遺稿)》가 있다.

67 하루에……행하고 : 여씨(呂氏)의 《동몽훈(童蒙訓)》에 "오늘 한 가지 일을 기억하고 내일 한 가지 일을 기억하면, 오래되면 자연히 꿰뚫게 된다. 오늘 한 가지 이치를 분별하고 내일 한 가지 이치를 분별하면, 오래되면 자연히 마음에 젖어 들게 된다. 오늘 한 가지 어려운 일을 행하고 내일 한 가지 어려운 일을 행하면, 오래되면 자연히 행실이 견고해진다.〔今日記一事, 明日記一事, 久則自然貫穿. 今日辨一理, 明日辨一理, 久則自然浹洽. 今日行一難事, 明日行一難事, 久則自然堅固.〕"라고 한 데서 온 말이다. 《小學 卷5 嘉言》

68 하루에……궁구한다 : 격물(格物)이 물건마다 궁구하는〔格〕 것인지 아니면 단지 한 물건을 궁구하면 모든 이치를 다 알게 되는지를 어떤 이가 물은 데 대해, 정이(程頤)

해야 하니 이렇게 해야 비로소 실학(實學)인 것입니다. 그리고 뜻을 함께하는 이들 사이에서 또한 반드시 터득한 것이 있으면 말해 주고 의심나는 것이 있으면 강론하여야 비로소 절차탁마하는 실익이 있을 것입니다. 그렇게 하지 않으면 이른바 학문을 지향한다는 것이 그저 이름만 있고, 교제하고 어울리는 일이 또한 겉으로만 사모하는 것으로 귀결되고 말 것입니다. 몹시 비루한 저의 지금 상황은 참혹한 상사(喪事)와 큰 병까지 겹쳤기에 도리어 이러한 의리에 참여하기에는 부족하지만 살날이 많고 뜻이 원대한 우리 척장(戚長)께서는 제때에 미쳐 스스로 경계하고 반성하지 않아서는 안 될 듯합니다.

가 "오늘 한 물건을 궁구하고 내일 또한 물건을 궁구하여 이렇게 실천하는 습관이 많이 쌓인 뒤에야 시원스레 저절로 관통하는 곳이 있게 되는 것이다.〔今日格一件, 明日又格一件, 積習旣多, 然後脫然自有貫通處.〕"라고 말한 데서 온 말인데, 주희(朱熹)는 '일건(一件)'을 '일물(一物)'로 고쳐 이 문장을 그대로 인용하기도 하였다. 《二程遺書 卷17》《晦庵集 卷62 答張元德》

박삼로에게 답함

答朴三老

그동안 보내 주신 서찰의 여러 말씀을 통해 당신의 뜻을 잘 알았습니다만 마침 제가 정신없고 산란하여 자세히 답장을 드릴 겨를이 없었습니다. 그렇지만 천리 길 가는 인편이 출발하는 터라 또한 제 의견을 전혀 말하지 않을 수 없어 핵심만 간단히 말씀드립니다. 옥천(玉川)의 묘를 조성하는 일은 정말로 꼭 쓰겠다는 뜻이 없다면 본래 끊어 버려야 할 것인데 보내 준 편지에서 정성스럽게 거듭 말씀하셨으니 그를 위해 염려하는 것일 뿐만 아니라 참으로 또한 저로 하여금 남에게 미움을 받지 않게 하려는 것입니다. 저를 아끼고 염려해 주시는 뜻을 어찌 잊을 수 있겠습니까.

선묘(先墓)에 돌을 쌓는 일은 효도하려는 생각이 무궁함을 잘 볼 수 있습니다. 다만 이는 고금의 예서(禮書)에 없는 일이거니와 제가 생각이 얕고 어둡지만 또한 장구하게 보존하는 데 도움이 될지는 모르겠습니다. 오직 다시 더 깊이 생각하고 또 이런 일에 밝은 사람들에게 널리 물은 뒤에 시행하는 것이 좋을 것입니다. 제 생각에는 평토(平土)한 곳에 돌을 두는 것은 단지 표지를 하는 데 그칠 뿐이니 광중(壙中)을 장구하게 보존하는 계책으로는 깊이 신뢰하기 어려울 듯합니다. 《주자어류(朱子語類)》의 한 곳에서 주자(朱子)께서 묘를 조성할 때 석편(石片)을 써서 위아래와 사방에 배치하셨는데 그 견고함이 석곽(石槨)에 뒤지지 않으면서도 온전한 돌 하나만 써서 분수에 넘치는 잘못이 없었다고 한 말을 기억합니다. 지난날에 저 역시 이런 생각이 있었는데 가난해서 이 일을 할 여력이 없어 갑자기 도모하기가 어려워 아직까지 실행하지 못하고 있습니다. 한 번 더 살피고 검토해 보십시오. 모르겠습니다만 혹여 하실 수 있겠는지요?

박삼로에게 드림
與朴三老

요사이 따스한 봄날에 어버이 모시며 공부하는 근황이 더욱 좋으시리라 삼가 생각합니다. 저는 겨우내 문을 닫고 병으로 신음하여 지금은 막 곤궁하게 지내고 있으니 말씀드릴 만한 소식이 전혀 없습니다. 지난 서찰에서 "정학(正學)의 문장은 문사(文辭)와 이치(理致)가 모두 지극하다."라고 논하신 말씀은 참으로 그러합니다. 그렇지만 단지 학문을 할 때에는 먼저 반드시 이치를 밝히고 덕을 진전시켜야 하니 덕이 성대하게 된 이후에는 그 문사가 지극하기를 기약하지 않아도 저절로 지극하게 됩니다. 비록 간혹 시대의 풍기(風氣)에 제약되어 옛날일수록 간이(簡易)하고 지금일수록 번다(繁多)한 차이가 없을 수 없더라도 군자라면 이를 병통으로 여기지 않습니다. 지금 만약 문장과 이치를 모두 지극하게 하려는 생각을 먼저 품으면 그 이치에 반드시 대단히 지극하지 못한 점이 있을 것이니 이는 더욱 유념하지 않으면 안 됩니다. 어떻게 생각하십니까? 인편 때문에 대강 씁니다. 이만 줄입니다.

박삼로에게 드림
與朴三老

근자에 용강(龍江)[69]의 인편을 통해, 이전에 아이들을 장사 지내는 참혹한 일이 연달아 있었고 이어 다시 분주하게 지내며 새 거처에서 안정을 찾지 못하고 있음을 알았으니 몹시 염려되는 마음이 평소보다 수백 배일 뿐만이 아니었습니다. 그렇지만 궁벽한 곳에 인편이 없어 안부를 여쭐 방법이 없었는데 얼마 전에 서숙(庶叔)이 용강을 경유하게 되었기에 그 편에 서찰을 부치면 전달될 줄 알 수 있었습니다. 하지만 마침 번다한 일을 만나 뜻을 이루지 못하였습니다. 이 일이 지난 뒤에 뒤미처 생각하노라면 더욱 마음에 걸리기만 할 뿐입니다. 그런데 오늘 뜻하지 않게 홀연 인편을 통해 멀리서 보내 주신 안부 서찰을 받아 내용을 펼쳐 보고는 더욱 개탄스러운 마음이 더하였습니다. 예전에 일찍이 당신께 말씀드린 것은 이미 운명에 맡기는 데 깊이 의도가 있었으니 원컨대 지금 더욱 다시 유념하여 이 말씀으로 스스로 마음을 안정시켜 화평하고 너그러운 기상이 어버이를 모시는 가운데 항상 충만하게 한다면 어버이의 마음이 또한 조금 편안해지실 것이니 봉양하고 조섭하는 도리에 꼭 무익하지는 않을 것입니다. 운명에 따라 의리를 편안히 여기는 것은 바로 보통 사람 이하의 일이니 당신께 충고할 만한 것이 아닙니다. 다만 이러한 공부는 수준이 더욱 낮을수록 몸에 더욱 절실한

69 용강(龍江) : 전라도 장성(長城)의 황룡천(黃龍川)을 말한다. 이 당시 박태구(朴台耈)가 이곳에 살고 있었다.

데다 예전에 이미 당신께서 스스로 이러한 이야기를 먼저 하셨습니다. 이 때문에 감히 다시 말씀드리는 것이니 어떻게 생각하십니까, 어떻게 생각하십니까?

박삼로에게 답함
答朴三老

위독한 병에도 죽지 않고서 오늘까지 살아 보내 주신 서찰을 다시 펼쳐 보고 소식을 주고받을 수 있게 되었으니 어찌 다행스러운 일이 아니겠습니까. 그리고 어버이 모시고 공부하시며 새해에 복이 더욱 넘치고 있음을 알았으니 더욱 제 마음에 위안이 됩니다. 제가 당초에 병세가 위독했던 사실은 지금 말할 필요가 없을 것이거니와 큰 고비를 넘긴 뒤에 지금 벌써 10여 일이 지났지만 여증(餘症)이 낫지 않아 아직도 병석 밖으로 스스로 나오지 못하고 있습니다. 의원의 말이 지금부터 한 달 정도 지나야 완쾌될 수 있고 완쾌된 뒤에는 다시 한두 달 정양(靜養)해야 한다고 하였으니 이 말을 놓고 보면 또한 예전의 힘들었던 상황을 상상해 볼 수 있습니다. 죽지 않은 것만도 다행이니 언제쯤 완쾌될지 어찌 말할 겨를이 있겠습니까. 보내 준 서찰에 나태하게 사는 것이 버릇이 되어 착실하게 마음 쓰는 곳이 없다고 하셨는데 이는 누구에게나 해당되는 문제이니 크게 탄식해 본들 어찌하겠습니까. 큰 병을 앓고 난 뒤로 따로 다른 일은 없고 오직 전일하게 마음과 생각을 수습하고자 하지만 순식간에 문득 잃어버리고 마니 몹시도 어려운 일입니다, 몹시도 어려운 일입니다. 어찌하겠습니까, 어찌하겠습니까. 드리고 싶은 말은 많지만 베개에 기대 대강 씁니다. 이만 줄입니다.

박삼로에게 답함
答朴三老

보내 준 서찰에서 감개하고 경계하는 뜻이 이전보다 더욱 절실하시니, 공부에 힘을 쏟는 정도를 밤낮으로 점검하는 과정에서 스스로 부족하게 여기는 것들이 내면으로 향하는 말씀 아닌 것이 없습니다. 이로부터 자신에게 돌이켜 찾고 더욱 힘쓴다면 이른바 평정(平正)한 첩경이 또한 어찌 멀겠습니까. 저로 하여금 우러러 탄복하게 합니다. 지금 막 퇴계(退溪) 선생께서 남기신 글을 읽고 계심을 알았습니다. 서찰에서 논하신 찬앙(鑽仰)의 뜻[70]이 또한 매우 좋습니다만 오직 익숙하게 반복하고 세밀하게 완미하여 묵묵히 기억하고 잊어버리지 않고서 영구하게 이를 수용하는 데 달려 있을 뿐입니다. 이렇게 하여야 비로소 진실하게 힘을 얻게 될 것입니다. 제 생각이 이와 같으니, 모르겠습니다만 어떻게 생각하시는지요?

별지에서 말씀하신 내용은 삼가 잘 알았습니다. 김 아우는 제가 앙모

70 찬앙(鑽仰)의 뜻 : 안연(顔淵)이 일찍이 공자의 도(道)가 한없이 깊고 큼을 감탄하여 "우러러볼수록 높기만 하고, 뚫을수록 견고하기만 하며, 쳐다보매 앞에 있더니, 갑자기 뒤에 있기도 하구나. 선생께서 순서를 따라 사람을 잘 인도하여, 문으로 나를 넓혀 주시고, 예로 나를 요약해 주셨다. 그만두고자 해도 그만둘 수 없어 이미 나의 재주를 다하니 마치 우뚝 선 것이 있는 듯한지라 비록 그를 따르려고 하나 따를 방법이 없구나.〔仰之彌高, 鑽之彌堅, 瞻之在前, 忽然在後. 夫子循循然善誘人, 博我以文, 約我以禮. 欲罷不能, 旣竭吾才, 如有所立卓爾, 雖欲從之, 末由也已.〕"라고 한 데서 온 말로, 박태구(朴台耉)가 퇴계(退溪)를 흠모하는 뜻을 편지에서 말한 듯한데 자세히 알 수 없다. 《論語 子罕》

하고 신뢰한 지 오래되었는데 아직껏 얼굴을 보지 못하였습니다. 저에게 찾아올 뜻이 있다고 들었으니 놀라고 기쁜 마음 금치 못하겠습니다. 다만 이 아우가 자주 병을 앓는다고 들은 적이 있으니 지금 이 무더위에 길을 다니다가 병이 날까 염려됩니다. 만약 부탁할 일이 있으면 서찰로 주고받더라도 조금도 미안해할 것이 없으니 꼭 그에게 더위를 조심하고 자중하라고 권유하는 것이 어떻겠습니까? 제가 병자인지라 매양 지나친 걱정이 있고 그를 아끼는지라 저도 모르게 이런 말씀까지 드리게 되었습니다.

정론(定論)을 말해 달라 하신 말씀은 부족하고 고루한 제가 어찌 감히 이를 감당하겠습니까. 이미 부탁하신 말씀을 받들어 문득 억측에 근거하여 감히 사견(私見)을 말씀드립니다. 비석의 면에 쓰는 글자의 배열은 보내 준 편지에서 "한가운데에 쓴다."라고 하신 말씀이 추중(推重)하는 의리로 볼 때 마땅히 그러해야 할 듯합니다. 오른쪽에 합장한 분은 오른쪽에 쓰고 왼쪽에 합장한 분은 왼쪽에 쓰되 가운데 줄보다 한 글자 내려 쓴다면 또한 괜찮을 것입니다. 먼 훗날까지 전하고자 휘(諱)를 쓰는 것은 본래 쓰지 않는 것보다는 나으니 또한 보내 주신 말씀을 정설(正說)로 삼아야 할 것입니다. 합장한 분의 성(姓)과 본관(本貫)은 쓰는 것이 옳을 듯합니다. 예전에 묘표(墓表)를 봤을 적에 모두 그렇게 썼습니다. 저의 얕은 생각은 이와 같으니 오직 대가(大家)이신 당신께서 다시 어떻게 판단하느냐에 달려 있을 뿐입니다.

박삼로에게 답함
答朴三老

요사이 보내 준 편지를 받고 매서운 추위에 어버이 모시며 학문하는 체후가 매우 좋으심을 알게 되었으니 제 마음에 우러러 위안이 됩니다. 저는 장사(葬事)를 치르고 나서부터 슬프고 괴로운 마음이 더욱 의지할 곳이 없습니다. 그런데 아우가 떠난 뒤에 또 이렇게 눈보라가 치니 얇은 옷 입고 파리한 말을 타고 가는 아우의 행색이 몹시 염려할 만하기에 근심스레 외로이 앉아 있는 저의 정경을 형용할 수가 없습니다. 오직 옛 책을 묵묵히 읽는다면 마음을 진정할 수 있을 것인데 또한 착실하게 할 수가 없습니다. 선영(先塋)을 조성하는 공역(工役)이 있다고 하셨는데 비록 또한 공부에는 방해가 되겠지만 이 일은 인도(人道)의 커다란 핵심이니 오직 마음을 다하고 힘을 다 쏟아서 시행해야 할 것입니다. 어찌 다른 생각을 할 수 있겠습니까. 사람이 만약 뜻이 있다면 비록 어떤 일을 주관하는 수고로움이 있더라도 또한 공부를 놓아 버리는 데 이르지는 않을 것이니 이는 더욱 유념할 만한 점입니다. 경솔한 마음에 이렇게 말씀드리니 어떻게 생각하십니까, 어떻게 생각하십니까?

족제 득지 세양 에게 줌
與族弟得之 世讓

이별의 시름이 그대로 남아 여러 날 동안 풀리지 않았는데 그대 적막하게 지내는 중에 조석으로 떠오르는 내 생각이 필시 천천히 돌아가던 길에서보다 더욱 간절하였을 것이네. 나는 천안(天安)에 도착하였을 때 두통과 치통이 다시 일어나 몹시 괴로워서 갑자기 길을 계속 가기 어려웠기에 비국(備局)에 소장(疏狀)을 올리지 않을 수가 없었는데 지금 아직 조정의 처분을 듣지 못하였네. 남북으로 떠날지 머무를지 정말 어떻게 해야 할지 모르겠네. 참으로 이른바 "가까우면 가까운 대로 낭패이고 멀면 먼 대로 낭패이다."[71]라고 한 말과 같은 처지이니 내 종적이 우습다네. 진퇴양난이니 그대 곁에 머무르면서 그대로 겨울이 가기를 기다리지 못한 것이 후회스럽네. 그렇지만 다행스러운 점은 나를 머물게 해 준 큰 주인과 작은 주인이 몹시 진솔하고 친절하게 대해 주어 음식과 약물(藥物)이 모두 다 마음에 맞으니 이 어찌 쉬이

71 가까우면……낭패이다 : 주희(朱熹)가 50세에 남강군 지사(南康郡知事)로 있을 때 원추(袁樞)에게 편지를 보내 지사를 사직할 수밖에 없는 일곱 가지 이유를 들어 "대체로 저의 재력과 사세를 스스로 헤아려 보건대 사묘에 보임되는 것 이외에는 무슨 직책에 임명되는지에 상관없이 모두 할 수가 없습니다. 작으면 작은 대로 낭패이고 크면 큰 대로 낭패이고 멀면 먼 대로 낭패이고 가까우면 가까운 대로 낭패입니다.〔大抵自度材力事勢, 祠廟之外, 不選甚差遣, 都做不得. 小卽小狼狽, 大卽大狼狽, 遠卽遠狼狽, 近卽近狼狽.〕"라고 하면서 한직(閑職)인 도관(道觀)의 사관(祠官)에 보임되도록 힘써 달라고 부탁하였다.《晦庵集 卷26 與袁寺丞書》

얻을 수 있는 일이겠는가. 도성에 간 인편이 머지않아 돌아올 것이니 만약 정말로 내가 체차될 수 있다면 홀가분하게 집에 들어앉아 다시 열흘 정도 상을 마주할 날이 또한 머지않을 것이네. 혹시 남쪽으로 가는 인편이 있으면 내가 병으로 지체하고 있다는 소식을 전해 주는 것이 어떻겠는가? 나머지 회포는 지금 다 말하지 못하네. 다만 새해에 복이 더욱 넘치기를 바라네.

조성임[72] 형보 에게 답함

答趙聖任 衡輔

앞서 보내온 서찰에서 나를 깊이 염려해 준 일에 감격하여 곧장 답장을 써서 보내고 나서 다시 보내온 서찰을 반복하여 읽었네. 그런데 지금 안부 편지를 받으니 위안이 되고 감사하는 마음 더욱 깊어지네만 내가 보낸 답장을 받았다는 말이 아직 없으니 중간에 답장이 유실된 것은 아닌가? 별지(別紙)에서 나에게 질문한 내용에 대해 과문(寡聞)하고 고루(固陋)한 내가 어찌 족히 대답할 수 있겠는가마는 예전에 이 글[73]을 볼 적에 사견으로 헤아려 본 일은 정말로 있네. 대개 이른바 "먹색과 흰색으로 서로 대비하여 형용한다."라고 한 말은 그림을 가리켜 말한 것이 아니라 바로 간재(簡齋)[74] 이하의 시인들이 묵매(墨梅)를 읊은

72 조성임(趙聖任) : 성임은 조형보(趙衡輔, 1659~1697)의 자이다. 본관은 풍양(豐壤)이다. 부인은 임일유(林一儒)의 막내딸 나주 임씨(羅州林氏)로, 창계의 매제(妹弟)이다.

73 이 글 : 뒤에 나오는 내용을 통해 볼 때 주희(朱熹)가 지은 〈발탕숙아묵매(跋湯叔雅墨梅)〉라는 글을 가리킨다. 그 글의 앞부분에 "묵매시는 진간재 이래로 대부분 흰색과 검은색으로 상호 대비하여 그 말류에 이르러서는 거의 선가의 〈오위정편도송〉과 같았다. 그래서 탕군이 비로소 신의를 발명하여 흰 바탕에 도훈하여 반전시켰으니 방백모가 이로 인해 '빙설생면'이라는 시구를 읊게 된 것이다.〔墨梅詩, 自陳簡齋以來, 類以白黑相形, 逮其末流, 幾若禪家五位正偏圖頌矣. 故湯君始出新意, 爲倒暈素質以反之, 而伯謨因有氷雪生面之句也.〕"라고 한 말이 있는데, 조형보가 별지를 통해 주희가 지은 이 발문의 의심스러운 부분을 창계에게 물은 것으로 보인다. 《晦庵集 卷84》 탕군(湯君)은 남송(南宋)의 화가 탕정중(湯正仲)으로, 자는 숙아(叔雅), 호는 한암(閒菴)이다.

74 간재(簡齋) : 남송(南宋)의 시인 진여의(陳與義, 1090~1138)의 호로, 자는 거비

시들을 가리켜 말한 것이네. 매화는 본래 흰색인데 먹색으로 매화를 그렸으므로 시를 지은 이가 흰색과 먹색을 가지고 서로 대비하여 형용한 것이니, 이를테면 "다만 검은 먼지가 흰옷 물들임이 한스럽구나.〔唯恨緇塵染素衣〕"[75]라고 말한 따위가 그것이네. 이른바 "흰 바탕에 도훈[76]하였다.〔倒暈素質〕"라고 한 것은 "흰 꽃을 뒤집어 만들었다.〔飜作素花〕"라고 말하는 것과 같네. 대개 탕군(湯君)이 처음 묵매의 구투를 변화시킨 것이 바로 흰 바탕에 도훈하여 흰 꽃을 표현한 것이니, '도훈'이라고 한 말에서 '도(倒)'는 '뒤집는다〔飜倒〕'는 뜻이고, '훈(暈)'은 바로 지금 매화를 그려 흰 꽃을 표현할 때 꽃의 경계를 두르고 있는 테라네. 탕군이 처음 백매(白梅)를 그렸으므로 방백모(方伯謨)[77]의 시(詩)에 '빙설처럼 생동하는 얼굴〔氷雪生面〕'이라는 시어를 읊게 된 것이니

(去非)이고, 낙양(洛陽) 사람이다. 《영규율수(瀛奎律髓)》라는 시선집을 편찬한 방회(方回)는 두보(杜甫)와 황정견(黃庭堅), 진사도(陳師道), 진여의를 강서시파(江西詩派)의 일조삼종(一祖三宗)이라 불렀다. 《瀛奎律髓 卷26》

75 다만……한스럽구나 : 진여의(陳與義)가 지은 〈화장구신수묵매(和張矩臣水墨梅)〉 다섯 절구 가운데 세 번째 수에 "찬란하여라 강남의 흐드러진 매화꽃은, 이별한 뒤 몇 번이나 떠나는 봄을 보았는지. 도성에서 만나니 모두 그 모습 그대로인데, 다만 검은 먼지가 흰옷 물들임이 한스럽구나.〔粲粲江南萬玉妃, 別來幾度見春歸. 相逢京洛渾依舊, 惟恨緇塵染素衣.〕"라고 매화를 읊은 것을 말한다. 《簡齋集 卷13》

76 도훈(倒暈) : 꽃잎은 일반적으로 꽃받침에 가까울수록 색이 짙고 꽃잎 가장자리로 갈수록 점점 옅어지는데, 이러한 자연의 원리에 반하여, 꽃받침에 가까운 곳이 색깔이 옅고 꽃잎 가장자리로 갈수록 점점 짙어지게 표현하는 기법을 말한다.

77 방백모(方伯謨) : 백모는 방사요(方士繇, 1148~1199)의 자이다. 호는 원암(遠菴)이고, 보전(莆田) 사람이다. 주희(朱熹)를 종유하여 과거 공부를 그만두고 학고(學古)에 뜻을 두어 주문(朱門)의 고제(高弟)로 일컬어졌다. 특히 역(易)에 밝았는데, 저서로 《원암시집(遠菴詩集)》이 있다.

대개 처음 그 본색(本色)을 잡아낸 것을 말한 것이네. 〈오위정편도송(五位正偏圖頌)〉[78]이라는 것은 불서(佛書)에 나오는 말인데 아직 상고해 본 적이 없어 억지로 설명할 수는 없지만 대개 〈도송(圖頌)〉에서 정(正)을 설명하고 편(偏)을 설명하는 것이 묵매시(墨梅詩)에서 흑백(黑白)을 설명하는 것과 같다고 생각되는데 어떻게 생각하는가, 어떻게 생각하는가? 이전 서찰에서 호계(虎溪)를 빌리려고 한 뜻을 말했는데,[79] 모르겠네만 어떻게 생각하시는가? 나머지 의견은 당장 다 말하지 못하네.

78 오위정편도송(五位正偏圖頌) : 선가(禪家)의 다섯 종파 가운데 하나인 조동종(曹洞宗)의 창시자 동산(洞山) 양개 선사(良价禪師)가 주장한 정편오위(正偏五位)의 설을 도표로 그린 것을 보고 부른 게송(偈頌)을 가리키는 듯하나, 자세하지 않다. 양개 선사는 수행자들을 위해 동산오위(洞山五位)를 제출하였는데, 이는 다시 정편오위(正偏五位)와 공훈오위(功勳五位)로 나뉜다. 이 가운데 정편오위는 정중편(正中偏), 편중정(偏中正), 정중래(正中來), 편중지(偏中至), 겸중도(兼中到) 등의 오위(五位)를 가리킨다. 정(正)은 음(陰)으로 진여(眞如)의 본체(本體)를 뜻하고, 편(偏)은 양(陽)으로 생멸(生滅)의 현상을 뜻한다. 정중편은 평등 속에 차별이 존재함을 가리키고, 편중정은 차별이 바로 평등임을 가리킨다. 여기에 기초하여 정중지동(靜中之動)의 수행 공부를 정중래라고 하고, 동중지정(動中之靜)의 수행 공부를 편중지라고 하며, 이상 두 공부를 겸하여 자유자재한 경계에 도달한 것을 겸중도라고 한다.

79 이전……말했는데 : 조형보(趙衡輔)가 받지 못한 창계가 보낸 답장에서 호계(虎溪)의 고사를 말하면서 조형보와 산사(山寺)에서 만나자는 말을 한 것으로 보인다. 호계는 시내 이름인데, 동진(東晉) 시대 여산(廬山) 동림사(東林寺)의 혜원 법사(慧遠法師)가 도잠(陶潛), 육수정(陸修靜)과 노닐다가 그들을 전송할 때, 의기가 투합한 나머지 자기도 모르는 사이에 호계를 건너서야 비로소 정신을 차리고 세 사람이 서로 크게 웃었다〔三笑〕는 고사에서 온 말이다. 《廬山記 卷2》

어떤 이에게 답함

答或人

지난 서찰에서 보내 준 말씀을 통해 한가로운 가운데 매우 전일하게 마음 쓰시는 것을 상상해 볼 수 있으니 저로 하여금 탄복하게 합니다. "그칠 곳을 안 뒤에 정함이 있다.〔知止有定〕"라고 할 때의 '정함〔定〕'을 지정(志定)이라고 말한 경우도 있고 이정(理定)이라고 말한 경우도 있는데 두 경우 다 주자(朱子)께서 하신 말씀입니다.[80] 그대가 의문을 가지는 것이 본래 마땅하거니와 인용한 《주자어류(朱子語類)》의 한

80 그칠……말씀입니다 : 《대학장구(大學章句)》 경(經) 1장에 "그칠 곳을 안 뒤에 정함이 있으니, 정한 뒤에 고요할 수 있고, 고요한 뒤에 편안할 수 있고, 편안한 뒤에 생각할 수 있고 생각한 뒤에 얻을 수 있다.〔知止而后有定, 定而后能靜, 靜而后能安, 安而后能慮, 慮而后能得.〕"라고 하였는데, '정함이 있다.〔有定〕'에 대한 주석에서 주희(朱熹)가 "지라는 것은 마땅히 그쳐야 하는 곳이니 바로 지선이 있는 곳이다. 그칠 곳을 알면 뜻이 정향이 있게 된다.〔止者, 所當止之地, 卽至善之所在也. 知之則志有定向.〕"라고 한 말은 지정(志定)을 가리키고, 또 《대학혹문(大學或問)》에서 주희가 "그칠 곳을 알 수 있으면 방촌의 사이에 각각의 사물들이 다 정해진 이치가 있게 될 것이다. 이치가 이미 정해짐이 있으면 그 마음을 동하지 않아 고요하게 된다.〔能知所止, 則方寸之間, 事事物物, 皆有定理矣. 理旣有定, 則無以動其心而能靜矣.〕"라고 한 말은 이정(理定)을 가리킨다. 이에 대해서는 주희의 제자 전목지(錢木之) 역시 주희가 《대학장구》에서는 지(志)를 말하고 《대학혹문》에서는 이(理)를 말하여 서로 같지 않은 데 대해 의문을 표하였는데, 이에 대해 주희는 둘 다 같은 말이라고 대답하였다. 《朱子語類 卷14 大學1》 참고로 '방촌의 사이〔方寸之間〕'란 흉중(胸中)의 사방 한 치 되는 사이〔方寸間〕에 마음이 있다고 여겼던 데서 온 말로, 마음을 가리킨다. 방촌심(方寸心)이라고도 한다.

조목이 지정이라고 한 증거가 될 수 있다는 말도 참으로 그러합니다. 다만 이정이라는 말 앞에 또 '방촌의 사이〔方寸之間〕'라는 말이 있고 보면 또한 그칠 곳을 알면 이 마음속에 사물의 이치가 자연스럽게 확정(確定)됨을 말한 것일 뿐입니다. 입언(立言)한 것이 비록 조금 다르지만 실제의 일에 시험해 보면 또한 서로 어긋나지 않습니다. 《대학장구(大學章句)》의 지정이라는 훈고는 명백하고 친절하니 참으로 이를 위주로 해야 할 것입니다. 그렇지만 또한 이정이라는 설도 그것대로 의의가 있어 본래 서로 상충되지 않음을 반드시 알아야 할 것이니 그래야 비로소 주자의 뜻을 온전히 알게 되는 것입니다. 반드시 한 설을 주장하고 다른 설을 논척하려고 한다면 또한 언설에 집착하다 본뜻을 놓치는 폐단에 빠지고 말 것입니다.

대개 이정의 설을 가지고 추론해 보면 이미 사물의 이치가 그쳐야 할 곳을 알게 되면 알고 있는 이치가 저절로 방촌 사이에 확정될 것입니다. 여기서 이치는 다른 이치가 아니라 단지 알고 있는 이치일 뿐이고, 장소는 다른 장소가 아니라 단지 이 방촌의 사이일 뿐입니다. 이와 같이 미루어 설명하면 또한 의미가 통하지 않음이 없습니다. 다만 지정이라는 훈고가 더욱 간단하고 명백한 것만은 못하니 어떻게 생각하십니까, 어떻게 생각하십니까?

'지지(知止)' 한 절이 앞의 '지어지선(止於至善)'이라는 글에 이어지면서 팔조목(八條目)의 앞에 있는 것[81]으로 말하면 차례와 의의(義意)

81 지지(知止)……것 : 지어지선(止於至善)은 이른바 삼강령(三綱領) 가운데 하나인데, 《대학장구》 경 1장 첫머리에 "대학의 도는 명덕을 밝히고 백성을 새롭게 하고 지선에 그치는 데에 있다.〔大學之道, 在明明德, 在親民, 在止於至善.〕"라고 하였다.

가 매우 정묘(精妙)합니다. 부디 다시 익숙하게 반복해 보고 깊이 고찰하여 지금 쓸데없이 의문을 가졌음을 알아야 할 것입니다. 혹 그렇게 하고 나서도 다 이해되지 않는다면 다시 함께 토론하더라도 늦지 않을 것입니다. 지금 당장 답변해 드릴 수도 있지만 그대가 스스로 공부하고 터득하기를 바라므로 당장은 말씀드리지 않으니 부디 헤아려 주시기 바랍니다.

'지지이후유정(知止而后有定)'으로 시작되는 문장이 이 삼강령에 바로 이어지고, 그 뒷부분에 본말, 시종, 선후를 논한 한 절에 이어 격물(格物), 치지(致知), 성의(誠意), 정심(正心), 수신(修身), 제가(齊家), 치국(治國), 평천하(平天下) 등 이른바 팔조목(八條目)이 나온다.

어떤 이에게 답함[82]

答或人

인편을 통해 《심학지결(心學旨訣)》[83]을 보내 주신 데 대해 몹시 감사드립니다. 경(敬)을 논한 설을 유취(類聚)한 것으로는 《근사록(近思錄)》, 《주자어류(朱子語類)》 이하로 그런 책들이 많습니다. 그렇지만 오직 이 책은 구분하고 고증하는 데 가장 편집의 공을 들인 것이라 읽는 이의 마음을 매우 감발(感發)시키니 어쩌면 후대에 만들어져 점차로 정교해져서이겠지요. 다만 그래도 아직 미진한 점이 있음이 한스러우니 만약 이것을 곧장 유포한다면 읽는 이들이 훌륭한 편자(編者)가 홀로 힘들게 공을 들인 본심을 헤아리지 못하고 경솔하게 비판할까 염려됩니다. 어리석은 제 뜻으로는 다시 교정해서 더할 나위 없이 훌륭

82 어떤 이에게 답함 : 이 글은 창계가 명재(明齋) 윤증(尹拯)에게 보내는 편지이다. 윤증이 창계에게 《심학지결(心學旨訣)》 필사본과 함께 편지를 보내 전체적인 구성과 내용을 검토해 줄 것을 청했는데, 이 편지는 그에 대한 답서(答書)이다. 《明齋遺稿 卷17 與林德涵, 韓國文集叢刊 135輯》

83 심학지결(心學旨訣) : 심학에서 중요한 공부인 '거경(居敬)'에 대하여 박세채(朴世采)가 고경(古經)이나 선유(先儒)들의 설을 전부 뽑아 엮은 책이다. 정구(鄭逑)의 《심경발휘(心經發揮)》, 조익(趙翼)의 《지경도설(持敬圖說)》을 발전시킨 것으로 《심학지결(心學至訣)》이라고도 한다. 박세채는 1678년(숙종4) 8월 이 책을 완성하였는데, 뒤에 경신대출척(庚申大黜陟)으로 재기용되어 경연에서 《심경》을 진강(進講)하게 되자 1683년 4월 〈진심학지결소(進心學旨訣疏)〉와 함께 이 책을 숙종에게 올렸다. 《南溪集 卷11 進心學至訣疏, 卷58 記論著大旨, 卷69 跋心學至訣, 韓國文集叢刊 140輯》《肅宗實錄 9年 4月 24日》《奎章閣韓國本圖書解題 子部 儒家類》

하게 될 때까지 기다린 뒤에 내놓기를 바라는데, 모르겠습니다만 어떠하신지요?

대개 이 책의 '전언(專言)'과 '총언(總言)'은 본래 따로 강령과 조목이 되는데 포괄함에 미진한 것도 있고 앞뒤로 범례가 다른 것도 있으니 이것이 매우 정밀하지 못한 것입니다. 그 가운데 또 말을 따라 제목을 만들어 본래 체단(體段) 공부에 그리 관계없는 것들도 간혹 있는데 역시 삭제해야 할 것이라고 생각됩니다. 또 본래는 한 가지 일인데 또한 대비하고 고증하는 부류에 놓여 있기도 하니 이와 같은 것들이 다 미진한 점일 듯합니다. 또한 이 한 책의 대체는 조목으로 분석한 것은 자세하지만 통합해 놓고 보면 분명하지 않습니다. 이는 더욱 다시 검토하고서 따로 구분하여 이것은 경(敬)의 규모가 되고 이것은 경의 문로(門路)가 되고 이것은 경의 체단이 되고 이것은 경의 공부하는 과정이 된다고 일일이 지정(指定)해야 할 것입니다. 이렇게 하고서 그 부수적으로 걸쳐 있는 나머지 의리들은 또한 부수적으로 걸쳐 있는 나머지 의리라고 다시 분명히 말하여 그 조목들이 각기 제자리에 들어가 쉽게 이해되도록 하여 모든 조목들이 강령에 포괄되는 뜻이 그대로 또한 그 사이에 절로 드러나야 할 것입니다. 그래야 비로소 거둘 수도 있고 펼칠 수도 있으며 더욱 상세해지고 더욱 광대해질 것입니다. 우려스러운 마음에 이렇게까지 말씀드렸으니, 모르겠습니다만 어떻게 생각하시는지요?

이 밖에 보내 준 서찰에서 '후서(後序)에 더 자세하게 서술하고 제목 가운데 합칠 만한 것'이라고 말씀하신 것[84]은 또한 그러할 듯합니다.

84 후서(後序)에……것 : 윤증이 창계에게 보낸 편지에 "《심학지결》도 함께 보냅니

다만 제 생각으로는 제목은 참으로 검토할 점이 있으니 합치는 것뿐만이 아닙니다. 참람되고 경솔하게 이렇게 말씀드리니 몹시도 두렵습니다. 그렇지만 혹 이 책에 대해 논의하는 서신을 주고받는 계제에 저도 끼어 현강(玄江 박세채(朴世采)) 선생께 전달된다면 혹 제 의견 가운데 한두 가지는 채택될 수도 있을 것입니다.

다. 이 책은 장남헌이 인에 대해 말한 것을 유별로 모은 것과 같은 형식으로, 배우는 이들에게 매우 절실한 내용이므로 깊이 침잠하여 읽을 만합니다. 다만 회옹과 남헌이 염려했던 말씀들이 더 남아 있어서 후서에 다시 몇 구절을 추가하여 후학들을 깨우쳐 달라고 청하려고 하였습니다. 게다가 제목 가운데는 합칠 만한 것도 있는 듯합니다만, 여기에 대해서는 아직 회답을 보내지 않았습니다. 부디 총명한 그대가 자세히 살펴보고 일일이 찌를 붙여 나에게 돌려주는 것이 어떻겠습니까?〔心學旨訣, 亦竝呈. 此卽類聚言仁之規, 而尤切於學者, 深可潛玩. 第晦翁與南軒所慮者, 則又有之, 欲請其於後序中, 更加數句, 以警後學耳. 且題目似有可合竝者, 姑未回報. 幸明者仔細着眼, 一一加籤, 以還我如何?〕"라고 한 것을 가리킨다. 《明齋遺稿 卷17 與林德涵, 韓國文集叢刊 135輯》 참고로 후서는 박세채가 지은 〈발심학지결(跋心學至訣)〉로, 《남계집(南溪集)》 권69에 수록되어 있다.

벗 김군의 문목에 답함[85]

答金友問目

〔문〕 "절재(節齋)는 음양(陰陽) 이외에 따로 태극(太極)이 있다는 주장의 그릇됨을 먼저 말하고 태극이 단지 음양의 가운데에 있다는 주장의 잘못을 그다음에 설명한 것이지, 태극이 음양의 이전에 있기 때문에 음양의 주재(主宰)가 될 수 있다고 말한 것이 아니다."[86]라고

85 벗……답함 : 김군이 누구인지는 자세하지 않으나, 이 편지는 그가 주희(朱熹)와 여조겸(呂祖謙)이 함께 편찬한 《근사록(近思錄)》 및 이 책에 최초로 주석을 단 남송(南宋) 섭채(葉采)의 《근사록집해(近思錄集解)》의 의문 나는 것을 물은 데 대해 창계가 답한 것이다. 참고로 《근사록집해》는 조선 시대 유자들 사이에 광범위하게 유행하였다.

86 절재(節齋)는……아니다 : 절재는 주희(朱熹)의 문인 채연(蔡淵, 1156~1236)의 호이다. 자는 백정(伯靜), 송(宋)나라 건주(建州) 사람으로, 채원정(蔡元定)의 맏아들이고, 채침(蔡沈)의 형이다. 《주역》에 조예가 깊어 《역상의언(易象意言)》과 《주역괘효경전훈해(周易卦爻經傳訓解)》를 저술하였다. 《근사록》 권1 〈도체(道體)〉의 첫 조목에 나오는 염계(濂溪) 주돈이(周敦頤)의 〈태극도설(太極圖說)〉에 "무극이면서 태극이다.〔無極而太極.〕"라고 하였는데, 이에 대해 채연은 주희의 설명을 두루 서술한 뒤 이를 분석하면서 "태극을 위주로 하여 말하면 태극이 음양의 이전에 있었고, 음양을 위주로 하여 말하면 태극이 음양의 안에 있는 것이다. 음양이 아직 생겨나기 이전을 기준으로 말하면 이른바 태극이라는 것이 반드시 먼저 있었을 것이고, 음양이 이미 생겨난 이후를 기준으로 말하면 이른바 태극이라는 것이 바로 음양의 가운데에 있는 것이다. '음양 이외에 따로 태극이 있어서 항상 음양의 주재가 된다.'라고 말하는 자는 진실로 열자의 낳지도 않고 화하지도 않는다고 한 잘못에 빠진 것이고, 태극이 단지 음양의 가운데에 있다는 말을 홀로 고집하는 자는 또 추뉴와 근저가 하는 바를 잃어버려 큰 근본을 알지 못하는 것이다.〔主太極而言, 則太極在陰陽之先, 主陰陽而言, 則太極在陰陽之內. 蓋自陰陽未生而言, 則所謂太極者, 必當先有, 自陰陽旣生而言, 則所謂太極

한 것에 대하여

〔답〕 절재의 설은 여러 방면으로 유추하고 넓은 시각으로 비유할 것 없이 단지 그의 본래 설을 살펴보면 그의 뜻을 알 수 있습니다. 음양이 아직 생겨나기 이전을 기준으로 말하면 이른바 태극이라는 것이 반드시 먼저 있었을 것이니 태극이 단지 음양의 가운데에 있다고 말해서는 안 됩니다. 음양이 이미 생겨난 이후를 기준으로 말하면 이른바 태극이라는 것이 단지 음양의 속에 있는 것이니 음양 이외에 따로 태극이 있다고 말해서는 안 됩니다. 이와 같을 뿐이니 태극이 본래 음양의 이전에 있기 때문에 음양의 가운데에 떨어지지 않을 수 있고 음양의 주재가 될 수 있는 것이 어찌 아니겠습니까.

〔문〕 "정추(精粗)와 본말(本末)은 피차의 구분이 없다."[87]라고 한 것에 대하여

〔답〕 정(精)과 본(本)은 태극을 가리키고 추(粗)와 말(末)은 음양을

者, 卽在乎陰陽之中也. 謂陰陽之外, 別有太極, 常爲陰陽主者, 固爲陷乎列子不生不化之謬, 而獨執夫太極只在陰陽之中之說者, 則又失其樞紐根柢之所爲, 而大本有所不識矣.〕"라고 하였다. 《近思錄集解 卷1 道體》

87 정추(精粗)와……없다 : 주돈이의 〈태극도설〉에 "오행은 한 음양이고 음양은 한 태극이니 태극은 본래 무극이었다.〔五行, 一陰陽也, 陰陽, 一太極也, 太極, 本無極也.〕"라고 하였는데, 이에 대해 주희가 "오행은 형질이 다르고 사시는 기운이 다르나 모두 음양을 벗어나지 못하니 다섯 가지 다른 것과 두 가지 실제가 남거나 부족함이 없으며, 음양이 자리가 다르고 동정이 때가 다르나 모두 태극을 떠나지 못하니 정추와 본말이 피차의 구분이 없는 것이다.〔五行異質, 四時異氣, 而皆不能外乎陰陽, 五殊二實, 無餘欠也; 陰陽異位, 動靜異時, 而皆不能離乎太極. 精粗本末, 無彼此也.〕"라고 설명한 것을 가리킨다. 《近思錄集解 卷1 道體》

가리킵니다.[88]

〔문〕 '사시(四時)와 귀신(鬼神)'의 설[89]에 대하여

〔답〕 이치상 길한 것은 귀신이 길하게 여기는 것이고 이치상 흉한 것은 귀신이 흉하게 여기는 것입니다. 성인은 처신(處身)하고 대인(對人)할 때 그 진퇴(進退)와 굴신(屈伸), 선악(善惡)과 생살(生殺)을 한결같이 이치를 따릅니다. 그래서 귀신의 길흉과 부합하기를 기약하지 않고도 저절로 부합하는 점이 있습니다. 사시와 그 차례가 부합한다는 것은 큰 것으로 말하면 하늘보다 앞서서 사람을 열어 주지 않고 각각 때에 따라 정사를 세워[90] 적응하고 변통하여 자연스럽게 어긋날 수 없는 차례가 있다는 것이 그것입니다. 그리고 작은 것으로 말하면 때에 따라 멈추고 때에 따라 행함이 모두 정해진 분수가 있다는 따위가 또한 그것입니다. 지난번에 사덕(四德)의 행함, 처함, 발함, 제재함[91]을 가지고

88 정(精)과……가리킵니다 : 이는 남송(南宋)의 웅강대(熊剛大)의 주장인데, 사계(沙溪) 김장생(金長生)은 《근사록석의(近思錄釋疑)》에서 이 말이 잘못된 듯하다고 말하면서 율곡(栗谷) 이이(李珥)가 "정추(精粗)와 본말(本末)은 기(氣)로 말한 것이다. 한 이치〔一理〕는 정추에 관계없이 관통하여 본말과 피차의 간격이 없다."라고 한 말을 그 근거로 들었다.

89 사시(四時)와 귀신(鬼神)의 설 : 주돈이의 〈태극도설〉에 "성인은 천지와 덕이 부합하며 일월과 밝음이 부합하며 사시와 차례가 부합하며 귀신과 길흉이 부합하는 것이다.〔聖人與天地合其德, 日月合其明, 四時合其序, 鬼神合其吉凶.〕"라고 한 데에서 사시와 귀신을 가리킨다. 《近思錄 卷1 道體》

90 하늘보다……세워 : 이천(伊川) 정이(程頤)가 지은 〈춘추전서(春秋傳序)〉에 나오는 말이다. 《近思錄 卷3 致知》

91 사덕(四德)의……제재함 : 사덕은 중(中), 정(正), 인(仁), 의(義)를 가리킨다.

말하신 것은 지나치게 세밀하고 여유롭지 못한 듯합니다. 혹은 또 "위로 천시를 본받는다.〔上律天時〕"[92]라는 말로 해당시키기도 하였는데 이 말은 또 본뜨고 본받는 일이지 자연스럽게 천지와 덕이 부합한다는 말이 아닙니다. 근래 제 소견이 이와 같으니, 모르겠습니다만 어떻게 생각하시는지요?

〔문〕 "외물(外物)이 그 형체를 감촉(感觸)하여 그 마음을 동하게 한다."[93]라고 한 것에 대하여

〔답〕 외물이 그 마음을 동하게 함에 그 마음이 동하여 칠정(七情)이 나온다는 말은 순서와 위치가 있으니 지금 "정(情)이 마음에서 동한다."라고 말한다면 단도직입적이기만 하고 친절한 설명은 부족한 듯합니다. 그렇지만 큰 문제가 되지는 않습니다.

주돈이가 〈태극도설〉에서 "성인이 중, 정, 인, 의로써 정하되 정(靜)을 주장하여 사람의 극(極)을 세우셨다."라고 하였는데, 이에 대해 주희가 "이는 성인이 동정(動靜)의 덕을 온전히 갖추고 있으나 항상 정(靜)에 근본함을 말한 것이다. 사람은 음양과 오행의 빼어난 기운을 받아 태어났고, 성인의 태어남은 또 그 빼어난 것 가운데 빼어난 것을 얻었다. 이 때문에 그 행함이 알맞고 처함이 바르고 발함이 인하고 제재함이 의로운 것이다."라고 설명한 것을 가리킨다. 《近思錄集解 卷1 道體》

92 위로 천시를 본받는다 : 《중용장구》 제30장에 "공자는 요 임금과 순 임금을 조종(祖宗)으로 받들어 전술(傳述)하고, 문왕(文王)과 무왕(武王)의 법도를 드러내 밝혔다. 위로는 천시를 본받고 아래로는 수토의 이치를 따랐다.〔仲尼祖述堯舜, 憲章文武. 上律天時, 下襲水土.〕"라고 한 말을 가리킨다.

93 외물(外物)이……한다 : 어떤 이가 정이(程頤)에게 안자(顔子)가 좋아한 학문이 무엇이냐고 물은 데 대한 정이의 대답 가운데 나오는 말이다. 이하의 두 문답(問答)도 같다. 《近思錄 卷2 爲學》

〔문〕 “그 정을 절제한다.〔約其情〕”, “그 정을 풀어놓는다.〔縱其情〕”라고 한 것에 대하여

〔답〕 읽어 냄이 자못 정밀하고 설명함이 또 긴요하니 저로 하여금 경계하고 반성하게 합니다. 그렇지만 글을 볼 때는 본래 핵심을 아는 것을 중요하게 여기고 또 처음부터 끝까지 다 읽어서 한 글자도 긴요하지 않음이 없음을 알아야 비로소 주밀해지고 젖어 들어서 진실하게 득력하는 곳이 있게 되는 것입니다. 어떻게 생각하십니까, 어떻게 생각하십니까?

〔문〕 “행하기를 과단성 있게 하다.〔行之果〕”, “지킴이 견고하다.〔守之固〕”라고 한 것에 대하여

〔답〕 행하기를 과단성 있게 하면 지킴이 견고하다는 것은 선후가 있고, 지킴이 중요하고 행함이 이롭다[94]는 것은 선후가 없습니다.

〔문〕 “지혜를 쓰는 것은 노자(老子)와 유사하다.〔用智類於老〕”[95]라고

94 지킴이 중요하고……이롭다 : 주돈이가 “성인의 도는 인의중정일 따름이니 지킴이 중요하고 행함이 이롭다.〔聖人之道, 仁義中正而已矣, 守之貴, 行之利.〕”라고 한 것을 가리킨다. 《周元公集 卷1 愼動》

95 지혜를……유사하다 : 횡거(橫渠) 장재(張載)가 정호(程顥)에게 성을 안정시키는 문제〔定性〕를 물은 데 대해 정호가 “사람의 정(情)은 각각 가려진 바가 있기 때문에 도에 나아가지 못하니, 대체로 그 병통이 스스로 사사로이 하고 지혜를 쓰는〔自私而用智〕 데에 있다.”라고 하였는데, 이에 대한 섭채(葉采)의 주석에 “어떤 이가 ‘스스로 사사로이 하고 지혜를 쓴다는 말은 바로 불씨(佛氏)의 스스로 사사로이 한다는 뜻인 듯합니다.’라고 묻자 주희는 ‘보통 사람의 사사로운 마음과 불씨의 사사로이 하는 것이 모두 똑같은 사(私)이지만 명도(明道)가 말씀하신 의미가 넓어서 불씨의 스스로 사사

한 것에 대하여

〔답〕 노자는 이치를 따르지 못하고 반드시 무위(無爲)를 하고자 하였으니 어찌 지혜를 쓴 것이 아니겠습니까. 그 종국에는 상대를 위축시키고자 하면 반드시 상대를 펼쳐 주고 상대에게서 취하려고 하면 반드시 주어야 한다[96]는 지경에까지 이르렀으니 더욱 지나치게 지혜를 쓴 자입니다. 그러나 석가(釋迦)의 학문은 본래 스스로 사사로이 하는〔自私〕데서 나왔지만 스스로 사사로이 함으로 인해 허다한 피음(詖淫)한 말[97]을 내게 되었으니 또한 어찌 지나치게 지혜를 쓴〔用智〕 것이 아니겠습니까. 노자가 이치를 따르지 못한 것 역시 실로 스스로 사사로이 하는데서 나온 것입니다. 스스로 사사로이 하는 것과 지혜를 쓰는 것 이

로이 한다는 것만을 가리킨 것은 아니다.'라고 하였다. 내가 생각하건대, 횡거는 외물(外物)의 얽매임을 제거하고자 하였으니 곧 이미 불씨에 가까웠다. 그래서 정자(程子)께서 그 병통의 근원을 미루어 자연스럽게 석씨와 서로 같게 된 것이다. 그러나 스스로 사사로이 함은 석씨와 유사하고 지혜를 쓰는 것은 또 노자와 유사하니〔自私類於釋, 而用智則又類於老.〕 요컨대 석씨와 노자 두 사람의 용심(用心)이 모두 외물에 얽매이지 않고자 했을 뿐이다."라고 한 부분을 가리킨다. 《近思錄集解 卷2 爲學》

96 상대를 위축시키고자……한다 : 노자(老子)의 《도덕경(道德經)》 36장에 "상대를 위축시키고자 하면 반드시 상대를 펼쳐 주어야 하고 상대를 약하게 하고자 하면 반드시 상대를 강하게 해 주어야 하며, 상대를 폐하고자 하면 반드시 상대를 흥하게 하며 상대에게서 빼앗고자 하면 반드시 상대에게 내주어야 한다.〔將欲歙之, 必固張之, 將欲弱之, 必固强之, 將欲廢之, 必固興之, 將欲奪之, 必固與之.〕"라고 한 것을 가리킨다.

97 피음(詖淫)한 말 : 《맹자》 〈공손추 상(公孫丑上)〉에 "한쪽으로 치우친 말에서 그의 마음이 가려 있음을 알며, 지나친 말에서 마음이 빠져 있음을 알며, 부정한 말에서 마음이 도(道)와 멀리 떨어져 있음을 알며, 회피하려는 말에서 논리가 궁함을 알 수 있다.〔詖辭知其所蔽, 淫辭知其所陷, 邪辭知其所離, 遁辭知其所窮.〕"라고 한 데서 온 말로, 정도(正道)가 아닌 부정하고 옳지 못한 말을 가리킨다.

두 가지가 서로 영향을 주고받는 것이지 애초에 한 가지 병통만 있는 학문은 없습니다. 단정하여 분속하여서는 안 될 듯합니다.

〔문〕 "밖에 있는 것을 끝내 없앨 수 없다.〔在外者終不容以寂滅〕"[98]라고 한 것에서 '적(寂)' 자는 온당하지 않습니다.

〔답〕 어쩌면 비록 감응하지만 고요한 본체〔感而寂之體〕[99]가 저절로 존재해서가 아니겠습니까. 그렇지만 지금 적멸(寂滅)로 말하는 것은 '적(寂)' 자만 말하는 것과 차이가 있습니다.

〔문〕 "배우기를 널리 하고 뜻을 독실히 하며 절실하게 묻고 가까이 생각한다.〔博學而篤志 切問而近思〕"[100]라고 한 것에 대하여

98 밖에……없다 : 장재가 정호에게 성을 안정시키는 문제〔定性〕를 물은 데 대해 정호가 "밖을 그르다 하고 안을 옳다고 하기보다는 내외(內外)를 모두 잊는 것이 나으니, 내외를 모두 잊으면 마음이 깨끗하여 일이 없을 것이다. 마음이 깨끗하여 일이 없으면 정해지고, 정해지면 밝아지고, 밝아지면 어찌 사물에 응함에 얽매이겠는가."라고 하였는데 그 주석에 "스스로 사사로이 함과 지혜를 쓰는 병통은 그 뿌리가 내외를 나누어 두 가지로 여겨서 밖에 있는 것을 그르다 하고 안에 있는 것을 옳다고 하는 데에 있다. 그러나 밖에 있는 것을 끝내 없앨 수 없다."라고 한 부분을 가리킨다. 《近思錄集解 卷2 爲學》 이 부분에 대해 김장생은 《근사록석의》에서 "적멸(寂滅)은 밖에 있다고 말할 수가 없으니, '외(外)' 자는 '내(內)' 자가 되어야 할 듯하다."라고 하였다.

99 감응하지만 고요한 본체 : 《주역(周易)》 〈계사전 상(繫辭傳上)〉 10장에 "역은 사려가 없고 작위가 없어 고요히 움직이지 않다가 감응하면 마침내 천하의 일에 통한다.〔易, 无思也, 无爲也, 寂然不動, 感而遂通天下之故.〕"라고 한 데서 온 말로, 심성의 본체를 말한다.

100 배우기를……생각한다 : 본래 《논어》 〈자장(子張)〉에 나오는 자하(子夏)의 말로, 뒤에 "인이 그 가운데 있다.〔仁在其中矣.〕"라는 말이 더 있다. 《근사록》에는 정자

〔답〕 정자(程子)의 뜻이 《논어》의 뜻과 조금 다르므로 섭씨(葉氏)의 설이 주자(朱子)의 설과 같지 않습니다. 공자 문하에서 사람을 가르치는 것은 단지 인(仁)을 행하는 방법일 뿐입니다. 그러므로 《논어》의 본뜻은 단지 사람으로 하여금 곧장 배우기를 널리 하고 뜻을 독실히 하며 절실하게 묻고 가까이 생각하게 하고자 하였으니, 이와 같이 하면 인은 절로 그 가운데 있게 되는 것입니다. 정자는 또 배우는 자들이 "인이 그 가운데 있다.〔仁在其中〕"라고 한 뜻을 생각하게 하고자 하였으니 대개 인의 본체를 가리켜 보여 주려고 하는 뜻이 있었습니다. 한편 섭씨의 설은 정자의 뜻을 바로 풀이하였으니 쉽게 비판할 수 없습니다. 그의 말을 보면 비록 몹시 힘이 들 것 같지만 실제로 체찰(體察)해 나가면 또 그 힘들지 않음을 저절로 쉽게 알 수 있을 것입니다.

(程子)가 "배우기를 널리 하고 뜻을 독실히 하며 절실하게 묻고 가까이 생각하는 것을 어찌하여 인이 그 가운데 있다고 말씀하였는가? 배우는 자는 이것을 생각하여 알아야 하니, 이것을 안다면 곧 위를 통하고 아래를 통하는 방도이다."라고 하였는데, 이에 대해 주희(朱熹)는 "네 가지는 모두 배우고 묻고 생각하고 분변하는 일이고 역행(力行)하여 인을 행하는 데는 이르지 못한다. 그러나 여기에 종사하면 마음이 밖으로 달려가지 않아서 보존하는 바가 저절로 익숙해지므로 인이 그 가운데 있다고 말씀한 것이다."라고 하였고, 섭채(葉采)는 "내가 생각하건대 배우고 묻고 생각하고 분변함은 배우는 자가 인을 구하는 일이다. 그러나 배우기를 널리 하고 뜻을 독실히 하며 절실하게 묻고 가까이 생각함은 모두 간절하고 독후(篤厚)한 뜻이니, 곧 이 한 생각이 바로 측은지심이 유행하여 발현되는 곳이다. 달리 찾을 필요가 없고 인의 전체(全體)를 알 수 있다. 그러므로 위를 통하고 아래를 통하는 방도라고 말씀한 것이다."라고 하였다. 《近思錄集解 卷2 爲學》

창계집

제16권

교서 敎書
기 記
잡저 雜著
전 箋
서 序
상량문 上樑文
제문 祭文
발 跋

교서 敎書

영남 관찰사 윤지완에게 내리는 교서

敎嶺南觀察使尹趾完書

왕은 이르노라. 국가에서 관리를 임명하는 경우가 많지 않은 것이 아니지만 교서로 뜻을 유시하는 경우는 매우 드물다. 대체로 삼공(三公)과 열경(列卿)은 교서를 받을 수가 없고 여러 도(道)의 방백(方伯)만 특별히 이 교서로 명하는 것이다. 한 도의 모든 정무(政務)를 총괄하는 권한이기에 자못 땅을 나누어 준 경우와 비슷하고 천 리의 중요한 임무를 위임하는 때이기에 반드시 지방을 맡기는 일을 신중히 한다. 비록 점점 관례(慣例)가 되어 사람들이 허례(虛禮)로 보기도 하지만 오직 지금 고유(誥諭)함에 나는 지극한 정성을 펴고 있다. 나의 말이 우연히 하는 것이 아니니 들을 때 소홀히 여겨서는 안 될 것이다. 우리 국가가 고질에 빠진 것이 지금 몇 년이나 되었던가. 마치 사람이 극도로 쇠약해져 하루도 넘기지 못할 듯하다. 참으로 이렇게 반복하면서 더욱 심해져 가니 마침 위난(危難)이 닥칠까 바야흐로 깊이 걱정된다. 배와 심장, 팔다리 가운데 한 곳도 아프지 않은 곳이 없으니 반드시 내외가 힘을 합하여야 거의 온갖 폐기된 일들이 다 복구될 수 있을 것이다.

내가 만기(萬機)에 임할 때 바야흐로 본원(本原)이 되는 곳에 마음을 쏟고 있으니 누가 한 방면(方面)을 맡아 선정을 펴야 될 이 시절에 나태하지 않을 수 있겠는가. 황극(皇極)을 세워 단서를 여는 일은 그 책무가 진실로 과인(寡人)에게 먼저 있거니와, 풍교(風敎)를 받들어 덕화(德化)를 펴는 일은 그 기대가 또한 감사(監司)에게 절실하다. 그래서 해장(解張)[1]하는 처음부터 특별히 안찰(按察)을 맡을 이의 선발에 대해 고심하였다. 더구나 이 영남이라는 한 지역은 우리나라의 큰 번진(藩鎭) 가운데 제일이다. 그 관할하는 영역을 비교해 보면 양호(兩湖)의 면적도 이에 미치지 못하고 국가를 수호(守護)하는 일로 논해 보자면 양계(兩界)의 요충도 이보다 더 중요하지 않다. 이곳은 신라(新羅)가 도읍(都邑)으로 삼았던 곳이니 아직도 오래 쌓인 전통을 보존하고 있고 선현(先賢)들이 배출된 곳이니 예로부터 인재(人才)의 부고(府庫)라고 일컬어져 왔다. 만일 잘 쓰기만 한다면 족히 나라를 일으킬 원기(元氣)가 될 만한데 누가 이 일을 해낼 것인가. 또한 국가를 호위하는 중요한 방비(防備)에 관계되는 일이다. 이 관직을 혹시라도 잘못 선발한다면 정사를 그르침이 어찌 작다 하겠는가.

오직 경(卿)은 명문가의 재주 있는 자제이고 재상가의 어진 외손(外孫)이다.[2] 젊은 시절 과거에 급제하니 현달할 길이 이미 정해졌는데,

1 해장(解張) : 금슬(琴瑟)의 줄을 풀었다가 고쳐 조인다는 말로, 정치나 제도를 새롭게 고치는 것을 비유할 때에 쓰인다. 한 무제 때 동중서(董仲舒)가 올린 〈현량대책(賢良對策)〉에 "비유하자면 금슬이 음조가 고르지 않음이 심하면 반드시 줄을 풀어 다시 조여야만 연주할 수 있고, 정치가 제대로 행해지지 않음이 심하면 반드시 변화시켜 다시 교화해야만 다스릴 수 있다.〔竊譬之琴瑟不調, 甚者必解而更張之, 乃可鼓也, 爲政而不行, 甚者必變而更化之, 乃可理也.〕"라고 한 데서 온 말이다. 《漢書 卷56 董仲舒傳》

2 경(卿)은……외손(外孫)이다 : 윤지완(尹趾完)의 조부 윤민헌(尹民獻)은 공조 참

중년에 초야에 은둔하니 편안히 물러나는 절개를 볼 수 있다. 청요(淸要)의 관직, 화려한 벼슬 지내던 때에 급급해하지 않았거니와, 또한 고을 다스리며 정사를 펴던 날에 도량이 넓디넓었다. 유도원(劉道原)의 고아한 지조는 서간(西澗)의 가풍(家風)을 실추하지 않고,[3] 위양원(魏陽元)의 뛰어난 재주는 외가의 택상(宅相)의 예언을 이룸이 마땅하다.[4] 오래도록 향리(鄕里)에 거처하니 반드시 이 백성들의 기쁨과 근심

의를 지냈고, 부친 윤강(尹絳)은 이조 판서를 지냈으며, 외조부 정광성(鄭廣成)은 지돈녕부사(知敦寧府事)를 지냈다.

3 유도원(劉道原)의……않고 : 도원은 송(宋)나라 유서(劉恕)의 자(字)이고, 서간(西澗)은 그의 부친 유환(劉渙)의 호이다. 유환은 구양수(歐陽脩)와 동년(同年) 진사(進士) 출신으로 30년 동안 여산(廬山)의 남강(南康)에 은거하여 구양수가 일찍이 〈여산고(廬山高)〉라는 시를 지어 유환의 높은 절개를 찬미하였고, 그의 아들 유서는 노친을 위해 남강의 군주(軍酒)로 벼슬을 옮겼다. 한편 주희는 〈답이빈로(答李濱老)〉에서 "여산으로 말하면,……도 정절(陶靖節)의 조손(祖孫)과 유서간(劉西澗) 부자의 유풍(遺風)이 있는 곳이다."라고도 하였다. 《朱子大全 卷46》 여기서는 윤지완이 그의 부친 윤강(尹絳)처럼 높은 벼슬을 마다하고 초야에 은거한 것을 비유한다.

4 위양원(魏陽元)의……마땅하다 : 양원은 진(晉)나라 위서(魏舒)의 자이다. 택상(宅相)의 예언을 이룬다는 것은 외손(外孫)이 귀하게 되는 것을 말한다. 위서가 어려서 외가(外家)인 영씨(甯氏)에게 양육되었는데, 집터의 풍수를 보는 이〔相宅人〕가 "장차 귀한 외손이 나올 것이다.〔當出貴甥.〕"라고 예언하였다. 외조모는 위서가 어려서 총명하였기에 이 예언에 해당하리라 생각하였다. 위서는 외조모를 위해 이 예언을 이루겠다고 다짐하였는데, 그 예언대로 후에 사도(司徒)의 지위에까지 올랐다고 한다. 《晉書 卷41 魏舒列傳》 윤지완의 외조부는 지돈녕부사 정광성(鄭廣成)으로, 윤지완이 어린 시절 부마(駙馬)의 물망에 올랐는데 인조가 그를 보고 기특해하면서 "이 아이는 그 외조부와 몹시 비슷하니 내가 국가를 위해 재상이 되도록 남겨 두겠다.〔此兒酷似其舅, 吾爲國留作宰相.〕"라고 하면서 《소학(小學)》을 하사하고 면려하여 내보냈다고 한다. 《白下集 卷7 右議政忠正尹公墓誌銘, 韓國文集叢刊 192輯》

의 원인을 잘 알 것이고, 고요히 고금(古今)을 살피니 또한 다스림에 완급의 요체를 알 것이다. 풍도(風度)가 중후하고 원대하니 중임을 맡아 장구하기를 생각할 만하고, 정신(精神)이 온축되고 풍부하니 번거로움을 해소하고 힘든 일을 풀어 나가는 데 무슨 어려움이 있겠는가. 이에 본도(本道)에 관찰사 자리가 비게 되니 과연 모든 신료가 천거하여 경에게 부탁하였다.

이에 경에게 경상도관찰사 겸 병마수군절도사 순찰사(慶尙道觀察使兼兵馬水軍節度使巡察使)를 제수하노라. 상응하는 품계(品階)에서 발탁하여 제수받는 직위(職位)에 합당하니 비록 승진한 것이지만 규례(規例)를 벗어난 초천(超遷)이 아니고, 외방(外方)에서 나를 도우니 경의 다스림이 편중될 듯하지만 실은 두루 미치는 것이다. 재품(裁稟)할 일은 옛 법에 보존되어 있으니 어찌 다시 고유할 것이 많겠는가. 책임은 상례(常例)에서 절로 구별되니 특히 전심(專心)으로 궁구해야 할 것이다. 경은 나의 말을 공경히 받들어 내가 백성들을 불쌍히 여기는 뜻을 깊이 체찰(體察)하고, 경의 직분을 극진히 힘써 사소한 법규(法規)에 구애하지 말라. 나부터 깨끗하게 하여 한 지방의 표준(標準)을 세우고 이 한가한 때에 미쳐 여러 정무(政務)를 갈무리하여 조리를 세우고 분명하게 하라. 반드시 도사행(陶士行)이 부지런히 힘썼던 것[5]

5 도사행(陶士行)이……것 : 사행은 동진(東晉) 때의 명장(名將) 도간(陶侃)의 자이다. 그는 어려서 가난하였으나 현리(縣吏)가 되어 효렴(孝廉)으로 천거되었는데, 형주자사(荊州刺史)로 있으면서 많은 치적을 남겼으며 남만장사(南蠻長史), 시중태위(侍中太尉)를 거쳐 대장군(大將軍)에 봉해졌다. 형주 자사로 있을 때에 배를 만들고 난 톱밥과 대나무 끄트머리를 모아 놓았다가 겨울에 눈이 내린 길에 뿌려 미끄럼을 방지하고, 후에 환온(桓溫)이 촉(蜀)을 정벌할 때 대나무 못을 사용한 일화는 그의 근면 검소

처럼 하고 반드시 범희문(范希文)이 자임하였던 것[6]처럼 하라. 덕의(德意)를 선포할 때에는 마치 온화한 기운이 따뜻한 것처럼 하고, 위엄을 떨쳐 펼 때에는 마치 추운 날의 매서운 날씨처럼 하라. 정사는 반드시 이치를 지극히 하는 데 힘써야 하고 다스림은 시의(時宜)에 적절함을 더욱 중요하게 여긴다. 열읍(列邑)을 창솔(倡率)할 때에 관리들을 평정(評定)하기에 앞서 권계(勸戒)를 먼저 펴야 할 것이고 백 년의 태평성대에 기미(羈縻)의 밖에까지 생각이 미쳐야 할 것이다.[7] 우환이 없을 때 경계하면 계책이 평소 정해져 있어 궁해지지 않고 다스림에 간요(簡要)함이 있으면 일이 비록 많아도 더욱 잘 처리할 수 있다. 동남(東南) 지방에 이미 재력(財力)이 고갈되었으니 부(富)를 축적할 방법을 어찌 잊을 수 있겠는가. 유풍(儒風)이 전후로 확연히 다르니 학교를 일으킬 방도를 더욱 시급하게 세워야 할 것이다. 명령을 내릴 때에는 반드시 백성들을 부유하게 해 줄 것을 생각하고 선비들을 기를 때에는 반드시 풍속을 변화시킬 것을 기약해야 한다.

함과 치밀한 일 처리를 잘 알려 주는 고사로 유명하다. 《晉書 卷66 陶侃列傳》

6 범희문(范希文)이 자임하였던 것 : 희문은 송(宋)나라 범중엄(范仲淹)의 자이다. 범중엄의 〈악양루기(岳陽樓記)〉에 "옛날 어진 사람은……조정에 있을 적에는 백성을 걱정하고, 멀리 강호(江湖)에 있을 적에는 임금을 걱정하였다. 조정에 나아가도 근심이고 물러 나와도 근심이니, 그렇다면 어느 때에 즐거워하는 것인가? 반드시 천하의 근심은 남보다 먼저 근심하고, 천하의 즐거움은 남보다 뒤에 즐긴다고 할 것이다."라고 하여, 정사에 임하는 자세를 서술한 일을 말한다. 《古文眞寶後集 卷5》

7 백 년의……것이다 : 평화로운 시대에 일본에 대한 경계를 게을리해서는 안 된다는 말이다. 기미(羈縻)는 기미주(羈縻州)의 약자로, 옛날 중국이 접경지대에 사는 이민족들에 대해 그들의 풍속을 인정해 주면서 느슨하게 복속시키던 제도를 가리키는바, 여기서는 우리나라와 가까운 일본을 가리킨다.

경에게 어찌 일마다 일일이 당부할 필요가 있겠는가. 지금 단지 그 대체만 거론하겠다. 벼슬이 한 방면(方面)을 전임(專任)하는 지위에 이르면 저절로 자신의 평소의 포부를 펼 수 있다. 깊은 산 궁벽한 골짝에까지 염옹(濂翁)은 원통함을 씻어 주고 은택을 끼치는 인(仁)을 미루어 행하였고[8] 대리(大吏)와 호족(豪族)들에게 자양(紫陽)은 억누르고 제압하는 맹렬함을 드러내었다.[9] 옛사람 가운데 이렇게 행한 분들이 있으니 우리 도는 본래 마땅히 이러한 것이다. 경은 국가를 위해 충성하는 마음을 다 바쳐 나의 개혁하려는 사업을 도우라. 아, 한가로운 곳에서 벼슬에 나아오니 내가 진실로 경의 원습(原隰)의 노고[10]를 측은

8 깊은……행하였고 : 염옹(濂翁)은 주돈이(周敦頤)의 호로, 보통 염계선생(濂溪先生)으로 불린다. 주돈이가 처음 분녕현(分寧縣)의 주부(主簿)가 되었을 때 오래도록 판결을 내리지 못한 옥사(獄事)를 한 번 살펴보고 바로 결단을 내렸다. 이후 남안(南安)의 죄수가 사형을 받을 죄가 아니었는데 전운사(轉運使) 왕규(王逵)가 이 죄수를 가혹하게 다스리려고 하자 주돈이가 힘써 직언하였는데 듣지 않았다. 그러자 그는 벼슬을 내던지면서 "이러하고도 벼슬할 수 있겠는가. 사람을 죽이면서까지 남에게 잘 보이고 싶지 않다."라고 하니 왕규가 잘못을 깨달아 죄수가 죽지 않을 수 있었다. 이후 남창현(南昌縣)을 다스리게 되자 그곳 백성들이 "이분은 분녕의 옥사를 판결하신 분이니 이제 우리는 원통함이 없을 것이다."라고 하였다. 광동전운판관(廣東轉運判官), 제점형옥(提點刑獄)이 되었을 때에는 왕래하는 수고와 장독(瘴毒)이 침범하는 것도 꺼리지 않고 우거진 산, 외딴섬으로 인적이 이르지 않는 곳이라 하더라도 또한 반드시 여유롭게 다니면서 백성의 질고를 찬찬히 살피면서 힘써 원통함을 씻어 주고 사람들에게 은택을 베푸는 것을 자신의 책임으로 삼았다.《伊洛淵源錄 卷1 濂溪先生 事狀》

9 대리(大吏)와……드러내었다 : 자양(紫陽)은 주희(朱熹)의 호이다. 주희가 동안현(同安縣)의 주부(主簿)가 되었을 때 권력과 재물로 백성들을 수탈하는 관리와 부호(富豪)들을 제압하는 데 힘썼다. 또한 노년에 장주 지사(漳州知事)가 되었을 때에는 경계법(經界法)을 실시하여 일종의 농지 개혁을 단행, 관리와 부호들의 전횡을 막고자 하였으나 뜻을 이루지 못하였다.《朱子年譜 卷1 紹興 23年, 卷4 紹熙 1年》

하게 여기거니와, 근신(近臣)의 반열에서 나가게 되니 경이 어찌 조정을 그리워하는 마음을 풀 수 있겠는가. 상하의 뜻이 이미 서로 감응하였으니 무슨 일인들 이루지 못하겠는가. 표리(表裏)의 형세가 치우치거나 경시함이 없으니 지금 부임하여 반드시 힘쓰도록 하라. 그래서 이에 교시(敎示)하노니 내 뜻을 잘 알았으리라 생각한다.

10 원습(原隰)의 노고 : 《시경》〈황황자화(皇皇者華)〉에 "반짝반짝 빛나는 꽃들이여, 저 언덕이랑 진펄에 피었네. 부지런히 달리는 사신 행차는, 행여 못 미칠까 염려하도다. 내가 탄 말은 망아지인데, 여섯 가닥 고삐가 매끈하도다. 이리저리 채찍질하여 달려서, 두루 찾아서 자문을 하도다.〔皇皇者華, 于彼原隰. 駪駪征夫, 每懷靡及. 我馬維駒, 六轡如濡. 載馳載驅, 周爰咨諏.〕"라고 한 데서 온 말이다. 본래 왕명을 받든 사신의 노고를 노래한 것인데, 여기서는 국가를 위해 애쓰는 신하의 노고를 가리킨다.

전 箋

중전의 책봉을 하례하는 전
中殿冊封賀箋

인륜(人倫)의 시작은 소홀히 해서는 안 되니[11] 뭇 생령들이 우러러 바라는 것이 매우 절실하고, 왕화(王化)의 유행은 이를 통해 비롯되는 것이니 이에 육의(六儀)[12]가 두루 거행됨을 볼 수 있습니다. 경사가 종묘사직(宗廟社稷)에 관계되고 기쁨이 신하와 백성들에게 넘칩니다. 삼가 생각건대, 주상 전하께서는 다스림은 이남(二南)[13]을 사모하고

11 인륜(人倫)의……되니 : 임금이 배필(配匹)을 정하는 일을 소홀히 해서는 안 된다는 말이다. 인륜의 시작은 한(漢)나라 때 유향(劉向)이 "부부의 도리는 참으로 인륜의 시작이고 왕교의 단서이다.〔夫婦之道, 固人倫之始, 王教之端.〕"라고 한 데서 온 말이다. 《列女傳 卷4 楚平伯嬴》

12 육의(六儀) : 《주례(周禮)》에 "보씨는 왕의 잘못을 간하고 국자를 도리로 기르는 일을 관장한다.……이에 육의로 가르치니 첫째는 제사의 용의(容儀), 둘째는 빈객의 용의, 셋째는 조정의 용의, 넷째는 상기의 용의, 다섯째는 군려의 용의, 여섯째는 거마의 용의이다.〔保氏掌諫王惡, 而養國子以道.……乃教之六儀, 一曰祭祀之容, 二曰賓客之容, 三曰朝廷之容, 四曰喪紀之容, 五曰軍旅之容, 六曰車馬之容.〕" 한 데서 온 말로, 임금이 국가를 다스릴 때 행하는 여섯 가지 의례를 가리킨다. 《周禮 地官司徒 保氏》

13 이남(二南) : 《시경》의 〈주남(周南)〉과 〈소남(召南)〉을 병칭하는 것으로, 주로

덕은 태상(太上)[14]을 표방하셨습니다. 곤위(壼位 중전(中殿))의 중요함을 깊이 생각하여 잠시도 비워 둠을 용납하지 않으시고, 자훈(慈訓 대비(大妃))의 간절함을 공손히 따르시어 마침내 이 예를 거행하게 되었습니다. 현책(顯冊)이 반포됨에 제신(諸神)이 복을 내려 주고 음교(陰敎)가 천명됨에 팔도(八道)가 풍화(風化)를 입었습니다. 삼가 생각건대, 신들은 태평한 시절을 만나 아름다운 의전(儀典)을 보게 되었습니다. 부모와도 같은 중전께서 만수무강하도록 송(頌)을 바치니 어찌 보잘것없는 충정을 가눌 수 있겠습니까. 백세토록 본손(本孫)과 지손(支孫)이 이어지라는 시[15]를 노래하여 삼가 축사(祝辭)를 부칩니다.-이하 모두 같다. 임영(林泳)이 지어 올렸다.-

문왕(文王)과 후비(后妃) 태사(太姒)의 덕화(德化)를 읊은 것이다. 여기서는 임금을 잘 보필하는 왕비를 비유하였다.

14 태상(太上) : 춘추 시대 노(魯)나라 대부 숙손표(叔孫豹)의 말에 "가장 높은 것은 덕을 세우는 것이요, 그다음은 공을 세우는 것이요, 또 그다음은 훌륭한 말을 남기는 것이라, 아무리 오래되어도 폐해지지 않으면 이것을 영원히 썩지 않는 것이라고 한다.〔太上有立德, 其次有立功, 其次有立言, 雖久不廢, 此之謂不朽.〕"라고 한 데서 온 말이다.《春秋左氏傳 襄公24年》

15 백세토록……시 :《시경》〈문왕(文王)〉을 가리키는데, 거기에 "문왕의 자손들이 본손과 지손이 백세토록 이어지리로다. 모든 주나라의 선비들도 대대로 드러나리로다.〔文王孫子, 本支百世. 凡周之士, 不顯亦世.〕"라고 하였다.

대전에 정월 초하루에 백관이 하례하는 전
大殿正朝百官賀箋

신양(新陽)이 땅을 나오니[16] 이에 인정(寅正)[17]의 때가 돌아오고 성덕(盛德)이 하늘에 순응하니 크게 신휴(申休)의 명[18]을 받았습니다. 한 해의 상일(上日 초하루)에 만물이 봄을 함께 만끽합니다. 삼가 생각건대, 주상 전하께서는 지극한 인(仁)으로 건원(乾元)을 체행(體行)하시고 진실한 총명(聰明)으로 황극(皇極)을 세우셨습니다. 치우침도 없고 편듦도 없이 왕도(王道)를 따르니 다스림이 태평으로 향해 가고 부지런히 하고 검소하게 하여 민폐(民弊)를 돌아보니 정사가 먼저 평안을 이루었습니다. 이에 이단(履端)[19]하는 절기를 만나니 더욱 새롭게 하는

16 신양(新陽)이 땅을 나오니 : 신양은 본래 초봄을 뜻하는데, 음력 11월에 하나의 양효(陽爻)가 처음으로 생겨나 1월이 되면 세 개의 양효가 하괘(下卦)에 자리하고 세 개의 음효가 상괘에 자리하는 태괘(泰卦)를 이루는바, 땅을 뜻하는 하괘의 곤괘(坤卦)가 모두 양효로 바뀐 것을 가리킨다.

17 인정(寅正) : 북두성의 자루가 인(寅)의 방향, 즉 동방을 가리키는 때인 건인월(建寅月)로, 정월(正月)을 가리킨다.

18 신휴(申休)의 명 : 우(禹)가 순(舜) 임금에게 "당신의 마음이 그치는 바에 편안히 하여 기미를 생각하고 편안히 할 것을 생각하시며 보필하는 신하가 정직하면 움직임에 천하가 크게 호응하여 뜻을 기다릴 것이니, 상제께 밝게 받으시면 하늘이 거듭 명하여 아름답게 할 것입니다.〔安汝止, 惟幾惟康, 其弼直, 惟動, 丕應徯志, 以昭受上帝, 天其申命用休.〕"라고 한 데서 온 말로, 하늘이 거듭 내리는 아름다운 복록(福祿)을 가리킨다.《書經 益稷》

19 이단(履端) : 정월 초하루의 이칭이다. 처음을 밟는다는 뜻으로 하늘의 운행을 사람의 행보(行步)에 비긴 것인데, 한 해의 책력(冊曆)이 정월 초하루에서 시작하기 때문

상서로움을 만났습니다. 삼가 생각건대, 신들은 함께 성대한 때를 만나 외람되이 성인(聖人)의 교화를 입었습니다. 하탁(夏鐸)[20]을 들으며 서로 경계하니 비록 관잠(官箴)[21]에 부끄럽지만 요준(堯樽)[22]을 마시며 함께 즐거워하니 다만 정성스럽게 성상께 하례합니다.

에 이렇게 부른다. 《춘추좌씨전》 문공(文公) 원년 조에 "선왕이 시령(時令)을 바로잡아 처음에 이단하였다.〔先王之正時也, 履端於始.〕"라고 한 데서 온 말이다.

20 하탁(夏鐸) : 하(夏)나라 목탁(木鐸)으로, 하나라 때 매년 정월이 되면 나라의 율령(律令)을 선포하는 관원〔遒人〕이 목탁을 두드리며 도로를 돌아다니면서 "관사들은 서로 바로잡고, 백공(百工)은 각자 맡은 기예(技藝)의 일을 가지고 임금에게 간하라. 혹시라도 공경히 하지 않으면, 거기에 해당하는 나라의 법이 있을 것이다.〔官師相規, 工執藝事以諫. 其或不恭, 邦有常刑.〕"라고 외쳤다는 말이 《서경》 〈윤정(胤征)〉에 나온다.

21 관잠(官箴) : 임금이 경계하도록 하기 위하여 백관(百官)이 지어 올린 잠언(箴言)을 말한다. 무왕이 백관에게 관잠을 올리도록 하였는데, 신갑(辛甲)이 태사(太史)가 되었을 적에 백관에게 명하여 관잠을 올리도록 하였다. 《春秋左氏傳 襄公4年》

22 요준(堯樽) : 요 임금의 술동이로, 곧 성군이 하사한 술이라는 뜻이다.

왕세자가 국학에 들어가는 것을 하례하는 전
王世子入學賀箋

순일(純一)한 덕이 황극(皇極)에 부응하니 바야흐로 위대한 계책으로 나라를 일으키기를 바라고, 여덟 살에 국학에서 함께하시니 이에 원량(元良 세자(世子))께서 학문에 나아가심을 보게 되었습니다. 이 경사는 종묘사직에 관계되고 이 기쁨은 신료와 백성들에게 넘칩니다. 삼가 생각건대, 주상 전하께서는 그 도가 수신제가(修身齊家)에 근본하시니 시절이 태평을 향해 갑니다. 오늘의 할 일은 세자의 덕성이 빨리 성숙하도록 북돋아 주는 일보다 시급한 것이 없고, 고인(古人)의 가르침은 성상의 마음을 일찍 가르치는 일[23]에 쓰신 데서 볼 수 있습니다. 마침 성대한 예식을 거행하려고 하니 온 백성들이 다 함께 기뻐합니다. 삼가 생각건대, 신은 분사(分司)를 맡고 있지만 마음은 대궐을 향해 있습니다. 그렇지만 병에 시달리며 일을 방기하고 있기에 중요한 부탁을 헤아리며 부실없이 부끄러워하고 작은 고을에서 장계를 급히 보내 멀리서 하례하는 작은 정성을 부칩니다.

23 일찍 가르치는 일 : 《한서(漢書)》 권48 〈가의전(賈誼傳)〉에 "천하의 운명은 태자에게 달려 있고, 태자가 훌륭하게 되는 것은 일찍 가르치는 일과 좌우를 선발하는 데에 달려 있다.〔天下之命, 縣于太子, 太子之善, 在于早諭教與選左右.〕"라고 한 데서 온 말이다.

제문 祭文

토역한 일을 종묘에 고하는 제문[24]

討逆告廟祭文

올해 여름 난리를 토벌하고 今夏討亂

24 토역(討逆)한……제문 : 인평대군(麟坪大君)의 아들인 복창군(福昌君) 이정(李楨), 복선군(福善君) 이남(李枏), 복평군(福平君) 이연(李㮒) 형제는 '삼복(三福)'으로 지칭되었는데 외숙인 오정원(吳挺垣), 오정위(吳挺緯), 오정창(吳挺昌) 등 숙종 초기 남인의 중심 세력과 연합하여 권세가 있었다. 이때 명성대비(明聖大妃)의 부친인 김우명(金佑明)이 상소하여 복창군 형제가 궁중의 나인들과 사통하였다고 고발하여, 의금부에서 조사하게 하였다. 《肅宗實錄 1年 3月 12日》 이 사건은 나인들만 처벌을 받고 묻혔으나 평소 삼복과 동복 오씨(同福吳氏) 일가를 견제하던 외척 김석주(金錫胄)가 1680년(숙종6) 4월 밀객(密客)을 시켜 당시 영의정 허적(許積)의 서자 허견(許堅)이 삼복과 결탁하여 역모를 도모한다는 고변을 하자, 옥사(獄事)가 일어나 삼복과 허적, 윤휴(尹鑴), 오정창 등이 사사(賜死)되고 그 밖의 많은 남인들이 처벌받았다. 이 시기를 전후하여 영의정 허적, 좌의정 민희(閔熙), 우의정 오시수(吳始壽) 등이 주도하던 남인 정권은 영의정 김수항(金壽恒), 좌의정 정지화(鄭知和), 우의정 민정중(閔鼎重) 등이 주도하는 서인 정권으로 급격히 교체되는 이른바 경신대출척(庚申大黜陟)의 정국 변동이 발생하였다. 《肅宗實錄 6年 3月 28日·29日·30日, 4月 2日·3日·5日·6日·12日》《承政院日記 肅宗 6年 4月 29日》 이 제문은 이 사건이 일단락되고 난 뒤 여당(餘黨)에 대한 처벌을 마치고 종묘에 고유(告諭)하는 글이다.

고례를 이미 거행하였으나 告禮既行

남은 적당(賊黨)들이 빠져 있어 餘黨載漏

여전히 숨긴 정상(情狀)이 있었습니다 猶有隱情

급한 장계를 이어 보고하니 急書繼聞

숙문[25]이 다시 열렸습니다 淑問再張

국문한 지 한 달이 넘어서 按治逾月

반역의 시말이 더욱 드러났습니다 逆節彌彰

역적 남(枏)과 그 외숙 창(昌)이 逆枏舅昌

남김없이 이실직고하였고 吐款靡遺

몇몇 역적들이 亦越數賊

그 내밀한 사실을 상호 증언하였습니다 互證其私

처음 고례에서 미진하였는데 始告不盡

지금 남김없이 밝히게 되었습니다 今發無餘

무릇 그 감추고 있던 정황이 凡厥包藏

원서[26]에 다 드러나 있습니다 畢露爰書

서리를 밟으면 점차로 단단한 얼음이 나타나는 법이니 堅氷之漸

이 일은 참으로 하룻저녁의 일이 아니었습니다 信非一夕

본래 조정의 중론(衆論)이라고 빙자하면서 本托朝論

중전(中殿)을 흔들려고 도모하였습니다 謀動坤極

친경하고 종묘에 고할 때 親耕告廟

25 숙문(淑問) : 본래 옥사(獄事)를 잘 판단하는 것을 뜻하는데, 여기서는 심문(審問)을 가리킨다.

26 원서(爰書) : 죄인이 자신의 죄상에 대해서 진술한 글로, 원사(爰辭)라고도 한다.

계획을 서로 주고받았고　機栝聯絡
역모를 꾀함이 더욱 급박해져서　爲謀益急
체부가 다시 복설(復設)되었습니다[27]　體府又復
병사를 모으고　拳勇之募
둔졸들을 결속시키고는　屯伍之束
호복을 입고서　且裝胡服
도성을 습격하려 하였습니다　欲襲都下
흉측한 말과 사특한 마음은　凶辭慝情
듣기만 해도 놀랍고 두렵습니다　聞亦駭怕
이미 주륙한 역적을 놓고　旣戮之賊
죽은 뒤에 여죄를 밝혔습니다　死彰餘罪
역적들이 차례로 주벌되니　群孼次誅
나라 사람들이 모두 통쾌하게 여겼습니다　國人胥快
이에 악인을 모조리 제거하니　除惡斯盡
묵묵하게 보우하심이 있어서입니다　默祐則存
이 일이 마땅히 고해야 할 것이니　事在當告
이 예가 어찌 번거롭다 하겠습니까　禮豈云煩
더구나 지난해　矧惟去歲

27 체부(體府)가 다시 복설(復設)되었습니다 : 당시 허적(許積)이 윤휴(尹鑴) 등과 의논하여 대의(大義)를 내세우고 자신의 집 동산 언저리에 체부를 특별히 설치한 다음 도체찰사(都體察使)가 된 일을 가리킨다. 체부는 조선 시대 체찰사가 군무를 보던 주영(駐營)으로, 체찰사는 지방에 군란(軍亂)이 있을 경우 왕을 대신하여 그 지방에 나가 군무를 두루 총찰하던 군직인데, 정승이 겸임하였다.《국역 숙종실록 1년 12월 15일, 2년 1월 25일》

요망한 역적을 토벌한 일을 고하였는데 告討妖逆
글을 지어 일을 지적할 때 撰文指事
간신이 억견(臆見)을 펼쳐서 奸臣行臆
무고한 신하가 無辜之臣
난리를 선동한다고 지목되었습니다 目以煽亂
그 글을 바친 이는 우였으니 獻書者禑
역적이라 일컫기도 관대한 일입니다 稱賊亦謾
이미 연약한 군주를 속이고 旣欺藐冲
또 열성조를 속인 것인데 又誣列祖
지금에 이르러서야 뉘우치고 깨닫게 되니 及此悔悟
바야흐로 부끄러움과 분노가 깊어집니다 方深慚怒
정대한 말로 다시 고하노니 正辭改告
예에 있어 또한 합당합니다 於禮亦宜
삼가 길한 날을 가려 謹涓吉日
경건하게 이와 같이 고합니다 虔告若玆

문정공 박상충[28]에 대하여 증시하고 치제하는 글

文正公朴尙衷贈諡致祭文

내가 사람의 도리를 살펴보니	予相人道
거기 큰 강령이 있네	厥有大綱
군신의 의리와	君臣之義
화이의 경계는	華夷之防
하늘에 근본을 둔 항구한 이치로	根天亘古
사람의 떳떳한 강상이 되었네	作民彝常
여기 훌륭한 이가 있으니	有卓于玆
오랜 세월이 지난들 잊을 수 있으랴	曠代可忘
옛날 고려 말에	念昔麗季
나라는 기울어 가는데	國家將亡
역신[29]이 집권하여	逆臣執命

28 박상충(朴尙衷) : 1332～1375. 본관은 반남(潘南), 자는 성부(誠夫)이다. 공민왕(恭愍王) 때 과거에 급제하여 예조 정랑을 지냈고, 예속(禮俗)의 문란을 바로잡기 위하여 고례(古禮)를 참작하여 사전(祀典)을 만들어 예를 밝혔다. 정몽주(鄭夢周) 등과 함께 배원론(排元論)을 주장하다가 장류(杖流)에 처해져서 귀양을 가던 도중 졸하였다. 1681년(숙종7) 영중추부사 송시열(宋時烈)의 발의로 박상충에게 '문정(文正)'이라고 증시(贈諡)하고 치제(致祭)하게 하였으며, 이어 송도(松都)에 사우(祠宇)를 세우도록 하였다. 《高麗史 卷112 朴尙衷列傳》《肅宗實錄 7年 1月 21日, 11月 13日》

29 역신(逆臣) : 고려 말의 권신인 이인임(李仁任) 일파를 가리킨다. 1374년(공민왕23) 공민왕이 시해되자 우왕(禑王)을 추대하여 정권을 잡고 친원정책(親元政策)을 취하여 박상충을 비롯한 친명파(親明派)를 추방하였다.

온 나라가 나아갈 방향을 잃었네	環土迷方
저 의주[30]를 버리고	舍彼義主
북방 오랑캐에 연연하였네	眷戀戎羌
다시 사람의 도리조차 없는데	無復人理
어디에 종묘사직이 있으리오	何有宗祊
누가 그런 상황에 처해 있으면서	孰處其間
홀로 나라를 부지할 수 있으리오	獨任扶將
명현인 혼령은	名賢維靈
강직한 기질을 타고났고	天與剛腸
우뚝하게 서 있는 그 모습은	有屹其立
산을 삼키는 홍수[31] 가운데 지주[32]였네	砥柱懷襄
충성스럽고 의로운 심지는	忠肝義膽

30 의주(義主) : 명(明)나라 황제, 특히 태조(太祖) 주원장(朱元璋)을 가리킨다. 《해동악부(海東樂府)》에 "고려는 원종(元宗) 때부터 원(元)나라를 섬겨……거의 100여 년이 지나면서 충선왕 이하는 모두 원나라의 외손이 대대로 나라를 다스렸다. 명나라가 건국되자 공민왕이 명 태조를 의주라 하여 섬기기로 하였으나, 한때 북원과 경솔히 인연을 끊는 것이 옳지 않다고 말하는 이가 많았다.〔麗自元宗事元,……幾百餘年, 忠宣王以下, 皆元外孫也, 代有其國. 大明初興, 恭愍王雖以義主事之, 一時議論, 多以不可輕絶北元爲言.〕"라는 내용이 나온다.

31 산을 삼키는 홍수 : 《서경》 〈요전(堯典)〉에 "넘실거리는 홍수가 널리 해를 끼쳐 산을 덮고 구릉을 삼킨다.〔湯湯洪水方割, 蕩蕩懷山襄陵.〕" 하였다. 재앙이 심하거나 몹시 어지러운 상황을 비유하는 말인데, 곧 고려 말의 혼란스러운 시대 상황을 뜻한다.

32 지주(砥柱) : 중국 하남성(河南省) 삼문협시(三門峽市) 황하(黃河)의 중류에 있는 산으로, 거센 물살 가운데 우뚝 솟아 있는 것이 기둥과 같다 하여 붙여진 이름인데, 혼탁한 세속에 휩쓸리지 않고 꿋꿋하게 자신의 절조를 지키는 군자에 비유된다.

해와 별과 빛을 겨룰 만하였네	日星爭光
복록과 재앙, 삶과 죽음을	禍福死生
마치 하찮은 물건처럼 여겼네	視若毫芒
처음 안사기(安師琦)를 참할 때	爰初斬琦
큰 의론을 앞장서서 주장하더니[33]	大論是張
정서에 서명하지 않음에	不署呈書
그 절개 더욱 밝게 드러났어라[34]	厥節彌彰
사신을 물리치라는 상소는	却使之疏
한마디 말이 추상과 같았네[35]	片言秋霜

33 안사기(安師琦)를……주장하더니 : 안사기(?~1375)는 고려 말의 권신으로 1372년(공민왕21) 찬성사에 올랐고, 공민왕 시해 후 이인임(李仁任)의 명을 받고 김의(金義)를 사주하여 명(明)나라 사신 채빈(蔡斌)을 죽이도록 하였다. 이 일이 외교 문제로 번지자 박상충이 그를 탄핵하는 상소를 올렸다. 안사기가 체포를 피하여 달아나다 자살하자 시체의 목을 베어 저자에 매달았다.《高麗史節要 卷30 辛禑1》《高麗史 卷112 朴尙衷列傳, 卷126 姦臣列傳 李仁任》

34 정서(呈書)에……드러났어라 : 정서는 고려 조정에서 원(元)나라 중서성(中書省)에 올리는 외교 문서를 이른다. 이인임이 백관과 함께 연명으로 공민왕의 죽음과 우왕(禑王)의 즉위에 대한 외교 문서를 올리고자 하였는데, 이에 박상충과 임박(林樸), 정도전(鄭道傳)이 "선왕께서 계책을 결정하여 남쪽의 명나라를 섬겼으니, 이제 북쪽의 원나라를 섬기는 것은 부당하다.〔以先王決策事南, 今不當事北.〕" 하여 서명하지 않았다.《高麗史節要 卷30 辛禑1》《高麗史 卷112 朴尙衷列傳》

35 사신을……같았네 : 1375년(우왕1) 원나라에서 사신을 보내어 공민왕이 명나라에 붙었다 하여, 공민왕 시해 사건을 용서한다고 하자, 이인임, 지윤(池奫) 등이 원나라 사신을 맞이하고자 하였다. 이에 많은 친명파 신료들이 반대 상소를 올렸으나 이인임 등이 물리쳐 받아들이지 않고 정도전으로 하여금 원나라 사신을 맞이하게 하자, 정도전은 강경하게 반발하다가 회진(會津)으로 귀양을 갔다. 당시 판전교시사(判典校寺事)였던 박상충이 상소를 올려 원나라 사신을 거절할 것을 극력 간하였다.《高麗史節要 卷30

역순의 이치 환히 밝혔고	逆順理明
안위의 계책 원대하였네[36]	安危計長
흉악한 권신을 잡아서	欲執權兇
천왕[37]에게 귀순하고자 한 것인데	歸命天王
이것만 제대로 되었더라면	能是一擧
나라는 다시 창성하였을 것이네	國其再昌
어찌 나라가 창성할 뿐이랴	豈惟國昌
백성이 견양[38]의 지배 벗어났을 것이네	人免犬羊
사세가 너무나도 어려움이 있어	事有至難
직언하자 곧바로 목숨을 잃었네[39]	言發身戕
봉황의 깃털 하나로도	鳳凰一羽
오채의 무늬를 증명할 수 있는 법이니[40]	足徵五章

辛禑1》《高麗史 卷112 朴尙衷列傳》

36 역순(逆順)의……원대하였네 : 박상충이 상소에서 "신의를 버리고 역리를 따르는 것은 천하의 대의가 아니며, 강대국 즉 명나라를 배빈하고 약소국 즉 원나라를 가까이하는 것은 오늘날의 좋은 계책이 아닙니다.〔棄信而從逆, 天下之不義也; 背强而向弱, 今日之非計也.〕"라고 한 것을 가리킨다. 《高麗史 卷112 朴尙衷列傳》

37 천왕(天王) : 천자(天子) 또는 황제를 뜻하는데, 여기서는 명나라 황제를 가리킨다.

38 견양(犬羊) : 나라를 침입해 오는 오랑캐나 외적(外敵)을 멸시하여 이르는 칭호인데, 여기서는 원나라를 뜻한다.

39 직언하자……잃었네 : 박상충과 정도전이 원나라와의 관계를 끊도록 요구하는 상소를 올리고, 이어 간관(諫官) 이첨(李詹)과 전백영(全伯英)이 이인임을 죽이라고 상소하였는데, 이 일로 친명파가 다수 연좌되어 장형(杖刑)을 당한 뒤 귀양 가게 되었다. 이때 전녹생(田祿生)과 박상충이 귀양 도중에 장독(杖毒)으로 청교역(靑郊驛)에서 죽었다. 《高麗史 卷112 朴尙衷列傳》《定齋集 卷3 潘南先生事蹟略》

40 봉황의……법이니 : 한 가지 훌륭한 일만 갖고도 전체의 풍모를 판단할 수 있다는

바른 의리와 깊은 충성을 正義深忠
백세토록 훌륭하다 칭송하리라 百世攸臧
더구나 국승[41]에 矧伊國乘
기록된 공적이 또 상세하네 紀蹟又詳
아름다운 행실은 가정에서 드러났고[42] 行著家庭
가르침은 유상에 남았네[43] 教存儒庠
오직 근본이 있으니 惟其有本
그 통달함이 끝이 없으리라 其達無彊
문충공 정몽주 선생과 與鄭文忠
아름다운 명성 실로 나란하네 寔竝流芳
세상의 교화에 관계되는 것이거늘 世教所關
포양을 빠뜨릴 수 있겠는가 可闕褒揚

말이다. 《주자어류(朱子語類)》 권48 〈논어30 미자편(微子篇)〉 미자거지장(微子去之章)에 "봉황의 깃털 하나를 보면 오색을 갖추고 있음을 알 수 있다.〔觀鳳一羽, 則知五色之備.〕"라는 말이 나온다.

41 국승(國乘) : 나라의 역사라는 뜻으로, 여기서는 《고려사(高麗史)》를 가리킨다.

42 아름다운……드러났고 : 박상충이 모친상 중에 전교서 영(典校署令)으로 임명되었는데, 당시 사대부들은 부모상을 100일 만에 마치는 것이 상례였는데, 박상충은 삼년상을 치르려고 작정하였다가 부득이하여 부임하였으나 고기를 입에 대지 않고 삼년상을 마친 일을 가리키는 듯하다. 《高麗史 卷112 朴尙衷列傳》

43 가르침은 유상(儒庠)에 남았네 : 유상은 성균관을 가리킨다. 1367년(공민왕16) 왕이 성균관 생원의 수를 늘려 100인으로 하고 국학(國學)을 다시 짓도록 명한 뒤에 이색(李穡)을 대사성에 임명하고, 경학에 통달한 정몽주, 박상충, 김구용(金九容), 박의중(朴宜中), 이숭인(李崇仁)을 학관(學官)에 임명하여 유학을 강론하도록 하였다. 《高麗史節要 卷28 恭愍王16年》

원로가 건의하자	元老建言
여러 대신들도 함께 찬성하였네[44]	諸輔同颺
옛 생각과 현신에 대한 그리움이	感時懷賢
내 마음 더욱 북받치게 하네	增予激昂
이에 아름다운 시호를 내리니	追加美謚
모든 이의 의론이 마땅하다 하였네	僉議攸當
또한 미리 명을 내려	亦有成命
개성 고을에 사우를 세우게 하였네	立祠于鄕
이에 치제를 내리노니	爰玆致祭
저 황폐한 무덤일세	卽彼隴荒
어찌 잘 받들었다 하랴	豈曰能崇
내 서글픈 마음 드러내기 위함이로다	表予心傷
부디 영령께서는	庶幾精爽
이 술을 흠향하시라	歆此泂觴

44 원로가……찬성하였네 : 원로는 송시열(宋時烈, 1607～1689)을 가리킨다. 1681년(숙종7) 1월 21일 소대(召對)에 영중추부사 송시열이 함께 입시하여, 박상충을 정몽주와 똑같이 포장하기를 주청하였다. 얼마 후 숙종이 문정(文正)이라 증시(贈諡)하고 치제(致祭)하며 개성에 사우(祠宇)를 세우도록 명을 내렸다.《肅宗實錄 7年 1月 21日, 11月 13日》

이산 노강서원[45]의 사액 제문

尼山魯岡書院賜額祭文

팔송(八松) 윤황(尹煌)[46] 공을 향사하는데, 석호(石湖) 윤문거(尹文擧)[47] 공과 노서(魯西) 윤선거(尹宣擧)[48] 공을 아울러 향사한다.

아아, 지난 인조 때 於昔仁廟

45 노강서원(魯岡書院) : 충청남도 논산시 광석면 오광리에 있는 서원으로, 윤황(尹煌)을 제향하는 곳이다. 1675년(숙종1)에 창건하였고, 1682년 사액 서원으로 승격되었다. 아들 윤문거(尹文擧)와 윤선거(尹宣擧)가 배향되었고, 후에 윤황의 손자이자 윤선거의 아들 윤증(尹拯)이 추가 배향되었다.

46 윤황(尹煌) : 1571~1639. 본관은 파평(坡平), 자는 덕요(德耀), 호는 팔송(八松), 시호는 문정(文正)이다. 1627년(인조5) 정묘호란 때 척화(斥和)를 주장하여 주화론자들을 유배 보내고 항복한 장수들을 참수할 것을 주장하였고, 병자호란 때에는 김상헌(金尚憲), 정온(鄭蘊) 등 척화신(斥和臣)을 대신하여 청나라에 잡혀가겠다고 자청하였다. 채유후(蔡裕後), 전식(全湜) 등에게 탄핵을 당하여 영동군(永同郡)에 유배되었다가 병으로 풀려난 뒤에 졸하였다. 저서에 《팔송봉사(八松封事)》가 있다.

47 윤문거(尹文擧) : 1606~1672. 자는 여망(汝望), 호는 석호(石湖), 시호는 충경(忠敬)이다. 병자호란 때 사간원 정언으로 척화의(斥和議)를 진계(陳啓)하였다. 저서에 《석호유고(石湖遺稿)》가 있다.

48 윤선거(尹宣擧) : 1610~1669. 자는 길보(吉甫), 호는 미촌(美村)·노서(魯西)·산천재(山泉齋), 시호는 문경(文敬)이다. 김집(金集)의 문인이다. 1636년 청나라 사신이 입국하자 성균관의 유생들을 규합하여 사신의 목을 베어 대의를 밝힐 것을 주청하였고, 병자호란이 일어나자 강화도로 피신하였다가 평민을 가장하여 탈출하였다. 이 일로 훗날 송시열에게 비난을 샀고, 유계(兪棨)와 공편한 《가례원류(家禮源流)》의 발문이 시비가 되어 노소(老少) 당쟁의 불씨가 되었다. 저서에 《노서유고(魯西遺稿)》, 《계갑록(癸甲錄)》 등이 있다.

국운이 어려웠거니　　運履休恤
열렬한 대장부여　　烈烈大夫
당시 조정의 호걸이었네　　時維朝傑
늠름한 그 위풍은　　其風凜然
옛 쟁신[49]에 필적하였으니　　古諍臣匹
어렵고 위태로운 때를 만나　　既際艱危
충절이 더욱 드러났네　　采著忠節
처음에 앞장서서 주장하되　　爰初倡言
화의는 바로 항복이라 하였거늘[50]　　謂和卽降
누가 화란을 불렀다고 하였는가[51]　　孰云讖禍
바른 언론에서 추앙하였다네　　淸議攸宗

49 쟁신(諍臣) : 바른말로 임금의 결점을 간하여 다투는 신하를 뜻한다. 《백호통(白虎通)》 〈간쟁(諫諍)〉에서 《효경(孝經)》의 말을 인용하여 "쟁신 일곱 사람이 있으면 비록 도가 없더라도 천하를 잃어버리지 않을 것이다.〔有諍臣七人, 雖無道, 不失其天下.〕"라고 하였다.

50 앞장서서……하였거늘 : 1627년(인조5) 윤황이 사간으로 있을 때, 상소를 올려 "오늘날의 일은 명분은 화친이라고 하지만 실제로는 항복하는 것입니다. 그러니 끝내는 반드시 망하는 길이 될 것입니다. 망하게 되는 길로 가기보다는 차라리 결전하는 것이 더 나을 것입니다.〔今日之事, 名爲和而其實降也. 終有必亡之道, 等亡無寧決戰.〕"라고 하였는데, 인조가 노여워하면서 '항(降)' 자가 흉악하고 참혹하다 하여 삭탈관직하고 유배를 명하였다. 이에 삼사에서 간쟁하여 직임을 그대로 수행하라는 명을 받았다. 《仁祖實錄 5年 2月 15日》《淸陰集 卷35 司諫院大司諫八松尹公墓誌銘》

51 누가……하였는가 : 윤황이 청나라와의 화친에 반대하면서 강화도 행궁을 불태우고 인조가 평양에서 주둔하여 청나라에 항전하겠다는 의지를 보이라고 상소하였다. 남한산성에서의 치욕을 겪은 뒤에, 윤황이 미리 불길한 말을 하여 큰 화를 불러올 조짐을 열었다는 비방이 있었다. 《淸陰集 卷35 司諫院大司諫八松尹公墓誌銘》《宋子大全 卷209 八松尹公行狀》

나라 위한 대계를 계진하였으니　　　迺陳大計
때에 맞게 수비하고 공격하는 것이었네　　　迺守迺攻
대의는 존주[52]에 있었고　　　義在尊周
재주는 나랏일 보기에 충분하였네　　　才足爲邦
당시 많은 명신들　　　時多名臣
유풍과 공렬 기릴 만하지만　　　風烈可記
바른 의론과 원대한 책략은　　　正論宏規
이분에게 가장 잘 구비되었으니　　　玆乃最備
비유하자면 옛날 송나라　　　譬昔宋室
방형[53]과 백기[54]였도다　　　邦衡伯紀
품은 역량 다 펼치지 못하였으니　　　其蘊未展
지사들은 탄식하였네　　　志士興喟

52 존주(尊周) : 《춘추(春秋)》의 대의인 주나라 왕실을 높이고 오랑캐를 배격하는 존주양이(尊周攘夷)의 의리를 말한다. 여기서는 명나라를 존숭하고 청나라를 배척하는 존명배청(尊明排淸)의 의리를 뜻한다.

53 방형(邦衡) : 송(宋)나라 호전(胡銓, 1102~1180)의 자(字)이다. 호는 담암(澹菴), 시호는 충간(忠簡)이다. 고종(高宗) 때 추밀원 편수관(樞密院編修官)으로서 봉사(封事)를 올려 금(金)나라와의 화친을 주장한 진회(秦檜)를 주벌(誅罰)할 것을 청하였다가 소주(昭州)로 귀양 갔으며, 진회가 죽은 뒤 다시 조정에 돌아와 공부 시랑(工部侍郎)이 되었고, 자정전 학사(資政殿學士)로 치사(致仕)하였다. 《宋史 卷374 胡銓列傳》

54 백기(伯紀) : 송나라 이강(李綱, 1083~1140)의 자이다. 호는 양계(梁溪), 시호는 충정(忠定)이다. 금나라가 남하(南下)할 때 휘종(徽宗)에게 상소를 올려 태자에게 선위(禪位)하고 천하의 군사들을 불러 모으라고 청하였으며, 화의(和議)를 반대하고 결사항전을 주장하다가 파직되었다. 다시 금나라가 쳐들어와 도성이 함락되고 고종(高宗)이 즉위하였을 때 상서우복야 겸 중서시랑(尙書右僕射兼中書侍郎)에 임명되어, 〈십의상소(十議上疏)〉를 올려 금나라와의 화친을 극력 반대하였다. 《宋史 卷358 李綱列傳》

어느 누가 근본이 없이	孰是無本
이처럼 우뚝한 덕업을 세울 수 있으리오	樹立斯卓
뜻을 독실하게 갖고 힘써 배우며	篤志力學
선각에게 훈도를 입었네	薰陶先覺
관직에서나 가정에서나	于官于家
아름다운 행실과 훌륭한 공적 남겼으니	懿行茂績
그 유풍이 미치는 곳에는	流風所暨
쇠퇴한 풍속을 진작할 수 있겠네	尙激頹俗
두 아들도	亦有二胤
훌륭히 선대의 미덕 계승하였으니	綽矣濟美
벼슬이 도어사에 이르렀고[55]	維都御史
아우도 이름난 징사였네[56]	及季徵士
마치 호씨와 채씨 집안에	如胡蔡家
삼부자가 나란히 칭송되는 것 같네[57]	竝稱三子
후덕한 도어사는	御史誾誾

55 벼슬이 도어사(都御史)에 이르렀고 : 도어사는 대사헌을 이른다. 윤황의 아들 윤문거가 1659년(현종 즉위년) 대사헌에 제수되었다가 사직하였다.

56 아우도 이름난 징사(徵士)였네 : 징사는 임금의 부름을 받고도 나아가 벼슬하지 않는, 학문과 덕행이 높은 은사(隱士)를 말하는데, 윤순거(尹舜擧)가 효종(孝宗)과 현종(顯宗) 연간에 여러 차례 부름을 받았으나 끝내 벼슬에 나아가지 않았으므로 그렇게 일컬은 것이다.

57 마치……같네 : 호씨(胡氏)는 송나라 호안국(胡安國)으로, 그의 아들 호인(胡寅)과 호굉(胡宏)이 모두 대유(大儒)로 꼽혔으며, 채씨(蔡氏)는 채원정(蔡元定)으로, 그의 아들 채연(蔡淵)과 채침(蔡沈)이 주희(朱熹)의 문하에서 수학하여 학문이 높았다.

온화하면서도 순수하였네	旣和且粹
타고난 자품이 이미 남다른 데다	資稟旣異
학문과 수양은 더욱 독실하였네	充養尤篤
어진 도량은 넘치는 봄기운[58] 같았고	德器盎春
심지는 단단한 돌[59]과 같았네	中心介石
경세제민의 역량과	經濟之具
침잠하여 도달한 학문의 경지를	沈潛之學
아는 이가 비록 적었지만	知者雖稀
바라보면 모두 감복하였네	望之皆服
상조[60]라 말하진 마오	罔曰常調
진퇴의 도리가 본디부터 달랐네	進退自別
예법과 의리에 따라	惟禮惟義
지킴이 엄정하였도다	其守之截
어찌 세상을 잊은 것이랴	豈其忘世
때에 맞게 나아가고 물러난 것이었네	時有信屈
물러나서 품은 뜻을 좇은 것은	卷懷自靖
아비의 도를 따르기 위함이었네[61]	父道是率

58 넘치는 봄기운 : 온화한 덕성을 비유한 말이다. 송나라 때 주광정(朱光庭)이 정호(程顥)를 여남(汝南)에서 만나고 돌아와 "광정이 춘풍 속에 한 달 동안 앉아 있었다.〔光庭在春風中坐了一箇月.〕" 하였다. 《近思錄 卷14》

59 단단한 돌 : 굳센 지조를 비유하는 말이다. 《주역(周易)》 〈예괘(豫卦)〉에 "지조가 돌보다 단단한지라 하루가 다 가기 전에 떠나니 정하고 길하다.〔介于石, 不終日, 貞吉.〕" 하였다.

60 상조(常調) : 평상(平常)의 관리로 선발되었다는 말로, 곧 평범한 관리라는 뜻이다.

출처에 스스로 편안하였으니 出處逶迤
깊은 속내를 누가 헤아릴 수 있으랴 涯際誰測
십 년 동안 초야에 있을 적엔 十年堅坐
고아한 그 풍모 세속을 초탈하였네 高風絶俗
양조[62]의 은례가 융숭하였고 兩朝加禮
여러 선비들 덕을 흠모하였네 群士欽德
죽은 뒤 제사를 올리는 것은 歿而可祭
세상의 본보기가 되기 때문이네 爲世矜式
높디높은 징사여 巖巖徵士
우뚝 빼어나고 깊고도 높았네 挺特深崇
처음 성균관에서 수학할 때 始游國庠
오랑캐와의 화친을 힘써 배척하였네[63] 力排和戎
대의가 그리도 당당하다니 大義堂堂

61 물러나서……위함이었네 : 윤문거가 벼슬을 사직하는 뜻은 청나라에 항복한 조정에서 벼슬하지 않는 것으로, 부친 윤황의 뜻을 계승하는 것임을 말한다. 그가 이조참의를 사직하며 올린 상소에 "혹 조정에서 신을 연경(燕京)의 사신(使臣)으로 의망(擬望)하였을 경우, 신이 이를 구차히 회피하려 한다면 신하의 분의에 어긋나게 되고, 명을 받들어 담당한다면 아비의 도에 어긋나게 되기 때문에 신이 스스로 폐인(廢人)이 되어 돌아설 줄 모르게 된 것입니다.〔或値朝廷擬臣於燕价, 則臨事苟避, 分義不敢, 欲遂承當, 則有違父道, 此臣所以甘心自廢而不知反者.〕"라는 내용이 나온다. 《宋子大全 卷162 石湖尹公神道碑銘》

62 양조(兩朝) : 효종(孝宗)과 현종(顯宗)을 가리킨다.

63 오랑캐와의……배척하였네 : 병자년(1636, 인조14)에 청나라가 사신을 보내왔을 때, 윤선거가 성균관 유생으로서 유생들을 규합하여 사신의 목을 베어 대의를 밝힐 것을 주청하였다. 《宋子大全 卷179 尹吉甫墓碣銘》

바로 구양철과 진동이로다[64]	歐澈陳東
너무도 참혹한 화란을 당하고는	禍亂孔慘
곧바로 종적을 거두었네[65]	卽斂其蹤
은거하여 자신의 뜻을 구함에	隱居求志
덕은 높아지고 학문은 완성되었네	德尊學成
광대한 법문과	廣大法門
엄밀한 공정은	嚴密功程
파산의 적통이	坡山嫡派
외손에게 이어진 것이네[66]	宅相是承

64 바로 구양철(歐陽澈)과 진동(陳東)이로다 : 원문은 '歐徹陳東'인데, 《송사(宋史)》 권455 〈충의열전(忠義列傳) 구양철〉에 의거하여 '徹'을 '澈'로 바로잡아 번역하였다. 구양철과 진동은 모두 송 고종(宋高宗) 때의 우국지사이다. 고종이 남경(南京) 응천부(應天府)에서 즉위한 직후 금(金)과의 항전을 주장하던 재상 이강(李綱)이 파직되자, 태학생(太學生) 진동과 숭인(崇仁) 고을의 선비 구양철이 상소하여, 이강을 유임시키고 주화파(主和派)인 황잠선(黃潛善)과 왕백언(汪伯彦)을 파직시킬 것을 청함과 동시에 군대의 사기를 진작하여 동경(東京)으로 회군(回軍)할 것을 청하였다. 이에 황잠선이 이들 두 사람을 무함하여 죽였는데, 몇 년 뒤에 고종이 뉘우치고 두 사람을 승사랑(承事郞)에 추증하였다. 《宋史 卷455 忠義列傳 陳東》

65 너무도……거두었네 : 1636년(인조14) 12월 병자호란이 발발하자 윤선거는 어머니, 부인 등 가솔을 거느리고 강화도로 피란하였다. 강화도가 함락되면서 부인 이씨(李氏)는 자결하고 윤선거는 남한산성에 포위되어 있는 부친과 함께 죽기로 작정하고 미복(微服)하여 강화도를 탈출하였다. 《魯西遺稿 附錄 魯西先生年譜》 이후 이 일을 자책하여 벼슬에 나아가지 않고 학문에 전념하였다.

66 광대한……것이네 : 파산(坡山)은 파주(坡州) 우계(牛溪)에서 살았던 성혼(成渾)을 가리킨다. 윤선거의 어머니이자 윤황의 처인 성씨(成氏)가 성혼의 딸이므로, 윤선거가 성혼의 외손이 됨을 말한 것이다. 박세채(朴世采)의 〈성균생원증이조참의노서선생윤공행장(成均生員贈吏曹參議魯西先生尹公行狀)〉에 "학문을 한 공정은 대체적으로 파

바른 학통을 잘 계승하여 正學克紹
사문이 의지할 데가 있었네 斯文有憑
우리 열조[67]께서 肆我烈祖
특별히 공경을 다하셨고 致敬特至
선조[68]에 이르기까지 訖于先朝
연빙하기를 그치지 않았네 延聘不止
오직 무거운 책임을 스스로 떠맡아[69] 惟其任重
끝내 한 번도 세상에 나오지 않았네 卒莫一起
뜻은 나라 치욕 씻는 데 간절하였고 志切刷恥
말을 함에 자기 분수를 굳게 지켰네 言執量己
도를 비록 시험하지 못하였으나 道雖未試
나라에 끼친 공로는 거짓이 아니거니 功則不誣
고을에 선한 풍속 보존하고 鄕存善俗
선비는 바른 취향을 알았네 士知正趨
은택이 후대에까지 미치어 施及後人

산을 연원으로 하되, 거슬러 절차를 밟아 올라가면 회암의 법문에 뿌리를 둔 것이다.〔其爲學工程, 大抵遡坡山, 而上之以節次, 根極於晦庵法門.〕"라고 하였다.《南溪集 卷81》 회암은 주희(朱熹)의 호이다.

67 열조(烈祖) : 효종(孝宗)을 가리킨다.

68 선조(先朝) : 현종(顯宗)을 가리킨다.

69 오직……떠맡아 : 은거하여 수양하며 도를 추구함을 이른다. 《논어》 〈태백(泰伯)〉에 증자(曾子)가 말하기를 "선비는 도량이 넓고 뜻이 굳세지 않으면 안 되니 책임이 무겁고 길이 멀기 때문이다. 인을 자기의 책임으로 삼으니 또한 막중하지 않은가. 죽은 뒤에야 끝나는 것이니 또한 멀지 않은가.〔士不可以不弘毅, 任重而道遠. 仁以爲己任, 不亦重乎? 死而後已, 不亦遠乎?〕"라고 하였다.

그 유풍이 그대로 전해졌네　遺風不渝
세상 피해 살며 중용을 따른 경지에　遯世依中
아마도 가까웠다 할 수 있으리로다[70]　蓋云庶乎
저 노성[71]을 바라보니　瞻彼魯城
실로 인후한 고을이로다　實惟仁里
여기 사당을 세워 영령을 모시니　立祠妥靈
형제이고 부자로구나　兄弟父子
어찌 아름답지 않겠는가　豈不休哉
세상에 드문 성대한 일이로다　曠世盛事
선비들이 와서 진정함에　章甫來陳
공의를 더욱 잘 알겠도다　益見公議
내가 이에 가탄하노니　予惟嘉歎
어찌 포창함을 잊겠는가　豈忘褒飭
이제 서원의 편액을 내리고　乃錫院額
제물을 올리노니　侑以牲帛
천년토록 제사 지내 보답하되　千秋報祀

70 세상……있으리로다 : 《중용장구(中庸章句)》 제11장에 "군자는 중용의 도를 따라 행하여 세상을 피해 숨어 살며 누가 알아주지 않아도 후회하지 않으니 오직 성인만이 할 수 있는 일이다.〔君子依乎中庸, 遯世不見知而不悔, 唯聖者能之.〕"라는 공자의 말이 나온다. 창계가 박세채에게 준 시 〈지평에서 현강께 받들어 올리다〔砥平奉贈玄江〕〉에 "세상 피해 살면서 중용을 따르는 것은, 성인만 할 수 있고 현인은 가까울 뿐이네.〔遯世依中庸, 聖能賢庶幾.〕"라고 한 것으로 보면, 가까웠다는 것은 윤선거를 현인으로 칭송한 말로 보인다. 《滄溪集 卷1》

71 노성(魯城) : 충청남도 논산 지역의 옛 이름으로, 신라 경덕왕 때 이산(尼山)으로 고쳤다가 정조(正祖) 때 다시 노성으로 고쳤다.

질서 있게 하여 끝이 없으리라	咸秩無極
사람은 본디 떳떳한 성품을 지녔으니	人生秉彝
뉘라서 덕을 좋아하는 마음이 없으리오[72]	疇無好德
어찌 권장하지 않으랴	曷不相勸
그 도학과 절의를	道學節義
앞으로 후손들도	庶今來者
보고 감동하여 분발하기를 바라노라	觀感興起
이에 관원을 보내어	玆爰遣官
나의 뜻을 영전에 올리게 하노니	往致予意
신령이 있다면	惟神如在
굽어살피시라	尙其鑑只

72 사람은……없으리오 : 사람은 천성적으로 덕을 좋아한다는 뜻이다. 《시경》 〈증민(烝民)〉에 "백성들 모두 하늘이 내려 준 본성을 지니고 있는지라, 이 아름다운 덕을 좋아하게 되었도다.〔民之秉彝, 好是懿德.〕"라고 하였다.

동강 이 선생[73] 단상 에 대한 제문

祭東岡李先生 端相 文

경술년(1670, 현종11) 9월 을묘 삭(朔) 19일 계유(癸酉)에 문인(門人) 금성(錦城)[74] 임영(林泳)은 삼가 맑은 술과 여러 제수를 받들어서 고(故) 홍문관 부제학 동강(東岡) 이 선생의 영전에 곡하고 아룁니다.

아아, 슬프도다	嗚呼哀哉
공께서 돌아가신 지	維公之薨
어언 한 해가 지났건만	忽焉一稔
공을 여읜 슬픔은	殄悴之痛
날이 갈수록 더욱 깊어만 갑니다	愈久愈甚
날로 고립되는 우리 유도는	吾道日孤
누가 지켜 줄 것이며	誰使之衛
의혹에 빠진 후생들은	後生有疑

73 동강(東岡) 이 선생(李先生) : 이단상(李端相, 1628~1669)을 가리킨다. 본관은 연안(延安), 자는 유능(幼能), 호는 정관재(靜觀齋)·서호(西湖), 시호는 문정(文貞)이다. 부수찬, 교리, 병조 정랑, 인천 부사를 역임하고, 벼슬에서 물러나 양주(楊州)의 동강으로 은퇴하였다. 창계가 17세 되던 해인 1665년(현종6)에 그를 찾아가서 배웠다. 아들 이희조(李喜朝) 및 김창협(金昌協), 김창흡(金昌翕) 등의 학자가 문하에서 배출되었다. 저서로 《대학집람(大學集覽)》, 《사례비요(四禮備要)》, 《성현통기(聖賢通紀)》 등이 있고, 문집으로 《정관재집(靜觀齋集)》이 있다.

74 금성(錦城) : 나주(羅州)의 옛 이름이다.

누가 가르쳐 일깨운단 말입니까　誰使之啓
정묘한 식견과　精詣之見
탁월한 재주에　卓絶之才
꿋꿋한 지조와　耿介之操
화락한 품성으로　和樂之資
정성을 다하여 선비를 아끼며　眷眷愛士之誠
용맹하게 학문에 정진하시던 공의 모습을　孳孳務學之勇
이제 이 세상에서 다시 볼 수 없게 되었으니　今之世不可復見矣
제가 어찌 하늘에 호소하며 대성통곡하지 않을 수 있겠습니까　曷爲使余不號天而人慟
제가 어린 시절 겨우 공부를 시작할 즈음에　泳以蒙學
일찌감치 공에게 가르침을 받았지요　早承勸誘
문하를 오래 출입함에 따라　周旋日久
깊은 관심을 보여 주셨고　辱知甚厚
어리석은 저를 하찮게 여기지 않으시고　不鄙其愚
바른 도리를 제시해 주셨습니다　示以周行
좋은 말씀과 광대한 의론이　徽言宏議
늘 귀에 쟁쟁하였지만　盈耳洋洋
제가 실행에 힘쓰지 않아　我行不力
끝내 아무것도 성취하지 못하매　卒無所至
후회와 허물만이 산처럼 쌓여　悔尤山積
공을 뵐 때마다 부끄러울 따름이었습니다　見公則愧
공께서는 끝내 저를 버리지 않으시고　公遂不棄
끝까지 가르치고자 하시어　欲終誨之

어려운 상황에서도 시종일관 변함없이	始終夷險
깨우치고 이끌어 주셨습니다	有提有撕
제가 조금이라도 얻은 것이 있다면	銖累之得
모두 공의 은덕이고	罔非公德
학업을 마치지 못하게 된 것은	不能卒學
단지 저의 불행일 따름입니다	惟余無祿
지난가을	去歲之秋
제가 마침 북방에 갔을 적에[75]	余適徂北
공의 부음을 들었고	聞公之喪
의리상 마땅히 달려가 곡했어야 함에도	義當奔哭
병에 걸린 데다	疾病拘縶
길까지 멀어서	道里闊遠
제때에 맞추지 못하였으니	趨赴後時
이는 죽어도 한이 될 것입니다	死有餘恨
그나마 저에게 한 가지 일이 있다면	猶有一事
스스로 분발하여	庶幾自勵
몸을 닦고 학문을 강마하여	脩身講學
저의 삶을 마치는 것입니다	以沒吾世
그리하여 공의 기대에 부응하고	以成公志
공의 학덕을 빛내는 것입니다	以光公學

75 지난가을……적에 : 《창계집》 〈창계선생연보초(滄溪先生年譜草)〉에 의하면, 창계가 21세 때인 1669년(현종10) 부친 임일유(林一儒)가 북관(北關)에 부임하였는데, 이때 창계도 따라갔다고 한다.

이것으로 공께 보답한다면 以此報公
큰 부끄러움은 면하리라 생각됩니다 可無大怍
천지신명이 위에서 보고 있거니 鬼神在上
저의 말은 꾸며서 하는 것이 아닙니다 余言不飾
부디 저의 속마음을 헤아리시어 尙鑑余衷
깨우치고 이끌어 주십시오 以啓以迪
변변찮은 제수 올리며 통곡하니 薄奠來哭
눈물만 철철 흐릅니다 有淚如傾
공의 영령 어둡지 않으시리니 公靈不昧
이 미천한 정성이나마 흠향하십시오 歆此微誠

회곡 조공[76] 한영 에 대한 제문
祭晦谷曺公 漢英 文

세상 사람들이 늘 하는 말이	世有恒言
큰 것을 먼저 세워야 한다네[77]	先立其大
공이 세운 큰 절의는	蓋公大節
시기하는 자도 흠잡을 수 없었지요	忌者莫疵
지난 정묘년과 병자년에	惟昔丙丁
나라가 큰 치욕을 당한 뒤로[78]	國有大恥

76 회곡(晦谷) 조공(曺公) : 조한영(曺漢英, 1608~1670)을 가리킨다. 본관은 창녕(昌寧), 자는 수이(守而), 호는 회곡이다. 이식(李植), 김장생(金長生)의 문인이다. 청나라가 원병과 함께 왕손을 볼모로 보낼 것을 요구하자 이를 반대하는 만언소(萬言疏)를 올렸고, 이 사실이 청나라에 알려져 척화파(斥和派)인 김상헌(金尙憲), 채이항(蔡以恒) 등과 함께 심양으로 잡혀가 심한 고문을 받고 투옥되었으나 뜻을 굽히지 않았으며, 옥중에서 김상헌과 시를 창수하여 《설교수창집(雪窖酬唱集)》을 남겼다. 1642년(인조20) 심양에서 의주(義州) 감옥으로 옮겨졌다가 풀려났으며, 이후 지평, 예조 참의, 예조 참판, 한성부 우윤을 지냈다. 문장에 뛰어났으며, 저서로 《회곡집(晦谷集)》이 있다. 창계의 처조부이다.

77 큰 것을……한다네 : 《맹자》 〈고자 상(告子上)〉에 "먼저 큰 것인 마음에 대해서 확립해 놓으면 작은 것인 이목(耳目)의 욕구에 의해서 뺏기는 일이 없을 것이니, 이렇게 하면 바로 대인이 되는 것이다.〔先立乎其大者, 則其小者不能奪也, 此爲大人而已矣.〕" 라는 말이 나온다.

78 지난……뒤로 : 1627년에 일어난 정묘호란과 1636년에 일어난 병자호란을 말한다. 정묘호란에는 인조가 강화(江華)로 피란하였다가 화약(和約)을 맺고 두 나라가 형제의 나라가 되었으며, 병자호란에는 인조가 삼전도에서 항복하고 청나라에 대하여 신(臣)의 예를 행하기로 한 굴욕적인 화약을 맺었다.

암울한 국운은 끊임없이 지속되고[79]	有張不翕
대소 신료들 편히 놀기만 할 때	大小恬戲
공은 의분이 북받쳐	公時忼慨
눈물을 흘리며 분탄하시고는	涕泣憤歎
굳세고 바른 언사로	乃抗直辭
수천 자의 상소를 올리셨습니다[80]	書累千言
충성스러운 마음이 분발된 것이요	忠誠憤發
계책도 정확하고 타당하였으며	規畫精當
조리도 정연하여	有條有理
거행할 만한 것이었습니다	可擧而行
어려운 시국 구제하는 것이라 여겼더니	謂濟時艱
갑자기 어이없는 재앙이 닥쳤습니다	忽階奇禍
서쪽 이웃이 꾸짖자[81]	西隣有嘖

79 암울한……지속되고 : 원문의 '장(張)'은 '열다', '펼치다'의 뜻이고, '흡(翕)'은 '닫다', '거두어들이다'의 뜻이다. 《도덕경(道德經)》 36장에 "놓으려면 반드시 당겨야 하고 약하게 하려면 반드시 강하게 해 주어야 한다.〔將欲歙之, 必固張之; 將欲弱之, 必固强之.〕"라는 말을 근거하면, "열거나 펼치기만 하고 닫거나 거두어들임은 없다.〔有張不翕〕"라는 말은 당시에 정세나 여건에 따라 적절히 변통하여 국정(國政)을 보지 못해 국운이 트이지 못하고 암울해진 것을 가리키는 듯하다.

80 굳세고……올리셨습니다 : 1640년(인조18) 조한영이 지평(持平)으로서 왕세자(王世子)가 조선에 들어오고 원손(元孫)을 청나라에 보내는 데 대하여 극력 반대하는 밀소만언(密疏萬言)을 올렸다. 《仁祖實錄 18年 1月 22日》

81 서쪽 이웃이 꾸짖자 : 남이 자신을 문책하여도 어찌할 수 없는 옹색한 처지나 상황을 뜻하는 말이다. 춘추 시대에 진 헌공(晉獻公)이 백희(伯姬)를 진(秦)나라로 시집보내면서 점을 치게 했는데, 사소(史蘇)가 점을 치고 불길하다고 풀이하면서 "서쪽 이웃

모두들 두려워 떨기만 하더니만	百恐千嚇
공과 석로께서	公及石老
끝내 북쪽으로 끌려가고 말았지요[82]	遂繫于北
위세와 무력에도 뜻이 꺾이지 않았으니	威武莫奪
어딜 간들 자득하지 않음이 없으셨습니다	無入不得
오랑캐 감옥은 너무나도 비좁았고	虜屋如斗
벽에는 찬 서리가 쌓였지만	壁有凝霜
공께서는 태연히 대처하시어	公處之適
지기는 날로 드높아졌습니다	志氣日昌
설교 시집[83]은	雪窖之集
두 분의 창화한 시를 담은 것이니	有倡有和

나라가 책망하여 몰아붙여도 무엇이라 대답을 할 수 있는 게 없다.〔西鄰責言, 不可償也.〕"라고 한 말에서 유래하였다.《春秋左傳 僖公15年》 여기서 서쪽 이웃은 청(淸)나라를 가리킨다.

82 공과……말았지요 : 1640년 청나라 장수 용골대(龍骨大)가 영의정 홍서봉(洪瑞鳳)과 도승지 신득연(申得淵) 등에게 이전에 원손(元孫)이 심양에 들어갈 당시 회의를 주동한 자가 누구냐고 따지자, 신득연이 김상헌, 조한영, 채이항 등의 이름을 써서 보여 주었는데, 그 이듬해에 척화의 주모자로 조한영과 김상헌, 채이항이 함께 심양으로 압송되어 문초를 당하였다.《仁祖實錄 18年 11月 17日, 19年 1月 20日》 석로(石老)는 호가 석실산인(石室山人)인 김상헌을 높여 이른 말이다.

83 설교 시집 :《설교수창집(雪窖酬唱集)》을 가리킨다. 조한영과 김상헌이 심양의 옥중에서 수창한 시들을 모은 것인데, 1681년(숙종7) 목판본 1책으로 간행되었고 김상헌의 서문이 있다. 설교는 한(漢)나라의 소무(蘇武)가 흉노(匈奴)에 억류되어 회유와 협박에 굴하지 않은 채 큰 움〔大窖〕 속에 갇혀 눈을 녹여 마시고 전모(氈帽)를 뜯어 먹으면서도 끝까지 한나라 사신의 정절(旌節)을 지키다가 19년 만에 귀환한 고사에서 유래하여, 타국에서 갇혀 있는 곳을 뜻하는 말로 쓰인다.《漢書 卷54 蘇武傳》

그 명성 후대에 전해지고　名垂今後
그 의기 천하에 진동합니다　義動夷華
우리나라 사람은　我國之人
외진 이 나라에서 나서 늙어 가기에　生老偏方
어떤 미칭이나 악명도　善惡之稱
이 강역을 넘지 못하였는데　要不出彊
그 누가 공처럼　孰有如公
사해에 명성을 드날렸으리오　四海聞聲
공께서는 높은 벼슬을 두루 역임하고　公歷華顯
작질은 이경에 이르렀지만　躋秩貳卿
공에게 우연히 온 것일 뿐이요[84]　則公倘來
영예로 여길 것은 아니었습니다　未爲公榮
공께서 지으신 시문은　公有詩文
세상의 전범이 되었지만　爲世典刑
역시 공의 여사일 뿐이요　亦公餘事
공에게 명성거리는 아니었습니다　未爲公名
공의 나이는 늙었으나　公年旣老
공의 뜻은 쇠하지 않으셨으니　公志不衰
시류에 따르지 않아서　庸不順隨
끝내 시대와 어긋났습니다　遂與時違

84 우연히……뿐이요 : 《장자(莊子)》 〈선성(繕性)〉에 “높은 벼슬이 내 몸에 있는 것은 타고난 성명이 아니요, 외물이 우연히 내 몸에 와서 붙은 것일 뿐이다. 외물이 밖에서 들어와 기생하는 경우에는 오는 것을 막을 수도, 가는 것을 붙들 수도 없다.〔軒冕在身, 非性命也, 物之儻來, 寄者也. 寄之, 其來不可圉, 其去不可止.〕”라고 하였다.

한가로이 지내며 독서하여	居閒讀書
날마다 부지런히 힘쓰니	惟日孜孜
의기가 드높아	意氣偉然
용렬한 사람을 격려할 만하였습니다	可激庸疲
어찌 장수하지 못하시고	瑕不百年
갑자기 먼 길 떠나셨습니까	奄然長逝
변변찮은 사람들은 살아남고	碌碌者存
훌륭한 인물은 세상 뜨니	堂堂者去
이른바 천도가	所謂天道
어쩌면 이다지도 어그러졌단 말입니까	何若是盭
그렇지만 한 가지 드릴 말씀이 있으니	猶有一說
그나마 제 마음 위안되는 점입니다	庶幾自慰
사람이 산다는 건	人之有生
물거품과 같은 것	如水上漚
잠깐 생겼다 금방 사라지니	起滅倏忽
온갖 변화도 잠깐의 일입니다	萬變斯須
장수하였다는 이들이야	以久聞者
대단하다 할 것 없고	未足爲有
오직 수립한 것이 있어야	惟有所立
사라지지 않을 수 있나니	乃能不朽
가장 으뜸은 덕을 남기는 것이고	太上立德
그다음은 말을 전하는 것입니다[85]	其次立言

85 오직……것입니다 : 춘추 시대 노(魯)나라 대부 숙손표(叔孫豹)가 진(晉)나라에

공의 일생을 놓고 보면	若公平生
이 모두를 겸하였다 하겠으니	可謂兼焉
공이야 기실 무슨 아쉬움이 있겠습니까	公實奚憾
영령은 사라지지 않고 남을 것입니다	不亡者存
어리석은 저는	泳以顓蒙
일찌감치 공의 가문에 의탁하였고[86]	早托門闌
변변한 게 하나도 없었지만	無所肖似
특별히 사랑을 받았습니다	特荷知憐
공의 풍채는 헌걸찼지만	公姿魁傑
저의 천성은 용렬하였으며	我性凡愚
공의 덕은 순후하고 굳세었으되	公德渾剛
저의 자질은 나약하였으니	我質懦柔
어찌 차이가 나지 않았겠습니까마는	豈無異同
끝까지 허물하신 적은 없었습니다	卒莫疵尤
신망은 날로 깊어졌고	相期日深
사랑도 더욱 두터워졌습니다	見愛彌敦
조석으로 곁에서 모실 적에	朝夕侍右

갔을 때 범선자(范宣子)가 오래되어도 사라지지 않는 것을 묻자, 그가 대답하기를 "가장 으뜸은 덕을 남기는 것이고, 그다음은 공을 세우는 것이며, 그다음은 말을 전하는 것이다. 이것은 비록 오래되어도 없어지지 않는 것이니, 이를 '불후'라고 하는 것이다.〔太上有立德, 其次有立功, 其次有立言. 雖久不廢, 此之謂不朽.〕" 하였다.《春秋左氏傳 襄公 24年》

86 저는……의탁하였고 : 창계가 17세 때인 1665년(현종6) 겨울 조한영의 손녀와 혼인하였다.

못 듣던 것을 날마다 들었습니다　日聞不聞
백가의 정수며　百氏之精
여러 역사의 요점이며　群史之要
전배들의 출처나　前輩出處
국조의 전고에 이르기까지　國朝典故
총망라하여　靡不畢擧
제게 가르쳐 주셨습니다　以相敎詔
또 저를 하찮게 여기지 않으시고　亦不鄙余
제게 자문을 구하신 적도 있었는데　辱有咨訪
천 번 생각에 하나라도 맞아떨어지면　千慮一得
번번이 인정과 장려를 받았습니다　輒蒙知奬
듬뿍 은덕을 받으며　歆德飽恩
여러 해가 흘렀는데　積有年所
공께서는 여강에서 즐겁게 지내며　公樂驪江
노년을 마치기를 꾀하였습니다　有計終老
조만간 찾아뵙고 시봉하겠다고　早晩隨侍
제가 약속하였건만　我有成說
어찌 하루아침에　何謂一朝
모든 일이 산산이 깨질 줄 알았겠습니까　萬事瓦裂
공의 병환이 위독할 때　公病夕𤸷
제가 새벽녘에 와서　我來及晨
침소에 들어 문후하였는데　入候公寢
공께서는 이미 아무 말씀이 없었지요　公已無言
태산이 무너지고 들보가 꺾이는 것 같았지만[87]　山頹梁折

그저 보고만 있고 어찌할 수 없었으니　坐觀莫救
서로 말없이 바라보다가　相視泯嘿
마침내 영결이 되고 말았습니다　遂成千古
이 세상 살아가는 저는　我行斯世
날로 외톨이 신세임을 깨달을 게요　日覺踽踽
저분 이제 영영 가 버렸거니　彼人悠悠
누가 내 마음 알아주리오　孰識我抱
나를 알아주신 데에 대한 감사한 마음　知己之感
늘 마음속에 잊히지 않거니　耿耿在心
매양 생각이 날 때마다　每一念到
눈물 흘러 옷깃이 흥건합니다　淚落盈襟
이 세상 살다 죽기 전까지　未死之前
어느 날인들 잊을 수 있으리오　何日可忘
어느덧 세월이 흘러　日月有時
장례 날이 벌써 되었기에　逝將歸藏
변변찮은 제수 갖추어　言具薄奠
공의 당에서 곡합니다　來哭公堂
저승과 이승은 간극이 있지만　幽明有間

87 태산이……같았지만 : 스승이나 훌륭한 인물의 죽음을 형용하는 말이다. 공자가 세상을 떠나기 일주일 전에 "태산이 무너지는구나. 대들보가 꺾이는구나. 철인이 시드는구나.〔泰山其頹乎! 梁木其壞乎! 哲人其萎乎!〕"라고 노래하였는데, 자공(子貢)이 노래를 듣고는 "태산이 무너지면 우리가 장차 어디를 우러러보며, 대들보가 꺾이고 철인이 시들면 우리가 장차 어디에 의지하겠는가.〔泰山其頹, 則吾將安仰? 梁木其壞, 哲人其萎, 則吾將安放?〕"라고 하였다. 《禮記 檀弓上》

이 마음은 끊어짐이 없으리니	此情不隔
밝으신 공의 영령이시여	公靈炳然
굽어살펴 주소서	庶垂鑑格

졸수재 조공[88] 성기 에 대한 제문

祭拙修齋趙公 聖期 文

아아, 슬프외다	嗚呼哀哉
명문가인 제 외가는	外氏名家
대대로 문명한 집안이었는데	世載文明
유독 공의 형제분들이	維公昆季
오상처럼 나란히 나셨고[89]	五常竝生
그중에 공의 자질 가장 빼어났으니	公才最高
진실로 영걸이었지요	允矣人英
어렸을 적부터 큰 뜻을 품고서	童年大志
뒤에 즐김을 스스로 표방하였고[90]	後樂自名

88 졸수재(拙修齋) 조공(趙公) : 조성기(趙聖期, 1638～1689)를 가리킨다. 본관은 임천(林川), 자는 성경(成卿)이며, 졸수재는 호이다. 병으로 과거 공부를 그만두고 학문에 전념하여 성리설에 대한 자신의 견해를 세웠다. 특히 창계의 외재당숙으로 학문적으로 서로 깊이 교유하였다. 저서에 《창선감의록(彰善感義錄)》, 《졸수재집(拙修齋集)》이 있다.

89 유독……나셨고 : 조정위(趙正緯)가 쓴 행장(行狀)에 의하면, 조성기는 다섯 형제 중의 셋째인데, 첫째는 조원기(趙遠期)로 황해도 관찰사를 지냈고, 둘째는 조현기(趙顯期)로 인천 부사(仁川府使)를 지냈고, 넷째는 조창기(趙昌期)로 사간을 지냈고, 다섯째는 조형기(趙亨期)로 호조 참판을 지냈다. 《拙修齋集 卷12 附錄》

90 뒤에……표방하였고 : 조성기가 초년에 경세에 대한 포부를 지니고 있었음을 말한다. '뒤에 즐김'이란 송(宋)나라 범중엄(范仲淹)의 〈악양루기(岳陽樓記)〉에 "천하 사람보다 앞서서 근심하고, 천하 사람이 모두 즐거워한 뒤에 즐거워한다.〔先天下之憂而憂,

맑은 기질 천부적으로 타고났으되	氣則天得
지혜는 정밀한 사색으로 얻었습니다[91]	智以思精
한마음의 운용으로	一心之運
온 천하를 망라하여	羅絡八紘
앞을 보고 뒤를 살펴서[92]	前瞻後際
다 포괄하여 남김이 없었습니다	該括無贏
황왕제패[93]의 사업이며	皇王帝霸

後天下之樂而樂.〕"라고 한 데서 나온 말이다. 조성기가 창계에게 보낸 편지에 "범희문의 '선우후락(先憂後樂)'의 설에 깊이 감동하였지만 스스로 생각하기에 잔약하고 병든 몸으로 세상에 쓸모가 되지는 못할 것이기에 저술에 전념하여 후대에 보이고자 한다.〔蓋深有感於范希文先憂後樂之說, 而自度殘病之軀, 無所用於世, 思欲著一書以自見於後.〕"라고 하였다. 《拙修齋集 卷3 答林德涵書》

91 지혜는……얻었습니다 : 조성기의 사색을 중시한 학문 방법을 말한다. 조성기가 창계에게 보낸 편지에, 일상생활을 해 나가는 가운데 언제 어디에서나 사색 공부를 해 왔다고 밝히면서, "화담 서씨가 벽에 사물의 이름을 써 놓고 3년 동안이나 애써 사색하였고, 관자의 생각하고 생각하면 귀신이 통하게 해 준다는 말을 매우 좋아하여 늘 가슴속에 품고서 면려하였다.〔而於花潭徐氏書物名壁上, 三年苦思, 及管子思之思之鬼神克通之語, 深有所說, 常自服膺勉勵.〕"라고 한 말이 나온다. 《拙修齋集 卷3 答林德涵書》 또한 《숙종실록(肅宗實錄)》의 졸기(卒記)에도 "젊어서 병으로 과거 공부를 그만두고 일찍이 문을 닫고서 경사를 연구하였는데, 박식하여 두루 관통(貫通)하지 않음이 없었는데, 그 학문은 오로지 사색하고 탐구하는 데 힘을 기울였으니, 스스로 얻은 묘리(妙理)가 많았다.〔少以病廢公車, 嘗杜門靜坐, 究觀經史, 淹博融貫, 其學專用力於思索探玩, 多自得之妙.〕"라고 하였다. 《肅宗實錄 9年 6月 14日》

92 앞을……살펴서 : 어떤 사리에 대하여 완전하게 탐구하는 것을 말한다. 송나라 주희가 〈재거감흥(齋居感興)〉 두 번째 시에서 음양의 이치를 읊기를 "앞으로 보아도 시작이 없는데, 뒤인들 어찌 끝이 있으랴.〔前瞻既無始, 後際那有終?〕"라고 한 데서 온 말이다.

93 황왕제패(皇王帝霸) : 송나라 소옹(邵雍)이 역수(易數)에 따라 변천하는 고금의

국가의 예악과 형정이며	禮樂政刑
하늘의 법칙과 땅의 도리이며	天經地緯
물리와 인정 할 것 없이	物理人情
빠짐없이 연구하고 탐색하되	磨礱究索
우리 성경을 종지로 하였고	宗我聖經
두루 넘나들며 핵심을 꿰뚫고는	出入貫穿
우리 고정[94]에 귀결하였습니다	歸我考亭
스스로 깊은 경지를 열었으니	堂奧自闢
누가 그 예봉에 맞설 수 있었으리오	鋒穎誰爭
타괴에 의지하여	依於打乖
행동이 시원스러웠고[95]	沛然其行

치란(治亂)을 가리켜 이른 말로, 주로 지난 왕조의 교체 및 사업 등을 총괄하여 이를 때 쓴다.《擊壤集 卷17 經世吟》 김창흡(金昌翕)의 〈졸수재조공묘지명(拙修齋趙公墓誌銘)〉에 "황왕제패와 일월성신이 그 배 속에 가득 찼으니, 속에 꼬불꼬불 서려 있을 뿐, 펼쳐 놓을 곳이 없어서, 위로 올라가 높은 하늘에 서리었다.〔皇王帝霸, 日月星辰, 鬱其滿腹, 中自輪囷, 無地可布, 上蟠穹旻.〕"라는 말이 나온다.《三淵集 卷27》

94 고정(考亭) : 송나라 주희를 가리킨다. 주희가 만년에 정사(精舍)를 짓고 강학하던 곳인데, 그 정사가 고정서원(考亭書院)이라는 사액(賜額)을 받으면서 주희를 일컫는 말이 되었다.

95 타괴(打乖)에……시원스러웠고 : 타괴는 세상과 어긋나는 일을 한다는 뜻이다. 송나라 소옹이 〈안락와중호타괴음(安樂窩中好打乖吟)〉이라는 시를 지어 자신이 세상과 어긋나는 삶을 살면서 유유자적한다는 뜻을 말한 데서 유래하였다.《擊壤集 卷9》 곧 조성기가 세상 사람들의 취향과 어긋나게 벼슬길에 나가지 않고 은둔하여 자기 뜻을 추구하였음을 뜻하며, 또한 그가 소옹의 처신을 배웠음을 함축하고 있는 말이기도 하다. 그가 오도일(吳道一)에게 보낸 편지에 "저같이 병들어 기운이 없는 사람은 더욱 편안하고 느긋하게 지내며 병든 몸을 안정하여야 하니, 한가로이 시부를 읊어 한가롭고 소산한

뛰어난 문장과 호쾌한 변설	雄文快辯
날로 굉장하고도 거침이 없었지요	日肆以宏
자기 몸가짐과 남을 상대함에	行己遇物
반드시 정성을 다하였습니다	必罄其誠
성인이 일컬은 광간하여	聖稱狂簡
찬란하게 문장을 이룬 격이었거니[96]	斐然章成
공은 겸손하게 처신하여	公謙自居
실질을 중시하고 이름은 가벼이 여겼지요	實重名輕
위대하도다, 공이여	偉哉維公
실로 나라의 동량이었거늘	玆乃國楨
단지 고질병 때문에	惟其篤疾
방 안에서 깊숙이 문 걸어 잠그고[97]	一室深扃

흥취를 표현하고 바람과 꽃, 눈과 달의 풍경 속에 유유자적하는 것이 좋습니다.〔況如病僕之廢疾沈頓者, 尤當優遊暇逸, 以安病軀, 暇而詠爲詩歌賦詞, 以發抒其閑靜蕭散之趣, 打乖自恣於風花雪月之境可也.〕"라는 내용이 나온다.《拙修齋 卷8 與吳參議貫之》 또한 김창흡은 조성기가 만년에 빈한한 처지에 있으면서 소옹을 본보기로 삼아서 매양 격양시를 음송하였다고 하여, 그를 '후세의 요부(堯夫)'라고 일컫기도 하였다.《三淵集 卷27 拙修齋趙公墓誌銘》 요부는 소옹의 자이다.

96 성인이……격이었거니 : '광간(狂簡)'은 뜻은 크나 일에는 소략한 것을 말하는데, 공자가 진(陳)에 있으면서 고향으로 돌아가기를 생각하여 "우리 당의 젊은이들이 품은 뜻은 크지만 일에는 소략하여 빛나게 문장을 이루고 바르게 다듬을 것을 알지 못한다.〔吾黨之小子狂簡, 斐然成章, 不知所以裁之.〕"라고 하였다.《論語 公冶長》 조성기가 학술과 경세에 뜻은 품었으나 이루지 못한 것을 의미하는 듯하다.

97 단지……잠그고 : 조정위(趙正緯)가 쓴 행장에 의하면, 조성기는 20세 무렵 사마시(司馬試)에 입격하였으나 얼마 지나지 않아 신병으로 과거 공부를 포기하고 교유도 끊은 채, 방 안에 깊숙이 들어앉아 문을 걸어 잠그고 지냈다고 한다.《拙修齋集 卷12

오십여 년 동안	五十年間
문밖을 나오지 않았습니다	不出戶庭
온갖 어려움에 시달리다	艱難百罹
치아와 머리털마저 다 빠지고 나면	齒髮欲零
누구라도 근심을 견딜 수 없을 터인데	人不堪憂
공의 마음 홀로 편안하였습니다	公心獨亨
봄날 아침이나 가을 저녁에	春朝秋夕
국화를 벗하고 매화를 형으로 삼아	菊友梅兄
한가로이 읊조리며	婆娑吟弄
마음속에 품은 뜻을 즐겼지요	樂我襟靈
또 나와 서로 창화하매	亦有和余
준걸한 선비들도 와서 함께하였지요	髦士來幷
풍류는 몹시 흥겨웠고	風流跌宕
담론은 다방면으로 상세하였습니다	談極竪橫
곤궁함이 너무도 심하였으나	其窮已甚
기상은 오히려 넘쳤고	其氣尙盈
병환은 고질이 되었지만	其疾雖痼

附錄》 또한 조성기의 시 〈부화김중화(復和金仲和)〉에 "평생 현안의 병을 안고, 소옹의 수미음을 읊조리노라.〔平生玄晏病, 首尾邵雍吟.〕" 하였고, 홍한주(洪翰周)의 《지수염필(智水拈筆)》에 "졸수 역시 세상에 드문 선비인데, 다만 생김새가 초라하고 거북 등을 앓아서 마침내 세상에 나오지 않았다.〔拙修亦間世之士也, 但因貌寢而龜背, 遂不出世.〕" 하였는데, 현안(玄晏)은 당(唐)나라 시인 황보밀(黃甫謐)의 호로, 척추 장애를 앓았다. 《지수염필》의 기록을 참고로 할 때 조성기의 병 역시 척추 장애였음을 알 수 있다.

정신은 더욱 맑았습니다 其神益淸
어쩌면 이다지도 불운하여 云何不淑
끝내 이렇게 돌아가신단 말입니까 大命遂傾
덕문에 이 무슨 재앙이며 德門何殃
천리는 어찌 이리도 어둡단 말입니까 天理何冥
아흔 살 노모를 모시며 高堂九袠
공은 어린아이처럼 사모하였고 公慕如嬰
하나 있는 아우도 멀리 있어 一弟遠隔
공만 외로이 남았으니[98] 公身零丁
공께서 이를 어찌 견딜 수 있었으리오 公其何忍
그래 훌쩍 고래를 타고 날아가셨군요[99] 遽爾騎鯨
삶과 죽음이 너무도 비참하니 死生慘絶
길 가는 사람도 눈물로 갓끈 적신다오 行路沾纓
저는 오래전부터 공을 종유하였으니 泳昔從遊
제 나이 아주 어렸을 적입니다 粤自弱齡
그 정의가 깊고 돈독하여 情深誼篤

98 하나……남았으니 : 이때 조성기의 두 형인 조원기와 조현기, 그리고 아우인 조창기는 이미 작고하였고, 막내아우 조형기는 조성기가 죽던 해인 1689년(숙종15) 김만중(金萬重)의 옥사(獄事)에 연루되어 귀양을 갔다.

99 고래를 타고 날아가셨군요 : 죽음을 비유하는 말이다. 당(唐)나라 이백(李白)이 채석기(采石磯)라는 곳에서 뱃놀이를 하다가 술이 취해 물속의 달을 잡으려다 익사하였다는 전설이 있다. 그리하여 송(宋)나라 매성유(梅聖兪)의 시 〈채석강증곽공보(采石江贈郭公甫)〉에 이백의 죽음을 두고 "응당 굶주린 교룡의 입에 떨어지지 않고, 고래를 타고 푸른 하늘로 올라갔으리.〔不應暴落飢蛟涎, 便當騎鯨上靑天.〕"라고 하였다.

우리 둘 다 외형 잊고 사귀었고[100]	兩皆忘形
만나 뵐 적마다	每一奉見
마치 난초 향을 맡는 듯하였는데[101]	如挹蘭馨
제가 품었던 의문은 풀리었고	釋我疑端
저의 싹트는 비린도 사라졌지요	消我吝萌
십 년 동안 서울에 있으면서	十年京國
몇 번이나 만났던가요	曾幾逢迎
저는 실로 정처 없이 떠돌아	我實漂漂
천지간 한 떨기 부평초 신세였지요	天地一萍
동서남북으로	東西南北
산으로 바다로	或山或溟
형적은 비록 별처럼 흩어졌어도	迹雖星離
그리운 마음은 멈추어 있는 뭉게구름이었거니[102]	思切雲停

100 외형 잊고 사귀었고 : '망형우(忘形友)'라고 하는데, 외형적인 예법이나 나이 따위를 잊고 한마음 한뜻이 된 아주 친밀한 사귐을 말한다. 당나라 두보(杜甫)가 친구 정건(鄭虔)에게 준 〈취시가(醉時歌)〉에 "형식 모두 잊고서 너니 나니 하는 사이, 통음하는 것이야말로 진정 나의 스승일세.〔忘形到爾汝, 痛飮眞吾師.〕"라는 구절이 있다. 《杜少陵詩集 卷3》

101 마치……듯하였는데 : 마음이 맞는 벗과 담론하는 것을 난초 향을 맡는 것에 비유한 것이다. 《주역(周易)》 〈계사전 상(繫辭傳上)〉에 "두 사람이 마음을 함께하니, 그 날카로움이 쇠를 절단한다. 마음을 함께하는 말은 그 향기로움이 난초와 같다.〔二人同心, 其利斷金; 同心之言, 其臭如蘭.〕"라고 하였다.

102 멈추어 있는 뭉게구름이었거니 : 벗을 그리워하는 것을 표현하는 말이다. 진(晉)나라 도잠(陶潛)의 〈정운(停雲)〉 시에 "뭉게뭉게 떠올라 멈추어 있는 구름이요, 부슬부슬 내리는 제철의 비로다.〔靄靄停雲, 濛濛時雨.〕"라고 하였는데, 자서(自序)에 "정운은 친구를 생각한 것이다.〔停雲思親友也.〕"라고 하였다. 《陶淵明集 卷1》

끊임없이 서신을 보내어　音書陸續
간곡하게 강마하고 면려하였고　講勉丁寧
슬프거나 기쁘거나 궁하거나 태평하거나　悲歡窮泰
지심은 변함이 없었습니다　至心靡更
작년 서울에 갔을 때　昨歲入都
다시 댁을 찾아갔었는데　復進門屏
만사가 뜻에 어긋났음에도　萬事心違
다행히 반가이 맞아 주셨지요　惟幸眼青
그렇게 헤어지고 얼마 후　別來幾時
겨우 한 해 만에　僅一霜星
오늘 이렇게　何知今日
구천에 가실 줄 누가 알았으리오　便隔九京
떠돌던 흉한 소문을　流傳凶聞
한 달 만에야 듣고는　匝月方聽
놀라 부르짖으며 꿈이라 여겼고　驚呼若夢
술병에 든 듯이 침통하였습니다　沈痛如醒
가난하고 병든 저는　我貧且病
먼 길을 갈 여력이 없어서　無力遠征
소거를 갖추지도 못하였으니　素車未飭
비통함이 거경보다 더 심하다오[103]　悲甚巨卿

103 소거(素車)를……심하다오 : 직접 조문하지 못하여 몹시 슬프다는 뜻이다. 소거는 상사(喪事)에 쓰는 흰 흙을 칠한 수레이며, 거경(巨卿)은 후한(後漢) 범식(范式)의 자(字)이다. 범식의 꿈에 벗 장소(張劭)가 나타나 말하기를 "나는 모일에 죽어서 모시

상여는 이미 떠났을 터　　輀當已發
무덤은 어드메요　　葬在何塋
천리 먼 길에 글을 부치노니　　緘辭千里
부는 바람 속에서 눈물 뿌린다오　　雪涕風鳴
아아, 공은 살아생전에도　　嗟公平昔
정신이 씩씩하셨으니　　精爽崢嶸
지금 저의 처량한 말도　　我有苦言
공께서는 응당 묵묵히 들으시겠지요　　公應默聆
공께서 평소에 품었던 뜻　　公之雅志
저술을 남기는 것이었는데　　著述是營
이 어찌 자신을 드러내려 함이리오　　豈伊自見
세상 법도에 보탬이 되려는 것이었지요　　庶裨世程
이 뜻을 이루지 못한 것이　　此意未就
천고의 한이 되었습니다만　　千古恨縈
다시 또 무엇을 상심하리오　　亦復何傷
훌륭한 명성 남아 전해질 것이외다　　猶有風聲
다만 어리석은 저는　　顧我昏愚

에 장사를 치러 영원히 황천으로 돌아갈 것이네. 그대가 나를 잊지 않았다면 와 주지 않겠는가?〔吾以某日死, 當以爾時葬, 永歸黃泉. 子未我忘, 豈能相及?〕" 하였다. 범식이 미처 도착하기 전에 상여가 발인하여 무덤을 쓰게 되었는데, 널이 계속 움직이지 않고 있다가, 범식이 백마가 끄는 소거를 타고 도착하여 통곡하며 말하기를 "여보게, 원백. 떠나게나, 생사의 길이 갈렸으니, 이제 길이 하직하세.〔行矣元伯! 死生路異, 永從此辭.〕" 하고 상여 줄을 잡아끌자, 비로소 상여가 움직였다는 고사가 있다. 원백(元伯)은 장소의 자이다. 《後漢書 卷81 獨行列傳 范式》

마치 잠에서 덜 깬 듯하여 如寢未醒
공의 도량이 넓은 말씀에 大度之言
간혹 어긋나기도 하였지만 尙或逕廷
조금이나마 진보하기를 기대하여 方覬少進
포용하고 자세히 논평해 주셨지요 容更細評
이젠 다 끝나 버렸으니 今其已矣
살아생전 이 슬픔 벗어나지 못할 게요 慟結生平
공과 영결한 뒤로 自我哭公
어느덧 여러 날이 지나 忽復幾蓂
마침 새해를 맞고 보니 適會歲新
슬픈 마음에다 놀라움도 더해지외다 悲思增驚
저 도성 남쪽을 바라보니 眷彼城南
만물은 봄기운에 생기가 돌건만 春物向榮
공이여, 어디로 가셨소 公乎何歸
참담한 심정으로 서늘한 대청에서 慘憺寒廳
거친 제문과 조촐한 제물을 荒詞薄具
어설피 갖추어 멀리 보내오니 草草遙呈
공의 영령 어둡지 않을진대 公靈不昧
부디 한 잔 술 흠향하소서 庶歆一觥
아아, 슬프외다 嗚呼哀哉

기 記

백운봉 등유기
白雲峯登遊記

예전 내 나이 19세 때 배를 타고 한강을 거슬러 올라가 황려(黃驪)[104]까지 간 적이 있다. 배가 막 미월협(迷月峽)을 지날 때, 하늘에 닿을 듯이 높이 치솟은 봉우리 하나를 보았는데, 그 산이 바로 용문산(龍門山)임을 그때 듣고 알았다.

그로부터 6년이 지나 계축년(1673, 현종14)에 부친을 따라 양읍(楊邑)[105]에 갔는데, 읍이 용문산 아래에 있었으므로, 읍 사람들이 나에게 이 산의 내력이나 명칭에 대하여 꽤 자세하게 말해 주었다.

오대산(五臺山) 줄기 가운데 하나가 서쪽으로 수백 리를 내달려 구불구불 이어지고 펑퍼짐하게 뻗치어, 한강 주변 몇 고을에 웅장하게 우뚝 솟은 것이 바로 《도경(圖經)》에서 일컬은 미지산(彌智山)이

104 황려(黃驪) : 경기도 여주(驪州)의 옛 이름이다.

105 양읍(楊邑) : 경기도 양근(楊根) 즉 지금의 양평(楊平)을 가리키는 듯하다. 《신증동국여지승람(新增東國輿地勝覽)》 권8 〈경기 양근군(楊根郡)〉에 "왼쪽으로 용문산을 의지하고 있다.〔左據龍門.〕"라는 기록이 있다.

다.[106] 미지산을 용문산이라고도 하는데, 어떤 사람이 말하기를 "산 아래에 용문사(龍門寺)라는 절이 있으므로 산 이름도 용문이라 한 것이다." 하였다.

용문산에서 가장 높은 봉우리들은 가섭봉(迦葉峯), 응봉(鷹峯), 백운봉(白雲峯)이다. 그 높이가 대체로 비슷하지만 백운봉이 그중에서 가장 험하고 가파른데, 사방에서 바라보면 가지런한 모습이 마치 먹줄을 대고 깎아 만든 것 같다. 또한 강을 굽어보고 홀로 우뚝 서 있어서 기상이 더욱 기이하고 빼어나다. 그러므로 사방 사람들이 용문산을 이야기할 때 오로지 이 봉우리만을 말한다. 백운봉이라는 이름은 근방에 사는 사람들만 그렇게 불러 온 것이다. 전에 내가 배를 타고 지나갈 때 듣고 알았던[107] 용문산이라는 것도 역시 이 봉우리였다.

읍내에 오래 머물면서 한가로이 지내며 편히 쉴 적이면 언제나 이 산에 시선이 꽂히고 마음이 쏠렸다. 대체로 산의 면목에 완전히 익숙해졌다고 말할 단계는 아니었지만, 그 기상(氣象)과 의사(意思)[108] 사이

106 도경(圖經)에서 일컬은 미지산(彌智山)이다 : 《도경》은 어떤 책인지 확증할 수 없다. 《여지도서(輿地圖書)》, 《산경표(山經表)》 등에 '미지산(彌智山)'으로 나오고, 《신증동국여지승람》 권8 〈경기 지평현(砥平縣)〉에 "용문사가 미지산에 있다. 산을 용문이라 일컫는 것은 이 절 때문이다.〔龍門寺在彌智山. 山之稱龍門, 以寺.〕"라는 기록이 나온다.

107 듣고 알았던 : 원문은 '所問知'인데, 문맥을 살펴 '問'을 '聞'으로 바로잡아 번역하였다.

108 기상(氣象)과 의사(意思) : 어떤 객관 사물이나 현상을 통해서 자아에 형성되는 하나의 개념이나 심상을 가리키는 듯하다. 곧 의경(意境), 의상(意象), 경계(境界) 등과 유사한 말인데, 창계는 '체단(體段)'이라는 말을 설명하면서 이 말과 같다고 하였다. 《창계집》 권21 〈독서차록(讀書箚錄) 대학(大學)〉에서 "이미 온화 자애의 도리가

에서 완미함도 깊다고 하지 않을 수가 없었다. 완미함이 오래되자 산 정상에 한번 올라 한없이 빼어나고 기묘한 경치를 다 구경하고 싶은 바람이 더욱 깊어졌다.

때는 9월 기망(旣望), 아우 도충(道冲)[109]을 데리고 산으로 출발하였다. 읍의 치소에서 동쪽으로 5, 7리쯤 가서 산비탈을 따라 나아가서, 동문(洞門)에 이르러 널찍한 바위를 찾아 잠시 쉬었다. 따르던 이가 이르기를 "여기서부터는 으레 말에서 내려 걸어가야 합니다." 하기에, 내가 여기서부터 산 정상까지 얼마나 남았는지 묻자, 8, 9리쯤 된다고 하였다. 내가 약한 다리 때문에 평소에도 고역이었으므로, 말에서 곧바로 내리지 못하고 안장에 걸터앉아 안절부절못하며 나아갔다. 얼마 못 가서 돌길이 더욱 험해졌다. 종종 구불구불한 벼랑이 비스듬히 기울어져 있고 시내 골짝은 그윽하고 깊숙한데, 굽어보면 나도 모르게 머리털이 주뼛 섰다. 결국 말에서 내려 걸어가다가, 약간이라도 덜 험한

있으면 그 도리는 비록 형상이 없더라도 또한 서설로 온화 자애의 체단이 있다.〔旣是溫和慈愛底道理, 則其道理雖無形象, 亦自有溫和慈愛之體段.〕"라고 하였는데, 그 자주(自註)에 "이른바 '체단'은 말이 매우 분명하지 않으니, '기상 의사'와 같은 말이다. 이것은 말로 설명하기 매우 어렵다. 대개 기상 의사가 있다 하더라도 그 기상은 특정한 형적이 있는 기상은 아니고 의사 또한 분명한 지각이 있는 의사는 아니다. 그러므로 단지 '체단'이라고만 할 수 있는 것이다.〔所謂體段, 說得未甚分明, 如言氣象意思, 此處極難言. 蓋實有氣象意思, 而其氣象, 却非有形迹之氣象; 其意思, 亦非有知覺之意思, 故只得云體段.〕"라고 하였다.

109 도충(道冲) : 임정(林淨, 1654~?)의 자(字)이다. 1682년(숙종8) 증광시(增廣試)에 입격하였으며, 남원 부사(南原府使), 청도 군수(淸道郡守)를 역임하였다. 창계의 유문(遺文)을 수습하여 《창계집(滄溪集)》을 간행하였고, 〈창계선생연보초(滄溪先生年譜草)〉를 지었다.

곳을 만나면 곧장 다시 말에 올라탔다. 동문 안에서는 아예 말을 탈 수가 없었는데, 말을 타고 가는 것은 고사하고 걸어가는데도 몹시 위태로웠다.

근근이 산허리에 도달하자, 기운이 빠지고 다리가 후들거려서 더 이상 나아갈 수가 없었다. 사방 산들을 둘러보자 대부분 발아래에 있고, 강물이 멀리 휘돌아 흐르고 있었다. 그 경치가 너무나도 시원스러워서 차마 중간에서 산행을 그만둘 수가 없었다. 마침내 있는 힘을 다해 등반하여 가다 쉬다 하였는데, 고생스러우면서도 두려워 갖은 애를 다 먹었다.

날이 저물 무렵에 비소로 수월암(水月庵)에 도착하였다. 암자가 정상 아래 여러 봉우리 위에 있는데, 산승 정휴(靜休)가 새로 창건하였다고 한다. 암자가 있는 곳이 높기 때문에 번거로이 방을 나가지 않고도 방 안에 앉거나 누워 있는 사이에 무수히 많은 구름과 산, 물과 바위들이 낱낱이 눈에 들어왔다. 사람의 흉금을 탁 트이게 하여 무슨 연유로 이토록 광활한 경계에 깃들어 있는지 스스로 알지 못하게 할 지경이었다.[110] 도충을 돌아보고 말하기를 "우리가 지금껏 상당한 수고를 겪지 않았다면 어떻게 이런 즐거움을 얻을 수 있었겠느냐. 다만 정상에 아직 도달하지 못하였으니, 우리 일이 끝난 것은 아니다." 하였다. 이어 암자

110 사람의……지경이었다 : 암자에서 보는 풍광이 너무나 수려하여 불법을 닦는 수행 따위는 하찮게 느껴짐을 이른다. 당(唐)나라 때 고령(古靈) 신찬 선사(神讚禪師)가 행각(行脚)하여 백장 선사(百丈禪師)를 만나서 개오(開悟)한 뒤에, 아직도 불경만 읽고 있는 옛 스승을 보고는 "세계가 이렇듯 광활한데 그쪽으로 나가려 하지 않고 낡은 종이를 뚫고 있구나.〔世界如許廣闊, 不肯出, 鑽他故紙.〕"라고 탄식한 고사가 있다.《傳燈錄 卷9 南嶽第3世 百丈海嗣 古靈讚》

주변을 둘러보니, 동쪽에 몇 길 높이의 석봉 서너 개가 있고, 그 위에 있는 것은 모두 성긴 솔 몇 그루였다. 맨 앞에 있는 봉우리는 '서대(西臺)'라고 하는데, 여기서는 암자에서보다 훨씬 널리 조망할 수 있었다.

밤이 되어 암자에서 묵었다. 새벽에 일어나서 보니, 가을 달이 휘영청 밝았다. 옷을 걸치고 문을 나왔는데, 강줄기는 흰 깁을 펼쳐 놓은 듯하고 산 빛은 어슴푸레하였다. 때때로 엷은 구름이 모였다 걷혔다 하고 고깃배의 불빛이 깜박거리는데, 진실로 기묘한 경관이었다. 이른 아침이 되자 또 산의 이내와 강의 안개가 온통 자욱하게 깔리어 마치 바다와 같았다. 높은 봉우리와 먼 산등성이가 이따금씩 모습을 드러내어 마치 바다의 섬과 같은 모양이 되더니 순식간에 천태만상으로 변하였다. 회옹(晦翁)이 운곡(雲谷)의 기묘한 경관을 묘사한 말[111]을 볼 때마다 단지 상상만 하였는데, 오늘 그 광경을 직접 볼 줄은 생각지도 못하였다.

아침을 먹은 뒤에 작은 길을 찾아 나아갔다. 정상에 거의 다 와서 몇십 보를 가자 마침내 산길이 끊어졌다. 중이 말하기를 "돌이 뾰족하고 잎은 미끄러우니 발을 딛기가 매우 어렵습니다. 그리고 우리들도 정상에는 겨우 한 번 올랐을 뿐이고, 이곳까지 오는 손님은 거의 없었습니다. 그런데 지금 구태여 위험을 무릅쓰고 정상에 오르는 것은 무엇 때문입니까?" 하였다. 내가 말하기를 "내가 이 산에 온 것은 본래 정상

111 회옹(晦翁)이……말 : 회옹은 송나라 주희(朱熹)의 호이다. 운곡(雲谷)은 복건(福建) 건양현(建陽縣) 서쪽에 있는 산으로, 주희가 여기에 회암초당(晦庵草堂)을 짓고 기거하였다. 곧 기묘한 경관은 주희가 운곡을 소재로 지은 〈운곡기(雲谷記)〉에 묘사된 말을 가리킨다. 《朱子大全 卷78 雲谷記》

에 오르는 게 목적이었다. 여기까지 와서 정상에 오르지 않는다면 오지 않은 것과 같다." 하였다. 마침내 지팡이를 짚고 먼저 산을 오르자, 중들이 또 양쪽에서 부축해 주어 조금씩 더위잡고 나아갔다. 때로 험한 바위가 불쑥 솟은 곳을 만나면 우물쭈물하며 빙 돌아서 올랐다. 우러러 보면 무너질 듯하고 돌아보면 떨어질 것 같았는데, 이런 위험한 곳에 경솔하게 뛰어든 것이 무척이나 후회스러웠다. 이미 여기까지 온 이상 뒤로 물러갈 수도 없었으므로 마침내 곧장 앞으로 나아갔다.

그때 몹시 목이 말랐는데, 바위틈에서 얼음 조각을 찾아서 깨물어 먹었다. 산속에는 벌써 며칠 전에 눈이 내렸다고 하였다. 상봉(上峯)에 오른 뒤에 바위에 기대앉았다. 막 도착하였을 때에 이 바위도 흔들거리는 것 같았는데, 긴장된 마음이 아직 남아 있던 탓이었다. 이날 날씨가 청명(淸明)하여 조망하기에 아주 그만이었지만, 저 멀리에 흙먼지와 안개 같은 것이 끼어 있어서 자세하게 보이지는 않았다.

내가 앉아 있는 바위가 바로 상봉인데, 그 위에 바위 봉우리가 하나 더 있었지만 길이 끊어져 더 이상 갈 수가 없었다. 데리고 온 어린아이만 홀로 바위를 타고 뛰어올라서 정상까지 갔다가 돌아왔다. 그곳은 어떻더냐고 물어보자, 위에 흙도 있고 풀도 있는데 마치 무덤처럼 생겼다고 하였다. 중이 말하기를 "전에 가 본 적이 있는데, 강릉(江陵)의 백현(柏峴)과 대화(大化) 등 여러 산과 양양(襄陽)의 여수파(餘水坡) 등을 모두 손가락으로 가리켜 볼 수 있고, 춘천(春川)의 청평산(淸平山)은 눈 아래에 있더이다." 하였다. 내가 앉은 곳에서 세 방면은 모두 막힘이 없이 훤히 트여 있었는데, 오직 뒤쪽의 한 방면만이 이 작은 봉우리에 막혀 있으므로 남의 말을 듣고 상상해 볼 수밖에 없었다. 얼마만큼 도달하지 못한 곳에 꼭 그만큼 제대로 보지 못한 곳이 있는 법이니, 진실로 억지로 할 수 없다는 것을 비로소 알았다.

내가 본 것 중에서 작고 가까운 것은 생략하더라도 멀리 있고 큰 것을 들면 다음과 같다. 원주(原州)의 치악산(雉嶽山)과 호서의 속리산(俗離山), 영남의 조령(鳥嶺) 등이 그 동쪽에 있고, 연산(連山)의 계룡산(鷄龍山)과 천안(天安)의 광덕산(廣德山)이 그 남쪽에 걸쳐 있으며, 송도(松都 개성(開城))의 천마산(天磨山)・성거산(聖居山)・송악산(松嶽山)이 서쪽에 우뚝 솟아 있으니, 이 산이 그 중앙에 위치해 있다는 것을 이에 근거해서 알 수 있다. 그 외에 종종 멀리 푸른 산빛을 비스듬히 드러내고 있으면서도 딱히 가리켜 말할 수 없는 것들, 즉 네 고을〔四郡〕[112]의 여러 산과 같은 것들은 다 볼 수는 있었으나 높고 큰 명산(名山)이 없어서 알 수가 없었다.

충주(忠州)와 원주 사이를 흘러가는 강물은 그 형세가 볼만하였고, 저도(楮島)와 석실(石室) 사이에 가려진 것도 이따금씩 구불구불 흐르는 모습을 볼 수 있었다. 가까운 고을에 있는 백 겹으로 구불구불 서린 산들을 다 내려다 볼 수 있었는데, 가평(嘉平)의 화악산(華岳山)과 죽산(竹山)의 칠정산(七正山)이 그중에서 조금 큰 축에 들었다. 삼각산(三角山)은 아까 산허리쯤 오르고 있을 때부터 이미 그 진면목을 다

112 네 고을 : 《창계집》 권1 〈만형이 영남의 경차관이 되었다는 소식을 듣고 시를 지어 부쳐 이별하다〔聞伯氏爲嶺南敬差官 題寄奉別〕〉에도 '사군산(四郡山)'이라는 시어가 나오는데, 이를 근거로 보면 네 고을은 청풍(淸風), 단양(丹陽), 영춘(永春), 제천(堤川)으로 보인다. 이 네 고을은 태백(太白)과 소백(小白) 두 산맥에서 갈라져 나온 산들이 많고, 남한강의 상류 지역으로 도성에서 영남(嶺南)으로 내려가는 도중에 자리하고 있는 고을들이다. 일찍부터 산수(山水)가 좋은 곳으로 꼽혀 '사군계산(四郡溪山)', '사군산수(四郡山水)'라고 불리었다. 《息山集 別集 卷2 四郡山水記》

드러내고 있었는데, 산의 정상에 도달해서 보니 비록 또한 평평히 마주하고 있기는 하였지만 산세가 기이하고 빼어나 다른 산에 비할 게 아니었다. 서울의 안현(鞍峴)과 목멱산(木覓山)이 삼삼하게 눈에 들어왔지만, 안개가 자욱하여 무성하고 푸르른 산기운을 속 시원하게 볼 수가 없었으므로, 사람의 마음을 서운하게 하였다.

행장에 술통이 있어서 두세 잔을 따라 마시자, 맑은 기운이 입에 스며드는 듯하였다. 술을 마신 뒤 우연히 절구 한 수를 읊어서 바위 사이에 썼다. 한참 서성거리다가 마침내 산을 내려가기로 하였다. 올라오는 길에 바위가 미끄러웠으므로 내려갈 때는 더욱 힘들 것 같아서 결국 산 동쪽으로 내려갔다. 수풀은 빽빽하고 바위는 아슬아슬하여 인적도 없고 겉으로 형세가 깎아지른 듯이 높아서 또한 발을 붙일 곳이 없었으나 산을 오를 때의 위태로움보다는 그나마 나았다.

동행하던 중 가운데 풍악산(楓岳山)에서 막 온 이가 있다고 하여, 내가 "비로봉(毗盧峯)에 갔다 왔다면, 이 산과 비교해서 어느 쪽이 더 험난하오?" 하고 묻자, 중이 말하기를 "비로봉은 등산로가 길지만 완만하고 이 산은 짧지만 가파르지요. 어느 곳이 더 험난한지는 모르겠지만, 비로봉은 다만 등산로가 닦인 지 오래되어 조금은 쉽게 오를 수 있습니다. 또 비로봉은 높기는 하지만 보이는 것이 산속을 벗어나지 못하고, 동쪽으로 단지 창해(滄海)만 볼 수 있답니다. 시야가 끝없이 훤히 트인 것으로 말하면 비로봉은 실로 이 산에 미치지 못합니다." 하였다.

나는 이 산만 보았기에 그 말의 타당성 여부에 대해서는 알지 못하니, 오직 아는 이라야 분별할 수 있을 것이다. 그러나 이 산은 도성에서 100리 안의 가까운 곳에 있어 도성 문을 나서서 동쪽으로 한나절만

가면 눈에 띄기에 사람들이 직접 볼 수 있다. 사람의 마음이란 쉽게 볼 수 있는 것에 대해서는 대수롭지 않게 여기게 마련이니, 이 중의 말을 들으면 당연히 몹시 해괴하게 여기지 않겠는가. 그러나 실제로 행해 보고 깊이 살핀 사람이 아니라면 그 경중을 쉽게 간파하지 못할 것이다.

암자에 돌아와 쉬다가 정오에 동문을 나왔다. 동문 안에서는 어디든 말을 타고 갈 수가 없었기에 서쪽으로 산 밑을 에돌아 나왔다. 사나사(舍那寺)에서 저녁을 먹고, 어스름 저물녘에 고을에 도착하였다. 선산(仙山)을 돌아보니, 산세가 더욱 우뚝하여, 어떻게 그곳에 올라 몸을 둘 수 있었는지 스스로 알 수 없었다. 홀로 서실(書室)에 앉았는데, 쓸쓸한 가운데 상념이 일어나 마침내 붓을 적셔서 이렇게 큰 줄거리만 대략 적고 보니, 훗날 와유(臥遊)할 거리로 삼을 만하겠다.

의승기 갑진년(1664, 현종5)

義勝記 甲辰

천군(天君)[113]이 대위(大位)에 오른 원년에, 영대(靈臺)[114]에 올라 명당(明堂)[115]에 임어(臨御)하였다. 담박하게 작위(作爲)함이 없었고 아무런 욕심이 없이 자신을 지켰으며, 그 덕이 한없이 넓어서 무엇이라 이름을 붙일 수가 없었다.[116] 천군의 백성들은 배를 두들기고 놀면서[117]

113 천군(天君) : 사람의 마음을 의인화(擬人化)하여 일컫는 말이다. 《순자(荀子)》 〈천론(天論)〉에 "이목구비와 형체는 각각 접촉하는 것이 있어서 다른 것은 할 수 없으니, 대개 이를 천관이라 한다. 마음은 가운데 빈 곳에 있으면서 오관을 다스리니, 이를 천군이라 한다.〔耳目鼻口形, 能各有接而不相能也, 夫是之謂天官; 心居中虛, 以治五官, 夫是之謂天君.〕"라고 한 데서 유래하였다.

114 영대(靈臺) : 주 문왕(周文王)이 세운 누대 이름이다. 주 문왕이 영대를 지으려고 하자 백성들이 자식처럼 달려와 하루도 못 되어 완공하였다고 하여, 후대에는 임금이 어진 정사를 펼쳐 백성들과 즐거움을 함께하는 상징으로 쓰였다. 《詩經 靈臺》《孟子 梁惠王上》 또한 사람의 마음을 가리키기도 한다. 《장자(莊子)》 〈경상초(庚桑楚)〉에 "영대를 침입하지 못한다.〔不可內於靈臺.〕"라고 하였는데, 곽상(郭象)의 주(注)에 "영대는 마음이다.〔靈臺者, 心也.〕"라고 하였다.

115 명당(明堂) : 임금이 정사와 교화를 펴는 곳을 이른다. 조회, 제사, 포상, 인선, 양로, 교육의 대전(大典)을 여기에서 거행하였다. 《맹자》 〈양혜왕 하(梁惠王下)〉에 "명당이라는 것은 왕자의 집이다.〔夫明堂者, 王者之堂也.〕"라고 하였다.

116 그 덕이……없었다 : 공자가 요(堯) 임금을 찬양하여, "위대하도다, 요의 임금됨이여. 높고 크기는 오직 하늘이 크거늘, 오직 요 임금만이 이를 본받으셨으니, 한없이 넓어서 백성이 어떻게 이름을 붙일 수 없었다.〔大哉堯之爲君也! 巍巍乎唯天爲大, 唯堯則之, 蕩蕩乎民無能名焉!〕"라고 한 데서 유래하였다. 《論語 泰伯》

117 배를 두들기고 놀면서 : 태평성대에 백성들이 풍족하게 사는 것을 형용하는 말이

모두 말하기를 "한결같도다, 우리 임금이여."[118]라고 하였다.

3년이 지나 천군의 덕이 점차 처음만 못하게 되자, 도적들이 그 틈을 타 침릉(侵陵)하기도 하고 해를 입히기도 하며, 속박하여 잃게도 하고[119] 잘리고 베어지기도 하였는데, 해가 갈수록 도적의 세력이 커져서 천군의 나라는 거의 국세를 떨치지 못하게 되었다. 천군은 마침내 황야로 도망쳐 천하를 떠돌아다녔는데, 마치 10여 년 동안 외국에서 망명생활을 하였던 진(晉)나라 공자(公子) 신세[120]와 같았다. 때때로 돌아

다. 《장자》 〈마제(馬蹄)〉에 "옛날 혁서씨 시대에는, 백성들이 집에 있을 때에는 무슨 일을 해야 할지를 따지지 않았고 길을 갈 때에는 어디로 가야 할지를 요량하지 않았다. 음식을 입 안 가득 넣고서 즐거워하였고 배를 두드리며 놀았다. 백성들이 할 수 있는 것이라곤 이뿐이었다.〔夫赫胥氏之時, 民居不知所爲, 行不知所之. 含哺而熙, 鼓腹而遊, 民能以此矣.〕"라고 하였다.

118 한결같도다, 우리 임금이여 : 상(商)의 재상 이윤(伊尹)이 태갑(太甲)에게 정사를 돌려주고 은퇴하면서 경계하는 말을 남겼는데, 그중에 "모든 백성이 다 말하기를 '위대하도다. 왕의 말씀이여.'라고 하게 하시며, 또 말하기를 '한결같도다. 왕의 마음이여.'라고 하게 하소서.〔萬姓咸曰: 大哉王言, 又曰: 一哉王心.〕"라고 하였다. 《書經 咸有一德》

119 속박하여 잃게도 하고 : 물욕의 구속을 받아 양심(良心)을 잃어버린다는 의미를 함축한 말이다. 《맹자》 〈고자 상(告子上)〉에 "밤낮의 사이에 생장한 바와 이른 새벽의 맑은 기운에 의해 그 좋아하고 미워하는 양심이 남들과 비슷하게나마 겨우 되살아났지만, 낮에 하는 행위에 속박을 받아 잃게 되니, 속박이 반복되면 야기가 보존될 수 없다.〔日夜之所息, 平旦之氣, 其好惡與人相近也者幾希. 旦晝之所爲, 有梏亡之矣. 梏之反覆, 則其夜氣不足以存.〕"라고 하였다.

120 10여……신세 : 진(晉)나라 공자(公子)는 춘추 시대 진나라의 군주로서 패자(覇者)가 된 진 문공(晉文公) 중이(重耳)를 가리킨다. 헌공(獻公)의 둘째 아들이자 태자 신생(申生)의 아우인데, 헌공이 여희(驪姬)를 총애하여 신생을 죽이자 외국으로 망명하여 19년 동안 제후국을 전전하였다. 귀국한 뒤에 국정을 바로잡고 제후를 호령하여 제 환공(齊桓公)의 뒤를 이어 패자가 되었다. 《史記 卷39 晉世家》

가고픈 생각이 은은히 싹트기도 하고 왕성하게 일어나기도 하였지만 도적이 횡행하여 길이 막혀 뜻을 이루지 못하였을뿐더러, 또 마치 어린 아이가 일찍 고향을 떠나서 헤매다 돌아갈 줄을 모르는 듯하였다.[121]

때마침 스스로 성성옹(惺惺翁)[122]이라 일컫는 한 사람이 있어서, 국적(國賊)을 점차 제거하고 천군을 불러 돌아오게 하여, 다시 대위에 오르게 하였다. 그가 천군을 찾아서 세운 일이 마치 항량(項梁)이 초왕(楚王)을 세운 고사[123]와 같았다. 왕(王 천군)의 이름이 또 초왕의 이름과 같은 심(心)이었으므로, 마침내 호(號)를 '의제(義帝)'라 하고, 화덕(火德)으로 왕이 되어[124] 하(夏)의 역수(曆數)를 썼다.[125] 마침내 다음

121 어린아이가……듯하였다 : 본성을 잃어버린 채 헤맨다는 의미를 함축한 말이다. 《장자(莊子)》〈제물론(齊物論)〉에 "죽음을 싫어하는 것이, 어쩌면 어려서 미아가 되어 고향에 돌아갈 줄을 모르는 것과 같지 않은지 내가 어떻게 알겠는가.〔予惡乎知惡死之非弱喪而不知歸者耶!〕"라는 말이 나온다.

122 성성옹(惺惺翁) : 성성은 마음을 밝게 항상 깨어 있게 한다는 것으로 유가의 수양법인 경(敬)을 말한다. 송(宋)나라 사양좌(謝良佐)가 "경이란 항상 성성하게 하는 법이다.〔敬是常惺惺法.〕"라고 하였다. 《心經附註 卷1》 곧 성성옹이란 경을 의인화하여 붙인 이름이다.

123 항량(項梁)이……고사 : 항량은 진(秦)나라 말기 초(楚)의 대장군 항연(項燕)의 아들이자, 항우(項羽)의 숙부이다. 초왕(楚王)은 초 회왕(楚懷王)으로 이름은 심(心)인데, 항량이 왕으로 옹립하고 항우가 의제(義帝)로 높였으나, 서초패왕(西楚霸王)이 된 항우에게 죽음을 당하였다. 《史記 卷7 項羽本紀》

124 화덕(火德)으로 왕이 되어 : 화덕은 왕이 받은 운을 오행(五行)으로 상징하여 화(火)에 해당하는 것을 이른다. 오행에 해당하는 장기 가운데 심(心)이 화장(火臟)에 해당되기 때문에 화덕으로 왕이 되었다고 한 것이다.

125 하(夏)의 역수(曆數)를 썼다 : 안연(顔淵)이 나라를 다스리는 것에 대해 묻자 공자(孔子)가 "하나라의 역법을 쓰고, 은나라의 수레를 타며, 주나라의 면류관을 쓴다.〔行夏之時, 乘殷之輅, 服周之冕〕"라고 하였다. 《論語 衛靈公》 주희(朱熹)의 주(註)

과 같이 하교하였다.

"짐이 근자에 덕이 일관되지 못하여 큰 도적이 제멋대로 날뛰었으므로 세상 끝까지 떠돌아다니며 어디로 가야할지를 몰랐다. 신령한 하느님의 은덕을 입어 편안한 집[126]에 돌아오게 되었다. 지금부터 칠정(七政)[127]과 구관(九官)[128]들은 번갈아 나의 잘못을 바로잡아 나의 부덕(否德)으로 인해 지난번의 어지러움을 또다시 초래하지 않도록 하라.[129] 또 우리 집안의 가법은 현자를 높이는 것을 훌륭하게

에서, 하나라에서는 인월(寅月)을 사용하였는데 이는 백성들이 농사짓는 데 있어 철의 올바름과 절후의 좋음을 취한 것이라 한 것에 따라, 나라를 잘 다스리고 백성을 위하는 정사를 펴야 한다는 뜻으로 볼 수 있다. 또한 여름이 오행에 있어서 화절(火節)에 해당하고 그것이 천군인 '심(心)'과 연관된 것으로도 볼 수 있다.

126 편안한 집 : 인(仁)을 비유적으로 표현한 말이다. 《맹자》 〈공손추 상(公孫丑上)〉에 "인은 하늘의 높은 벼슬이고 사람의 편안한 집이다.〔夫仁, 天之尊爵也, 人之安宅也.〕"라고 하였다.

127 칠정(七政) : 해와 달, 그리고 오성(五星)을 말하는데, 하늘에서 운행하는 모습이 마치 임금에게 정사가 있는 것과 같다고 하여 이르는 말이다. 순(舜)이 제위(帝位)에 올라 첫 번째 한 일로, 선기옥형(璿璣玉衡)이라는 천체 관측기를 살펴서 칠정, 즉 금(金)·목(木)·수(水)·화(火)·토(土)의 오성과 해와 달의 운행을 실제와 맞추어 백성들이 농사의 때를 잃지 않게 하였다고 한다. 《書經 舜典》 곧 여기서는 칠정을 의인화하여 천군을 보좌하는 신하들을 가리킨 것으로 보인다.

128 구관(九官) : 순(舜) 임금이 두었던 아홉 가지 관직을 이른다. 《서경》 〈순전(舜典)〉에, 순 임금이 여러 관원들에게 두루 당부한 뒤에 "아, 그대들 22인은 공경한 자세를 유지하며 때에 맞게 하늘의 일을 돕도록 하라.〔咨汝二十有二人, 欽哉! 惟時亮天功.〕"라고 하였는데, 사악(四岳) 1인과 지방 장관인 12목(牧)과 함께 이 구관이 22인 중에 포함된다. 구관은 곧 사공(司空), 후직(后稷), 사도(司徒), 사(士), 공공(共工), 우(虞), 질종(秩宗), 전악(典樂), 납언(納言)을 가리킨다.

129 부덕(否德)으로……하라 : 《서경》 〈태갑 하(太甲下)〉에 "덕이 있으면 다스려지

여기니,[130] 성성옹으로 하여금 총재(冢宰)의 자리에 앉아서 국사를 집행하게 하고 백관들은 자기 직무를 총괄하여 명령을 듣도록 하라."

이에 천군이 국가의 일을 더욱 밝게 익히자, 백성들이 모두 기뻐하였다. 그러나 도적의 잔당이 깨끗이 소탕되지 않아서, 이따금씩 기회를 타고 침입하니, 늘 이것이 마음속 깊은 곳의 걱정거리였다. 그리하여 천군이 나라 안에 인재를 모집하여 말하였다.

"공경히 왕이 내리는 형벌을 행하여 남은 도적을 모조리 무찔러 없애 주는 자가 있다면, 내가 그를 상장군의 자리에 앉히고 분곤(分閫)을 맡길 것[131]이다."

그때 맹호연(孟浩然)이라는 자가 있었는데, 사람됨이 지극히 강하며 지극히 큰 기운을 지녔고, 일찍이 맹자(孟子)에게 길러졌으므로 맹씨(孟氏)를 성으로 삼았다.[132] 드디어 모집에 응하여 스스로 말하기

고 덕이 없으면 혼란해진다.〔德惟治, 否德亂.〕" 하였다. 채침(蔡沈)의 집전(集傳)에서는 '부덕'을 '덕이 없음〔無是德〕'이라고 풀이하였다.

130 현자를……여기니 : 《중용장구》 제20장에 "인은 사람이니 어버이를 친히 함이 크고, 의는 마땅함이니 어진 이를 높임이 크다.〔仁者人也, 親親爲大; 義者宜也, 尊賢爲大.〕"라고 하였다. 곧 이 글의 제목 또는 주제와 연관시켜 '의'를 강조하기 위하여 인용한 것으로 보인다.

131 분곤(分閫)을 맡길 것 : 곤(閫)은 궐문(闕門)이다. 즉 궐문의 안팎을 나눈다는 뜻으로, 장수를 임명하여 출정시킴을 이른다. 고대에 임금이 출정하는 장수를 보낼 때 꿇어앉아 수레바퀴를 밀며 "궐문 안은 과인이 맡을 터이니, 궐문 밖은 장군이 다스리시오.〔閫以內, 寡人制之; 閫以外, 將軍制之.〕"라고 한 데서 유래하였다. 《漢書 卷50 馮唐傳》

132 맹호연(孟浩然)이라는……삼았다 : 공손추(公孫丑)가 '호연지기(浩然之氣)'에 대하여 묻자, 맹자가 "그 기(氣) 됨이 지극히 크고 지극히 강하니, 정직함으로 잘 길러서 해침이 없다면 이 기운이 천지 사이에 꽉 차게 된다.〔其爲氣也, 至大至剛, 以直養而無害,

를 "천만 명이 있더라도 나는 나가서 대적할 것이다."[133]라고 하였다. 천군은 곧 그를 원수(元帥)로 삼고 지극히 높이고 잘 길러서 함께 나랏일을 도모하였다. 이로부터 도적이 침범할 때마다 번번이 격파하여 물리쳤다.

두 해가 지난 뒤에 크게 군대를 일으켜 남은 적을 토벌하고자 하였다. 맹호연이 왕명을 받들어 군사들에게 맹세하였다.

"아아, 너희 육사(六師)[134]여! 모두 내 말을 잘 들을지어다. 도적이 하늘의 떳떳한 도리를 어지럽혀, 법도와 예의를 무너뜨렸다.[135] 예로부터 나라를 망하게 하고 집안을 망치고 몸을 그르치는 것이 여기에서 말미암지 않은 경우가 없었으니, 어찌 마음이 아프지 않으리오. 게다가 지난번은 우리나라가 새로 세워진 어수선한 틈을 노려 감히 독기를 부려 나라가 엎어지고 주상이 파천하는 데 이르렀으니, 혈기

則塞于天地之間.〕"라고 하였다. 《孟子 公孫丑上》 맹호연의 '맹(孟)'은 맹자와 관련시키기 위하여 맹자의 성을 쓴 것이고 '호연'은 맹자가 말한 호연지기를 의인화한 말이다.

133 천만……것이다 : 맹자가 공손추에게 부동심(不動心)의 방법으로 용(勇)에 대하여 설명하면서, 증자(曾子)가 공자에게 들었다는 대용(大勇)을 논하여 "스스로 돌이켜서 정직하지 못하면 비록 갈관박이라도 내 두려워하지 않겠는가. 그러나 스스로 돌이켜서 정직하다면 비록 천만 명이 있더라도 내가 가서 대적할 수 있다.〔自反而不縮, 雖褐寬博吾不惴焉; 自反而縮, 雖千萬人吾往矣.〕"라고 한 말이 있다. 《孟子 公孫丑上》

134 육사(六師) : 주(周)나라 천자가 거느리는 6개의 군(軍)을 이른다. 1군에 1만 2500명씩 모두 7만 5000명으로 이루어졌다고 한다. 《周禮 夏官司馬 夏官》 제왕이 거느리는 군대 또는 국가의 군대를 통틀어 이르는 말로 흔히 쓴다.

135 법도와 예의를 무너뜨렸다 : 《서경》 〈태갑 상(太甲上)〉에 "태갑이 욕심으로 법도를 무너뜨리고 방종(放縱)으로 예(禮)를 무너뜨리니, 사치함에 잘못되어서 장원한 생각이 없는 자이다.〔太甲欲敗度縱敗禮, 蓋奢侈失之而無長遠之慮者.〕"라는 내용이 나온다.

를 가진 자라면 그 누가 분개하지 않겠는가. 이제 너희들은 우리 임금의 손톱과 어금니[136]가 되기도 하고, 우리 임금의 심장과 등뼈[137]가 되기도 하며, 목구멍과 혀[138]의 중요한 지위에 있기도 하고, 다리와 팔[139] 같은 보필이 되기도 한다. 너희들은 부디 힘을 오롯이 바쳐[140] 힘쓸지어다. 입은 우호(友好)를 맺게도 하지만 전쟁을 일으키기도 하니, 나는 다시 다른 말을 하지 않겠노라.[141]"

136 손톱과 어금니 : 임금을 호위하는 용사나 무신을 비유하는 말이다. 《시경》 〈기보(祈父)〉에 "기보야, 나는 왕의 발톱과 이빨이로다.〔祈父! 予王之爪牙.〕"라고 한 데서 유래하였다.

137 심장과 등뼈 : 임금이 마음 놓고 중요한 일을 맡길 수 있는 신하를 비유하는 말이다. 《서경》 〈군아(君牙)〉에 "지금 너에게 명하노니, 너는 나를 도와 나의 다리와 팔과 심장과 허리가 되어, 옛날에 하던 일을 이어 그대의 조고를 욕되게 하지 말라.〔今命爾, 予翼, 作股肱心膂, 纘乃舊服, 無忝祖考.〕"라고 한 데서 유래하였다.

138 목구멍과 혀 : 왕명을 전하는 신하를 비유하는 말이다. 곧 상서(尙書) 또는 승지를 달리 이르는 말이다. 《시경》 〈증민(烝民)〉에 "왕명을 출납하니, 왕의 후설이다.〔出納王命, 王之喉舌.〕"라고 한 데서 유래하였다.

139 다리와 팔 : 임금의 측근에서 보좌하는 신하를 비유하는 말이다. 위의 주137 참조.

140 너희들은……바쳐 : 원문의 '여상일내력(汝尙一乃力)'은 우(禹)가 순(舜) 임금의 명을 받아 묘족의 반란을 진압할 때, 군사들을 소집하여 명하기를 "이러므로 내가 너희 군사들을 거느리고 순 임금의 말씀을 받들어 죄를 지은 자들을 정벌하노니, 너희들은 부디 마음과 힘을 하나로 하여야 능히 공을 세울 수 있을 것이다.〔肆予以爾衆士, 奉辭伐罪, 爾尙一乃心力, 其克有勳.〕"라고 한 데서 유래하였다. 《書經 大禹謨》 여기서는 '심(心)'이 임금이므로, '심력(心力)'에서 '심(心)'을 빼고 '역(力)'만 남긴 것으로 보인다.

141 입은……않겠노라 : 《서경》 〈대우모(大禹謨)〉에 "입은 우호(友好)를 내기도 하고 전쟁을 일으키기도 하니, 짐은 다시 다른 말을 하지 않겠다.〔惟口出好興戎, 朕言不再.〕"라는 말이 나온다.

맹세가 끝나고 드디어 행군하였다. 맹호연은 의마(意馬)[142]를 타고 충신갑(忠信甲)을 입었으며, 인의순(仁義楯)을 들고 앞에 물자기(勿字旗)[143]를 세운 채 대로(大路)를 따라 행진하며 군사를 출동시킴에 규율로써 하였다.[144] 보는 사람들이 찬탄하며 말하기를 "이 사람이야말로 진짜 장군이구나."[145] 하였다.

마침내 험한 곳에 깊숙이 들어가 적의 경계에 이르렀다. 큰 바다가 그 남쪽에 있는데, 그 이름은 '환해(宦海)'이고, 도적의 첫 번째 요해처였다. 넘실거리는 파도가 해를 적시고 하늘까지 넘쳐흘러 앞서 가던 배가 벌써 전복되고 뒤따르던 자들도 그치지 않아서, 부러진 돛대와 부서진 노는 몇천 개가 되는지 알 수 없었다. 그런데 죄인을 토벌하는

142 의마(意馬) : 생각이 마구 일어나 제어하기 어려운 것을 말에 비유하여 말한 것이다. 《돈황변문집(敦煌變文集)》의 유마힐경강경문(維摩詰經講經文)에 "마음 원숭이와 생각 말이 미쳐 날뛰기를 그쳤다.〔心猿意馬罷顚狂.〕" 하였다. 여기서 의마는 맹호연에 의하여 제어되어 천군〔心〕을 위하여 도적을 물리치는 데 보조 역할을 하는 존재로 표상된다. 도적은 욕심 따위이다.

143 물자기(勿字旗) : 안연(顔淵)이 공자(孔子)에게 인(仁)을 행하는 조목을 묻자, 공자가 "예가 아니면 보지 말고, 예가 아니면 듣지 말고, 예가 아니면 말하지 말고, 예가 아니면 행동하지 말라.〔非禮勿視, 非禮勿聽, 非禮勿言, 非禮勿動.〕"라고 대답한 네 가지 경계를 말한다. 《論語 顔淵》

144 군사를……하였다 : 《주역(周易)》 〈사괘(師卦) 초육(初六)〉에 "군대를 출동하되 규율에 맞게 함이니, 그렇지 않으면 승리하더라도 흉하리라.〔師出以律, 否, 臧, 凶.〕"라는 말이 나온다.

145 이 사람이야말로……장군이구나 : 한 문제(漢文帝) 때 장군 주아부(周亞夫)가 세류(細柳)에 군영(軍營)을 두었을 때, 군령(軍令)이 잘 정비되었으므로 문제가 여러 군영을 시찰하고서 유독 주아부를 일러 "이 사람이야말로 진짜 장군이다.〔此眞將軍也.〕"라고 찬탄한 고사가 있다. 《史記 卷57 絳侯周勃世家》

군사들이 이따금 이곳에 이르러서는 회군하기도 하였다.

이윽고 도적들의 험한 요새인 명리관(名利關), 분산(忿山), 욕학(慾壑)을 맞닥뜨렸다. 맹호연이 장수와 군사들에게 명하여 환해를 넘고 명리관을 통과하여, 분산을 무너뜨리고 욕학을 메우니, 그 앞을 가로막을 자가 아무도 없었다. 그리하여 도적이 모두 평정되었다.

그 후로 추로(醜虜)들이 갖은 방법으로 속임수를 부리고 또 한 구석을 차지하여 사납게 버티고 있었으므로, 의논하여 다시 군사를 일으켜 소탕하기로 하였다. 이에 성성옹이 간하여 말하였다.

"선왕(先王)께서는 덕화(德化)를 밝히고 군대의 위세를 과시하지 않았습니다.[146] 임금께서는 생각하소서. 크게 문덕(文德)을 펴면 70일이 안 되어, 순(舜) 임금의 조정에 완악한 묘족을 귀순시키듯이 할 수 있을 것[147]입니다."

천군이 말하기를 "의인(義人)이로다." 하고는 마침내 전쟁을 멈추고서 교화를 펴고 두 섬돌 사이에서 방패와 도끼를 들고 춤을 추어 순 임금의 옛일을 본받으니, 남은 도적들이 모두 와서 복종하였다.

146 선왕(先王)께서는……않았습니다 : 《국어(國語)》 〈주어 상(周語上)〉에, 주 목왕(周穆王)이 견융(犬戎)을 정벌하려고 하자, 채공(祭公) 모보(謀父)가 불가함을 간하여 "선왕께서는 덕화를 밝히고 군대의 위세를 과시하지 않았습니다.〔先王耀德不觀兵.〕"라고 한 말이 나온다.

147 크게……것 : 《서경》 〈대우모(大禹謨)〉에 "순 임금이 일찍이 문덕을 크게 펴고 방패와 깃을 들고 두 섬돌 사이에서 춤을 추었는데, 그런 지 70일 만에 완악한 묘족이 귀순하였다.〔帝乃誕敷文德, 舞干羽于兩階, 七旬有苗格.〕" 하였다.

서 序

일기서
日記序

이 기록은 일상생활에서 했던 나의 모든 말과 행위를 기록한 것이다. 기록한 이유는 무엇인가? 게으른 마음과 망녕된 생각으로 하여금 공경하여 두려워하고 어렵게 여겨 꺼릴 바가 있어서 감히 제멋대로 하지 않도록 하려는 것이다. 공경하여 두려워하고 어렵게 여겨 꺼리는 것은 마음에서 말미암는 것이지 바깥에서 말미암는 것이 아니다. 기록 또한 바깥의 사물인데, 지금 기록한 것은 무엇 때문인가? 바깥을 엄숙히 하는 것은 마음을 경계하기 위한 것이다. 기록하되 문사를 아름답게 꾸미지 않은 것은 무엇 때문인가? 겉만 번지르르한 것[148]을 싫어해서이다. 남과 말을 나누고서 좋은 말을 들으면 그 사람에 대하여 기록하여 밝혀 주고 다른 것은 기록하지 않은 것은 무슨 까닭인가? 좋은 점은

148 겉만 번지르르한 것 : 원문의 '사(史)'는 문채가 바탕을 이기는 것, 곧 내용보다 형식에 치우치는 것을 이른다. 《논어》 〈옹야(雍也)〉에 "바탕이 문채보다 지나치면 촌스럽게 되고, 문채가 바탕보다 지나치면 겉치레에 흐르게 되나니, 문채와 바탕이 조화를 이룬 뒤에야 군자라고 할 수 있다.〔質勝文則野, 文勝質則史, 文質彬彬然後君子.〕"라고 하였다.

추어올려 주고 좋지 못한 것은 숨겨 주기 위해서이다. 그 일이 징계하거나 권장할 만한 것이 아닌데도 다 기록한 것은 무슨 까닭인가? 징계하거나 권장할 만한 것이 아니라 하여 생략한다면 징계하거나 권장할 만한 것에 대해서도 그렇게 할까 걱정해서이다. 그 언행이 자랑에 가까운데도 숨기지 않은 것은 무슨 까닭인가? 장점을 숨기려고 하다가 단점까지 숨길까 걱정해서이다.

아아, 깊숙이 홀로 있는 때에 일어나는 아주 하찮고 사소한 일로 남들은 알지 못하고 자기만 홀로 아는 것들을 오로지 여기에 썼다. 이것을 보는 사람은 모두 알 것이니, 그 무서움이 어찌 열 손가락이 가리키고 열 개의 눈이 지켜보는 것일 뿐이겠는가.[149] 아아, 또한 언행을 제멋대로 하지 않기 위함이다.

병오년(1666, 현종7) 늦가을에 쓰다.

149 그 무서움이……뿐이겠는가 : 《대학장구(大學章句)》 전 6장에 "열 개의 눈이 보는 바요, 열 손가락이 가리키는 바이니, 이 얼마나 두려운 일인가.〔十目所視, 十手所指, 其嚴乎?〕"라는 증자(曾子)의 말이 나온다.

김숙함[150]에게 주는 서문

贈金叔涵序

군(君)은 나의 고모 소생이다. 아아, 차마 말할 수 있으랴. 군이 태어나자 나의 고모가 세상을 떠났고, 군은 포대기에 싸인 한 점 혈육으로 군의 고모 댁에 맡겨 길러졌다. 홀로 남아 응애응애 울던 갓난아이가 목숨을 부지하고 장성하여 자립할 수 있을 줄 누가 기약이나 하였겠는가. 장성하여 자립하는 것도 감히 바라지 못하였는데, 더욱이 스스로 뜻을 세우고 어려움을 극복하여, 몸을 닦고 이름을 떨쳐 부모를 현양하는 것을 목표로 실천해 나가기를 감히 바랄 수 있었겠는가.

군은 힘쓰게나. 나는 실로 군의 신세를 슬퍼하면서도 군의 지취(志趣)를 아끼거니와 군이 반드시 아름다운 덕으로 자립하여 끝내는 부모를 무궁히 현양하기를 바란다. 군은 힘쓰게나. 사람이 행실을 닦아 자기의 지위를 확고히 세우는 데에는 다른 방법이 없다. 뜻은 반드시 성현(聖賢)을 자기 목표로 삼고, 학문은 반드시 도의(道義)를 기준으로 삼아서, 배우고 물으며 생각하고 분변하여 밝히고, 보존하여 기르고 반성하고 살펴서 지켜야 하는 것이니, 그 방법은 바로 이와 같은 것일 뿐이다. 성심으로 구하는 자는 군자이고, 이익을 위하여 빌리는 자는

150 김숙함(金叔涵) : 숙함은 김재해(金載海, 1658～1720)의 자(字)이다. 박세채(朴世采)의 문인으로 윤증(尹拯)의 문하에서도 수학하였으며, 성리학에 조예가 깊었고 김창협(金昌協), 이희조(李喜朝) 등과 교제하였다. 세자익위사 부솔을 지냈으며, 저서에 《쌍호초고(雙湖草稿)》가 있다. 김재해 부부의 청렴함을 보여 주는 일화가 신돈복(辛敦復)의 《학산한언(鶴山閒言)》에 전한다.

소인이다. 전일하고 오래도록 하는 자는 성공하고, 자주 중단하는 자는 실패하는 법이니,[151] 그 요점은 또 이와 같은 것일 뿐이다. 살펴서 실행하는 것은 바로 군에게 달려 있다.

처음에 군이 나에게 사서(史書)를 배웠으며, 지난해 구업(舊業)[152]을 버린 후로는 또 함께 《소학(小學)》과 《대학(大學)》을 강독하면서 서로의 신의가 날로 깊어졌다. 근자에 다시 석실사원(石室祠院)[153]에서 나를 종유(從遊)하여, 배고픔을 참고 함께 지내면서 또 한 달을 보냈다. 이별할 즈음 나에게 한마디 말을 청하기에, 마침내 이 글을 써서 준다.

을묘년(1675, 숙종1) 7월 17일 내종형 덕함보(德涵甫)는 쓰다.

151 전일하고……법이니 : 주희의 〈답등덕장(答滕德章)〉에 "전일하고 오래도록 하는 것을 공으로 삼아야 한다. 자주 중단하면 실패하게 되니, 깊이 생각하지 않을 수 없는 것이다.〔專一悠久爲功, 二三間斷爲敗, 不可不深念也.〕"라는 말이 나온다. 《晦庵集 卷49》

152 구업(舊業) : 이전에 종사하던 학업이나 학술이라는 뜻인데, 여기서는 과거 공부를 가리킨다.

153 석실사원(石室祠院) : 경기도 남양주시 지금동(芝錦洞) 세운내에 있던 서원이다. 1656년(효종7) 순절한 김상용(金尙容), 김상헌(金尙憲) 형제의 충절과 학덕을 추모하기 위해 건립되었다. 1663년(현종4) 사액서원으로 승격되었다. 1697년(숙종23) 김수항(金壽恒), 민정중(閔鼎重), 이단상(李端相)을 배향하고, 1710년 김창협(金昌協)을 추가 배향하였다. 대원군의 서원 철폐령으로 1868년(고종5)에 훼철되었다.

정관재 이공[154]의 행장과 연보의 뒤에 붙인 서문

靜觀齋李公狀譜後序

정관(靜觀) 선생이 돌아가신 지 4년 만에 행장(行狀)과 연보(年譜)가 완성되었다. 선생의 아들 이희조(李喜朝)[155]가 그것을 가지고 당시 문인(門人)이었던 나에게 보여 주면서 말하기를 "당신은 일찍이 선친을 종유(從遊)한 제자로서, 마땅히 누락된 부분을 보완할 글을 써 주셔야 합니다." 하였다. 내가 이미 상세한 행장과 연보를 보고 더 보탤 만한 말이 없다고 생각하였지만, 딱히 선생을 향한 내 간곡한 마음을 쏟을 데가 없었으므로 마침내 뒤에 다음과 같이 쓴다.

선생은 타고난 자품이 매우 높아서 책을 보거나 일을 접할 때면 한 번 보고 곧바로 이해하였고, 더욱이 사색함도 매우 깊었다. 몸가짐이 깨끗하고 고상하여 세속을 높이 초탈하였으나, 사람을 대할 때는 쾌활하고 온화하여 가까이할 만하였다. 평소에 병에 잘 걸려서 앉고 눕기를 마음 내키는 대로 하였으나, 정신과 풍채가 깨끗하고 밝았으며 말소리는 낭랑하여, 나태하거나 오만한 기색을 드러낸 적이 없었다. 남과 대화할 때에는 분명하면서도 자세하게 하여, 비록 깨닫지 못하는 경우

154 정관재(靜觀齋) 이공(李公) : 이단상(李端相)을 가리킨다. 157쪽 주73 참조.

155 이희조(李喜朝) : 1655～1724. 본관은 연안(延安), 자는 동보(同甫), 호는 지촌(芝村)·간암(艮菴), 시호는 문간(文簡)이다. 송시열(宋時烈)의 문인으로, 이조 참판, 대사헌을 역임하였고, 1721년(경종1) 신축옥사로 영암으로 유배되었다가 철산으로 이배되는 도중에 죽었다. 저서에 《지촌집(芝村集)》이 있고, 편서에 《우서절요(尤書節要)》, 《주자대전차의(朱子大全箚疑)》, 《주륙동이집람(朱陸同異輯覽)》 등이 있다.

가 있더라도 꺼리지 않고 정성스럽게 반복해 주었고 사납게 화를 내는 기색을 드러낸 적이 없었다. 매양 마음이 맞는 사람을 만날 때면 흉금을 터놓고 유쾌하게 담론하여 밤이고 낮이고 지칠 줄을 몰랐다. 속된 무리를 만날 때면 역시 스스로 고상한 척 꾸미지 않았지만, 의기가 워낙 드높아서 자연스레 탐탁지 않게 여기는 마음이 드러나는 듯하였다.

본래 명문가 자제인 데다가 우수한 성적으로 과거에 급제하여 현달한 벼슬에 올랐으므로, 훌륭한 인망과 아름다운 명성이 당대에 높았다. 세상 사람들이 좇는 일체의 부귀영화에 대하여 물리치고자 할수록 더욱 얽혀 들기도 하였거니와, 안으로 친당(親黨)이 기대하고 밖으로 붕우들이 논의하되 누군들 공명으로 종용하며 물러나 숨는 것을 그릇된 계책이라고 하지 않았겠는가. 그러나 선생은 확연히 못 들은 사람처럼 초연히 애초 벼슬하지 않은 사람처럼 어느 날 갑자기 적막한 산수에 스스로 은거하였으니, 평소에 본 것이 크고 뜻을 세운 것이 확고하지 않았다면 어찌 이럴 수 있었겠는가. 일찍이 소 강절(邵康節)의 시 "한창 시절 달아나는 듯 지나갔으니, 분수에 따라 관직을 받았었네. 얻은 것은 아주 사소한 것뿐이요, 잃은 것은 한량이 없구나.〔壯歲若奔馳 隨分受官職 所得惟錙銖 所喪無紀極〕"라는 구절[156]을 외며 늘 여러 번 반복하여 감탄하였고, 주고받은 서찰에 표현하기도 하였으니,[157] 그렇다면

156 소 강절(邵康節)의……구절 : 강절은 송나라 소옹(邵雍)의 시호이다. 인용한 시는 〈우득음(偶得吟)〉으로, 뒤에 네 구절이 더 있는데, 다음과 같다. "오늘은 아침 한 번 보내고, 내일은 저녁 한 번 보내면, 길 가는 사람처럼 되길 면하지 못하여, 구차히 노역을 당하게 되리라.〔今日度一朝, 明日過一夕. 不免如路人, 區區被勞役.〕"《擊壤集 卷13》

157 주고받은……하였으니 : 이단상의 〈답송우재서(答宋尤齋書)〉에 "내 반평생을

선생이 내외(內外)와 경중(輕重)의 나뉨에 대하여 그 살핌이 본래 깊었으니, 당장에 옷을 털고 은둔하는 선비가 단지 급류에서 용퇴하는 사람이 되는 수준[158]과는 같지 않았다.

선생이 비록 귀하고 중요한 벼슬을 두루 역임하였으나, 처음 벼슬길에 나아갈 때부터 본디 여기에 절실하게 뜻을 둔 적은 없었다. 당시 몇몇 현신(賢臣)들과 날마다 선조(先朝 효종(孝宗))의 경연(經筵)에 출입하고 물러나 또 편안히 강평(講評)함에 이르러서는 더욱 개연히 유자(儒者)의 풍도를 앙모하여 실로 감발(感發)한 바가 있었다. 이때부터 시세의 변화를 살피고 명예와 권세를 피하여, 지방관을 오간 것이 5, 6년이었다. 이치를 탐구하고 서적을 찬집(纂輯)하며 날마다 일삼는 것은 언제나 머리를 숙이고 뒤로 물러나서 더욱 자기 뜻을 구하는 것이었으니, 거취를 정함에 역시 여유가 있고 박절하지 않았다고 할 수 있다.

양주(楊州)의 전사(田舍)로 퇴거하였을 때 선생의 나이 38세였다. 날마다 사서(四書)와 오경(五經) 및 송나라 제현(諸賢)의 책을 가져다

돌아봄에 아무 의미 없이 살다 죽는 것을 면치 못할 듯합니다. 홀연 소 강절 선생의 '한창 시절은 달아나는 듯 지나갔으니, 분수에 따라 관직을 받았었네. 얻은 것은 아주 사소한 것뿐이요, 잃은 것은 한량이 없구나.'라는 말을 읊어 보니, 땀이 흘러 등을 적심을 깨달았습니다. 부끄러움이 말로 표현할 수 없을 지경입니다.〔回顧半生, 將未免爲醉生夢死之鬼. 忽詠康節先生'壯歲若奔馳, 隨分受官職. 所得唯錙銖, 所喪無紀極'之語, 便覺流汗浹背, 愧恧難狀.〕"라는 내용이 나온다. 《靜觀齋集 卷9》

158 급류에서……수준 : 시의적절할 때에 과감하게 관직에서 물러남을 가리킨다. 송나라 때 한 도승(道僧)이 진단(陳摶)에게 전약수(錢若水)의 사람됨을 말하기를 "그는 급류 속에서 용감히 물러날 수 있는 사람이다.〔是急流中勇退人也.〕"라고 하였는데, 뒤에 과연 전약수가 벼슬이 추밀 부사(樞密副使)에 이르렀을 때 40세도 채 안 된 나이로 용감하게 관직에서 물러났다고 한다. 《宋史 卷266 錢若水列傳》

가 밤낮으로 열람하면서 그 뜻을 궁구하였다. 그 외에 여러 역사와 백가(百家)의 학설에 대해서도 널리 참고하여 그 취지를 연구하였다. 깊이 사색하고 충분히 음미하는 가운데 그 즐거움이 끝이 없었으니, 지난 시절 내직을 사양하고 외직을 받을 때와 비교하면 대개 박절하다는 혐의를 오히려 벗어나지는 못하였지만, 이때부터 조용한 가운데 공부를 함으로써 식견이 더욱 깊고 전일하게 되었다.

학문함에 있어, 번잡함이 싫다고 지레 요약하는 것을 깊이 경계하였고, 반드시 여러 이치를 두루 살피고자 하였다. 미묘한 음양(陰陽)과 상수(象數)의 이치, 오묘한 이기(理氣)와 성정(性情)의 도리, 드러난 윤상(倫常)과 물리(物理)의 법칙, 다양한 절문(節文)과 의장(儀章)의 법도 등을 비롯하여 천하 국가의 치란과 흥망의 원인, 현인과 군자의 출처와 진퇴의 내용 등에 대하여 어느 하나 대상에 나아가 사유를 극진히 하고 일에 따라 의리를 정밀히 연구하지 않음이 없었다. 반드시 널리 흘러 통하는 경지에서 초연히 자득하기를 구하였고, 돌이켜 보존하여 날로 채우고 달로 넓혀서 끝내 위로 향해 나아가는 일대사(一大事)[159]를 궁구하였으니, 그 진보함이 그침이 없고 품은 뜻은 쉽게 헤아

159 위로……일대사(一大事) : 원문은 '향상일대사(向上一大事)'로, '향상'은 '심향상거(尋向上去)'의 준말이다. 위로 향해 나아간다는 뜻인데, 정호(程顥)가 존양의 공부에 대하여 "성현의 천 마디 만 마디 말씀은 다만 사람들이 이미 놓아 버린 마음을 가져다 수렴하여, 돌이켜서 몸에 들어오게 하고자 할 뿐이니, 스스로 위로 향해 찾아 나아가서, 아래로 인간의 일을 배우고 위로 천리(天理)를 통달하게 된다.〔聖賢千言萬語, 只是欲人將已放之心約之, 使反復入身來, 自能尋向上去, 下學而上達也.〕"라고 한 데서 유래하였다. 《近思錄 卷4 存養》 '일대사'는 불교어 '일대사인연(一大事因緣)'의 준말로 가장 중요한 일, 즉 부처님이 이 세상에 출현한 이유, 수행의 목적, 깨달음을 얻는 것 등을 뜻한다. 여기서는 이단상이 추구한 학문, 곧 성학(聖學)이나 도학(道學) 따위를 가리킨다.

릴 수 없었다.

궁리(窮理)하고 격치(格致)하는 방법을 살펴보면, 또 반드시 선유(先儒)의 훈석(訓釋)과 해설을 의방(依倣)하여, 성급하게 자기 생각으로 뛰어넘거나 천착한 적이 없었으므로, 수고로이 힘을 들이지 않아도 경로가 어긋나지 않았다. 또 경(敬)을 위주로 하는 공부가 앎을 완성하고 실천에 힘쓰는 근본이 되는 이치를 알았으므로, 한가히 지낼 때도 단정히 앉아서 염담(恬澹)하게 마음을 보존하였으며, 비록 법도를 굳게 지키는 자로서 기세가 조금 유별난 사람과 어울릴 때에도 기쁘고 편안하여 태만하지도 않고 긴장하지도 않았으니, 그 수양이 절로 깊어졌다.

이와 같이 지낸 것이 대개 4, 5년이었다. 조예가 더욱 고명(高明)해졌으나 오히려 살날이 많지 않아 본격적으로 공부를 하지 못하는 것을 겸연히 아쉬워하며, 때때로 일모도원(日暮途遠)의 탄식[160]을 토로하였다. 불행히 갑자기 세상을 뜨니, 선생의 지업(志業)이 실로 이 정도에 그쳐서는 만만부당한 점이 있거니와 그 조예만을 놓고 말하더라도 역시 요즘 학사(學士)와 대부(大夫)들이 도저히 미칠 수 있는 수준이 아니었다.

선(善)을 추구하는 데 조금이라도 뜻을 가진 후생(後生)을 볼 때마다 아끼고 좋아하여, 마치 무언가를 얻은 것처럼 만족스럽게 여겼으며,

160 일모도원(日暮途遠)의 탄식 : 날은 저물고 갈 길은 멀다는 뜻으로, 몸은 늙고 쇠약한데 해야 할 학업은 많음을 이른다. 춘추 시대 오자서(伍子胥)가 초(楚)나라를 상대로 아버지와 형의 복수를 할 때, 옛 벗 신포서(申包胥)가 그의 지나친 행위에 대하여 비판하자, "날은 저물고 갈 길은 멀어, 도리에 어긋난 일을 할 수밖에 없었다.〔吾日暮途遠, 故倒行而逆施之.〕"라고 변명한 고사에서 유래한 말이다. 《史記 卷66 伍子胥列傳》

온 마음을 기울여 독책하고 면려하였다. 비록 꽉 막혀서 가르침을 받아들이지 않는 자라 하더라도 꺼리지 않고 정성을 다하여 가르치며 말하기를 "세도가 떨어지고 풍속이 나빠짐에 따라 인재가 줄어들었으니, 너그러이 대하고 붙잡아 기르기를 부득불 이와 같이 해야 한다." 하였다. 문인(門人)들과 담론할 때 반드시 상하(上下)의 이치[161]를 철저히 연구하여, 비록 천(天), 인(人), 성(性), 명(命)에 관한 내용이라 하더라도 성심을 다 쏟아 강론하였다. 누군가 학문의 순서를 잃었다고 규간(規諫)하자, 곧 말하기를 "후생들에게 비록 지극한 이치를 갑자기 이해시키기는 어렵지만, 그 대강의 뜻이라도 대략 알려 주어 우리에게도 크게 즐거워할 만한 일이 있다는 것을 알게 하지 않는다면 또 어떻게 감발하여 떨쳐 일어날 수 있겠는가." 하였다. 남을 위하여 깊고 절실하게 베푸는 뜻을 여기서도 볼 수 있다.

대체로 선생의 학문이 비록 학통의 영향이 없지는 않았지만 단적으로 사승(師承)한 대상이 없이 스스로 수립하여 곧장 바른길을 찾았거니와, 만년에 거취를 수습하여 후학을 가르친 공은 실로 우뚝하니, 이 역시 위대하지 않은가.

일찍이 생각하건대, 선생이 조정에 있을 때에 그 우아한 태도와 깨끗한 절조는 본래 당세의 제일류가 되기에 충분하였으나 이것을 가지고 선생을 논평하는 자는 선생을 알지 못하는 자이다. 만년에 벼슬을 사양하고 한가로운 삶으로 돌아간 뒤로는 그 고상한 기풍과 심원한 운치를

161 상하(上下)의 이치 : 상달(上達)과 하학(下學)을 말한다. 상달이란 천인성명(天人性命)과 같은 형이상(形而上)의 이치이고, 하학은 일상생활과 같은 형이하(形而下)의 이치이다.

더욱 존중할 만하였으나 이것을 근거로 선생을 칭송하는 자도 역시 선생을 깊이 알지는 못한 자이다. 선생의 바른 학문과 원대한 뜻은 날로 진보해 나가서 한정할 수 없는 점이 있었으니, 반드시 이것을 가지고 살핀 뒤에야 선생이 지녔던 바를 제대로 함께 논의할 수 있고, 요즘 세상에서 과연 만나 보기 어려운 분이라는 것도 믿게 될 것이다.

이러한 것들은 모두 행장과 연보에서 자세히 말하지 않은 것들이므로 삼가 이와 같이 적었으니, 이 외의 사실들은 행장과 연보에 모두 기록되어 있다. 다만 나는 이로 인하여 다시 감개가 있다. 내가 17세에 처음 호남에서 올라와 서울에서 유학할 적에 부친의 명으로 선생의 문하에서 수업(受業)하였다. 내가 당시에 사장학(詞章學)만을 좋아하였는데, 선생은 일개 재주라고 비루하게 여기지 않고 극구 칭찬하며 장려하셨지만, 나에게 기대하는 바는 또 여기에 있지는 않은 듯하였다. 다만 그때 내가 한창 어리석어 즉시 구습(舊習)을 버리지 못하였다. 1년 남짓 지나 주 부자(朱夫子)의 전서(全書)를 읽고 감발됨이 있는 것 같아서 비로소 이 공부에 몸을 바치려고 하자, 선생이 나를 위하여 몹시 기뻐하였고, 나에 대한 기대도 더욱 커졌다. 그런데 눈 한 번 깜짝하는 사이에, 지금 6, 7년 세월이 지났건만 나의 용렬하고 누추함은 아직 예전과 다름이 없다. 지난날 스승의 기대에 부응하여 학문에 힘써 자립하지 못하였고, 또 평소 흠모하던 마음을 바쳐 훌륭한 덕을 잘 드러내지도 못하였으니, 다만 책을 어루만지며 크게 탄식할 뿐이다.

발 跋

《회곡집》[162] 발문

晦谷集跋

《회곡집(晦谷集)》 3권을 내가 삼가 이상과 같이 찬차(纂次)하였다.

시는 모두 2권인데, 집록(集錄)한 것이 10록(錄)이다. '무협(巫峽)'은 연수(年數)이고,[163] '서원(西園)'은 별도의 자호(自號)이며, '연막(蓮幕)'은 관동(關東)의 막부이다.[164] '설교(雪窖)'는 심양(瀋陽)의 감

162 회곡집(晦谷集) : 조한영(曺漢英)의 시문집이다. 원집(原集) 12권, 부록 합 4책으로 구성된 목판본으로, 조한영의 손녀사위인 창계가 집안에 간직해 오던 초본(草本)인 《회곡집》 3권을 편차하여 1694년(숙종20)에 간행한 것이다. 조한영에 대해서는 161쪽 주76 참조.

163 무협(巫峽)은 연수(年數)이고 : 무협은 중국 장강삼협(長江三峽)의 하나로, 이곳에 솟아 있는 봉우리가 12봉우리인 데서 12세를 뜻한다. 《고운집(孤雲集)》 〈가승(家乘)〉의 주(注)에 "무협 중봉의 해에 미천한 몸으로 들어갔다가, 은하 열수의 해에 동토에 금의환향했다.〔巫峽重峯之歲, 絲入中原, 銀河列宿之年, 錦還東土.〕"라고 하였는데, 최치원(崔致遠)이 12세에 당나라에 들어갔다가 28세에 귀국하였다는 뜻으로, 무협에 12봉이 있고 하늘에 28수가 있는 데에서 연유한 말이다. 곧 〈무협록(巫峽錄)〉은 조한영이 12세 때 지은 시를 모은 것이다.

164 연막(蓮幕)은 관동(關東)의 막부이다 : 연막은 막부의 미칭인데, 남조(南朝) 제

옥이고,[165] '춘성(春城)'은 부사(府使)를 지낸 춘천(春川)이며,[166] '여강(驪江)'은 시골집이 있던 곳이다.[167] '무협'에서 '여강'에 이르기까지 그 명칭은 대체로 공이 스스로 명명한 것인데, 모두 초년에서 만년으로 이어지는 순서로 되어 있다. 다만 '여강'은 먼저 지은 것과 뒤에 지은 것이 있는데, 먼저 지은 것은 '서원'과 '연막' 사이의 기간에 지은 것이다. 그 아래로 '애만(哀輓)'과 '습유(拾遺)'는 각기 유형에 따라 분류한 것이다. 공이 스스로 명명하지 않았다면 또한 초년에서 만년으로 이어지는 순서를 복원하지 못하였을 것이다. 분량이 많은 집록은 백수십여 수의 시가 실려 있고, 적은 것은 십여 수가 실려 있다. 문(文)은 1권인데, 소(疏)는 27편, 계(啓)는 8편, 공무로 지은 제문과 사적으로 지은 제문이 20편, 잡저(雜著)와 각종 문체가 약간 편이다.

공은 널리 배우고 기억을 잘하여, 경사(經史)의 큰 가르침에서부터 여러 문장가에 이르기까지 누가 언급하기만 하면 번번이 성문(成文)을 들어서 대답해 주었으니, 공이 품고 있는 학식이 그만큼 풍부하였던

(齊)나라 왕검(王儉)의 막부를 연화지(蓮花池)라고 일컬은 고사에서 유래한 말이다. 《南史 卷49 庾杲之列傳》 곧 〈연막록(蓮幕錄)〉은 조한영이 31세 되던 해인 1638년(인조16)에 강원도 도사에 부임한 때부터 해임될 때까지 1년 동안 지은 시를 모은 것이다.

165 설교(雪窖)는 심양(瀋陽)의 감옥이고 : 설교는 타국에서 갇혀 있는 곳을 뜻한다. 곧 〈설교록(雪窖錄)〉은 조한영이 심양에 끌려가 옥중에서 수창한 시를 모은 것이다. 163쪽 주83 참조.

166 춘성(春城)은……춘천(春川)이며 : 〈춘성록(春城錄)〉은 조한영이 56세 되던 해인 1663년(현종4)부터 1665년까지 춘천 부사(春川府使)로 있을 때 지은 시를 모은 것이다.

167 여강(驪江)은……곳이다 : 〈여강록(驪江錄)〉 가운데 상록(上錄)은 벼슬하기 전 시골집에 있을 때 지은 시들이고, 하록(下錄)은 만년에 여강으로 이거(移居)하였을 때의 작품을 모은 것이다.

것이다. 다만 저술을 썩 좋아하지 않았으므로 전할 만한 시문이 이 정도일 뿐이다. 그러나 이 또한 어찌 초라하다 하겠는가.

공의 시는 천부적으로 얻은 것이다. '무협' 시기 이전에 이미 사람을 놀라게 한 시가 있었지만 기록한 것이 없으므로 전해지지 않는다. '무협' 시기에 이르러 집록된 시는 격률(格律)과 흥상(興象 흥취와 의경)이 자못 일가를 이룬 시인과 비슷하니, 어찌 기이하지 않겠는가. 〈서원록〉과 〈연막록〉에 집록된 시는 공이 택당(澤堂) 이공(李公 이식(李植))에게 가서 질정한 것이고, 〈설교록〉에 집록된 시는 청음(淸陰) 김공(金公 김상헌(金尙憲))이 즐거이 수창(酬唱)한 것이니, 두 분이 공을 깊이 허여하였던 것이다. 만년에 집록된 시들은 마치 침울(沈鬱)하면서도 전중(典重)한 풍격이 더해진 듯하니, 여러 원로와 거공(鉅公)들에게 보여 준다면 그 시를 칭찬함이 응당 또 어떠하겠는가.

문은 더욱 당세에 이름이 나서 당시 사람들이 공을 증자고(曾子固)[168]에 견주기도 하였다. 공이 시에 능하지 않은 것은 아니지만 세상 사람들이 그 이름을 부여한 것을 보면 문의 수준이 어떠한지도 진정 알 수 있다. 일찍이 듣건대, 공이 상소(上疏)하여 잠(箴)을 지어 올리자 효종(孝宗)이 실로 그 문사(文辭)의 훌륭함을 칭찬하였다고 한다.[169] 아아, 성주(聖主)의 한 글자 포상[170]은 지극한 것이니, 더욱이

168 증자고(曾子固) : 자고는 송나라 문인 증공(曾鞏, 1019~1083)의 자(字)이다. 그의 호는 남풍(南豐)이며, 뛰어난 고문(古文) 작가로 경술(經術)에도 조예가 깊어 당송팔대가의 한 사람으로 꼽힌다. 저서에 《금석록(金石錄)》, 《원풍유고(元豐類稿)》가 있다.

169 공이……한다 : 조한영이 1657년(효종8) 대사성으로 있으면서, 상소하여 늘 경계하는 마음을 가지기를 청하며 잠(箴)을 지어 올리자, 효종이 비답을 내리기를 "올린

어찌 우연일 뿐이겠는가. 그러나 공의 뜻은 처음부터 이것으로 자만하지 않았다.

일찍이 20세 이후로는 공부가 이전에 미치지 못하여 이로 인하여 크게 진보하지 못하였다고 말하였는데, 어찌 그럴 리가 있겠는가. 내가 말년의 공을 뵌 적이 있는데, 공이 하루라도 독서하지 않는 것을 보지 못하였고, 빈객을 접대하는 경우가 아니면 글을 읽는 소리가 끊이지 않았다. 비록 과정을 세우고 기한에 맞추어 진도를 나가는 소년 서생이라 하더라도 그보다 더 열심히 할 수는 없었다. 그러나 공이 오히려 그렇게 말한 것은 무엇 때문인가? 아마도 깊이 탐구한 오묘한 학문의 조예는 공만이 스스로 알고 있었고, 남들은 미처 알지 못하는 점이 있었던 것이 아니겠는가. 금세의 학사(學士)와 대부(大夫)들은 재주가 늘 선배들에게 미치지 못하면서도 늙도록 독서하는 자는 더욱 적다. 하물며 이 경지에 나아간 사람이겠는가. 훗날 이 문집을 보고 이 말을

잠 한 편은 의미가 깊고도 원대하며 표현 또한 좋다. 부지런히 싫증 내지 않고 두세 번 읽어 보았다. 어찌 유념하여 좌우명으로 삼지 않겠는가.〔所進箴一篇, 語意深遠, 文辭亦好. 亹亹不厭, 再三觀覽矣. 可不體念而置之座右乎?〕" 하였고, 이어 하교하기를 "대사성 조한영이 올린 잠 한 편은 경계를 권한 뜻이 깊고도 절실하니, 그의 간절한 충성심을 엿볼 수 있다. 특별히 표범 가죽을 하사하여 나의 뜻을 표시하라.〔大司成曺漢英所進箴一篇, 勸戒之意深切, 可見其懇懇之忠. 特賜豹皮以表予意.〕" 하였다. 《孝宗實錄 8年 11月 13日》

170 한 글자 포상 : 매우 영광스러운 포상을 말한다. 진(晉)나라 범녕(范寧)의 〈춘추곡량전서(春秋穀梁傳序)〉에 "한 글자의 포상이 화곤을 받는 것보다도 영광스러웠고, 한마디의 폄하가 시장에서 맞는 회초리보다도 욕스러웠다.〔一字之褒, 寵踰華袞之贈; 片言之貶, 辱過市朝之撻.〕"라는 말이 나온다. 화곤은 왕공과 귀족의 복장으로, 지극한 영예를 뜻하는 말이다.

생각한다면 반드시 개연한 마음이 들 것이다.

또 공의 평생의 기절(氣節)은 본래 이 문집이 없어도 전해질 것이다. 설령 필요로 한다 해도 경진년(1640, 인조18)에 올린 상소[171]와 〈설교록〉 정도만 해도 충분할 것이다. 그래도 잘 살펴보는 자라면 진실로 자세히 음미할 수 있을 것이다. 이 3권의 문집은 모두 공의 기절이 깃들어 있는 것이다. 그렇다면 이 문집이 전하는 것이 어찌 시문뿐이겠는가. 이 점이 더욱 공경할 만한 것이다.

171 경진년에 올린 상소 : 조한영이 1639년(인조17) 지평이 되어, 1640년 청나라가 명나라를 공격하기 위하여 수륙군의 원병을 청하는 동시에 원손을 볼모로 심양에 보내라고 요청하자, 이를 극력 반대하여 강화도 및 각처의 산성에 웅거하여 청나라에 대항하기를 극언하였다. 《회곡집》 권11에 〈경진봉사(庚辰封事)〉라는 제목으로 수록되어 있다.

《정관재집》 발문

靜觀齋集跋

이상 《정관재선생집(靜觀齋先生集)》 16권이 판각을 마쳤으니, 이제 세상에 전할 만하게 되었다. 내가 감히 생각하건대, 선생의 문집을 볼 때에는 마땅히 세 가지 범주로 나누어 살펴야 한다. 선생의 소싯적 저술은 시(詩)가 많고 문(文)은 적다. 그 시를 살펴보면 맑은 운율과 빼어난 기운은 선천적으로 타고난 것이다. 듣건대 당시 시에 뛰어나다고 일컬어졌던 홍문관의 신료들이 모두 선생의 재주에 도저히 미칠 수 없다고 탄복하였다 한다. 이것이 한 가지 범주이다.

장년이 되어 벼슬을 버리고 도를 구하는 데 전념한 이후로 그 시문의 변화도 한 차례에 그치지 않았다. 시는 본래 적게 지었거니와 시를 짓더라도 이치의 신묘한 작용을 그려 내고 영묘(靈妙)한 성정(性情)을 표현하는 데 주안점을 두었다. 문은 재주를 뽐내는 기색이 없고 오직 의사를 표현하여 전달하는 것을 목적으로 하여, 마치 얼굴을 마주 보고 이야기하는 것처럼 자세하면서도 곡진하였다. 시문에서 발명(發明)해 주는 이치도 풍부하니, 단순히 일개 글재주로 치부할 것이 아니다. 이것이 또 하나의 범주이다.

선생의 뜻은 또 여기에 그치지 않았다. 이미 능한 것을 가지고 스스로 기뻐하지 않고 미진한 점을 더욱 궁구하였다. 그러므로 평소 지은 시문을 스스로 애지중지한 적이 없었다. 비록 수천 자나 되는 장편을 지으면서도 왕왕 붓을 잡고 곧바로 쓰고는 꼼꼼하게 검토한 적도 없었거니와, 역시나 초본을 보관해 두지도 않았다. 그 의도를 살펴보면 학설을 세워 후세에 가르침을 전하는 것을 무엇보다 더 원하였던 것이다. 하늘이 천수를 넉넉히 주지 않은 것이 애석하다.

이 문집에 편집된 시문은 대부분 선생이 세상을 떠난 뒤에 아들 이희조(李喜朝)가 찾아낸 것들이고, 선생이 스스로 전할 만하다고 여겨서 전해진 것은 아니다. 그렇지만 지금 그 시문에 담긴 내용을 음미해 보면 또한 스스로 기대한 것이 원대하였음을 알 수 있다. 이것이 또 문자 너머에 있는 한 가지 범주이다.

사람이 한 가지 탁월한 재주를 갖고 있더라도 절로 천고에 전해질 만한 것인데, 하물며 겉치레를 거두고 내실에 힘써서 전혀 빈말이라고는 하지 않은 사람에 있어서랴. 하물며 날로 진보해 마지않아 헤아릴 수 없을 정도의 뜻을 지닌 사람에 있어서랴. 곧 선생이 스스로 전할 만하다고 여기지 않은 그것이 바로 더욱 전할 만한 근거인 것이다.

벼슬에 나아가고 물러나는 의리와 학문이 도달한 조예 같은 것은 제자인 내가 어떻게 감히 함부로 논할 수 있겠는가. 비록 그러하나 옛사람이 말하기를 "그의 시를 낭송하고 그의 글을 읽으면서도 그 사람됨을 알지 못한다는 것이 될 법이나 하겠는가."[172] 하였으니, 이 문집을 보면서 세 가지 범주로 나누어 살필 줄 안다면 또한 선생에 대해서도 거의 알 것이다. 이희조 씨가, 내가 일찍이 선생에게 가르침을 받았다고 하면서 나에게 책 끝에 이 글을 쓰도록 하였다.

172 그의 시를……되겠는가 : 맹자가 책을 통하여 옛사람을 벗으로 삼는 방법을 논하면서 한 말인데, 《맹자》 〈만장 하(萬章下)〉에 나온다.

잡저 雜著

책문 5수

策問 五首

묻는다.

학문은 치지(致知)를 우선으로 하고, 치지는 독서를 근본으로 한다. 경서(經書)와 자사(子史)가 모두 책이다. 그렇다면 그 책들을 읽는 방법에 있어서 또한 언급할 만한 차이가 없겠는가?

상고 시대 사람들은 읽을 책이 없었지만 인문이 밝게 드러났고, 후세에는 전적이 매우 많았으나 이 도는 꽉 막혀 행해지지 못하였다. 그렇다면 경서를 통하여 도를 구하는 것이 잘못이라고 하겠는가?

사현도(謝顯道)가 책을 많이 기억하여 외자 명도(明道)가 완물상지(玩物喪志)라 하였고,[173] 윤화정(尹和靖)은 이천(伊川)을 만난 지 반년

173 사현도(謝顯道)가……하였고 : 《근사록(近思錄)》 권2에 "명도 선생은 기송과 박식을 완물상지로 여겼다.〔明道先生, 以記誦博識爲玩物喪志.〕"라는 말이 나온다. 그 부주(附註)에 사현도가 처음에 기억하는 것을 공부라고 생각하여 해박함을 자부하고서 명도 앞에서 역사책을 놓고 한 자도 빠뜨리지 않고 끝까지 암송하자, 명도가 "그대가 이렇게 많이 기억하고 있으니 이것이 완물상지이다."라고 하자 사현도가 얼굴이 붉어지고 땀을 흘렸다는 내용이 있다. 현도는 사양좌(謝良佐, 1050~1103)의 자인데, 정문(程

만에 비로소《대학(大學)》과 〈서명(西銘)〉을 읽었다.[174] 그렇다면 어찌 반드시 독서한 뒤라야 학문을 한다는 것을 옳다고 하겠는가.

두원개(杜元凱)의 강하(江河)가 대지를 잠기게 하고 고택(膏澤)이 만물을 적셔 준다는 비유[175]와 관이오(管夷吾)의 귀신이 알려 준다는 설[176]은 말뜻이 정밀하고 오묘하며 의미가 깊고 절실하니, 아마도 실제

門)의 고제(高弟)이자 상채학파(上蔡學派)의 비조(鼻祖)로 상채선생(上蔡先生)이라 불리었으며, 저서에 《상채어록(上蔡語錄)》, 《논어설(論語說)》이 있다. 명도(明道)는 정호(程顥)의 호이다.

174 윤화정(尹和靖)은……읽었다 : 화정은 윤돈(尹焞, 1071~1142)의 호인데, 이천(伊川) 정이의 제자로 내성함양(內省涵養)을 중시하고 박람을 추구하지 않았으며 오로지 경(敬) 공부를 위주로 하였다. 저서에 《논어해(論語解)》, 《맹자해(孟子解)》, 《화정집(和靖集)》 등이 있다. 윤돈이 정이를 만난 지 반년 만에 《대학》과 〈서명〉을 읽었다는 말은 《근사록》 권2에 나온다.

175 두원개(杜元凱)의……비유 : 두예(杜預, 222~284)가 〈춘추좌씨전서(春秋左氏傳序)〉에서 좌구명(左丘明)의 문장을 찬양한 것을 가리킨다. 정이가 이를 인용하여 학문 방법을 논하여 "옛날의 학자는 학문을 함에 충분히 연구하여 흡족함을 얻고 나아가 먼저 하고 뒤에 할 차례가 있었는데, 지금의 학자는 한 자리의 이야깃거리로만 삼고 고원(高遠)하기만 힘쓸 따름이다. 내가 항시 좋아하는 두원개의 말이 있는데, '마치 강해가 대지를 잠기게 하고 고택이 만물을 적시듯이, 시원스레 얼음이 풀리듯 편안하게 조리가 통한 뒤에야 터득함이 있을 것이다.'라는 말이다.〔古之學者, 優柔厭飫, 有先後次序, 今之學者, 却只做一場話說, 務高而已. 常愛杜元凱語: '若江海之浸, 膏澤之潤, 渙然氷釋, 怡然理順, 然後爲得也.'〕" 하였다. 《近思錄 卷2》 원개는 두예의 자이다. 진(晉)나라 무장이자 학자로, 저서에 《춘추좌씨전집해(春秋左氏傳集解)》, 《춘추석례(春秋釋例)》가 있다.

176 관이오(管夷吾)의……설 : 《관자(管子)》 〈내업(內業)〉에 "생각하고 생각하며 또다시 생각하라. 생각했는데도 깨우치지 못하면 귀신이 깨우쳐 주나니, 이는 귀신의 힘이 아니라 정기를 극치에 이르도록 썼기 때문이다.〔思之思之, 又重思之. 思之而不通, 鬼神將通之, 非鬼神之力也, 精氣之極也.〕"라고 하였다. 이오는 춘추 시대 제(齊)나라

로 여기에 힘을 쓴 것 같다. 그런데 선유(先儒)가 자기 몸을 학문의 규모 바깥에 두었다고 한 것[177]은 어째서인가?

횡거(橫渠)가 학자들을 가르칠 적에 반드시 암송하는 것을 우선으로 하였는데,[178] 반복하여 암송하기를 힘쓰는 데[179]에 가깝지 않겠는가? 회옹(晦翁)이 글자 하나하나 구절 하나하나를 꼼꼼히 보는 것을 중시하였는데,[180] 심항수묵(尋行數墨)[181]으로 귀결되지 않겠는가?

의 명재상 관중(管仲)의 이름이다. 제 환공(齊桓公)을 도와 패자(霸者)로 만들었으며, 《관자》를 지었다고 전한다.

177 선유(先儒)가……것 : 선유는 정이(程頤)를 말한다. 《이정유서(二程遺書)》 권15 〈입관어록(入關語錄)〉에 "옛날의 학자는 학문을 함에 충분히 연구하여 흡족함을 얻고 나아가 먼저 하고 뒤에 할 차례가 있었는데, 지금의 학자는 한 자리의 이야깃거리로만 삼고 고원하기만 힘쓸 따름이다. 내가 늘 좋아하는 두원개의 말에……후세의 학자는 고원함을 좋아하여 마음은 천 리의 밖에 노닐면서도 자신은 도리어 여기에 있는 것과 같다.〔古之學者, 優柔厭飫, 有先後之序, 今之學者, 却只做一場話說, 務高而已. 常愛杜元凱語……後之學者好高, 如人遊心於千里之外, 然自身却只在此.〕"라는 내용이 나온다.

178 횡거(橫渠)가……하였는데 : 《근사록》 권3에 "글은 모름지기 외워야 하고 정치하게 생가해야 하는데, 주로 밤중이나 정좌하고 있을 때 얻게 된다. 기억하지 못하면 생각이 일어나지 않고, 다만 큰 근원을 관통하고 난 뒤에 글 또한 쉽게 기억되는 것이다.〔書須成誦精思, 多在夜中或靜坐得之. 不記則思不起, 但通貫得大原後, 書亦易記.〕"라는 횡거의 말이 나온다. 횡거는 장재(張載)의 호이다. 유가와 도가의 사상을 조화시켜 우주의 일원적 해석을 설파함으로써 이정(二程)과 주희의 학설에 영향을 끼쳤다. 저서에 《역설(易說)》, 〈서명(西銘)〉, 〈동명(東銘)〉, 《정몽(正蒙)》 등이 있다.

179 반복하여……데 : 암송하는 능력으로 남에게 과시하는 자를 말한다. 주희의 〈학고재명(學古齋銘)〉에 "남을 의식한 위인지학은 봄꽃처럼 겉으로 화려하네. 반복하여 암송하기를 힘쓰고 문장 잘 짓는 것을 과시하네. 사마(駟馬)를 맨 수레에 몸에 찬 황금이 휘황찬란하네. 세속 사람들은 영화로 여기지만, 군자는 비루하게 여긴다네.〔爲人之學, 燁然春華. 誦數是力, 纂組是誇. 結駟懷金, 煌煌煒煒. 世俗之榮, 君子之鄙.〕"라는 말이 나온다.

어떤 사람은 입으로 외고 귀로 듣기만 하는 속학(俗學)의 습성을 싫어하여, 마침내는 책을 버리고 학문을 그만둔 채, 고요히 아무것도 하지 않는 경계에서 스스로 터득하고자 한다. 그것을 도에 들어가는 문로에 있어서 스스로 간편하고 빠른 지름길이라고 여기는데, 바른 이치를 터득하는 데에 해로움이 없겠는가?

지금 세상에 또한 어찌 독서하는 사람이 없겠는가. 그러나 독서를 하는 의도는 경서(經書)를 응강(應講)하는 용도로 삼고, 자사(子史)를 표절(剽竊)하는 자료로 삼으려는 데 불과하니, 이는 치지를 위한 학문 방법과는 실로 차이가 크다. 이른바 정신을 집중하여 독서한다는 자도 혹 깊은 이해를 구하지 않고 대충 대의를 파악하는 것을 궁극의 공부라고 여기고, 혹 실리(實理)를 모르면서도 고증이나 믿는 것을 능사로 삼으며, 정밀한 데 힘쓰는 자는 어구(語句)에 매몰되고, 박식한 데 힘쓰는 자는 실속 없이 섭렵하기만 한다.[182] 이 네 가지는 역시 모두

180 회옹(晦翁)이……중시하였는데 : 주희가 책을 보는 방법에 대하여 《대학》을 예를 들어 논하면서 "글자 하나하나 구절 하나하나를 꼼꼼히 궁구하여 장구(章句)에 따라 반복하여 본장의 혈맥을 꿰뚫어 보고, 전편을 반복하여 한 편의 차례를 꿰뚫어 보아야 한다.〔逐字逐句, 一一推窮, 逐章反覆, 通看本章血脈; 全篇反覆, 通看一篇次第.〕"라고 하였다. 《朱子大全 卷52 答吳伯豐》 회옹은 주희의 호이다.

181 심항수묵(尋行數墨) : 글줄이나 찾고 글자나 헤아린다는 뜻으로, 문자에만 매달려 문자 뒤에 숨어 있는 깊은 뜻은 알지 못하는 것을 이른다.

182 혹……한다 : 이 단락은 주희가 경서를 공부하는 방법에 대하여 책문(策問)한 것을 원용하였는데, 그 내용은 다음과 같다. "묻는다. 경서 공부가 폐하여 논의되지 않은 지 오래되었다.……대개 혹 깊은 이해를 구하지 않고 근사한 데에 뜻을 독실하게 두며, 혹 고증이나 믿고 지극한 이치에는 어두우며, 심오한 것을 힘쓰는 자는 방탕하여 근본이 없고, 이록을 구하는 자는 섭렵하였지만 근본이 없다. 이 네 가지가 경서 공부에

좋은 독서 방법이 되지 못한다. 제군들은 이 점에 대하여 필시 직접 겪어서 스스로 터득한 것이 있으리니, 어찌 철저하게 논하여 여러 사람과 함께 서로 면려하지 않겠는가.

묻는다.

정치에는 법도가 있으니, 법도를 먼저 정비하지 않고 정치가 잘되기를 바라기는 어렵다.

관직을 두는 법도를 가지고 말한다면 요(堯) 임금과 순(舜) 임금, 하(夏)나라와 상(商)나라는 관직의 많고 적은 양상이 시대별로 이미 달랐다. 주(周)나라의 관제에 이르러서 더욱 증보되고 정비되었으나, 주나라의 정치는 하나라와 상나라보다 더 좋아지지 않았고, 하나라와 상나라의 정치는 요 임금과 순 임금 시대보다 더 좋아지지 않았으니, 그 까닭은 무엇인가? 주나라를 이어 중국을 다스린 왕조로 한(漢), 당(唐), 송(宋)이 있는데, 관제를 마련한 연혁은 비록 각기 달랐지만 요컨대 그 배치하고 유지하는 제도가 모두 좋지 않았던 것은 아니다. 그런데 그 정치가 결국 상고 때보다 못한 것은 어쩌면 그 법도에 오히려 좋지 못한 점이 있어서인가?

백성들에게 조세를 징수하는 법도를 가지고 말해 보면, 순 임금 때와 하나라 때에는 공법(貢法)을, 상나라는 조법(助法)을, 주나라는 철법(徹法)을 썼는데, 시대별로 제도는 달랐지만 지치(至治)에 목적을 둔

있어서 그 득실은 무엇이 심한가? 그대들은 말하라.〔問: 經廢不講久矣……蓋或不求甚解而篤意於近思, 或恃爲攷證而昧於至理, 務深眇者放宕而不根, 干利祿者涉獵而無本. 是四者之於經, 其得失孰甚? 二三子言之!〕"《朱子大全 卷74 策問》

것은 같았다.[183] 한나라의 삼등(三等)과 당나라의 조용조(租庸調), 송나라의 20분의 1 징세는 삼대(三代)의 제도에 비하여 더욱 경감된 면이 있었지만, 식자(識者)가 그들의 정치가 다 구차스러울 뿐이라고 한 것[184]은 또 무슨 까닭인가?

선비를 양성하는 법도는 요 임금, 순 임금 때에는 사도(司徒)[185]와

183 순……같았다 : 순 임금 때부터 삼대에 이르기까지 세법의 명칭과 내용은 달랐으나 대체로 백성들을 풍족하게 하여 왕도 정치를 이루는 데 주안점을 두었음을 말한다. '공법(貢法)'은 농민 한 사람에게 토지를 50묘(畝)씩 지급하고 그중 10분의 1에 해당하는 5묘의 수확량을 세금으로 거두는 것이고, '조법(助法)'은 정전법(井田法)에 의거하여 여덟 집에 각각 70묘(畝)의 땅을 나누어 주고, 중앙의 공전(公田) 100묘를 공동으로 경작하여 그 수확을 관청에 바치게 한 것이며, '철법(徹法)'은 정전제에 따라 토지를 구획하여 여덟 가(家)에 각각 100묘의 사전(私田)을 지급하고 중앙의 공전 100묘는 공동으로 경작하여 그 수확을 조세로 바치게 한 것이다. 자세한 내용이 《맹자집주(孟子集註)》 〈등문공 상(滕文公上)〉에 나온다.

184 한나라의……것 : 한나라의 삼등(三等)과 송나라 20분의 1 징세는 모두 토지세를 가리키며, 당나라의 조용조(租庸調)는 토지, 정남, 호별로 부과하는 것인데, 각 시대별 세제(稅制)를 특징적으로 제시한 것이다. 《黃大受, 中國通史, 五南圖書出版股份有限公司, 1989.》 식자(識者)는 장재(張載)를 가리킨다. 이 말은 송나라 신종(神宗)이 치도(治道)에 대해서 묻자 장재가 "정치를 하면서 삼대를 본받지 않으면 결국 구차한 방법일 뿐입니다.〔爲治不法三代, 終苟道也.〕"라고 대답한 데서 유래한 것인데, 여대림(呂大臨)의 〈횡거선생행장(橫渠先生行狀)〉에 "선생이 개연히 삼대의 정치에 뜻을 두었는데……인정은 반드시 경계로 시작해야 하니, 빈부가 균등하지 못하고 교양이 법도가 없으면 비록 다스림을 말하여도 모두가 구차할 따름이다.〔先生慨然有意三代之治……仁政必自經界始, 貧富不均, 敎養無法, 雖欲言治, 皆苟而已.〕"라는 내용이 나온다. 《近思錄 卷9》

185 사도(司徒) : 소호(少昊) 시대에 처음 두었고 요순(堯舜) 시대에도 계승된 벼슬 이름으로, 예교(禮敎)로써 백성을 교화하는 일을 주관하였다고 한다. 순 임금이 신하인 설(契)에게 "백성이 친목하지 않고 오품이 순하지 않으므로 너를 사도로 삼으니, 공경히

전악(典樂)[186]의 관직이 있었고, 하나라에는 교(校), 상나라에는 서(序), 주나라에는 상(庠)이 있었다.[187] 그 법규와 절목을 지금 지적하여 말할 수 있거니와, 교화의 깊이와 융성함의 차이도 논할 수 있겠는가?

한나라 때에 천자가 친히 벽옹(辟雍)에 나아가 노인들에게 절을 하고,[188] 당나라 때에 학사(學舍)를 증축하여 넓힌 것[189]은 대개 또한 선왕의 교화에서 분발된 것이며, 송나라 때에는 국가에서 설립한 향교(鄕

다섯 가지 가르침을 펴되 너그러움에 있게 하라.〔百姓不親, 五品不遜, 汝作司徒, 敬敷五教, 在寬.〕" 하였다. 《書經 舜典》

186 전악(典樂) : 요순 시대에 음악에 관한 일을 맡아보던 벼슬 이름이다. 곧 음악이 사람의 기질을 변화시키기 때문에 교육의 기능을 겸하였다. 순 임금이 신하인 기(夔)에게 "너를 전악의 관직에 임명하니, 주자를 가르치도록 하라. 그 방법은 곧으면서도 온화하게 하고, 너그러우면서도 엄격하게 하고, 굳세면서도 사납지 않게 하고, 간략하면서도 오만하지 않게 해야 할 것이다.〔命汝典樂, 教胄子. 直而溫, 寬而栗, 剛而無虐, 簡而無傲.〕"라고 하였다. 《書經 舜典》

187 하나라에는……있었다 : 《맹자》 〈등문공 상〉에 "상, 서, 학, 교를 설치하여 백성들을 가르쳤으니, 상은 봉양한다는 뜻이요, 교는 가르친다는 뜻이요, 서는 활쏘기를 익힌다는 뜻입니다. 하나라에서는 교라 하였고, 은나라에서는 서라 하였고, 주나라에서는 상이라 하였으며, 학은 삼대가 이름을 함께하였으니, 이는 모두 인륜을 밝히는 것이었습니다. 인륜이 위에서 밝으면 소민들이 아래에서 친해집니다.〔設爲庠序學校, 以教之, 庠者, 養也; 校者, 教也; 序者, 射也. 夏曰校, 殷曰序, 周曰庠, 學則三代共之, 皆所以明人倫也. 人倫明於上, 小民親於下.〕"라고 하였다.

188 한나라……하고 : 후한 명제(後漢明帝) 2년(59)에 명제가 직접 벽옹(辟雍)에 나아가 양로례(養老禮)를 행한 다음, 환영(桓榮)과 제자들을 이끌고 당(堂)에 올라 경서(經書)를 토론한 고사가 있다. 《資治通鑑 卷44 漢明帝紀》 벽옹은 서주(西周) 때 천자가 설치한 대학으로, 제사를 지내는 장소로도 썼다.

189 당나라……것 : 당 태종(唐太宗) 14년(640)에 천하의 명유(名儒)를 초빙하여 학관(學官)으로 삼고, 학사(學舍) 1200칸을 증축한 다음 학생 2260명을 모집하여 공부하게 한 고사가 있다. 《資治通鑑 卷195 唐太宗 貞觀14年》

校) 외에 또 서원(書院)에서 선비를 양성하는 규례가 있었으니, 이와 같은 경우들은 혹 고대의 학교 정책과 융성함을 견줄 수 있겠는가?

군대를 운용하고 형벌을 적용하는 법도는 또 모두 난리를 막고 정치를 돕는 수단이므로 상고 시대 이래로 폐지한 적이 없었다. 요순 시대와 삼대의 제도가 더할 나위 없이 훌륭하여 후대의 모범이 된 것과 한나라와 당나라, 송나라가 시대의 실정에 맞추어 법도를 제정한 것을 비교하여, 그 장단점을 낱낱이 지적하여 자세히 논할 수 있겠는가?

우리나라는 태사(太師)의 옛 법조(法條)[190]를 계승하고 명(明)나라의 현행 법제[191]를 참고하여 법을 창안하고 제도를 수립한 것이 명백하게 구비되어 있다. 관직을 두는 제도로는 삼공(三公)이 백관을 총령하고, 육경(六卿)은 육조의 업무를 전담하며, 감사(監司)는 임금의 교화를 받들어 행하고, 군수는 왕명을 집행한다. 백성에게 조세를 부과하는

190 태사(太師)의 옛 법조(法條) : 태사는 기자(箕子)를 가리키는데, 그가 상(商)나라의 태사를 지냈기 때문에 붙여진 호칭이다. 옛 법조는 팔조법금(八條法禁)을 말한다. 상나라가 망한 뒤 주 무왕(周武王)으로부터 조선(朝鮮)에 봉해져 조선에 들어와 예의, 전잠(田蠶), 방직 등을 가르치고 팔조법금을 행하였다고 하는데, 이 가운데 '사람을 죽인 자는 즉시 죽인다.〔相殺以當時償殺.〕', '남에게 상해를 입힌 자는 곡물로써 배상한다.〔相傷以穀償.〕', '남의 물건을 훔친 자는 데려다 노비로 삼되, 돈으로 속죄하고자 하면 1인당 50만 전을 내야 한다.〔相盜者, 男沒入爲其家奴, 女子爲婢, 欲自償者, 人五十萬.〕'의 세 조목이 전해지고 있다. 《漢書 卷28下 地理志》

191 명(明)나라의 현행 법제 : 명나라의 법전(法典)인 《대명률(大明律)》을 가리킨다. 당나라의 법률을 참고하여 편찬하였다. 조선에서는 조선의 실정에 맞게 고쳐서 활용하기도 하였으며, 《경국대전(經國大典)》과 《경제육전(經濟六典)》의 제정에 많은 영향을 끼쳤다.

제도는 정세(正稅)[192]를 날줄로 하고 공안(貢案)[193]을 씨줄로 하여, 때에 따라 폐단을 구제하고 여러 차례 수정을 거쳤다. 선비를 양성하는 제도는 중앙에는 태학(太學)과 사문학(四門學)[194]이 있고, 지방에는 주현(州縣)의 향교와 서원이 있다. 군대를 운용하는 제도는 오위(五衛)[195]로 시작하여 양국(兩局)[196]을 보태었다. 형벌을 적용할 때에는 격령(格令 율령(律令))을 준수하고 언의(讞議)[197]로 심의하였다.

삼대 이후로 제도의 규모가 우리나라보다 잘 갖추어진 적은 없었다. 그런데 근세에 백관이 직분을 소홀히 하여 날로 공이 없게 되고, 백성에게 징수하는 조세는 기준이 없으니, 백성들의 원성만 자자하다. 학교는 인재를 육성하는 아름다움이 없고 군정(軍政)은 부소리한 병폐만 있으

192 정세(正稅) : 정식으로 정해 놓은 조세라는 뜻으로, 조선에서는 전세(田稅)를 말한다. 곧 농토에 부과되는 세금으로 1391년(공양왕3) 이성계(李成桂) 등이 주동이 되어 실시한 과전법(科田法)이 그 모태이고, 그 뒤 시대 상황에 따라 변동이 있었다.

193 공안(貢案) : 공물(貢物)의 품목과 수량을 기록하던 문서를 말한다. 공물은 중앙 관서와 궁중의 수요를 충당하기 위하여 여러 군현에 부과하여 상납하게 한 특산물이다.

194 태학(太學)과 사문학(四門學) : 모두 고려 시대 국자감(國子監) 안에 두었던 학교 이름이다. 신분에 따라 각각 구분하여 입학을 허락하였으며, 주로 경전(經典)을 가르쳤다. 《高麗史 卷74 選擧志 學校》 태학은 조선의 성균관을 가리키는 말로도 썼으므로, 여기서는 성균관의 교육을 가리키는 것으로 보인다.

195 오위(五衛) : 조선 시대 군사 조직 체계의 하나로, 중위(中衛)로 의흥위(義興衛), 좌위(左衛)로 용양위(龍驤衛), 우위(右衛)로 호분위(虎賁衛), 전위(前衛)로 충좌위(忠佐衛), 후위(後衛)로 충무위(忠武衛)를 이른다. 한 위를 다섯 부(部), 한 부를 네 통(統)으로 나누어, 전국의 군사를 모두 여기에 속하게 하였다. 《文宗實錄 1年 6月 19日》

196 양국(兩局) : 어영청(御營廳)과 훈련도감(訓鍊都監)을 이른다.

197 언의(讞議) : 죄를 심의하여 처벌 방법 따위를 논하는 일을 이른다.

며, 형옥(刑獄)은 억울한 옥사가 만연하니, 비록 벌여 놓은 관직이 날로 많아져도 정사는 더욱 다스려지지 않고, 조세를 견감(蠲減)하는 명령을 매번 내리지만 백성들은 은택으로 느끼지 못한다. 선비의 풍습을 바로잡고 군대의 실상을 정비하며 형벌을 신중히 하는 방법에 대해서 늘 사사건건 신칙(申飭)하지만 끝내 실효가 없으니, 나라의 정사는 날로 어지러워지는 지경에 이르렀다. 삼대에 미칠 수 없는 것은 논할 것도 없고, 한나라와 당나라의 조금 태평하던 치세(治世)에 견주는 것도 쉽게 말할 수 없다. 이는 정치의 법도에 정비해야 하는데도 정비하지 않은 것이 아직 있기 때문인가? 제생들은 고금에 두루 통달하였으니, 필시 정견(定見)이 있을 것이다. 각기 숨김없이 철저하게 논하도록 하라.

묻는다.

경서(經書)를 이해하기 어렵기 때문에 주해(註解)가 만들어진 것이니, 주해가 없다면 경서의 뜻을 끝내 알아낼 수 없는 것인가?

공자(孔子)가 육경(六經)을 찬술한 이래로 당시 수준 높은 제자들 및 자사(子思)와 맹자(孟子) 등 제현들이 모두 주해를 일삼지 않았으니, 이것은 무슨 뜻이겠는가?

오로지 자하(子夏)만이 예(禮)를 해설하고 《시경》에 서(序)를 붙였으니,[198] 그렇다면 성인의 경전에 가장 공로가 있는 것인가?

198 자하(子夏)만이……붙였으니 : 자하는 성은 복(卜), 이름은 상(商)이며, 공자의 제자로, 사과십철(四科十哲)의 문학(文學)에 꼽혔다. 《시서(詩序)》와 《역전(易傳)》을 저술하였고, 공자로부터 《춘추(春秋)》를 전수받아 공양고(公羊高)와 곡량적(穀梁赤)에게 전하였다고 하며, 《예지(禮志)》 및 《의례상복(儀禮喪服)》 등을 저술하였다고 전하지만, 전설이거나 후대의 위작(僞作)이라는 것이 통설이다.

양한(兩漢) 시대의 학자들은 훈고(訓詁)를 전문으로 하였고, 진대(晉代)에서 당대(唐代)에 이르기까지 대대로 주가(註家)가 있었으니, 이들 가운데 경서의 본지에 대하여 무엇은 옳고 무엇은 그른지 아울러 낱낱이 지적하여 자세히 논할 수 있겠는가?

송대(宋代)의 염옹(濂翁)은 학문이 끊어진 시대에 도를 전하였으나,[199] 주해의 공로를 두고 보면 군경(群經)에까지는 미치지 않았으니, 이는 또 무슨 까닭인가? 미처 겨를이 없었던 것인가, 아니면 이미 도의 본체를 묵계(默契)하였고 보면 장차 주해를 일삼을 필요가 없었던 것인가?

이정(二程)이 경서를 풀이한 것 중에 다른 점이 실로 많고, 횡거(橫渠 장재(張載))가 사서(四書)를 해석한 것이 잘못이 없을 수 없었지만, 그렇다고 각기 대현(大賢)이 되는 데에 장애가 되지 않은 것은 무엇 때문인가?

고정(考亭)[200]이 뒤를 이어 세상에 나와서는 찬술이 크게 구비되었다. 그러나 《시경》에는 집전(集傳)을 찬술하여, 구설(舊說)이 대부분 폐기되었고, 《주역(周易)》에는 본의(本義)를 찬술하여, 정전(程傳 《이천역전(伊川易傳)》)과 취지를 달리하였다. 그 취사선택하고 서로 다른

199 염옹(濂翁)은……전하였으나 : 염옹은 송나라 학자 주돈이(周敦頤, 1017～1073)의 존칭이다. 그는 도가(道家)와 불교의 주요 인식과 개념들을 받아들여 우주의 원리와 인성에 관한 형이상학적인 유학 이론을 새로이 개척, 정호(程顥)·정이(程頤) 형제와 주희(朱熹) 등을 거치며 이른바 정주학파(程朱學派)라고 불리는 중국 유학의 중심 흐름을 형성하였다. 따라서 한(漢)나라 때의 훈고학(訓詁學)을 거치며 끊어졌던 성(性)과 도(道)에 관한 철학적 논의를 되살려 유학을 새롭게 부흥시킨 인물이라는 평가를 받는다. 저서에 《태극도설(太極圖說)》, 《통서(通書)》 등이 있다.

200 고정(考亭) : 주희(朱熹)를 가리킨다. 중국 복건성(福建省) 건양현(建陽縣) 남서쪽에 있는 정사(精舍)인데, 주희가 이곳에서 강학하여 그의 별호(別號)가 되었다.

점에 있어서 의심할 만한 것이 조금도 없는 것인가?

《서전(書傳)》을 찬술하는 것은 채씨(蔡氏)[201]에게 맡기고, 《춘추(春秋)》를 논할 적에는 호씨(胡氏)의 전(傳)[202]을 좇았으니, 두 사람의 설은 경서의 본지에 대하여 어떠한가? 또 주자가 이루어 낸 업적이 그토록 광대하였음에도 유독 두 경서의 주해는 찬술하지 않았으니, 그 속에 또한 은미한 뜻이 있는 것인가?

사자(四子) 주석[203]은 한 글자도 소홀히 하지 않았으나 《대학(大學)》의 보망장(補亡章)[204]은 후대의 학자들이 상당히 의심하였고, 《논어(論語)》의 집주 몇 곳에 대하여 고황제(高皇帝)가 비난하기도 하였으니,[205] 어쩌면 더할 나위 없이 좋지는 못한 점이 있는 것인가?

대체로 주해의 찬술은 주자가 한 것보다 더 완전한 것은 없으니, 모두 이전 학자들의 학술 중에서 온축된 정수를 발명하여, 뒷사람의

201 채씨(蔡氏) : 송나라 채침(蔡沈, 1167~1230)을 가리킨다. 자는 중묵(仲默)이고, 호는 구봉선생(九峯先生)이며, 시호는 문정(文正)이다. 채원정(蔡元定)의 둘째 아들이다. 주희의 제자로 그의 명에 따라 《서집전(書集傳)》을 저술하였다.

202 호씨(胡氏)의 전(傳) : 송나라 호안국(胡安國)이 엮은 책으로, 《춘추호씨전(春秋胡氏傳)》이라고도 한다. 《춘추》에 의거하여 오직 존왕양이(尊王攘夷)의 사상을 논한 것으로, 주희에게 실천 도덕과 인격 함양의 정신이 담겨 있다는 평을 받았다.

203 사자(四子) 주석 : 사자는 사자서(四子書)의 준말로, 공자(孔子), 증자(曾子), 자사(子思), 맹자(孟子)의 언행록이라 할 《논어》, 《대학》, 《중용》, 《맹자》 곧 사서(四書)를 가리킨다. 사자 주석은 주희의 사서집주(四書集註)를 말한다.

204 보망장(補亡章) : 《대학장구(大學章句)》에서 주희가 보충한 전 5장을 말한다.

205 논어(論語)의……하였으니 : 고황제(高皇帝)는 명 태조(明太祖) 주원장(朱元璋)의 시호이다. 고황제가 《논어집주(論語集註)》의 어느 부분을 비난한 것인지는 자세히 알 수 없다.

마음과 눈을 열어 준 것이다. 그런데 영락(永樂) 연간에 주해를 모은 책[206]이 완성되어 주해 아래에 또 주해가 첨부되었으니, 그렇다면 경서의 뜻이 여기에 이르러 이해되지 않은 것이라곤 거의 없게 된 셈인데, 유학의 성대함이 혹 도리어 주해가 구비되지 않았을 때보다 못한 것이 도무지 이상하니, 이는 또 무슨 까닭인가?

우리 왕조에서 학문을 높이고 풍속이 경학(經學)을 숭상하여, 집집마다 경서를 갖고 있고 사람마다 주해를 읽는데도 도술(道術)의 쇠폐함이 오늘날 특히 심하다. 선생은 반복하여 외는 것으로 경서를 가르치고 학생은 표절하기 위하여 경서를 읽을 뿐이다. 주해를 통하여 경서의 뜻을 알아내고 경서의 뜻을 말미암아 도의 요체를 통달하는 사를 찾아보더라도 대체로 아주 적을 것이다. 그러니 이 어찌 사림에서만 탄식할 일이겠는가. 실로 나라를 다스리는 자의 우환이기도 하다. 제생들도 역시 이러한 사태에 이르게 된 연유를 깊이 연구해 본 적이 있는가?

혹자는 말하기를 "주해가 너무 상세하면 사람들이 누구나 쉽게 알 수 있기 때문에 도리어 깊은 뜻을 궁구하여 스스로 터득하는 공부〔深造自得〕[207]를 하는 풍조가 사라지게 된다. 학문이 진작되지 않는 것이

206 영락(永樂)……책 : 명(明)나라 성조(成祖) 때 호광(胡廣) 등이 칙명에 의하여 편찬한 《사서집주대전(四書集註大全)》을 가리킨다. 주로 주희의 주해에 대한 송나라 유학자들의 설을 모은 것으로, 원(元)나라의 예사의(倪士毅)가 쓴 《사서집석(四書輯釋)》을 바탕으로 하였다. 영락은 성조의 연호이다.

207 깊은……공부 : 《맹자》 〈이루 하(離婁下)〉에 "군자가 깊이 나아가기를 도로써 함은 자득하고자 해서이니, 자득하면 처하는 것이 편안하고 처하는 것이 편안하면 자뢰함이 깊고 자뢰함이 깊으면 좌우에서 취하여 씀에 그 근원을 만나게 된다. 그러므로 군자는 자득하고자 하는 것이다.〔君子深造之以道, 欲其自得之也, 自得之則居之安, 居之安則資之深, 資之深則取之左右逢其原. 故君子欲其自得之也.〕"라고 하였다.

아마도 이 때문이지 싶다."라고 하는데, 이 말이 진실로 맞는 말인가? 만일 경서의 뜻을 당금에 더욱 드러나게 하고 참된 학자가 양성되기를 상고 때 못지않도록 하려면 무슨 방도를 써야 하겠는가? 제생들과 함께 강구해 보고자 한다.

묻는다.

학문을 할 적에 강론(講論)이 없어서는 안 되는 것이니, 이는 제왕(帝王)으로부터 일반 선비에 이르기까지 다 해당된다. 이택(麗澤)의 기쁨은 붕우 간에 강습하는 것보다 좋은 것은 없고,[208] 성문(聖門)의 근심은 학문이 강습되지 않은 데 있다[209]고 하였는데, 그 말의 취지가 어디에 있는가?

고요(皐陶), 기(夔), 직(稷), 설(契)[210]이 무슨 책을 강습할 수 있었기에 비옥(比屋)의 교화[211]를 도울 수 있었고, 석거각(石渠閣)과 백호

208 이택(麗澤)의……없고 : 이택은 서로 붙어 있는 두 개의 못이라는 뜻으로, 붕우 간에 서로 강습하며 도움을 주는 것을 말한다. 《주역(周易)》 〈태괘(兌卦) 상(象)〉에 "두 개의 못이 서로 이어져 있는 상이 태이니, 군자는 이를 본받아 붕우와 함께 강습한다.〔麗澤兌, 君子以, 朋友講習.〕"라고 하였다.

209 성문(聖門)의……있다 : 《논어》 〈술이(述而)〉에 "덕이 닦이지 못함과 학문이 강습되지 못함과 의를 듣고 옮겨 가지 못함과 불선을 고치지 못하는 것이 바로 나의 걱정거리이다.〔德之不修, 學之不講, 聞義不能徙, 不善不能改, 是吾憂也.〕"라고 한 공자의 말이 나온다.

210 고요(皐陶)……설(契) : 모두 순(舜) 임금 때의 훌륭한 신하들이다. 고요는 법관(法官), 기(夔)는 전악(典樂), 직(稷)은 농관(農官), 설은 사도(司徒)이다. 《書經 舜典》

211 비옥(比屋)의 교화 : '비옥'은 '비옥가봉(比屋可封)'의 준말로, 요순 시대에는 교

관(白虎觀)[212]에서 무엇을 강습하였기에 다만 전문(專門)이라는 비판[213]을 초래하였으니, 도대체 무슨 까닭인가?

창을 잠시 내려놓고 한 강습[214]과 강좌(講座)에 올라서 한 강서,[215] 한밤중에 한 강론[216]과 피란 배 안에서 한 강학[217] 중에서 무엇이 가장

화가 사해에 두루 미쳐 집집마다 정표(旌表)할 만큼 덕행이 뛰어난 인물이 많았음을 이른다. 곧 태평성대의 순미(純美)한 교화를 말한다. 《신어(新語)》 〈무위(無爲)〉에 "요순의 백성이 집집마다 포상할 만하고 걸주의 백성이 집집마다 주벌할 만한 것은 교화가 그렇게 만든 것이다.〔堯舜之民, 可比屋而封; 桀紂之民, 加比屋而誅者, 敎化使然也.〕"라고 한 데서 유래한 말이다.

212 석거각(石渠閣)과 백호관(白虎觀) : 한(漢)나라 때의 궁중 건물로, 석거각은 황실의 장서각(藏書閣)이며, 백호관은 미앙궁(未央宮) 안에 있었던 궁관(宮觀)이다. 한나라 선제(宣帝)와 장제(章帝)가 각기 석거각과 백호관에서 학사들과 함께 친히 오경(五經)을 강론하며 《석거의주(石渠議奏)》와 《백호의주(白虎議奏)》를 펴낸 고사가 있다.

213 전문(專門)이라는 비판 : 한대(漢代) 유자들의 특정 분야에 대한 스승의 주장을 고집하는 학풍을 비판한 것을 말한다. 주희의 〈학교공거사의(學校貢擧私議)〉에 "한대의 유자들이 명가의 학문을 전문적으로 연구하고 스승의 학설을 고수한 것이니……다만 그들이 너무 지키는 데에만 구애되어, 정밀하게 생각하고 분명하게 분별해서 참되고 옳은 것을 찾지 않았던 것이 병폐였다.〔漢之諸儒, 所以專門名家, 各守師說……但其守之太拘, 而不能精思明辨以求眞, 是則爲病耳.〕" 하였다. 《朱子大全 卷69》

214 창을……강습 : 후한(後漢)의 번준(樊準)이, 군웅이 할거하여 늘 전투가 벌어지는 상황에서도 "창을 내려놓고 문예를 강습하며, 군마를 쉬게 하고 도를 논하였다.〔投戈講藝, 息馬論道.〕"라는 고사가 있다. 《後漢書 卷32 樊準列傳》

215 강좌(講座)에……강서 : 송(宋)나라 때 사거렴(謝擧廉)이 박학하고 사장에 뛰어나 종유하는 자가 수백 명이었는데, 그가 집에 강석(講席)을 설치하고 매일 강좌에 올라 글 한 통씩을 강하면서도 조금도 피곤해하지 않았으며, 늘 제철 과일을 마련해 주어 강의가 끝나면 제생들이 차를 마치고 과일을 먹고서야 물러갔다고 한다. 《獨醒雜志 卷1》

216 한밤중에 한 강론 : 후한 광무제(後漢光武帝)가 늘 새벽에 조회를 보고 해가 기울

훌륭한가? 또한 발을 드리우고 하는 강학[218]과 고비(皐比)에 앉아서 하는 강학[219]과 학생을 많이 모아서 하는 강학[220]과 패를 걸어 놓고 하는 강학[221] 등에서 또 언급할 만한 장단점이 있는가?

홍국사(興國寺) 안에서 종일 강론하면서 감탄을 일으킨 것[222]과 아호

어서야 파하였고, 자주 신하들을 불러서 한밤중까지 경서(經書)의 이치를 강론하였는데, 황태자가 건강을 해칠까 걱정하여 간하자, "내 스스로 즐거워서 하는 것이니, 피곤하지 않다.〔我自樂此, 不爲疲也.〕"라고 대답한 고사가 있다. 《後漢書 卷1下 光武帝紀》

217 피란……강학 : 송나라 충신 육수부(陸秀夫)가 금(金)나라 군대에 쫓겨 배를 타고 도망가면서도 《대학(大學)》을 손수 써서 어린 황제에게 강학(講學)하기를 권장하였는데, 옆에 있던 사람이 나라가 망하는 마당에 강경(講經)이 무슨 소용이냐고 하자, 이 도가 없어지면 나라를 찾은들 무슨 소용이냐고 반문하고 강을 끝낸 다음 바다에 빠져 죽었다는 고사가 있다. 《宋史 卷451 陸秀夫列傳》

218 발을……강학 : 한(漢)나라 때 동중서(董仲舒)가 발을 깊숙이 드리우고 3년 동안이나 밖을 나가지 않은 채 방 안에 들어앉아 글을 강독하고 제자들을 가르치면서 학문에 정진한 고사를 가리키는 듯하다. 《漢書 卷56 董仲舒傳》

219 고비(皐比)에……강학 : 고비는 호랑이 가죽을 말하는데, 송나라 때 장재(張載)가 항상 호랑이 가죽을 깔고 앉아서 《주역》을 강론하였다는 고사가 있다. 주희의 〈육선생화상찬(六先生畫像贊) 횡거선생(橫渠先生)〉에 "용감하게 강론 자리를 거두니, 한 번 변화하여 도에 이르렀도다.〔勇撤皐比, 一變至道.〕"라는 구절이 있다. 《晦庵集 卷85》

220 학생을……강학 : 송나라 호원(胡瑗)이 호주(湖州)에서 교육을 관장하면서 경의(經義)와 치사(治事) 두 과(科)로 나누어 교육하였는데, 그 제자가 수천 명에 이르러 당시에 호학(湖學)이라고 일컬어졌다는 고사를 가리키는 듯하다. 《古今事文類聚外集 卷14 有治事齋》

221 패를……강학 : 원문의 '괘패(掛牌)'는 '괘패승불(掛牌乘拂)'의 준말인데, '패'는 패자(牌子)로 고시(告示)할 때에 사용하는 게시판의 일종이며, 불자(拂子)는 먼지떨이로 일명 주미(麈尾)라고도 하는데 도사나 승려들이 설법하고 한담할 때에 파리를 쫓거나 먼지를 터는 데 사용하는 기구이다. 이 구절에 대한 고사는 분명하지 않다.

222 홍국사(興國寺)……것 : 홍국사는 중국 호북성(湖北省) 한양현(漢陽縣) 북쪽에

(鵝湖)의 배 위에서 지금부터 진위를 판별해야 한다고 한 것[223]들에 대하여, 그 속에 담긴 심오한 지취와 구분되는 단서를 모두 극론(極論)하고 자세히 변별할 수 있겠는가?

우리나라의 문풍은 은(殷)나라 태사(太師 기자(箕子))로부터 비롯되었지만 홍범구주(洪範九疇)[224]의 교훈은 동토(東土)에 천발(闡發)되지 못하였다. 고려 말 포은(圃隱 정몽주(鄭夢周))이 제일 먼저 성리학을 주창(主唱)하였으나 그의 횡설수설(橫說竪說)[225]이 후세에 전해지지 않

있는 절인데, 본래 이름은 '태평흥국사(太平興國寺)'이다. 정호(程顥)가 장재(張載)와 함께 흥국사에서 종일 강론하고서 "옛날에도 어떤 사람이 이 자리에서 이런 강론을 한 일이 있었는지 모르겠다.〔不知舊日曾有甚人, 於此處講此事.〕"라고 하였다 한다. 《近思錄 卷14》

223 아호(鵝湖)의……것 : 아호는 중국 강서성(江西省) 신주(信州) 연산현(鉛山縣)에 있는 산으로, 1175년 여조겸(呂祖謙)의 주선으로 주희와 육구령(陸九齡), 육구연(陸九淵) 형제가 이 산의 아호사(鵝湖寺)에 모여 논쟁을 펼친 바 있다. 논쟁의 핵심은 학문하는 방법에 있어서 주희는 성현의 책을 널리 공부한 뒤에 요약하기를 주장하고, 육씨 형제는 사람의 본심을 발명하는 것을 우선으로 하기를 주장한 것인데, 주희는 육씨에 대하여 '태간(太簡)'이라 비판하고, 육씨는 주희에 대하여 '지리(支離)'라 비판하였다. 끝내 서로 합의를 보지 못하고 운자(韻字)를 내서 시를 지어 소견을 말하였는데, 그중 육구연의 시 말구에 "아래에서 위로 오르는 것을 알고자 한다면, 진위를 지금부터 먼저 판별해야 한다네.〔欲知自下升高處, 眞僞先須辨自今.〕"라는 구절이 있다. 《朱子年譜 卷2》

224 홍범구주(洪範九疇) : 천하를 다스리는 아홉 가지 큰 법칙으로, 오행(五行), 오사(五事), 팔정(八政), 오기(五紀), 황극(皇極), 삼덕(三德), 계의(稽疑), 서징(庶徵), 복극(福極)이다. 맨 처음 하우씨(夏禹氏)가 낙수(洛水)에서 나온 신귀(神龜)에게서 얻은 것인데, 이것이 대대로 전해져 기자(箕子)가 주(周)나라 무왕(武王)에게 전하였다고 한다. 《書經 洪範》

225 횡설수설(橫說竪說) : 다방면으로 논설을 펴서 반복하여 깨우쳐 이해시키는 것을 말한다. 권채(權採)의 〈포은선생시권 서(圃隱先生詩卷序)〉에 "이색(李穡)이 정몽

았으니, 이에 대해 어찌 증빙할 만한 강론이 없겠는가.

오늘날에 경연(經筵)에서 진강(進講)하는 것은 열조(列朝)의 고사를 따른 것이다. 그리하여 이미 조강(朝講), 주강(晝講), 석강(夕講)[226]이 있으며, 게다가 야대(夜對)하거나 불시로 소대(召對)하여 행해지는 진강도 있다. 따라서 사서(四書)를 비롯한 여러 경서와 역대의 사서(史書) 등에 대하여 충분히 강습하지 않음이 없다. 그런데도 성지(聖志)는 부족하게 여겨서 오히려 뜻은 지성스러운데도 갈 길은 멀기만 하다는 탄식을 하며, 이 세상 백성들에게 지치(至治)의 은택을 끼치지 못하고 있다. 그리고 선비를 육성함에 이미 식년시(式年試)와 별시(別試)에서 강경(講經) 시험을 두었고, 과거 시험 외에 또 전강(殿講)[227]에 관한 법규를 두었으며, 조정에 출사한 뒤에도 또 전경(專經)[228] 및 육품(六品)과 수령(守令)을 선발하는 강경 시험을 보게 하였다. 그런데도 경서

주(鄭夢周)의 강설을 듣고 칭찬하여, '횡설수설이 모두 이치에 합당하였다.〔橫說竪說, 無非當理.〕'라고 하였다." 하였다. 《圃隱集》

226 조강(朝講), 주강(晝講), 석강(夕講) : 예식을 갖추어서 임금이나 세자 앞에서 진행하는 학문 강의를 말한다. 아침, 낮, 저녁 세 차례 행하는데, 이를 법강(法講)이라고 한다.

227 전강(殿講) : 조선 성종(成宗) 때부터 경서의 강독을 권장하기 위하여 실시하던 시험으로, 성균관의 유생 가운데서 선발하여 임금이 친히 대궐에 모아 놓고, 삼경(三經)이나 오경(五經)에서 찌를 뽑아서 외게 하였다. 매년 2월, 4월, 6월, 8월, 10월, 12월의 15일에 각각 행하였는데, 이에 합격하면 문과(文科)의 복시(覆試) 또는 전시(殿試)에 응시할 수 있는 자격을 주었다. 《續大典 禮典 諸科》

228 전경(專經) : 임금이 문무 당하관(堂下官)에게 매년 사맹삭(四孟朔)마다 오로지 경서만을 강하여 시험하던 일을 이른다. 문관은 오경 가운데에서 한 가지 경서를, 무관은 무경 칠서(武經七書) 가운데에서 원하는 병서 한 가지만을 놓고 시험을 보게 하였다. 《續大典 禮典 奬勸》

를 깊이 통달한 선비는 적고 세상에 식견이 꽉 막힌 비루한 자들이 많으니, 이는 과연 무슨 연유로 그러한 것인가? 또한 한적한 산림에 경서를 강론하는 풍조가 있으니, 사람을 선하게 하고 후대에 전할 만한 것인가? 그곳에도 또한 기대할 것이 없는 것인가? 제생들은 필시 평소에 미리 강구한 것이 있을 것이니, 각기 마음을 다하여 논하라.

묻는다.

대체로 사물이 제대로 길러져야만 잘 자랄 수 있는 것은 모든 사물의 공통된 이치이다. 유자(儒者)가 기르는 것은 심(心)과 성(性), 호연지기(浩然之氣)인데, 이것은 유자에게 근본이 되는 것이다. 공자(孔子)와 맹자(孟子), 정자(程子)와 주자(朱子)가 이것을 기르기 위하여 수행한 공부에 대하여 모두 자세하게 말할 수 있겠는가?

국가에서 기르는 것은 현자와 백성, 군대인데, 이것은 국가에 중대한 것이다. 삼대(三代)의 성명(聖明)한 임금이 이것을 기른 수단에 대해서도 또한 자세히 진술할 수 있겠는가?

비록 이단이라 하더라도 필시 기르는 바가 있을 것이니, 그들이 심, 성, 기를 기르는 방법은 어떠한가? 비록 후세에도 현자와 백성, 군대는 없을 수 없는 것이니, 후세에 그것을 기르는 양상은 또 과연 어떠한가?

우리나라는 고려 말 이후로는 역시 대대로 유자가 있었다고 할 수 있다. 그 유자들이 기른 수준의 깊이를 지금 살펴 논증할 수 있겠는가? 그 가운데 공자와 맹자, 정자와 주자의 전통을 제대로 계승하였다고 할 만한 이가 있는가?

우리나라 조정의 제도를 가지고 말해 본다면, 현자를 기르는 전례와 백성을 기르는 정사, 군대를 기르는 법규 등이 잘 갖추어져 있다고 할 만하다. 그런데 만약 삼대 시대와 비교한다면 부합되는 것이 얼마나 되겠으며, 부합되지 않는 것은 또 얼마나 되겠는가?

오늘날의 선비 된 자들이 심성에 주안을 둔 공부를 적게 하여 그 기상이 날로 위축되고 있다. 조정에서는 늘 현자가 부족하다고 탄식하며 아래에서 백성들은 근심하고 군사들은 원망하는 것이 또한 지금보다 더 심한 적이 없었다. 이는 모두 제대로 길러지지 못해서 그런 것이 아니겠는가. 모두 제대로 길러지도록 하려면 어떤 방도를 써야 되겠는가? 제생들은 모두 배워서 유자가 되었으니, 필시 스스로 기른 바가 있을 것이다. 하루라도 벼슬자리에 있게 되면 현자와 백성, 군대를 기르는 방도가 또한 제생들의 분수를 벗어나는 일이 아니다. 각기 마음을 다하여 논하되 일반적인 규정에 얽매이지 말라.

〈용문상설도부〉의 뒤에 쓰다

書龍門賞雪圖賦後

예전부터 사람들은 소동파(蘇東坡)가 적벽(赤壁)을 유람한 것[229]을 대단하다 칭송한다. 그러나 구양자(歐陽子)가 용문(龍門)에서 눈을 감상한 일[230]은 이름난 사람과 땅 그리고 맑고 그윽하며 신기하고 빼어난 경관 등이 있음에도 왜 저처럼 칭송되지 않았는지 나는 홀로 이상하게 생각하였다. 그런데 이 점에 대하여 말하는 사람이 드문 까닭은 무엇인가?

세상에 똑같은 양상의 일이라도 어떤 일은 드러나고 어떤 일은 묻히는 차이가 본디 있게 마련인 것은, 그 일에서 탄생한 문학 작품이 어떤 것은 널리 알려지고 어떤 것은 알려지지 못한 차이가 있기 때문이다. 저 소군(蘇君)의 〈적벽부(赤壁賦)〉 두 편은 오랫동안 회자되고 있지만 구양자의 경우는 다만 이런 문학 작품이 없으니, 그 일이 후세에 칭송되는 양상이 다른 것도 이상할 게 없다. 또한 소군의 〈적벽부〉는 자앙(子昂) 덕분에 더욱 유명해진 것이니,[231] 그렇다면 서예 작품의 도움

229 소동파(蘇東坡)가……것 : 송나라 소식(蘇軾)이 황주(黃州)에 유배되었다가 1082년 7월과 10월에 적벽강(赤壁江)에서 노닐면서 〈적벽부(赤壁賦)〉를 지은 일을 말한다. 7월에 지은 것을 〈전적벽부(前赤壁賦)〉, 10월에 지은 것을 〈후적벽부(後赤壁賦)〉라 한다.

230 구양자(歐陽子)가……일 : 송나라 구양수(歐陽脩)가 낙양(洛陽)에서 벼슬할 적에 사강(謝絳) 등과 함께 숭산(嵩山)에서 유람하다가 저녁에 용문(龍門)의 향산(香山)에 이르러 눈이 내리자, 석루(石樓)에 올라가 도성을 바라보며 감상에 잠겨 있었는데, 유수(留守) 전문희공(錢文僖公)이 가기(歌妓)와 관리를 보내 위로하고 잠시 용문에 머물러 눈을 감상할 것을 요청한 고사를 말한다. 《聞見錄 卷8》

역시 없지 않았던 것이다.

구양자의 풍부한 문장력으로 천하의 명산에 올라 천하의 빼어난 경관을 구경하였음에도 문학 작품을 지었다는 사실은 후세에 전하는 것이 없으니, 그렇다면 이는 본디 인간사의 우연함일 것이다. 지금 살펴보면 그 이치가 꼭 무언가 기다리는 것이 있었던 것 같다.

구양자가 죽은 뒤 몇백 년이 지나 우리나라의 죽음(竹陰) 선생이 남궁(南宮 예조(禮曹))에서 진사시(進士試)를 치를 때, 드디어 이 부(賦)를 지었다.[232] 당시 시험을 주관하던 관원이 보고는 크게 놀라서 말하기를 "이것은 바로 동파의 부이고 자앙의 글씨로다." 하였는데, 이 말은 지금도 문예를 담론하는 사람들 사이에서 적확한 평론이라고 일컬어지고 있다.

이때부터 우리나라 사람들은 비록 견문이 적은 사람이라 하더라도 수백 년 전 구양자가 용문에서 눈을 감상한 고사를 알게 되었다. 이는 아마 구양자가 소군에게 한 걸음 양보하는 것도 수치로 여겼기에 조만

231 소군의……것이니 : 자앙(子昂)은 원(元)나라 서예가 조맹부(趙孟頫, 1254~1322)의 자(字)인데, 그가 〈적벽부〉를 글씨로 써서 전함으로써 소식의 〈적벽부〉도 더욱 유명해졌다는 뜻이다. 조맹부는 송 태조(宋太祖) 조광윤(趙匡胤)의 11세손으로 진왕(秦王) 조덕방(趙德芳)의 자손인데, 구양순(歐陽詢), 안진경(顔眞卿), 유공권(柳公權)과 함께 해서사대가(楷書四大家)로 일컬어지며, 특히 38세에 초서로 쓴 〈적벽부〉는 그의 대표작으로, 지금 타이베이의 고궁박물관에 소장되어 있다.

232 죽음(竹陰)……지었다 : 죽음은 조희일(趙希逸, 1575~1638)의 호이다. 본관은 임천(林川)이며, 자는 이숙(怡叔)이다. 1601년(선조34) 진사시에 장원으로 뽑혔는데, 그때 제출한 시권(試券)이 〈용문상설부(龍門賞雪賦)〉로 선조(宣祖)에게 크게 칭찬을 받았다. 예조 참판, 형조 참판, 승문원 제조, 경상도 관찰사를 지냈고, 시문과 서화에 두루 뛰어났다. 저서에 《죽음집(竹陰集)》, 《경사질의(經史質疑)》가 있다.

간에 선생을 만나 선생의 솜씨를 빌려서 자기의 감흥을 표현한 것 같다. 아, 역시 신기한 일이다.

듣건대, 선생이 처음 이 부를 지을 때, 구상이 잘 전개되지 않던 차에 홀연 주변의 어떤 유생이 〈적벽부〉를 언급하는 것을 듣고는, 마침내 힘차게 붓을 휘둘러 문장을 완성하였다고 하니, 그렇다면 이는 필시 정신이 통하고 마음이 합치된 것이 있었을 것이다. 이 어찌 우연일 뿐이겠는가.

시험을 주관하는 관원이 장원으로 발탁한 뒤에 선조(宣祖)께서 그 시권(試券)을 보고는 후하게 칭찬하였고, "서늘한 바람 소리 저녁에 거세니, 눈이 올 기미 한창 성해지는구나.〔寒聲暮緊 雪意方豪〕"라는 구절에 대해서는 지존의 몸으로 친히 무릎을 치며 찬탄해 마지않았다. 예로부터 문학 작품으로 임금을 감동시킨 것이 이처럼 대단하였던 적은 없었다. 아아, 훌륭하다. 알지 못하겠거니와 소군이 〈적벽부〉를 지었을 때에도 이런 일이 있었던가? 이후로 사람들이 용문과 적벽 가운데 어느 것을 더 성대하게 칭송할지 모르겠다.

선생의 손자인 나의 큰외숙부 전중공(殿中公)[233]이 병풍 하나를 만들어서, 우선 용문을 노닐며 구경하는 자취를 그린 다음 선생의 〈용문상설부(龍門賞雪賦)〉를 쓰고는 다시 나에게 후어(後語)를 짓게 하였다. 내가 생각하건대, 용문의 빼어난 유상(遊賞)이 선생의 부 한 편 덕분에

233 전중공(殿中公) : 전중은 고려조 전중시어사(殿中侍御史)의 약칭으로, 사헌부 감찰의 이칭이다. 곧 조경망(趙景望, 1629~1694)을 가리킨다. 본관은 임천(林川), 자는 운로(雲老), 호는 기와(奇窩)이며, 동복 현감(同福縣監), 호조 정랑, 합천 군수(陜川郡守)를 역임하였다. 기사환국 때 관직을 버리고 파주(坡州)에 은거하다가 호서(湖西)의 덕산(德山)으로 옮겨 학문에 전념하였다. 《丈巖集 卷14 郡守林川趙公墓誌銘》

실로 눈앞에 훤히 펼쳐졌거늘 어찌 그림을 필요로 하겠는가. 선생의 부가 선조 임금께 융숭한 장려를 받음으로써 하늘 동쪽에 널리 알려지게 되었으니, 또 어찌 병풍에 쓸 필요가 있겠는가. 더욱이 마지못하여 글을 쓴다 하더라도 또 어찌 내가 쓴단 말인가. 비록 그러하나 글씨나 그림이 그 문장을 더 중하게 하기에 부족하다는 것을 알면서도 그림을 그리고 글씨를 쓴 것은 선조의 아름다움을 추념하여 잊지 않고 영원토록 현양되기를 바라기 때문이다. 나의 글이 그 일을 크게 드러내기에 부족하다는 것을 알면서도 사양하지 않은 것은 외숙의 효성에 감동하고 또 내 스스로 간곡한 정성을 바치고 싶었기 때문이다. 그림을 그린 이는 김창업(金昌業)[234] 군이고, 글씨를 쓴 이는 청평위(靑平尉) 심익현(沈益顯)[235] 공이며, 나는 선생의 외증손 금성(錦城) 임영(林泳)이다.

숭정(崇禎) 기원후(紀元後) 48년(1675, 숙종1) 10월 기망(旣望)에 삼가 쓰다.

234 김창업(金昌業) : 1658~1721. 본관은 안동(安東), 자는 대유(大有), 호는 가재(稼齋)·노가재(老稼齋)이다. 17세기 노론의 정치가이자 유학자인 김수항(金壽恒)의 넷째 아들이다. 벼슬에 뜻을 두지 않았으며, 시와 그림에 뛰어났다. 형 김창집(金昌集)이 사은사로 청나라에 갈 때에, 그를 따라 연경(燕京)에 다녀와 기행문 〈노가재연행일기〉를 썼다. 저서로 《노가재집》이 있다.

235 심익현(沈益顯) : 1641~1683. 본관은 청송(靑松), 자는 가회(可晦), 호는 죽오(竹塢)이다. 효종(孝宗)의 둘째 딸 숙명공주(淑明公主)에게 장가들어 청평위(靑平尉)에 봉해졌고, 오위도총부 도총관을 여러 차례 역임하였으며, 만년에는 내섬시 제조를 지냈다. 서예에 뛰어나서 산릉의 지문(誌文), 옥책문(玉冊文), 교명(敎命)의 글씨를 많이 썼다.

박이중의 책고 뒤에 쓰다
書朴彝仲策稿後

이중(彝仲)은 높은 재주와 아름다운 자질을 갖고 소년 시절부터 학문에 뜻을 두었으므로, 아마도 헤아릴 수 없을 정도로 성취함이 있었을 것이니, 시문(詩文)이야 그에게 단지 가장 천근한 여사(餘事)였을 뿐이다. 근자에 나를 비루하게 여기지 않고 때때로 내게 와서 수업(受業)하였다.

이 책고는 바로 작년에 내게 보여 준 것인데, 내가 이미 교정을 마쳤으나 신중하게 여겨 돌려주지 않고 있던 차에 불행히도 이중이 단명하여 저세상으로 가 버렸다. 하늘이 뛰어난 인물을 세상에 낸 것은 우연이 아닐진대, 갑자기 한번 병에 걸리자 난초가 꺾이고 옥이 부서지듯이 꽃다운 나이에 세상을 뜨다니, 이는 도대체 무슨 이치란 말인가.

몹시 애통한 나머지 오래될수록 더욱 잊지 못하는 가운데 이 글을 볼 때마다 몹시 비통해 마지않았다. 그런데 서둘러 돌려주지 않은 것은 이중의 부친이 이것을 보고 상심할까 걱정해서였다. 이제 마침 부탁을 받고 보니, 감히 더 갖고 있을 수는 없게 되었다. 그런데 세월은 쉬지 않고 흘러서 어느덧 이중의 첫 기일이 다가오고 있다. 옛 서권(書卷)을 어루만지매 문장의 의취는 여전히 새롭다. 우러러보고 굽어보면서 애석해하고 거듭 한숨 쉬며 눈물을 흘린다. 이어 권말에 써서 돌려준다.

한나라 서역도호 감연수 등이 질지를 격파한 노포[236]를 의작(擬作)하다

擬漢西域都護甘延壽等破郅支露布

신은 듣건대, 천도(天道)가 잔학한 자를 교화하므로 오랑캐는 100년의 운수를 유지할 수 없고,[237] 인심(人心)이 순종함으로써 성왕(聖王)이 일통(一統)의 존귀함[238]을 누리는 것입니다. 이에 방방곡곡 온 누리에

236 한(漢)나라……노포(露布) : 감연수(甘延壽)는 전한(前漢) 때의 무장이다. 원제(元帝) 때 서역도호(西域都護)가 되어, 부장 진탕(陳湯) 등과 함께 황제의 제서(制書)를 위조하여 군사를 징발한 다음, 흉노를 습격하여 강거(康居)를 격파하고 질지(郅支) 선우(單于)를 참수하였다. 질지 선우는 호한야(呼韓邪) 선우의 형으로, 이름은 호도오사(呼屠吾斯)이며, 한 선제(漢宣帝) 때 독립하여 질지골도(郅支骨都) 선우가 되었고, 원제 때 한에 반기를 들었다가 감연수, 진탕 등에게 공격을 받아 죽었다.《漢書 卷70 陳湯傳, 卷94上 匈奴傳》 노포는 조서(詔書), 간독(簡牘) 등을 봉하지 않고 전파하는 것인데, 여기서는 첩서(捷書)를 말한다. 비단에 써서 대나무 장대에 매달아 여러 사람이 보게 하므로 노포라 한다.《封氏聞見記 露布》《星湖僿說 卷18 經史門 露布》

237 오랑캐는……없고 : 중국의 민간에 전해지는《소병가(燒餠歌)》라는 예언서에 나오는 말로, 명 태조(明太祖) 주원장(朱元璋)이 국사(國師) 유기(劉基)에게 명나라가 망한 뒤에 호인(胡人)이 지배하는 세상이 올 것이라는 예언을 듣고서, "예로부터 호인은 100년 동안의 국운도 없다고 하는데, 이 나라는 끝내 200여 년의 운세를 누린단 말인가.〔自古胡人無百年之國運, 乃此竟有二百餘年之運耶?〕"라고 반문하였다고 한다.

238 일통(一統)의 존귀함 : 일통은 대일통(大一統)과 같은 말로, 천하가 천자에게 복속되어, 천하의 유일한 군주로 천자를 받드는 것을 이른다.《춘추(春秋)》 은공(隱公) 원년(元年)의 '춘왕정월(春王正月)'에 대하여《공양전(公羊傳)》에 "왜 왕정월이라고 하는가? 천하가 천자를 중심으로 하나로 통일된 것을 나타낸 것이다.〔何言乎王正月? 大一統也.〕"라고 하였다.

하찮은 오랑캐가 창궐하는 것도 용납하지 않고, 온 천하의 백성과 토지가 마침내 큰 조정의 판도에 귀속됨을 알겠습니다. 그렇다면 어지러운 나라를 취하고 멸망할 징후가 있는 나라에 해를 끼치는 것[239]은 제왕의 도의(道義)이고, 위엄을 떨쳐 먼 나라를 귀복시키는 것은 또한 고금의 장구한 교화입니다. 그러므로 귀방(鬼方)이 빈복(賓服)하지 않자, 은(殷)나라가 3년 동안 정벌 전쟁을 벌였고,[240] 험윤(玁狁)이 분수 모르고 날뛰자 주(周)나라가 6월에 군사를 일으켰으니,[241] 이 어찌 옛 임금이 전쟁을 좋아한 것이겠습니까. 제왕에게는 나라 바깥이란 없기 때문입니다.[242]

239 어지러운……것 : 《서경》 〈중훼지고(仲虺之誥)〉에 "제후 중에 어질면 돕고 덕이 있으면 돌봐 주며, 충성스러우면 드러내고 훌륭하면 이루어 주며, 약한 나라를 한데 아울러 영유하고 혼미한 나라를 공략하며, 어지러운 나라를 취하고 멸망할 징후가 있는 나라에 해를 끼친다.〔佑賢輔德, 顯忠遂良, 兼弱攻昧, 取亂侮亡.〕"라는 말이 나온다.

240 귀방(鬼方)이……벌였고 : 귀방은 은(殷)나라 때 귀주(貴州) 지역에 살았던 소수 민족인데, 은나라 고종(高宗)에게 정벌을 당하여 서쪽으로 이주하였다. 《주역(周易)》 〈기제괘(旣濟卦) 구삼(九三)〉에 "은나라 고종이 귀방을 정벌하여 3년 만에 승리하였다.〔高宗伐鬼方, 三年克之.〕"라는 말이 나온다.

241 험윤(玁狁)이……일으켰으니 : 험윤은 주(周)나라 때 북방 소수 민족으로, 여왕(厲王) 때의 혼란한 틈을 타고 중원을 침입하여 경읍(京邑)에까지 이르자, 여왕의 뒤를 이은 선왕(宣王)이 6월에 군사를 일으켜 윤길보(尹吉甫)로 하여금 정벌하게 하여 물리쳤다. 《시경》 〈유월(六月)〉에 "험윤이 자신의 역량을 헤아리지 못하고서, 초 땅과 호 땅에 정연하게 웅거하여, 호와 삭방을 침략하여, 경양에 이르렀다.〔玁狁匪茹, 整居焦穫, 侵鎬及方, 至于涇陽.〕" 하였다.

242 제왕에게는……때문입니다 : 제왕은 천하를 한 국가로 여기기 때문에 어느 한쪽의 반발 세력이나 변란도 그냥 내버려 둘 수 없으므로 군대를 일으킬 수밖에 없다는 말이다. 《춘추공양전(春秋公羊傳)》 은공(隱公) 원년에 "왕자는 바깥이 없기 때문에 도망쳤다고 말하면 바깥이 있다는 말이 된다.〔王者无外, 言奔, 則有外之辭也.〕"라고

우리나라는 삼령(三靈)[243]의 뜻을 따라 부록(符籙)[244]을 받아서, 역대 제왕의 어렵고 막혔던 운수를 계승하여 부흥하니,[245] 5년 만에 난폭한 무리를 주벌하여[246] 천하가 크게 안정되었고, 사방 아득히 먼 곳까지 위엄을 떨쳐 바다 한구석 지방조차도 다 신하로 복속되었습니다. 그런데 유독 궁벽한 사막에 사는 이 미친 오랑캐가 감히 여러 대에 걸쳐 우리 큰 나라에 대항하였습니다. 중국을 침해하여 욕을 보이는데도 인의(仁義)로 설복되지도 않고 무력으로 굴복시킬 수도 없으며, 궁려(穹廬)[247]에서 건방을 떨며 스스로 일컫기를 "하늘과 땅이 낳고 해와 달이 놓아두었다."[248]라고 하였습니다. 이에 고조(高祖)가 10만의 군대

하였는데, 하휴(何休)의 주(注)에 "왕자는 천하를 한집안으로 삼으니, 끊어 버리는 의리가 없는 것이다.〔王者以天下爲家, 無絶義.〕"라고 하였다.

243 삼령(三靈) : 천(天), 지(地), 인(人)을 가리킨다. 남조(南朝) 양(梁)나라 육수(陸倕)의 〈석궐명(石闕銘)〉에 "우러러 삼령에 화합하고 아래로 억조창생을 따른다.〔仰協三靈, 俯從億兆.〕"라고 하였다.

244 부록(符籙) : 하늘이 제왕이 될 사람에게 내리는 징조를 적은 문서나 비결을 이른다.

245 어렵고……부흥하니 : 후한(後漢) 반고(班固)의 〈동도부(東都賦)〉에 "역대 제왕들의 어렵고 막혔던 운수를 계승하여 부흥하였고, 천지조화의 깨끗하게 씻어 내는 기운을 따랐도다.〔紹百王之荒屯, 因造化之盪滌.〕"라는 말이 나온다.

246 5년……주벌하여 : 한 고조(漢高祖) 유방(劉邦)이 한이라고 국호를 정하고 나서 5년 만인 기원전 202년 해하(垓下)에서 항우(項羽)를 격파하고 천하를 통일한 일을 이른다.

247 궁려(穹廬) : 천막을 둥글게 둘러쳐 만든 집으로, 북방 유목민이 생활하는 거처이다.

248 하늘과……놓아두었다 : 흉노족이 자신을 높여 이른 말로, 흉노의 선우가 한 문제(漢文帝)에게 답한 국서(國書)에 "하늘과 땅이 태어나게 한 바이며 해와 달이 놓아둔 바인 흉노의 대선우가 공경히 한나라 황제께 무양함을 묻노라.〔天地所生, 日月所置匈奴大單于, 敬問漢皇帝無恙.〕"라고 하였다. 《漢書 卷94上 匈奴傳》

로 정벌하였으나 오히려 평성(平城)에서 포위를 당하였고,[249] 문황제(文皇帝)는 천 년에 한 번 얻을 좋은 기회를 만나서는 단지 염파(廉頗)와 이목(李牧)을 그리워할 뿐이었습니다.[250] 비록 효무제(孝武帝)가 백대의 치욕을 씻고자 여러 해에 걸쳐 육사(六師)를 동원하여 정벌하였지만, 천자가 몸소 출정하여[251] 변방에서 기다리는데도 선우(單于)는 천자에게 능히 맞서 싸웠으며, 나라에서 온 군사력을 쏟아 붓고서야 겨우 막남(漠南)에서 오랑캐 왕정(王庭)을 없애는 데 그쳤습니다.[252]

249 고조(高祖)가……당하였고 : 한 고조 유방이 직접 군대를 거느리고 흉노의 묵특(冒頓) 선우를 치려고 출정하였다가 평성(平城) 부근의 백등산(白登山)에서 7일 동안이나 흉노의 30만 대군에게 포위를 당하였으나, 진평(陳平)의 말을 좇아 미인계를 써서 간신히 위기를 모면한 고사를 말한다.《史記 卷93 韓信列傳, 卷110 匈奴列傳》

250 문황제(文皇帝)는……뿐이었습니다 : 염파와 이목(李牧)은 전국 시대 조(趙)나라의 명장(名將)이다. 한 문제(漢文帝)가 일찍이 풍당(馮唐)으로부터 염파와 이목의 뛰어남에 대하여 듣고 "아, 나는 다만 염파, 이목과 때가 맞지 않아서 그들을 장수로 삼지 못하였구나. 그런 사람을 장수로 삼는다면 어찌 흉노를 걱정하리오.〔嗟乎! 吾獨不得廉頗李牧時爲吾將. 吾豈憂匈奴哉?〕"라고 하였다.《史記 卷102 馮唐列傳》

251 천자가 몸소 출정하여 : 한 무제가 원봉(元封) 원년(기원전 110) 운양(雲陽)으로부터 진군하여 선우대(單于臺)에 오른 뒤 18만 대군을 거느리고 위엄을 떨치면서 선우에게 사신을 보내 고하기를 "남월왕의 머리는 이미 북궐에 걸어 놓았다. 선우 그대가 능히 맞서 싸우겠거든 천자인 내가 직접 변경에서 기다릴 것이요, 싸우지 못하겠거든 속히 와서 신하로 복종하라.〔南越王頭已懸於漢北闕矣. 單于能戰, 天子自將待邊; 不能, 亟來臣服!〕"라고 하였다.《漢書 卷6 武帝紀》

252 막남(漠南)에서……그쳤습니다 : 막남은 고비사막 남쪽 지역을 말한다. 한 무제가 오랫동안 군사 조련에 힘쓰고 유능한 장군을 물색하여 발탁하는 등 만반의 준비를 한 뒤, 기원전 129년부터 위청(衛青)과 곽거병(霍去病)을 비롯한 명장들을 앞세워 흉노를 맹공격하여, 고비사막 북쪽 지역으로 쫓아냄으로써 이후로 막남에는 흉노의 왕정(王庭)이 없게 되었다고 한다.《漢書 卷94上 匈奴傳》

감로(甘露)[253] 원년에 이르러서야 비로소 호한(呼韓)이 항복하였지만,[254] 오히려 오랑캐 잔당이 빠져나가 멀리 남의 땅에 의탁해 있었으니,[255] 이들이 이른바 '질지(郅支)'라고 하는 놈이 이끄는 무리입니다. 질지의 무리는 물과 풀을 찾아 유목하는 습성이라 길들이기 어렵고 심성은 승냥이나 이리 떼처럼 사납기 짝이 없습니다. 처음에는 자식을 한(漢)에 보내 입조(入朝)하여서는 잠시 굶주린 범처럼 애걸복걸하더니, 나중에는 험한 땅을 믿고 멀리 숨는 것이 과연 배고픈 새매가 훌쩍 날아가 버린 것과 같았습니다.[256] 중원(中原)을 엿보며 천망(天網)[257]도 빠져나갈 수 있다고 여기고서, 서쪽 땅에서 제멋대로 날뛰며 자주

253 감로(甘露) : 한 선제(漢宣帝)의 연호(기원전 53~기원전 49)이다.

254 호한(呼韓)이 항복하였지만 : 호한은 '호한야(呼韓邪)'의 약칭으로 한나라 때 흉노의 선우(單于)이다. 재위 기간은 기원전 58~기원전 31년이다. 한 원제(漢元帝) 때 흉노에 내분이 일어 5명의 선우가 난립하였고, 이어서 질지 선우와 그 아우인 호한야 선우가 대립하다가 질지 선우에게 패한 호한야 선우는 한나라에 항복하였다. 호한야 선우는 질지 선우가 한나라 원정군에게 죽은 뒤에 흉노의 패권을 잡고 한나라와 화친을 맺어 왕소군(王昭君)을 아내로 맞이하였다. 《漢書 卷8 宣帝紀, 卷94上 匈奴傳》

255 오랑캐……있었으니 : 호한야 선우가 한나라에 항복하자, 질지 선우는 한나라와 호한야의 연합이 두려워 서쪽 강거(康居) 지역으로 멀리 도망쳤다. 《漢書 卷8 宣帝紀》

256 처음에는……같았습니다 : 굶주린 범과 배고픈 새매는 흔히 흉포하고 탐욕스러운 사람을 비유하는 말로 쓴다. 이 구절은 흉노에 내분이 일어난 뒤 호한야 선우와 질지 선우가 모두 한과의 화친을 위해 자식을 한나라 조정에 시자(侍子)로 보냈는데, 한나라가 항복해 온 호한야 선우를 비호하자, 질지 선우는 이를 원망하면서 한나라에 사신을 보내 화친을 요청하였다가 얼마 후 한나라 사신을 죽이는 등 한나라를 등지고는 호한야 선우의 강성함을 듣고 마침내 강거로 도망쳤다. 《漢書 卷70 陳湯傳》

257 천망(天網) : 악한 사람을 잡기 위하여 하늘에 쳐 놓았다는 그물로, 그물코가 크고 성기지만 절대로 놓치는 일이 없다고 한다. 《노자(老子)》 73장에 "하늘의 그물은 넓고 넓어서 성글지만 놓치지 않는다.〔天網恢恢, 疎而不失.〕"라고 한 데서 유래하였다.

변방의 전화(戰火)를 일으켰습니다. 황조(皇朝)의 위엄과 명령이 미치지 않자 큰 악행이 하늘에 닿을 정도였고,[258] 초원(初元)[259] 연간에 보낸 사신(使臣)이 돌아오지 못하였는데도,[260] 그 깊은 치욕을 씻지 못하였습니다. 그런데도 성상의 큰 도량은 그런 허물도 감싸 주었지만, 그 추악한 오랑캐 무리는 여전히 복주(伏誅)하지 않았습니다. 산하(山河)는 너무도 멀기만 한데, 누가 천교(天驕)[261]의 목을 잡아맬 수 있겠습니까? 날뛰는 고래 떼 아직 죽이지 못하여,[262] 장사들의 머리털이 곤두서서 관을 추켜올릴 지경이었습니다.[263]

258 하늘에 닿을 정도였고 : 원문의 '통천(通天)'은 한 무제 때 감천궁(甘泉宮)에 세운 대 이름이기도 한데, 여기서는 하늘에 닿는다는 의미를 가지고 중의적으로 쓴 듯하다.

259 초원(初元) : 한 원제의 연호(기원전 48~기원전 44)이다.

260 사신(使臣)이 돌아오지 못하였는데도 : 초원 5년(기원전 44) 한나라 위사마(衛司馬) 곡길(谷吉)이 질지 선우에게 사신으로 갔다가 죽음을 당한 일을 가리킨다. 《漢書 卷9 宣帝紀, 卷70 陳湯傳》

261 천교(天驕) : 하늘이 내려 준 것처럼 강성하다는 뜻으로, 흉노 또는 흉노의 선우를 가리킨다. 한 무제 때 흉노의 선우가 한나라에 보낸 글에 "남쪽에는 큰 한나라가 있고, 북쪽에는 강한 호가 있으니, 호는 바로 하늘이 내려 준 강성한 자식입니다.〔南有大漢, 北有强胡, 胡者, 天之驕子也.〕"라고 한 데서 유래하였다. 《漢書 卷94上 匈奴傳》

262 날뛰는……못하여 : 고래는 작은 물고기들을 잡아먹기 때문에 흔히 악인의 괴수로 비유되는데, 여기서는 흉노를 가리킨다. 《춘추좌씨전(春秋左氏傳)》 선공(宣公) 20년에 "옛날의 밝은 임금은 불경한 나라를 정벌하여 그 괴수를 죽여 무덤을 높이 쌓아 대중에게 보여 큰 치욕을 받게 하였다.〔古者明王伐不敬, 取其鯨鯢而封之, 以爲大戮.〕"라고 하였다.

263 머리털이……지경이었습니다 : 몹시 노한 모습을 형용한 말이다. 전국 시대 진 소왕(秦昭王)이 15성(城)으로 조(趙)나라의 화씨벽(和氏璧)과 바꾸자고 했을 때, 조나라 인상여(藺相如)가 그 화씨벽을 가지고 진나라에 갔다가 소왕의 속임수를 알아차리고는 화씨벽을 완전하게 돌려보내기 위해 소왕 앞에서 화씨벽을 가지고 기둥에 기대

신들은 생각한즉 변토(邊土)의 몇몇 신하들이 모두 한때의 안일만을 생각하였기에, 서역 삼십육국(西域三十六國)[264]이 모두 흉노에 편입된 것입니다. 이 때문에 강개한 심정으로 변방을 다스리며 전군의 여러 장수의 사기를 북돋우고, 편의종사(便宜從事)[265]하며 죽을 고비를 수없이 넘기는 전술을 펼쳤습니다. 성곽국(城郭國)[266]의 병력을 동원하여 성세(聲勢)를 과시하고 둔전(屯田)[267]의 군사까지 발동하여 마침내 공격을 개시하였습니다. 한밤중에 총령(蔥嶺)[268]을 넘을 때 오손(烏孫)[269]

어 섰는데, "그의 곤두선 머리털이 관을 추켜올렸다.〔怒髮直上衝冠.〕"라고 한 데서 유래하였다. 《史記 卷81 藺相如列傳》

264 서역 삼십육국(西域三十六國) : 전한 때 탑리목(塔里木) 분지 주변과 천산(天山) 산맥 계곡 지대에 터를 잡고 살던 서역 여러 나라와 유목 부족들을 두루 이르는 말이다. '36'이라는 숫자는 실제 수효라기보다는 다수(多數)를 의미하는 숫자이다. 기원전 177~기원전 176년에 흉노에 복속되었다가, 기원전 60년 한의 서역도호부(西域都護府)에 편입되었다. 《정수일, 실크로드사전, 창비, 2013.》

265 편의종사(便宜從事) : 임금이 신하를 외방에 파견하면서, 규정이나 명령에 구애됨이 없이 형편에 따라 적절하게 일을 처리할 수 있게 하는 특권을 말한다.

266 성곽국(城郭國) : 한나라 때 서역에서 성곽을 쌓고서 정착하여 거주하던 나라를 이른다. 《정수일, 실크로드사전, 창비, 2013.》

267 둔전(屯田) : 한 무제 때 서역을 개척하고, 군대를 주둔시켜서 군량을 마련하기 위하여 설치한 토지를 말한다. 이를 감독하기 위하여 교위(校尉)를 두었다. 《漢書 卷96下 西域傳》

268 총령(蔥嶺) : 중앙아시아의 파미르(Pamir) 고원 일대를 이른다. 산 위에 파〔蔥〕가 자란다고 하여 붙여진 이름이라고 한다. 역대로 중국과 서역의 교통로 역할을 하였다. 《漢書 卷96上 西域傳》《水經注 河水 蔥嶺》

269 오손(烏孫) : 한나라 때 천산산맥 북방의 초원 지대에 살던 유목 민족이다. 기원전 177년경 흉노에 복속되었다가 기원전 130년경 흉노의 지원을 얻어 월지(月氏)를 공격하면서 근거지를 천산산맥의 중서부 지역으로 옮겨 흉노의 통제에서 벗어났다.

이 앞에서 인도하고, 새벽에 철마(鐵馬)가 질주할 적에는 대완(大宛)[270]이 선봉에 섰습니다.

육교(六校)[271]가 새벽 별빛 아래 행군하여 금절(金節)[272]을 지니고 서쪽으로 공격해 나아가자, 모든 만족(蠻族)들이 구름처럼 몰려들어 지축(地軸)을 따라 오른쪽으로 돌아 진격하였습니다.[273] 처음에 전지(闐池)[274]에서 멈추어 군비(軍備)를 갖춘 것은 군대의 기밀 유지를 위

한 무제 때부터 한나라와 우호 관계를 유지하였으나, 5세기 후반에 선비(鮮卑)와 유연(柔然) 등에 압박을 받아 멸망하였다. 《漢書 卷96 西域傳》

270 대완(大宛) : 한나라 때 중앙아시아의 페르가나에 있었던 나라이다. 이곳에서 한혈마(汗血馬)라는 좋은 말이 나는데, 한 무제 때 이광리(李廣利)가 정벌하여 대완 왕의 머리를 베고 한혈마를 잡아 바쳤다고 한다. 《漢書 卷96 西域傳》

271 육교(六校) : '교(校)'는 군대의 편제 단위 또는 군영(軍營)을 말한다. 《한서》 권70 〈진탕전(陳湯傳)〉에 "군대를 지휘하여 길을 나누어 행군하면서, 군대를 육교로 나누어 편성하였다.〔引軍分行, 別爲六校.〕"라는 내용이 나온다.

272 금절(金節) : 제후의 사신이 지니는 금으로 된 부절(符節)인데, 여기서는 임금의 명을 받들어 출정하는 장수가 지니는 절월(節鉞)을 말한다.

273 지축(地軸)을……진격하였습니다 : 진법(陳法)에 따라 행군하거나 공격하는 모습을 가리키는 듯하다. 당(唐)나라 낙빈왕(駱賓王)이 병부 상서(兵部尙書)로 있을 때 지은 〈요주도파역적낙파랑양건등노포(姚州道破逆賊諾波浪楊虔等露布)〉에 "신이, 아무개로 하여금 비휴와 표범 같은 장수들을 모아서 천기를 따라 왼쪽으로 돌고, 아무개로 하여금 코뿔소와 코끼리 같은 병졸을 거느리고 지축을 따라 오른쪽으로 돌게 하였다.〔臣遣某等擁貔豹之雄, 順天機而左轉; 遣某等率犀象之卒, 乘地軸以右迴.〕"라는 내용이 나오는데, 안문선(顔文選)의 주(註)에 "천기는 천형이라는 말과 같으니, 지축과 함께 모두 진의 이름이다.……하늘은 왼쪽으로 선회하기 때문에 좌전이라 한 것이고, 땅은 음도이기 때문에 우회라고 한 것이다.〔天機猶言天衡, 與地軸, 皆陣名也.……天左旋, 故言左轉; 地陰道, 故言右迴.〕"라고 하였다. 《駱丞集 卷4》

274 전지(闐池) : 한나라 때 서역에 있었던 호수이다. 지금의 키르기스스탄의 이쉬쿨(Issyk-Kul) 호수이다. 감연수와 진탕의 군대가 질지 선우를 칠 때 주둔하였던 곳이다.

해서였고, 마침내 도뢰(都賴)[275]에 군대를 주둔시키자 적들은 크게 놀랐습니다. 이에 질지가 흉악한 무리를 규합하여 싸우자고 덤비다가 다시 여러 층으로 쌓인 바위 벼랑[276]을 의지하여 성안에 들어앉아 지키고만 있었습니다. 강물 속에서 궁지에 몰린 짐승[277]도 오히려 대들면서 물어뜯으려는 성미를 갖고 있고, 솥 안에서 노니는 물고기[278]도 잠깐 동안 힘찬 모습을 짓기 마련입니다. 이에 신들이 전군에게 명하여 일제히 나아가 사면으로 에워싸고 공격하자, 그 기세는 불이 활활 타올라 금세 터럭을 태워 버릴 듯하고 우레는 순식간에 내리쳐서 귀를 막고 도망쳐야 아무 소용이 없을 정도였습니다. 강한 쇠뇌를 쏘는 부대를 앞세우고 긴 창을 다루는 부대는 뒤에 배치하였는데, 그 형세가 마치 거센 회오리바람처럼 5리 거리의 외성(外城)과 3리 거리의 본성(本城)까지 파죽지세로 휩쓸었습니다. 용기를 뽐내는[279] 군사들이 맨 앞에서

275 도뢰(都賴) : 서투르키스탄 경계에 있는 강으로, 지금의 카자흐스탄 탈라스(Talas) 강이다. 감연수와 진탕의 군대가 질지 선우를 칠 때, 질지 선우가 이 강변의 질지성(郅支城)을 근거지로 하였다.

276 여러……벼랑 : 《한서》 권70 〈진탕전〉에는 강거(康居)의 질지성은 지금의 탈라스 강 유역에 있었는데, 안에 토성(土城)을 쌓고, 토성 밖에 목책을 3층으로 겹쳐 중목성(重木城)을 쌓은 것으로 나온다.

277 궁지에 몰린 짐승 : 곤경에 처한 사람을 비유하는 말이다. 춘추 시대에 오왕(吳王) 합려(闔廬)가 초(楚)나라를 칠 적에, 그의 아우인 부개왕(夫槪王)이 충고하여 말하기를 "짐승도 궁지에 몰리면 발악하여 대드는데, 더구나 사람이야 더 말할 나위가 있겠는가.〔困獸猶鬪, 況人乎?〕"라고 한 데서 유래하였다. 《春秋左氏傳 定公4年》

278 솥……물고기 : 몹시 위험한 처지에 놓인 사람이나 사물을 비유하는 말이다. 남조(南朝) 양(梁)나라 구지(丘遲)의 〈여진백지서(與陳伯之書)〉에 "지금의 상황은 마치 물고기가 끓는 솥 속에서 노니는 것과 같고, 제비가 바람에 날리는 장막 위에다 둥지를 트는 격이다.〔魚游於沸鼎之中, 燕巢于飛幕之上.〕"라는 말이 나온다. 《文選 卷43》

달려서 흡후(歙侯)[280]의 기를 뽑았고, 용맹한 사졸들이 견고한 적의 예봉을 꺾자 흉노군의 어린진(魚鱗陣)[281]이 완전히 궤멸되었습니다. 그리하여 주력 대군이 앞을 다투어 마구 들이닥치자 마치 무인지경을 휘젓는 것 같았는데, 하루 만에 획득한 수급과 포로가 이루 셀 수 없을 지경이었습니다.

마침내 질지는 군후가승(軍候假丞) 두밀(杜密)에 의해 목이 떨어졌습니다.[282] 100년 동안 도망 다니던 도적이 하루아침에 벌을 받아 죽으니, 만리 먼 곳에서 세운 이 대단한 공훈은 천고에 없던 일입니다. 사졸들은 좋아서 뛰며 개선가를 부르면서 춤을 추고, 서역과 북방의 오랑캐들은 서둘러 달려와 예물(禮物)을 바치며 충성을 보였습니다. 참창(攙搶)과 형혹(熒惑)[283]이 이제 북극성을 향하여 에워싸고 있는

279 용기를 뽐내는 : 원문의 '가용(賈勇)'은, 춘추 시대 제(齊)나라 고고(高固)가 진(晉)나라 군진(軍陣)으로 돌진하여 혼자서 휘젓고 자기 진영으로 돌아온 뒤에 "용기가 필요하다면 나의 남은 용기를 사 가라.〔欲勇者, 賈余餘勇.〕"라고 소리친 데서 유래한 말이다. 《春秋左氏傳 成公2年》

280 흡후(歙侯) : 흡후(翕侯)라고도 한다. 한나라 때 오손(烏孫), 월지(月氏), 강거(康居) 등 부족의 벼슬 이름이다. 《漢書 卷69 趙充國辛慶忌傳》

281 어린진(魚鱗陣) : 어리진(魚麗陣)이라고도 한다. 물고기가 서로 붙어서 나아가는 모양의 진법(陣法) 이름인데, 전차 25승(乘)을 편(偏)으로 삼아 앞에 배치하고 갑사(甲士) 5인을 오(伍)로 삼아 뒤에 배치하는 진법이다. 《春秋左氏傳 桓公5年 杜預注》

282 질지는……떨어졌습니다 : 질지 선우가 성안으로 밀고 들어온 한나라 군대에게 창상(創傷)을 입어 죽었고, 그때 군후가승 두훈(杜勳)이 질지 선우의 머리를 자른 것이다. '두밀(杜密)'은 '두훈'의 오류인 듯하다. 《漢書 卷70 陳湯傳》 두훈은 이 공으로 왕망(王莽) 집권 때 토적후(討賊侯)에 추봉(追封)되었다.

283 참창(攙搶)과 형혹(熒惑) : 참창은 혜성(彗星)의 이름이고, 형혹은 화성(火星)의 별칭인데, 모두 전쟁이나 반역을 상징한다.

별이 되었고,[284] 월굴(月窟)과 곤륜(崑崙)도 길이 우리 황제의 거둥을 바라는 산이 되었습니다.[285]

옛날 요 임금의 어진 덕이 하늘처럼 만물을 덮어 주었지만 청구(靑丘)[286]의 흉악한 괴물은 제거하지 못하였고, 순 임금의 덕화가 바람처럼 두루 행해졌지만 여전히 단포(丹浦)[287]의 사나운 족속이 남아 있었습니다. 그런데 작금의 성대한 공렬은 옛날의 위대한 업적을 능가하니, 이제 노래를 지어서 조묘(祖廟)에 제사를 지내려고 합니다. 이 어찌 단지 변방 오랑캐들에게 과시하고 후손들에게 훤히 보여 주기 위해서일 뿐이겠습니까. 이는 바로 황제의 위엄을 먼 곳까지 펼치고 신성한 무위(武威)를 만방에 떨침에, 하늘과 사람이 함께 호응하여 이루어 낸 것이니, 이 모두가 우리 임금의 신령함에서 비롯된 것입니다. 사졸(士卒)들이 무슨 공이 있겠습니까. 원컨대, 조령(詔令)을 위조한 죄[288]

284 북극성을……되었고 : 북극성은 천자를 상징한다. 《논어》 〈위정(爲政)〉에 "덕으로 다스리는 것을 비유하자면 북극성이 제자리에 있으면 뭇별이 북극성을 향하여 에워싸고 있는 것과 같다.〔爲政以德, 譬如北辰居其所, 而衆星共之.〕"라고 한 데서 유래한 말이다. 여기서는 모든 이민족들이 한나라 황제에게 귀순함을 뜻한다.

285 월굴(月窟)과……되었습니다 : 월굴은 원래 달 속에 있다는 전설상의 굴이며, 곤륜(崑崙)은 전설상의 산 이름 또는 티베트와 신강(新疆) 사이에 있는 산 이름이다. 여기서는 모두 까마득히 먼 변방의 산을 가리키는데, 천하의 땅끝까지 전체 영토가 한나라 황제에게 귀속되었음을 뜻한다.

286 청구(靑丘) : 해외에 있다는 전설상의 나라 이름인데, 요(堯) 임금이 예(羿)를 시켜서 청구의 못에서 대풍(大風)을 주살로 잡았다는 전설이 있다. 《淮南子 本經訓》 대풍은 악한 새 또는 풍백(風伯)을 이른다.

287 단포(丹浦) : 단수(丹水)의 물가를 가리키는데, 요 임금이 이곳에서 유묘씨(有苗氏)를 정벌하였다고 한다. 《文選 卷20 沈休文應詔樂遊苑餞呂僧珍詩 李善注》

288 조령(詔令)을 위조한 죄 : 서역 부교위(西域副校尉) 진탕의 계략으로 조서(詔

에 대한 형벌을 받고자 합니다.

옛사람들이 변문(騈文)을 애당초 그리 자주 짓는 편은 아니었거니와 의작(擬作)에 대해서는 더욱 달갑게 여기지 않았다. 점차 고문(古文)을 좋아할 줄 알고부터는 대체로 그러하였다. 그런데 유독 동래(東萊) 여공(呂公)[289]은 〈당정양총관파토번노포(唐定襄摠管破吐蕃露布)〉[290]를 몹시도 꼼꼼하게 지었으니, 여공은 한 시대를 대표하는 명유(名儒)이거늘 도리어 이러한 글을 기꺼이 모의(模擬)하여 엮어 내기를 과장(科場)의 늙은 수재(秀才)를 흉내 내었는가? 아마도 여공에게 다른 감회가 있었던 것인가?

내가 생각하건대, 여공이 살던 시대에는 서북방 오랑캐가 일으킨 화란(禍亂)이 그 어느 때보다 심하였다. 두 황제가 북방으로 순행하였고 온 천하가 적에게 유린되어, 결국 송나라 조정은 장강(長江) 이남으

書)를 위조하여 시역 성곽국(城郭國)의 군대와 둔전(屯田)의 사졸들을 동원하여 질지 선우를 공격한 일을 말한다. 질지 선우를 참수한 뒤에 한나라 조정에서 진탕과 감연수에 대한 포상과 처벌을 놓고 논쟁이 벌어졌고, 그 여파로 그들은 오히려 감옥살이까지 하였으며, 3년이 지나서야 감연수는 의성후(義成侯)에, 진탕은 관내후(關內侯)에 책봉되어 각각 300호의 식읍을 하사받았다. 《漢書 卷70 陳湯傳》

289 동래(東萊) 여공(呂公) : 송나라 여조겸(呂祖謙, 1137~1181)을 가리킨다. 자는 백공(伯恭), 호는 동래, 하동(河東) 무주(婺州) 사람이다. 주희(朱熹), 장식(張栻)과 절친하여 그들과 함께 '동남삼현(東南三賢)'이라 일컬어졌으며, 주희와 함께 《근사록(近思錄)》을 편찬하였다. 저서에 《동래좌씨박의(東萊左氏博議)》, 《동래역설(東萊易說)》, 《동래집(東萊集)》 등이 있다.

290 당정양총관파토번노포(唐定襄摠管破吐蕃露布) : 《동래집》 외집 권3에는 〈당정양도행군대총관파돌궐노포(唐定襄道行軍大摠管破突厥露布)〉라는 제목으로 실려 있다.

로 쫓겨나 구구하게 사직을 유지하니, 겨우 일개 군왕(郡王)에나 비길 형편이었다.[291] 이런 상황에서 여공이 어찌 진정 불평스러운 감정이 없었겠는가. 이 글도 역시 까닭이 있어서 지었을 것이다. 당시 충신과 의사들로 하여금 무릎을 치고 외면서 누구나 이를 갈고 피눈물을 뿌리며 곤오(昆吾)의 북쪽으로 뜻을 치달리게 하려는 것이었으리라.[292]

아아, 여공의 뜻이 절실하도다. 이 어찌 한갓 심심풀이 글 장난일 뿐이겠는가. 여공의 뜻을 안다면 이 글을 지은 나의 뜻도 알 수 있을 것이다.

291 두 황제가……형편이었다 : 송나라 정강(靖康) 2년(1127) 금(金)의 공격으로 수도인 변경(汴京)이 함락되고 휘종(徽宗)과 흠종(欽宗)이 포로로 잡혀갔는데, 이 사건을 정강의 변이라고 한다. 이후 난을 피해 남쪽으로 도망한 흠종의 아우 강왕(康王)이 임안(臨安)에 도읍함으로써 북송(北宋)은 멸망하고 남송(南宋)이 성립되었다.

292 곤오(昆吾)의……것이었으리라 : 곤오는 신강(新疆) 합밀현(哈密縣) 지역으로, 한나라 때에는 '이오(伊吾)'라고 하였다. 《후한서(後漢書)》 권18 〈장궁열전(臧宮列傳)〉에 "장궁과 마무의 무리는 칼을 어루만지고 손뼉을 치면서 이오의 북쪽에서 뜻을 치달린다.〔臧宮馬武之徒, 撫鳴劍而抵掌, 志馳於伊吾之北矣.〕"라는 말이 나오는데, 장궁과 마무는 모두 후한 때 장군으로 서북방 이민족과의 전투에서 공을 세웠다. 곧 이 말은 금나라를 무찔러 빼앗긴 고토를 회복할 의지를 품는다는 뜻이다.

상량문 上樑文

통천 용연의 새집[293] 상량문
通川龍淵新居上樑文

금강산(金剛山)의 북쪽 기슭이요, 푸른 바다의 서쪽 물가이니, 명산의 영기가 뻗치어 천하에 그 명성을 드날리고, 큰 바다가 둘러싸서 만국의 동쪽에 경계를 열었도다. 아름다운 풍광은 천년 세월 속에서 신선이 왕래한 이야기가 전해지고, 연하 자욱한 골짜기는 실로 은자가 소요할 만한 곳이로다. 땅이 연주(連州)와 비슷하여 잔치를 베풀어 즐거워하기에 이만한 곳이 없으니,[294] 하늘이 반곡(盤谷)을 남겨 주어 이원(李愿)의 거처가 된 격이로다.[295] 이 좋은 곳에 마침내 작은 집을 지었다.

293 통천(通川) 용연(龍淵)의 새집 : 《창계집》 〈창계선생연보초(滄溪先生年譜草)〉에 의하면, 창계가 20대 중반에 몇 년 동안 서울에 살다가 고향으로 돌아갈 계획을 세웠는데, 여의치 않아 27세 때인 1675년(숙종1) 양친을 모시고 영동(嶺東)의 통천으로 들어가 살았다고 한다. 용연은 통천군에 있는 지명이다.

294 땅이……없으니 : 부모와 가족들과 함께 지내기에 아주 좋은 곳이라는 말이다. 당나라 한유(韓愈)가 연주(連州)의 왕중서(王仲舒)의 부탁을 받고 〈연희정기(燕喜亭記)〉를 지었는데, 여기에 정자의 이름이 《시경》 〈비궁(閟宮)〉에 "노후가 잔치하여 즐거워하시니, 훌륭한 아내와 장수한 어머니가 계시도다.〔魯侯燕喜, 令妻壽母.〕"라는 구절에서 따온 것이라고 한 내용이 나온다. 《昌黎集 卷13》

주인은 마천령 북쪽 지방을 떠돌았고 집은 한강의 남쪽 지방에 있었다. 중원(中原)에서 나고 자람으로써 성현의 옛 자취를 두루 돌아볼 기회를 얻지 못하고, 이제 다만 명산에 깃들어 살면서 대동(臺佟), 상장(尙長)의 유풍에 부치고자 하노라.[296] 온 가족과 함께 산을 유람하는 것은 옛사람이 본래 기이한 일이라 칭찬하기도 하였거니와[297] 나라에 보답할 재주도 없는데, 몸을 깨끗이 한들 어찌 인륜을 어지럽히는 데 이르겠는가.[298] 신세는 고향 떠난 왕찬(王粲)과 같고,[299] 뜻은 바다를

295 하늘이……격이로다 : 세상의 명리를 버리고 이곳에 은거하여 소요하며 생을 보내겠다는 포부를 나타낸 말이다. 반곡(盤谷)은 하남성(河南省) 제원시(濟原市) 북쪽에 있었는데, 당나라 이원(李愿)이 은거한 곳이다. 그가 무령 절도사(武寧節度使)가 되었다가 파직당하자, 벼슬살이를 좋아하지 않고 처음 살았던 반곡에 돌아가 은거하였다. 한유가 그를 전송하여 〈송이원귀반곡서(送李愿歸盤谷序)〉를 지었다. 《昌黎集 補遺》

296 대동(臺佟)……하노라 : 대동은 후한(後漢)의 은사로, 무안산(武安山)의 동굴 속에 은거하여 약초 캐는 일을 업으로 삼아 지내면서, 장제(章帝) 건초(建初) 연간에 벼슬로 부르자 이에 응하지 않고 아예 멀리 떠나 종적을 감췄다. 상장(尙長) 역시 후한의 은사로, 자녀의 혼사를 다 치른 뒤에 다시는 가사(家事)를 묻지 않고 명산을 유람하면서 생을 마쳐 그 종적을 찾을 수 없었다 한다. '상장(尙長)'은 '상장(向長)'으로 나오기도 한다. 《後漢書 卷83 逸民列傳 向長》 곧 두 사람 모두 은자를 대표하는 인물로, 임영 자신도 이들처럼 여생을 마치겠다는 포부를 담은 말이다.

297 온 가족과……하였거니와 : 주희(朱熹)의 〈답유덕수(答劉德脩)〉에 "온 가족과 함께 산을 유람하는 것은 매우 기이한 일입니다.〔盡室游山, 大是一段奇事.〕"라고 하였다. 《晦庵集 續集 卷4》

298 몸을……이르겠는가 : 벼슬하지 않고 은둔하는 것이 무능 때문이지 군신의 윤리를 어지럽히는 것이 아니라는 겸사의 말이다. 《논어》 〈미자(微子)〉에 자로(子路)가 벼슬하지 않고 숨은 이를 비평하기를 "자기 몸을 깨끗이 하려고 하여 인간의 큰 윤리를 어지럽히고 만다.〔欲潔其身, 而亂大倫.〕"라고 하였다.

299 신세는……같고 : 왕찬(王粲, 177～217)은 후한 산양(山陽) 고평(高平) 사람으

건너 은둔한 유안(幼安)과 비슷하다.[300] 연로하신 부모님은 숙수(菽水)의 봉양[301]에 편안하시니, 까짓 오두미(五斗米)[302]야 말할 게 뭐 있으랴. 그렇지만 쓸모없는 이 몸은 깊은 산중에서 달갑게 늙어 갈 터이니, 몇 이랑 택지 정도는 없어서는 안 되리로다.

강산은 마치 날 기다려 준 듯하니, 가우(嘉祐) 연간 세 든 집처럼 안락하게 지내는 데 무슨 방해가 되겠는가.[303] 풍속은 서로 간에 친후

로, 박학다식하고 시에 뛰어나 건안칠자(建安七子) 중의 한 사람이다. 동탁(董卓)의 난리를 피하여 형주(荊州)의 유표(劉表)에게 의지해 있을 적에 강릉(江陵)의 성루(城樓)에 올라가 울울한 마음으로 고향을 생각하며 〈등루부(登樓賦)〉를 지었다. 《三國志 卷21 魏書 王粲傳》《文選 卷11》

300 뜻은……비슷하다 : 유안(幼安)은 삼국 시대 위(魏)나라 관녕(管寧, 158~241)의 자이다. 북해(北海) 주허(朱虛) 사람으로, 황건적(黃巾賊)의 난을 피하여 발해(渤海)를 건너 요동(遼東)으로 가서, 조정에서 누차 불렀으나 나아가지 않고, 학문에 힘쓰며 시서(詩書)를 강의하고 예양(禮讓)을 가르쳐서 요동 지방의 풍속을 많이 변화시켰다고 한다. 《三國志 魏書 卷11 管寧傳》《世說新語 卷上之上 德行》

301 숙수(菽水)의 봉양 : 숙수는 콩과 물이라는 뜻으로, 변변하지 못한 음식을 뜻하는데, 곧 가난한 생활 속에서도 부모를 극진히 봉양하는 것을 말한다. 공자(孔子)의 제자 자로(子路)가 집안이 가난해서 효도를 제대로 못한다고 탄식하자, 공자가 "콩죽을 끓여 먹고 물을 마시더라도 부모를 극진히 기쁘게 해 드리는 것을 바로 효라 이른다.〔啜菽飮水盡其歡, 斯之謂孝〕"라고 한 고사가 있다. 《禮記 檀弓下》

302 오두미(五斗米) : 다섯 말의 곡식이라는 뜻으로, 하급 관료의 낮은 봉급을 말한다. 진나라 도잠(陶潛)이 팽택현(彭澤縣)의 현령으로 있을 때 군(郡)에서 독우(督郵)를 보냈는데, 현리(縣吏)가 의관을 갖추고 만나 뵈라고 하자 "내가 오두미를 위하여 구차히 향리의 소아(小兒)에게 허리를 굽힐 수 없다.〔吾不能爲五斗米折腰, 拳拳事鄕里小人邪.〕" 하고, 즉시 인끈을 풀고는 〈귀거래사(歸去來辭)〉를 읊고 고향으로 돌아갔다고 한다. 《晉書 卷94 隱逸列傳 陶潛》

303 가우(嘉祐)……되겠는가 : 송나라 소옹(邵雍)이 가우 7년(1062)부터 희령(熙寧) 1년(1068)에 걸쳐서 사마광(司馬光) 등 낙양(洛陽) 인사들의 도움을 받아 천진교

(親厚)하니, 바닷가 고을 사람들에게도 흙을 날라 돕는 미풍[304]이 있도다. 금란굴(金幱窟)[305]과 총석정(叢石亭)[306]이 10리, 5리 안에 늘어서 있고, 자맥(紫陌)과 홍진(紅塵)[307]일랑은 천산만악 너머로 멀리 떨어져 있도다. 산림에 깃들어 사는 것은 이미 본디의 성품에 맞는데, 띳집도 오늘 마침 이루어졌다.

협실(夾室)과 중당(中堂)은 겨우 식구들이 들어가 살 정도로 지었지

(天津橋) 남쪽에 집을 짓고 안락와(安樂窩)라고 이름을 붙여 유유자적하는 삶을 누린 고사가 있다. 《聞見錄 卷18》

304 흙을……미풍 : 송나라 소식(蘇軾)이 별가(別駕)로 담주(儋州)에 안치(安置)되었을 적에, 처음에 관사(官舍)를 세내어 거처하다가 쫓겨난 뒤에 드디어 땅을 사서 집을 지었는데, 담주 사람들이 돌을 운반하고 삼태기에 흙을 담아 나르며 도왔다는 고사가 있다. 《宋史 卷338 蘇軾列傳》 담주는 지금의 해남도(海南道)이다.

305 금란굴(金幱窟) : 통천군 동쪽 12리에 있는 해식동굴이다. 연대봉의 해안 절벽에 있으며, 넓이가 7, 8자, 깊이가 10여 보(步) 정도 되는데, 막장의 동굴 벽에는 아름다운 돌무늬가 있어 마치 부처님의 옷과 같다고 하며, 원래 관음보살의 진신(眞身)이 항상 거처하는 곳이므로 사람이 지성으로 귀의(歸依)하면 보살이 바윗돌에 나타나고 푸른 새가 날아온다는 전설이 있다. 《新增東國輿地勝覽 卷45 江原道 通川郡》

306 총석정(叢石亭) : 강원도 통천군 북쪽 18리에 있는 누정이다. 바다 위에 빽빽히 솟아 있는 돌기둥〔叢石〕 위에 세워 총석정이라는 이름을 붙였다. 총석 중 바다 가운데 있는 사석주(四石柱)를 특히 사선봉(四仙峯)이라고 하는데, 신라의 술랑(述郎), 영랑(永郎), 안상랑(安詳郎), 남랑(南郎)의 네 선도(仙徒)가 이곳에서 놀며 경관을 감상하였다고 한다. 《新增東國輿地勝覽 卷45 江原道 通川郡》

307 자맥(紫陌)과 홍진(紅塵) : 자맥은 도성 근교의 큰길이고 홍진은 거기에서 일어나는 먼지를 말하는데, 곧 번화한 도성을 가리킨다. 당(唐)나라 유우석(劉禹錫, 772~842)이 낭주 사마(朗州司馬)로 폄척되었다가 도성으로 돌아와 지은 시 〈자낭주승소지경희증간화제군자(自朗州承召至京戲贈看花諸君子)〉에 "번화한 거리 홍진이 얼굴에 불어오는데, 꽃구경하고 온다 말하지 않는 이 없어라.〔紫陌紅塵拂面來, 無人不道看花回.〕"라는 구절이 있다. 《劉賓客文集 卷24》

만, 비바람이 위아래로 들이칠 걱정일랑 어찌 다시 할 게 있으랴. 문열자 나타나는 빼어난 광경은 언제고 동해에 떠오르는 찬란한 태양을 맞이하는 것이요, 온 집안에 풍기는 고상한 운치는 은연중에 봉래산(蓬萊山)의 상서로운 구름에 닿아 있도다. 인정상 누구나 똑같이 고향을 늘 그리워하게 마련이지만, 처한 상황이 본디 달라서 도리어 산림에 들어가 사는 것을 몹시 좋아하는 경우도 있다. 내 스스로 여기서 한평생 한가로이 살아가기에 꼭 맞는데, 몇 길 높다란 집을 부러워하겠는가.

들보 올리고 나니, 거처가 편안하리로다. 세상의 전란이 도화동(桃花洞)에는 들어오지 않으니,[308] 천년 세월 상전벽해 속에서도 응당 율리(栗里)의 집은 남아 전해지리라.[309] 청하노니, 여러 공인(工人)을 도와 육위(六偉)를 노래하려네.

어영차 들보 동쪽에 떡을 던지세	兒郎偉拋梁東
집 앞 바다 구름 속에 원교[310]가 있네	屋前員嶠海雲中

308 세상의……않으니 : 도화동(桃花洞)은 진나라 도잠(陶潛)의 〈도화원기(桃花源記)〉에 나오는 도화원(桃花源)을 말한다. 무릉(武陵)의 어부가 복사꽃이 흘러 내려오는 물길을 따라 거슬러 올라갔다가 진(秦)나라의 난리를 피해 들어온 사람들을 만났는데, 그곳이 워낙 선경이라서 바깥세상의 변천과 세월의 흐름도 잊고 살았다고 한다. 《陶淵明集 卷6》

309 율리(栗里)의……전해지리라 : 율리는 중국 강서성(江西省) 구강현(九江縣)에 있는 지명으로, 진(晉)나라가 쇠망의 길로 들어서자 도잠이 팽택 현령의 벼슬을 버리고 율리에 은거하여 여생을 마쳤다. 《晉書 卷94 隱逸列傳 陶潛》 후에는 은자의 거처를 뜻하는 대명사로 쓰이기도 하였다. 곧 창계가 자기 집을 도잠이 은거하였던 율리의 집에 빗대어 오래 전해지기를 소망한 말이다.

310 원교(員嶠) : 신화 속에 나오는 신산(神山) 이름이다. 발해(渤海)의 동쪽에 대여

닭 울면 동해에 솟는 해를 홀로 마주하여　鷄鳴獨對扶桑日
온 산 차례로 붉게 물드는 광경 앉아서 감상하네　坐見千山次第紅

어영차 들보 서쪽에 떡을 던지세　兒郎偉抛梁西
구름 잇닿은 푸른 산에 나그네 길 흐릿하네　蒼嶺連雲客路迷
온 골짝 풍광을 끝내 혼자 차지하고 보니　一壑風煙終自擅
산집에 시끄러운 거마 소리라곤 다시 없어라　更無車馬鬧巖棲

어영차 들보 남쪽에 떡을 던지세　兒郎偉抛梁南
비 갠 뒤 풍악에 남기가 피어오르네　晴看楓嶽起浮嵐
산집에 일 적어 몸이 늘 강건하니　山家少事身長健
봄가을로 꽃과 단풍을 해마다 찾는다네　秋葉春花歲再探

어영차 들보 북쪽에 떡을 던지세　兒郎偉抛梁北
머름에 마주한 총석은 창을 벌여 세운 듯　叢石當軒如列戟
뒷사람에게 문자로 경계하지 않더라도　不將文字戒來仍
만고토록 내 돌을 가져갈 이 없으리로다　萬古應無取我石

어영차 들보 위에 떡을 던지세　兒郎偉抛梁上
동천에 해와 달 한가로이 오고 가네　洞天日月閒來往
바람과 서리, 비와 이슬 절로 봄과 가을인데　風霜雨露自春秋

(岱輿), 원교, 방호(方壺), 영주(瀛洲), 봉래(蓬萊)의 다섯 신산이 있다고 한다.《列子 湯問》

넓디넓은 우주를 한 번 우러러보고 굽어보네　宇宙冲瀜一俯仰

어영차 들보 아래에 떡을 던지세　兒郎偉抛梁下
도는 내 안에 있어 밖에서 빌릴 건 아니네　道在此中非外假
날로 달로 수신제가 어찌 먼 일이랴　日月修齊事豈遙
밤낮으로 생각하고 행하여 마음 놓지 말아야지　夜思晝行心無舍

상량한 뒤에 농사가 잘되어 먹고살 만큼만 된다면 산에서는 약초 캐고 물에서는 낚시하여 부모님 좋아하는 음식 계절마다 올리며, 병이 없고 재앙 없도록 복과 상서 입어서 이 한 집에서 어른과 아이 모두 편안하기를 삼가 바라노라.

부여 암서재[311] 상량문

夫餘巖棲齋上樑文

구름 깊은 곳에 집을 지으니, 산과 물을 다 겸한 곳이요, 바위 아래 고반(考槃)[312]은 내 작은방이 바로 서실이로다. 모든 언덕과 골짝이 내 숲이고 내 샘이로구나. 주인은 잘하는 것이라곤 없지만 사람됨이 자못 도를 좋아하였도다.[313] 길에서 세월을 보내며 자리 덥힐 틈조차 없다가,[314] 바윗골에 풍연을 점유하고 보니, 바로 책을 보관할 곳이로세.

회암(晦庵)의 여운(餘韻)[315]을 받들어 그윽한 집에 편액을 새로 걸었

311 부여(夫餘) 암서재(巖棲齋) : 《창계집》 〈창계선생연보초(滄溪先生年譜草)〉에 의하면, 창계가 30세 때인 1678년(숙종4) 11월 부여의 조계촌(藻溪村)으로 이주하였는데, 이 암서재는 아마 그때 지은 집인 듯하다.

312 고반(考槃) : 원래 《시경》 〈위풍(衛風)〉의 편명으로, 은거하여 유유자적하게 도를 즐기고 덕을 이룸을 뜻하는데, 은자의 거처를 두루 이르는 말로도 쓴다.

313 사람됨이……좋아하였도다 : 지난날 도를 펼치고자 하는 포부로 세상에 나갔다가 이제야 한가로이 살 집을 마련하였다는 뜻을 함축한 말이다. 당(唐)나라 왕유(王維, 699~761)의 시 〈종남별업(終南別業)〉에 "중년에는 자못 도를 좋아해, 늦게야 남산 기슭에 와서 사노라.〔中歲頗好道, 晩家南山陲.〕" 한 데서 온 말이다. 《王右丞集 卷3》

314 자리……없다가 : 한곳에 오래 머물러 살지 못하였음을 뜻하는데, 공자가 도를 행하려고 사방을 분주하게 다니느라 집에 있는 때가 드물어서 자리가 다스워질 겨를이 없었다는 고사에서 유래한 말이다.

315 회암(晦庵)의 여운(餘韻) : 1175년 주희(朱熹)가 46세 때 복건성(福建省) 건양현(建陽縣)의 운곡(雲谷)에 '회암'이라는 초당을 지었다. 이때 읊은 〈운곡이십육영(雲谷二十六詠)〉에 〈회암〉 시가 있는데, 회암의 여운은 이 〈회암〉 시를 가리킨다. 시는 다음과 같다. "추억하노니 지난날 병산옹이, 나에게 한마디 가르침 보여 주셨지. 오래도

네. 스스로 자신하지 못하겠으니 선철(先哲)을 부여잡아 삼가 따르고,[316] 작은 효과나마 바라노니 남은 광휘(光輝) 완미하기를 어찌 그만둘 수 있으랴.[317]

무슨 마음으로 푸른 산에 사느냐고 누군가가 묻는다면 웃으면서 대답하지 않고,[318] 서책에서 터득한 것이 있을 때면 즐거워서 근심을 잊으리라.[319] 이 삶 다하는 날까지 우유자적(優遊自適)하며 늘 최선을 다하여 사색하고 힘쓰리로다. 집은 몇 칸짜리인데, 무릎이나 펼 만한 비좁은 곳이라도 만족스러움을 알겠고,[320] 육위(六偉)의 노래로 도우니 각

록 자신하지 못하였으니, 바윗골에 깃들어 작은 효과나마 바란다네.〔憶昔屏山翁, 示我一言教. 自信久未能, 巖棲冀微效.〕"《晦庵集 卷6》 병산옹은 유자휘(劉子翬)의 호이다.

316 스스로……따르고 : 스스로 자신하지 못하겠다는 것은 세상에 나가 벼슬에 종사하면서 도를 실천하는 것을 말한다. 《논어》〈공야장(公冶長)〉에 "공자가 칠조개에게 벼슬하도록 권하자, 그가 대답하기를 '저는 벼슬하는 것에 대해 아직 자신할 수 없습니다.' 하니, 공자가 기뻐하였다.〔子使漆雕開仕. 對曰: 吾斯之未能信. 子說.〕"라고 하였다. 곧 은둔하여 옛 성현을 배우면서 학문에 전념하겠다는 뜻을 표현한 것이다.

317 작은……있으랴 : '작은 효과'는 은거하여 추구하는 학문과 수양으로 얻는 효과를 겸손하게 말한 것이다. '남은 광휘(光輝)'는 옛 성현이 남긴 저술을 말한다.

318 무슨……않고 : 편안하고 한가로운 삶을 함축하는 말이다. 당나라 이백(李白)의 〈산중문답(山中問答)〉 시에 "나더러 무슨 마음으로 청산에 사느냐고 묻기에, 웃고 대답 않으니 마음 절로 한가롭네.〔問余何意棲碧山, 笑而不答心自閑.〕"라는 구절이 있다. 《李太白文集 卷15》

319 서책에서……잊으리라 : 학문을 하여 터득한 즐거움을 표현한 말이다. 공자가 일찍이 "터득하기 전에는 발분하여 먹는 것도 잊어버리고, 이미 터득한 뒤에는 즐거워서 근심도 잊어버린 가운데, 늙음이 닥쳐오는 것조차도 모른다.〔發憤忘食, 樂以忘憂, 不知老之將至.〕"라고 한 데서 유래하였다. 《論語 述而》

320 무릎이나……알겠고 : 몹시 비좁은 방이라도 마음에 편안함을 뜻한다. 진나라 도잠(陶潛)의 〈귀거래사(歸去來辭)〉에 "남창에 기대어 자유로운 마음 부치니, 무릎이

방면마다 이 말을 기록하노라.

어영차 들보 동쪽에 떡을 던지세	兒郎偉抛梁東
맑은 백마강에 푸른 하늘 어리비치누나	白馬澄江映空
짧은 노를 저어 때때로 달을 싣고	短棹時時載月
높은 대 곳곳에서 바람을 맞노라	高臺處處臨風

어영차 들보 남쪽에 떡을 던지세	兒郎偉抛梁南
바위 샘물이 맑은 연못에 떨어지는구나	巖泉落處蓮潭
크고 작은 것이 하나 됨을 환히 알겠고	了知小大一體
하늘빛 구름 그림자 잠기어 비치기도 하네	也有天雲相涵

어영차 들보 서쪽에 떡을 던지세	兒郎偉抛梁西
푸른 병풍바위 한 모퉁이가 처마와 가지런하네	蒼屛一曲簷齊
몇 년이나 비바람에 갈리고 씻기었나	幾年風雨磨洗
좋은 손에게 부탁하여 시 쓰기 좋겠네	合倩好客詩題

어영차 들보 북쪽에 떡을 던지세	兒郎偉抛梁北
시내 너머로 산과 들의 풍광이 펼쳐져 있네	溪外山光野色
벼랑 따라 난 돌길은 아득하고	緣崖石逕迢迢
구름 덮인 문은 종일토록 고요하네	終日雲關寂寂

나 들어갈 작은 집이라도 편안함을 알겠노라.〔倚南窓以寄傲, 審容膝之易安.〕" 하였다. 《陶淵明集 卷5》

어영차 들보 위에 떡을 던지세　兒郎偉抛梁上
푸른 산이 담장처럼 집을 둘렀네　青山繞屋如障
푸른 솔과 흰 구름이 많은데　多有青松白雲
모두가 유인이 실로 그리던 것이로구나　盡在幽人眞想

어영차 들보 아래에 떡을 던지세　兒郎偉抛梁下
버들 언덕 이끼 낀 바윗돌 앉아 놀기 좋구나　苔磯柳岸堪坐
흥이 일면 한가히 붓 잡아 시를 짓고　興來詩筆閑拈
피곤하면 도가서나 펼쳐 읽는다네　倦後道書行把

상량한 뒤에, 몸에 온갖 병이 없고 마음이 여유롭고 한가하다면 방안에서 예악(禮樂)과 시서(詩書) 등 평소에 좋아하던 것들을 돈독히 연구하고,[321] 바람과 꽃, 눈과 달 등 사계절의 경물을 길이 감상하기를 바라노라.[322]

321 예악(禮樂)과……연구하고 : 고서를 읽고 독실하게 학문을 하며 지냄을 뜻한다. 진나라 도잠(陶潛)의 〈신축세칠월부가환강릉야행도구작(辛丑歲七月赴假還江陵夜行塗口作)〉에 "예전에 좋아하던 시서를 돈독히 연구하고, 원림에는 세속의 정이 없어라.〔詩書敦宿好, 林園無世情.〕" 하였다. 《陶淵明集 卷3》

322 바람과……바라노라 : 세상의 온갖 변화, 즉 사생(死生)과 영욕(榮辱) 따위에 달관하여 사물을 차분히 관조하고자 하는 포부를 함축한 말이다. 송나라 소옹(邵雍)의 〈격양집자서(擊壤集自序)〉에 "비록 사생과 영욕이 눈앞에 전개되어 싸움을 벌인다 할지라도, 흉중에 그것을 개입시키지 않는다면, 사시에 따라 바람과 꽃, 눈과 달 등이 우리의 눈앞에 한번 스쳐 지나가는 것과 무엇이 다르겠는가.〔雖死生榮辱, 轉戰於前, 曾未入于胸中, 則何異四時風花雪月一過乎眼也?〕"라고 하였다.

창계집

제17권

묘문 墓文

행장 行狀

묘문 墓文

고 가선대부 예조 참판 하홍군 조공 묘지명 병서
故嘉善大夫禮曹參判夏興君曺公墓誌銘 幷序

아아, 여기는 고(故) 예조 참판 하홍군(夏興君) 창녕(昌寧) 조공(曺公)[1]의 묘이다. 장사를 지낼 때 미처 묘지(墓誌)를 함께 넣지 못하였으므로, 장례를 마친 뒤 공의 두 아들이 나에게 묘지를 지어 주기를 부탁하였다. 내가 감당할 수가 없어서 완강히 사양하였으나 두 사람이 울기도 하고 나무라기도 하면서 말하기를,

"전에 선군께서는 기품이 온 세상을 하찮게 여기면서도 오직 자네만은 소중하게 생각하시어, 심지어 '외우(畏友)'라고 부르기도 하셨네.

1 하홍군(夏興君) 창녕(昌寧) 조공(曺公) : 조한영(曺漢英, 1608~1670)을 가리킨다. 본관은 창녕, 자는 수이(守而), 호는 회곡(晦谷)이다. 이식(李植), 김장생(金長生)의 문인이다. 청나라가 원병과 함께 왕손을 볼모로 보낼 것을 요구하자 이를 반대하는 만언소(萬言疏)를 올렸고, 이 사실이 청나라에 알려져 척화파(斥和派)인 김상헌(金尙憲), 채이항(蔡以恒) 등과 함께 심양으로 잡혀가 심한 고문을 받고 투옥되었으나 뜻을 굽히지 않았으며, 옥중에서 김상헌과 시를 창수하여 《설교수창집(雪窖酬唱集)》을 남겼다. 1642년(인조20) 심양에서 의주(義州) 감옥으로 옮겨졌다가 풀려났으며, 이후 지평, 예조 참의, 예조 참판, 한성부 우윤을 지냈다. 문장에 뛰어났으며, 저서로 《회곡집(晦谷集)》이 있다. 창계의 처조부이다.

선군의 뜻이 어찌 괜히 그렇게 한 것이겠는가. 자네가 이것을 생각한다면 의당 사양할 수 없을 것일세. 또 지금 행장(行狀)과 연보(年譜)도 완성하지 못한 상황인지라, 자네 말고는 이 묘지를 지을 사람이 없단 말일세."

하였다. 이에 내가 감히 끝까지 사양하지 못하여 삼가 행적을 서술하고 명을 짓는다.

공의 휘는 한영(漢英)이고, 자는 수이(守而), 자호는 회곡(晦谷)이다. 창녕 조씨(昌寧曺氏)는 신라 때부터 저명하였고, 고려 때에는 더욱 융성하여 8대에 걸쳐 평장사(平章事)를 지냈다. 국조에 들어와서도 역시 대대로 높은 관직에 오른 인물이 배출되었다. 중종(中宗) 때 휘 계상(繼商)이 덕망과 공훈을 겸비하여 당대를 대표하는 대신이었는데, 벼슬이 의정부 좌찬성 창녕부원군(昌寧府院君)에 이르렀고, 시호는 충정(忠貞)이다. 이분이 판돈녕부사(判敦寧府事) 창양군(昌陽君) 휘 광원(光遠)을 낳았다. 광원의 시호는 충경(忠景)으로, 선대의 미덕을 계승하여 《해동명신록(海東名臣錄)》에 수록되었는데, 공의 고조가 된다. 증조 휘 대건(大乾)은 첨지중추부사(僉知中樞府事)를 지냈고, 조부 휘 경인(景仁)은 사도시 주부(司䆃寺主簿)를 지냈고 이조 참판 하산군(夏山君)에 추증되었다. 두 대의 벼슬이 썩 높지는 않았지만 시조 때부터 거의 천 년 동안 벼슬이 끊이지 않았다. 아버지 휘 문수(文秀)는 공조 참판 하령군(夏寧君)인데, 문장력을 풍부하게 갖추어서 제공(諸公)에게 존중을 받았다. 우찬성(右贊成) 정간공(貞簡公) 이직언(李直彦) 공의 따님과 혼인하여 만력(萬曆) 무신년(1608, 광해군 즉위년) 11월 8일에 공을 낳았다.

공이 태어나던 밤에 조모 심 부인(沈夫人)이 이상한 꿈을 꾸었으므로 소자(小字)를 '몽석(夢錫)'이라 하였다. 심 부인은 상국(相國) 청천공(聽天公) 휘 심수경(沈守慶)의 따님으로 문장에 능하였고 식견이 높았다. 공이 포대기에 싸여 있을 때 알아보고는 말하기를 "애는 보통 애가 아니다." 하였다. 겨우 말을 할 무렵에 글자를 가르치자, 한 번 듣고는 곧바로 깨우쳤다.

5세 때 《시경(詩經)》을 가르치자, 가르치는 족족 암송하였다. 조부 하산공이 공을 데리고 객을 만난 적이 있었는데, 객이 공의 재주를 듣고 '봉(烽)' 자와 '종(鍾)' 자를 넣어서 한 연(聯)을 읊어 보라고 하자, 즉시 응대하기를 "봉화는 천리의 소식을 전하고, 종은 만가에 저녁을 알리네.〔烽傳千里信 鍾報萬家昏〕"라고 하였다. 이 일로 일시에 신동이라는 소문이 자자해졌다.

12세에 그간 지은 시문을 편집하여 〈무협록(巫峽錄)〉[2]이라고 이름을 붙였다. 그중 잘된 작품은 어른도 미칠 수 없을 정도였다. 조금 성장해서는 택당(澤堂) 이식(李植) 공에게 수업하였다. 이공이 몹시 애지중지하여 자기 학문을 모두 전수해 주었다. 그 후에는 김장생(金長生) 선생에게 예학(禮學)을 배웠다. 선생이 큰일을 할 만한 그릇이라고 인정하고는 공의 부친 하령공에게 편지를 보내어 축하하였다.

20세에 생원시(生員試)에 1등으로 입격하였다. 태학(太學)에 유학해서는 선비들에게 더욱 추중(推重)을 받았다. 태학에 큰 의론이 있을 때마다 늘 공이 창도하였고, 소장을 올릴 때는 대부분 공이 작성하였다.

정축년(1637, 인조15) 정시(庭試)에 장원급제하였다. 방방일(放榜

2 무협록(巫峽錄) : '무협'은 중국 장강삼협(長江三峽)의 하나로, 이곳에 솟아 있는 봉우리가 12개인 데서 유래하여 12세를 뜻한다.

日)에 연 소왕(燕昭王)이 황금대(黃金臺)를 세우고 현자를 초빙한 고사[3]를 떠올리고 감격하여 시를 지어 뜻을 드러내었다.[4]

무인년(1638, 인조16)에 성균관 전적을 거쳐 외직으로 나가 강원도 도사가 되었다.

기묘년(1639)에 병조 좌랑에 제수되었다가 사헌부 지평으로 옮겼다. 이때 마침 오랫동안 청(淸)나라 심양(瀋陽)에 억류되어 있던 왕세자(王世子)가 잠시 귀환함에 따라, 청나라에서는 원손(元孫)을 대신 볼모로 데리고 가려고 하였다. 공이 병자호란 이후로 늘 비분강개하는 마음을 품고 있었는데, 이때에 이르러서는 슬프고 분하여 눈물을 흘리면서 말하기를 "장차 온 왕족을 북방으로 잡혀가게 하려는가." 하고는 만언(萬言)의 밀소(密疏)[5]를 올려서, 황조(皇朝 명나라)와의 외교를 끊어서는 안 되고 절호의 기회를 잃어서도 안 되거니와, 마땅히 세자가 돌아오고 원손이 아직 가지 않았을 때에 속히 큰 계책을 단행해야 한다는 내용으로 극언하였다. 말이 몹시 감분(感奮)되면서도 적을 대비하고 방어하기 위해 도모한 계책도 상당하여 인조(仁祖)가 그 밀소를

3 연 소왕(燕昭王)이……고사 : 전국 시대 연 소왕이 제(齊)나라에 패한 뒤 부국강병을 도모하여 역수(易水) 가에 황금대(黃金臺)를 짓고 천금을 들여 천하의 현사(賢士)를 초빙하였는데, 악의(樂毅), 추연(鄒衍), 극신(劇辛) 등 선비들이 다투어 연나라로 와서 결국에는 제나라를 공격하여 수도 임치(臨淄)를 함락한 고사를 말한다. 《戰國策 卷29 燕1》《史記 卷34 燕召公世家》

4 시를……드러내었다 : 이 시의 제목은 〈등제후구점언지(登第後口占言志)〉로, 《회곡집(晦谷集)》 권2 〈서원록(西園錄)〉에 수록되어 있다.

5 만언(萬言)의 밀소(密疏) : 《회곡집》 권11에 〈경진봉사(庚辰封事)〉라는 제목으로 수록되어 있다.

금중(禁中)에 보관해 두었다. 그런데 염탐하는 자들이 밀소 내용을 탐지하여 청나라에 누설해 버렸다.

신사년(1641)에 청나라가 김상헌(金尙憲) 공을 공과 함께 압송해 갔다. 떠날 때 주상이 환관을 보내어 몹시 융숭하게 위로해 주셨다. 그리고 유시(諭示)하여 이르기를 "그때그때 잘 대처하여 걱정거리가 생기지 않도록 하라." 하였다. 공의 스승인 택당 공이 길을 따라 전송하면서, 공의 행동거지와 담소하는 모습이 평소와 다름이 없고 밤에 잠도 편히 잘 자는 것을 보고는 기뻐하여 말하기를 "환난을 당하여 이토록 잘 대처하다니, 내 마음을 몹시 든든하게 하는구나." 하였다.

심양에 도착한 뒤에 청나라에서 몹시 무섭게 위협하여 심문하자, 공은 즉시 대답하기를 "내가 내 나라 일을 논한 것이지 다른 뜻이 있는 것은 아니다." 하였다. 청나라 사람이 여러 번 심문하였지만 공의 대답은 처음과 같아서 공의 뜻을 빼앗지 못하였다. 청나라 우두머리들이 모두 노하여 비록 죽일 것을 논하면서도 서로 돌아보며 말하기를 "이 사람은 상이(爽爾)하다, 상이하다." 하였는데, 역관이 이르기를 "이 말은 '훌륭하다, 훌륭하다.〔好好〕'라는 뜻이다."라고 하였다. 마침내 공 등을 한 집에 유폐하여 조석으로 죽음을 기다리게 하였으니, 그 위협과 모욕이 극에 달하였다. 공은 날마다 김공과 함께 시를 읊으며 스스로 위안을 삼았다. 세상에 전하는 《설교수창집(雪窖酬唱集)》[6]이 이때 이루어진 것

6 설교수창집(雪窖酬唱集) : 조한영과 김상헌이 심양의 옥중에서 수창한 시들을 모은 것인데, 1681년(숙종7) 목판본 1책으로 간행되었다. 한(漢)나라의 소무(蘇武)가 흉노(匈奴)에 억류되어, 회유와 협박에 굴하지 않은 채 큰 움〔大窖〕 속에 갇혀 쌓인 눈을 녹여 마시고 전모(氈帽)를 뜯어 먹으면서도 끝까지 한나라 사신의 정절(旌節)을 지키다가 19년 만에 고국으로 돌아왔던 고사를 본떠 그 이름을 붙였다고 한다.

이다. 그 시를 살펴보면 애당초 우환이라곤 없었던 사람 같았다.

임오년(1642, 인조20) 봄에 청나라에 마침 사면령이 있어서 비로소 국경 지역으로 돌려보냈고, 계미년(1643) 여름에야 비로소 조정으로 돌아왔다. 조정에서 더욱 공을 존중하였으나 청나라의 눈치를 보느라 한참 지나서야 공을 고관의 반열에 임명하였다. 그러나 청나라 사신이 올 때마다 공에게 나오지 않아도 된다고 윤허하였으므로, 공이 끝내 청나라 사신에게 머리를 숙이는 일은 없었다. 예조 정랑으로서 기주관(記注官)을 겸직하여《선조실록(宣祖實錄)》찬수에 참여하였다.

을유년(1645)에 지평, 시강원 문학, 사간원헌납 겸 지제교를 배수하였다. 마침 궁중의 옥사(獄事)가 있이시 공이 문사 낭청(問事郎廳)을 맡았다가 주상의 뜻을 거역하여 삭직되었다.

정해년(1647)에 부친 하령군의 상을 당하였다. 상복을 벗은 때가 효종(孝宗) 1년(1650)이었는데, 교리로 선발되어 옥당(玉堂)에 들어갔다.

신묘년(1651, 효종2)에 고(故) 상신(相臣)의 시장(諡狀)에 해서는 안 되는 말이 있는데도 옥당에서 적발하지 못하였다는 죄[7]로 양근군(楊根郡)에 유배되었다가, 달포가량 뒤에 방환(放還)되어 여러 차례 헌납, 교리, 겸문학(兼文學)에 제수되었다.

7 고(故)……죄 : 고 상신은 인조 때 영의정을 지낸 윤방(尹昉)을 가리킨다. 조익(趙翼)이 윤방의 시장(諡狀)에 역모 혐의로 죽음을 당한 소현세자(昭顯世子)의 빈 강씨(姜氏)를 '빈궁(嬪宮)'이라고 쓴 것을 고치지 않고, 또 존칭을 나타내는 의미에서 앞 글자와 연서(連書)도 하지 않은 채 예조에 제출하였는데, 홍문관에서 이를 살피지 못하였다고 하여, 조익은 삭탈관작되고 조한영 등 관련자들이 유배된 사건을 말한다.《孝宗實錄 2年 3月 14日, 3月 16日》

임진년(1652)에 이조 좌랑에 제수되었다가 얼마 뒤에 정랑(正郎)에 올랐다. 평안도 암행 어사로 명을 받아 관서(關西)를 염찰하고 돌아와 의정부 검상에 제수되었다가 곧 사인(舍人)에 올랐다. 또 보덕, 사간, 집의, 사복시 정, 겸필선 등을 두루 역임하였다.

계사년(1653)에 《인조실록(仁祖實錄)》이 완성되자, 도청 낭청(都廳郎廳)으로 통정대부(通政大夫)의 품계에 올랐다. 이때부터 6, 7년 동안 승지가 된 것이 여덟 번이었고, 동부승지를 거쳐 우승지에 이르렀으며, 대사간이 된 것은 아홉 번, 대사성이 된 것은 네 번이었으며, 여러 차례 여러 조의 참의가 되었는데, 전조(銓曹 이조)에서 가장 오래 있었다. 이 모두가 효종 때의 일이다. 앞서 공이 춘방(春坊 세자시강원(世子侍講院))의 관원으로 효종을 서연(書筵)에서 모실 때부터 효종에게 두터운 신임을 받았다. 효종이 즉위한 뒤로 또 날마다 경연(經筵)에서 시강하면서 충심으로 계도한 것이 가장 많았으므로, 신뢰하고 예우함이 더욱 융숭하였던 것이다. 공도 또한 외로운 충성을 스스로 자부하여 어전에서 국사를 논할 때마다 늘 자기 소신대로 곧게 주장하고 다른 신료들에게 부화뇌동하지 않았으니, 주상은 언제나 칭찬하면서 중의(衆議)를 꺾고 공의 의견을 따른 적이 많았다.

한번은 재이(災異) 때문에 신료들을 인견(引見)하고서 주상이 이르기를 "근래에 오랫동안 하늘이 경고하는 일이 없더니 이런 재이가 다시 있을 줄 생각지 못했노라." 하였다. 공이 곧장 나아와 아뢰기를 "원컨대 주상께서는 재이가 지나갔다 하여 가벼이 여기지 마십시오. 그리하시면 재이가 다시 일어나지 않을 것입니다." 하였다. 주상이 안색을 바꾸며 이르기를 "신료들이 각자 직책을 다하지 못하고 단지 임금에게만 책임을 전가할 수 있는가." 하였다. 곁에서 보던 신료들은 모두 송구하여 몸을 움츠렸는데, 공이 천천히 대답하기를 "이것은 어리석은 신이 책임을 다하려는 것입니다." 하자, 주상이 기뻐하여 받아들였다.

또 가뭄이 들어 소결(疏決)의 조치[8]가 있었는데, 공이 대사간으로 입시하였다. 그때 문신으로서 뇌물을 받은 죄로 오랫동안 옥에 갇혀 있는 자가 있었는데, 여러 신료의 의견이 그를 석방하자는 것이었다. 주상이 이 일을 어떻게 처리할지 묻자, 공이 아뢰기를 "무신으로서 뇌물을 받은 죄로 갇혀 있는 자는 모두 석방되지 못하고 있습니다. 이 사람의 죄가 다른 사람에 비해 가볍지 않으니, 신의 생각에 석방해서는 안 될 듯합니다." 하였다. 주상이 무릎을 치며 감탄하며 이르기를 "오늘 조정에서 이런 말을 들을 줄은 생각하지 못했다." 하였다. 그리하여 범죄의 실상을 낱낱이 열거하자, 대신(大臣)이 대죄(待罪)하기까지 하였다.

뇌변(雷變)[9]으로 구언(求言)하자, 공이 2000여 자의 〈감고신성잠(監古愼成箴)〉을 올렸는데, 예로부터 지금까지의 정치가 잘되고 못된 요점을 자세히 진술하였고, 특히 당시의 깊은 병폐에 대해 심혈을 기울였다. 주상이 이르기를 "경계하고 가르치는 것이 간절하기 그지없고 문장도 역시 훌륭하다." 하고는 표범 가죽을 하사하였다.

또 청나라 차사(差使)를 영접할 때 너무 심하게 굴종하자, 공이 상소하여 이 문제를 논하였는데, 상소에 "임금이 치욕을 당하면 신하는 죽어야 한다.〔主辱臣死〕"[10]라는 말이 있었다. 주상이 이르기를 "사대부의

8 소결(疏決)의 조치 : 나라에 경사가 있거나 혹한, 무더위, 가뭄이 있을 때 은전(恩典)을 베풀 목적으로 실시하는 특별 재판을 이른다. 《銀臺條例 刑攷 疏決》

9 뇌변(雷變) : 1657년(효종8) 10월 28일에 일어난 '겨울 천둥〔冬雷〕'을 가리킨다. 《孝宗實錄 8年 10月 28日》

기절(氣節)이 응당 이래야 한다." 하고는 그 상소를 전하여 보게끔 하였다.

대신이 포의(布衣) 한 사람을 실상이 없는 칭찬으로 주상에게 보고하였는데,[11] 주상이 각별한 예우로 맞이하여 만나 보려고 하였다. 공이 이때 승정원에 있었는데, 주상에게 아뢰기를 "그 사람의 실상을 알지 못할 터인데 경솔하게 각별한 예우를 하시는 것은 옳지 못합니다." 하자, 이에 주상이 중지하였다. 공이 주상에게 신뢰를 받은 것이 대체로 이와 같았다.

뒤에 전조(銓曹)에 있을 때, 우재(尤齋) 송공(宋公 송시열(宋時烈))이 판서가 되어 그 사람을 일곱 품계를 초탁(超擢)하여 등용하고자 하였

10 임금이……한다 : 《사기(史記)》 권79 〈범수열전(范雎列傳)〉에 "진 소왕(秦昭王)이 조회 때 탄식하자, 응후(應侯) 범수가 앞으로 나아와 아뢰기를 '신이 들으니, 군주가 근심하는 것은 신하의 치욕이고, 군주가 모욕을 받는 것은 신하의 죽을죄라고 하였습니다. 지금 대왕께서 조정에서 근심하시니, 신이 감히 그에 해당하는 죄를 청합니다.' 하였다.〔昭王臨朝歎息, 應侯進曰: 臣聞主憂臣辱, 主辱臣死. 今大王中朝而憂, 臣敢請其罪.〕"라는 내용이 나온다. 조한영이 올린 상소는 대사간을 지낼 때 올린 상소로, 《회곡집》 권11에 〈대사간시밀소(大司諫時密疏)〉라는 제목으로 수록되어 있다.

11 대신이……보고하였는데 : 원문은 '大臣一布衣以譽上聞'인데, 문맥과 《회곡집(晦谷集)》 부록 〈유명조선국……조공묘지명(有明朝鮮國……曺公墓誌銘)〉에 의거하여 '譽' 앞에 '虛'를 보충하여 번역하였다. 포의 한 사람은 윤휴(尹鑴)를 가리킨다. 《약천집(藥泉集)》 권17 〈하흥군조공신도비명(夏興君曺公神道碑銘)〉에 "효종 때 윤휴가 명예를 도둑질하고 자신의 이름만 중히 여겨 여러 번 불렀으나 나오지 않으니, 상은 포의로 들어와 뵐 것을 허락하였다. 공은 이때 승지를 맡고 있었는데, 상에게 아뢰기를 '윤휴의 실제를 상께서는 반드시 어떠한지 스스로 알지 못하실 터인데, 이제 마침내 한 사람의 칭찬을 가지고 경솔하게 세상에 드문 예우를 가하려 하시니, 뒤에 만약 윤휴가 그 명성에 부응하지 못한다면 어찌하시겠습니까.' 하여, 마침내 중지하였다."라는 내용이 나온다.

다.[12] 공이 격례(格例)로써 따지고 또 말하기를 "이 사람은 결코 높은 벼슬에 등용해서는 안 됩니다." 하였다. 훗날 그가 과연 크게 잘못되자, 송공이 또한 공의 선견지명에 감복하였다.

대체로 관직에 복무할 때는 언제나 구차하게 처신하지 않았고 공도(公道)를 붙잡아 지키고 구장(舊章)을 신중히 따르며 남의 의견에 영합한 적이 없었다. 특히 문사(文事)로 이름을 떨쳐 문형(文衡)을 뽑을 때마다 번번이 물망에 올랐지만 끝내 임명되지 못하자 공론이 안타깝게 여겼다.

효종 말년 공이 대사간으로 있을 때, 휘하 신료가 고 정승의 장례를 예제를 넘어 참람하게 치른 죄를 주청하면서[13] 공과 먼저 의논하지 않았다. 공이 사간원의 관례를 근거로 하여 체직을 청하자 조의(朝議)가 둘 다 옳다는 의견을 견지하였다.[14] 이에 공은 둘 다 옳다는 의견을 견지하는 것은 옳지 않다고 하고는 병을 핑계로 조정에 나아가지 않았는데, 어떤 신료는 공이 일을 회피하는 것이라고 비방하기도 하였다.[15] 공이

12 우재(尤齋)……하였다 : 송시열(宋時烈)이 이조 판서가 되어 윤휴를 진선(進善)에 의망하였는데, 좌이(佐貳) 이일상(李一相), 조한영과 승지 홍중보(洪重普) 등이 반대하였으나, 송시열이 끝내 의망하여 제수하였다고 한다.《顯宗改修實錄 1年 5月 3日》

13 휘하……주청하면서 : 1659년(효종10) 헌납 민유중(閔維重)이, 김육(金堉)의 장례에 수도(隧道)를 만들었다 하여 김육의 아들 김좌명(金佐明)을 죄주고 개장하기를 주청하였다.《孝宗實錄 10年 4月 8日》

14 조의(朝議)가……견지하였다 : 휘하 신료가 중대한 안건을 대사간과 상의 없이 독단적으로 주청한 것을 문제 삼는 조한영의 주장도 옳지만, 대신(臺臣)이 입시할 경우 연석(筵席)에서 즉시 아뢴 뒤에 동료에게 간통(簡通)할 수 있다는 민유중의 주장도 그릇된 것은 아니라는 것이다.《孝宗實錄 10年 4月 9日》

원체 강직한 데다 오랫동안 요직에 있으면서 남들의 원망과 노여움을 많이 샀는데, 그것이 이때에 터져 나온 것이었다. 주상이 평소 공을 잘 알고 있는 데다가 또 공의 소신이 정당함을 통찰하였으므로, 공에게 유시하기를 "내 이미 이 일이 해괴함을 알았노라." 하였다. 얼마 안 되어 효종이 승하하자, 공은 마침내 세상에 이바지할 마음이 없어졌다.

때마침 예론(禮論)이 일어나자, 공은 의례(疑禮)는 단정하기 어렵기 때문에 차라리 후한 쪽을 따르는 것이 낫다고 하였다.[16] 이 때문에 더욱 시론(時論)을 거슬러 벼슬을 제수하는 명령이 거의 내려오지 않았고, 곧 제수하는 명령이 있었지만 공이 또한 고사하고 나아가지 않았다.

경자년(1660, 현종1)에 모친상을 당하였다. 상기를 마친 뒤에 승지, 예조 참의, 판결사(判決事)를 연이어 사양하고 모두 나아가지 않았다. 얼마 후에 외직을 청하여 춘천 부사(春川府使)가 되었는데, 부지런히 직무를 수행하여 한 해 남짓 만에 고을이 잘 다스려졌다. 고을 사람들이 처음에는 공이 관리의 직무를 달갑게 여기지 않는 것으로 생각하였

15 어떤……하였다 : 정언(正言) 이익(李翊)이 민유중의 주장을 옹호하며 조한영이 억지로 작은 일을 꼬집어 내어 시끄러운 단서를 야기하였다고 비방하며 체차할 것을 청하였다. 《孝宗實錄 10年 4月 13日》

16 예론(禮論)이……하였다 : 예론은 효종이 승하하자 인조의 계비인 자의대비(慈懿大妃) 조씨의 상복을 놓고 벌인 논쟁을 말한다. 이에 대하여 송시열, 송준길(宋浚吉)을 중심으로 한 서인은 효종이 인조의 둘째 왕자이므로 장자의 예로 할 수 없다 하여 기년복(朞年服)을 주장하였고, 윤휴, 허목(許穆), 윤선도(尹善道)를 중심으로 한 남인은 효종이 왕위를 계승하였으므로 장자와 다름이 없다 하여 삼년복을 주장하였다. 이를 1차 예송 또는 기해예송(己亥禮訟)이라고 한다. 조한영이 후한 쪽을 따르겠다고 한 것은 아마도 집권 세력이자 자기와 친분이 가까운 서인의 주장과 달리, 삼년복을 주장한 것으로 보인다.

는데, 이때에 와서는 공이 일의 대체를 안다고 탄복하였다. 춘천 백성들이 비석을 세워 사모하며 지금까지도 "어떻게 하면 조 영공이 다스리던 때를 다시 만날 수 있을까."라고 말한다. 조정에 들어와 호조 참의, 공조 참의, 대사간에 제수되었는데, 벼슬에 나아가기도 하고 나아가지 않기도 하였다.

정미년(1667, 현종8)에 조정에서 바다로 표류해 온 한인(漢人)을 붙잡아 연경(燕京)으로 압송한 일[17]이 있었다. 공이 탄식하며 말하기를 "이런 일도 막을 수 없단 말인가." 하고는 직접 조정에 상소하려고 하였으나, 당시 산직(散職)에 있었으므로 시정(時政)에 대하여 번번이 따지고 싶지는 않았기에, 좌상(左相) 홍명하(洪命夏)에게 글을 올려 그들을 압송해서는 안 되는 의리에 대하여 극력 개진하였다. 홍공이 곧 차자(箚子)를 올려 간쟁하였다.

겨울에 재상(宰相)이 공처럼 노성한 신료는 품계를 더하여 승진 임용해야 한다고 진언함에 따라, 공이 한성부 우윤에 발탁되고 하흥군(夏興君)에 습봉(襲封)되었으며, 얼마 후 경기 관찰사, 예조 참판, 형조 참판에 제수되었다. 춘천에서 돌아온 뒤로 벼슬에 나아가거나 나아가지 않은 것이 늘 반반쯤 되었다. 그러나 벼슬은 결국 좋아하는 것이 아니었으므로 늘 울적하게 강호(江湖)에 대한 동경을 품었다.

경술년(1670) 8월 26일에 병으로 졸하였다. 부음이 조정에 전해지자

17 조정에서……일 : 1667년(현종8) 중국인 100여 인이 바다에서 표류하여 탐라(耽羅)의 경계에 닿았는데, 그들이 스스로 명(明)나라 후예인 영력제(永曆帝)의 백성이라면서, 고국으로 돌려보내거나 조선 백성으로 삼아 오랑캐가 되는 것을 면하게 해 주기를 청하였으나, 조정에서는 화가 될까 두려워 그들을 연경(燕京)으로 압송한 일을 말한다. 《顯宗改修實錄 8年 6月 23日·7月 15日, 11年 7月 12日》

주상이 예관(禮官)을 보내어 조제(弔祭)하였다. 10월 모일에 여강(驪江 여주(驪州)) 북쪽 오룡곡(五龍谷) 간좌(艮坐)의 언덕에 장사 지냈다.

나는 만생(晚生)으로서, 17세에 공의 손녀사위가 되어 성서(城西)의 집에서 공을 처음 뵈었다. 당시 공은 이미 연로하였으나, 담론함에 쇠한 모습이 없었고 기상은 씩씩하였다. 그러나 접객하지 않을 적에는 종일토록 글을 읽었는데, 그 소리가 마치 악기 소리처럼 낭랑하였다. 나는 그때마다 "요즘 고관대작들 가운데 어찌 이런 분이 또다시 있을까."라고 남몰래 탄식하면서도, 또 공의 전성기를 함께하지 못한 것을 아쉬워하였다. 공도 역시 나를 어리석다 여기지 아니하여 뵐 적이면 언제나 고금의 일을 거침없이 담론하였다. 몹시 추운 겨울 찬 대청에서 때로 한밤중까지 담론이 이어졌지만 공의 뜻은 피곤한 줄을 몰랐고, 온 정성을 쏟아 담론을 이어 가며 파하려고 하지 않았다. 대체로 이처럼 한 것이 여러 해였다.

유서 깊은 가문의 사적이야 본래 들어서 알고 있는 것이 많지만 공의 가문에 들어온 지도 오래되었으므로 직접 보고 느낀 것도 적지 않다. 내가 공이 돌아가신 부모님의 일을 말하는 것을 보았는데, 눈물을 흘리는 때가 많았다. 공은 선대를 받드는 데에, 사당의 규제(規制)와 제사의 의절(儀節)에서부터 참배하고 제수를 올리며 드나듦에 따라 배알하는 절차에 이르기까지 오로지 예법(禮法)대로 하여 대충 넘기는 법이 없었다.

비록 한직(閑職)에 있으면서도 우국충정은 중요한 지위에 있는 사람보다 더 깊었다. 조정에서 한 가지 선정(善政)을 펼쳤다는 소식을 들을 때마다 얼굴에 기뻐하는 기색이 역력하였고 잘못하는 일을 들을 적에는 여러 날을 근심하고 탄식해 마지않았다. 어쩌다 사적인 욕심을 채우면서 정사를 해롭게 하는 사람에 대하여 들으면 원수를 미워하는 것처럼 침을 뱉고 욕을 하였다. 독서를 하다가 임금과 신하의 훌륭한 만남과 목숨 바쳐 절의를 지킨 충렬이 나오는 대목에서는 눈물을 흘리며 비탄에 잠기지 않은 적이 없었다.

집안 살림살이에 관해서는 입에 담지 않았고, 뜰 안에 잡배들은 얼씬도 하지 못하였다. 궁벽한 고을의 가난한 친척들만이 간간이 와서 그 집에 머무르곤 하였다. 붕우에게는 매우 인후하여, 살아 있거나 죽었거나 항상 생각하여 정의(情義)가 몹시 독실하였다. 그러나 마음이 맞는 사람은 대체로 적었고, 어울리는 사람은 모두 한때의 명류(名流)였는데, 깊이 마음을 허여한 이는 단지 조석윤(趙錫胤)[18] 공 한 사람뿐이었다.

관통하지 않은 것이 없을 정도로 많은 책을 섭렵하여 두루 기억하고 암송하였으니, 당대에 아무도 능가하는 이가 없을 정도였다. 문장의 풍격은 혼후(渾厚)하고 준일(俊逸)하여 마치 그 사람됨이 그대로 드러난 것 같았으나 저술한 것이 적었다. 유독 시작(詩作)을 좋아하여 그 가운데 수준 높은 작품들은 옛사람의 경지에 더욱 근접하였다. 《회곡집(晦谷集)》 몇 권이 집안에 보관되어 있었으므로, 이러한 작품들은 모두 내가 직접 본 것들이다.

18 조석윤(趙錫胤) : 1606~1655. 본관은 배천(白川), 자는 윤지(胤之), 호는 낙정재(樂靜齋), 시호는 문효(文孝)이다. 장유(張維), 김상헌(金尙憲)의 문인(門人)으로, 대사간, 대사헌, 대제학, 대사성 등을 역임하였다. 척화인(斥和人)과 함께 처벌해 주기를 청하는 상소를 올려 파직되기도 하고 직언으로 귀양을 가기도 하였으나, 강직한 성품으로 당시 사림의 추앙을 받았다. 저서에 《낙정집(樂靜集)》이 있다. 《宋子大全 卷162 樂靜趙公神道碑銘》

근자에 다시 집안 식구와 자제들에게서 공이 부모 섬기던 일에 대하여 들었다. 날마다 반드시 새벽이면 일어나서 의관(衣冠)을 바로 하고 종일토록 모시고 앉아 온화한 모습으로 강설하여 부모님의 뜻을 기쁘게 하는 데 힘썼다. 부친 하령공이 등창을 앓을 적에, 공이 입으로 고름을 빨아내느라 독기가 입으로 스며들어 종기가 났다. 억세고 둔한 종들조차도 그것을 보고는 다들 감격하여 울었다. 부친상을 당해서는 사흘 동안 물 한 모금도 입에 넣지 않았고, 우제(虞祭)를 지낸 뒤에도 여전히 멀건 죽을 먹었으며, 제전(祭奠)을 올리는 틈틈이 예서(禮書)만 읽었다. 모친상을 당했을 적에는 이미 나이가 들어 늙었으나 몸이 마르고 쇠약해지면서까지 예법을 다하여 부친상 때와 똑같이 하였으니, 조문객들이 돌아가면서 감탄하지 않는 이가 없었다. 어린 시절 조부 하산군이 세상을 버렸을 때에 마치 어른처럼 슬퍼하였으며, 조모 심 부인의 상에는 소식(素食)을 하고 바깥채에 거처하면서 기년(朞年)의 복상(服喪)을 마쳤다.

부친 하령공의 첩 몇 명 중에 성미가 못된 이도 있었는데, 모두 성의로 감동시켜 기쁜 마음으로 따르게 하였다. 어려서 어머니를 여읜 서매(庶妹) 두 사람을 정성스레 돌보아 길러 주고 재산을 나누어 주어 시집보내기를 모두 자기 딸보다 더 잘해 주었다고 한다. 이 외에도 전할 만한 사실이 많으나, 다 기록할 수가 없다.

아아, 소소한 행실에서부터 대절(大節)에 이르기까지 모두 우뚝 빼어나서, 이미 명성이 나라 안에 자자하였고 이역(異域)에까지 이름을 떨쳤다. 문장과 학문 또한 한 시대에 추앙받을 만하였으니, 공과 같은 이는 당대의 위인이라고 할 만하다. 타고난 기질이 남보다 훨씬 뛰어나지 않았다면 어떻게 이럴 수 있겠는가.

공의 배필인 정부인(貞夫人) 이씨(李氏)는 성산(星山 성주(星州))의 대족으로, 고려의 시중 농서공(隴西公) 이조년(李兆年)의 후예이자, 참의 이지선(李祗先)의 따님이다. 사람됨이 단정하고 엄숙하며 청렴하고 근면하여 실로 부덕(婦德)을 지녔다. 매우 신중하게 예법을 받들었고 몹시 엄정하게 집안을 다스렸으며, 아주 엄격하게 자녀를 가르쳐서 주고받는 데에 더욱 신중히 하도록 하였다. 공이 몹시 공경하고 존중하였다. 공보다 2년 먼저 졸하여 공의 묘 왼쪽에 부장(祔葬)되었다.

세 아들을 두었다. 장남 건주(建周)는 통덕랑(通德郎)을 지냈고 일찍 죽어 아들이 없다. 차남 전주(殿周)는 하령공의 명으로 공의 아우인 증(贈) 승지 한상(漢相)의 후사로 출계(出系)하였다. 막내아들 헌주(憲周)가 실로 종사(宗事)를 계승하였다. 큰딸은 상의원 정(尙衣院正) 임좌(任座)에게 시집갔고, 둘째 딸은 장악원 정(掌樂院正) 김수증(金壽增)에게 시집갔고, 셋째 딸은 정랑(正郎) 박내장(朴乃章)에게 시집갔고, 넷째 딸은 사인(士人) 신세장(申世壯)에게 시집갔고, 다섯째 딸은 별좌(別坐) 홍석보(洪碩普)에게 시집갔고, 여섯째 딸은 봉사(奉事) 홍만종(洪萬宗)에게 시집갔다. 통덕랑은 현감(縣監) 신여정(申汝挺)의 딸과 혼인하여 두 딸을 낳았는데, 내가 바로 이분의 첫째 사위이다. 둘째 사위는 조명도(趙鳴道)이다. 전주는 영안위(永安尉) 홍주원(洪柱元)의 딸과 혼인하여 세 아들을 낳았다. 그중 하언(夏彦)과 하기(夏奇)는 모두 진사(進士)이다. 하언은 2남 1녀를 낳았고, 하기는 1남 1녀를 낳았으며, 막내 하장(夏章)은 어리다. 헌주는 판서 이일상(李一相)의 딸과 혼인하여 4남 4녀를 낳았다. 장남 하중(夏重)은 요절하였는데 독자가 명형(命衡)이고, 차남은 하성(夏盛)이며, 장녀는 윤지석(尹志奭)에게 시집갔다. 나머지는 다 어리다. 임좌는 1남 3녀를 낳았다. 아들은 임조원(任調元)이고, 사위는 익풍군(益豐君) 이속(李涑), 대사성 이여(李畬), 사인 윤세풍(尹世豐)이다. 김수증은 3남 4녀를 낳았다. 장남은 현감 김창국(金昌國)이고, 다음은 김창숙(金昌肅), 김창직(金昌直)이며, 사위는 홍문도(洪文度), 이병천(李秉天), 신진화(申鎭華), 유명우(兪命禹)이다. 박내장은 1남 1녀를 낳았다. 아들은 박상선(朴尙先)이고, 사위는 이세주(李世柱)이다. 신세장은 4남 2녀를 낳았다. 아들은 신석(申錫), 신익(申鉽), 신일(申鎰), 신박(申鎛)이고, 사위는 임회(林薈), 박상문(朴尙文)이다. 홍석보는 2남 2녀를 낳았다. 장남은 별좌 홍득귀(洪得龜)이고 차남은 홍득범(洪得範)이며, 첫째 사위는 진사 박권(朴權)이고 둘째 사위는 김시윤(金時潤)이다. 홍만종은 2남을 낳았는데, 홍중려(洪重呂)와 홍중두(洪重斗)이다. 내외의 증손과 현손이 모두 30여 인이다.

명(銘)은 다음과 같다.

천성은 동등하나 기품(氣稟)은 개별적이니　性所同氣所獨
학문은 힘써 이를 수 있으나 기품은 얻기 어렵다네　學可勉氣難得
공의 충심은 정일하고 효심은 독실하였으며　惟公之忠精孝篤
행실은 고상한 덕을 갖추고 문장은 훌륭하였으니　行備文蔚
누군들 천성에 근본하고 학문에 힘입었다 말하지 않으랴만　孰不曰根於性而資於學
나는 반드시 기품의 통달함이라고 하겠네　我則必謂之氣之達
아아,　嗚呼
이 기품이 깃든 곳　是氣之所宅
백세토록 공경해야 하리　百世之恪

학생 홍군 묘지명 병서
學生洪君墓誌銘 幷序

군의 휘는 재원(載元)이고, 자는 후백(厚伯), 성은 홍씨(洪氏)이다. 윗대에 중국에서 우리나라로 들어와서 처음 남양(南陽)에 거주함에 따라 마침내 남양을 관향(貫鄕)으로 삼았고, 자손들이 번성하여 나라의 대성(大姓)이 되었다. 임실(任實)에 거주하는 홍씨는 군의 6세조 휘 휴(休)로부터 비롯되었는데, 역시 대대로 벼슬이 끊어지지 않았다. 증조 휘 정(鼎)은 용양위 부호군(龍驤衛副護軍)을 지냈고, 조부 휘 치경(致慶)은 창릉 참봉(昌陵參奉)을 지냈다. 부친 휘 시태(時泰)는 운봉 현감(雲峯縣監)을 지냈고, 어머니 나씨(羅氏)는 증(贈) 참의 나무춘(羅茂春)의 따님이다.

군은 사람됨이 온화하고 후덕하며 쾌활하고 무난하여 모나고 괴이쩍은 행실이 없었고, 남과 교제할 적에는 지성스러운 뜻이 가득 넘쳤으니, 고을 사람들이 모두 선인(善人)이라고 칭송하였다. 어려서부터 과거 공부를 하였으나 끝내 급제하지 못하고 죽었다. 부인 고씨(高氏)는 명문가의 따님으로, 부인(婦人)다운 훌륭한 행검이 있다고 일컬어졌는데, 군보다 19년 뒤에 죽었다. 부인의 증조부는 성균관 학유를 지내고 영의정에 추증된 고인후(高因厚)인데, 바로 충렬공(忠烈公) 고제봉(高霽峯)[19]의 아들이다. 임진왜란(壬辰倭亂) 때 제봉공을 좇아 금산(錦

19 충렬공(忠烈公) 고제봉(高霽峯) : 고경명(高敬命, 1533~1592)을 가리킨다. 자는 이순(而順), 호는 제봉·태헌(苔軒)이다. 교리, 동래 부사(東萊府使) 등을 역임하였

山) 전투[20]에서 순절하였다. 조부는 성균 생원(成均生員) 고부량(高傅良)이고 부친은 학생(學生) 고두원(高斗遠)이다.

군은 숭정(崇禎) 무진년(1628, 인조6) 3월 19일에 출생하여 무신년(1668, 현종9) 1월 15일에 졸하였다. 부인 고씨는 숭정 임신년(1632) 모월 16일에 출생하여 병인년(1686, 숙종12) 8월 8일에 졸하였는데, 그해 12월 7일에 현의 서쪽 두지동(斗芝洞) 사좌(巳坐)의 언덕에 합장되었다.

군의 2남은 서주(敍疇)와 우주(禹疇)이고, 1녀는 조석주(曺錫疇)에게 시집갔다. 서주의 1남 2녀는 모두 어리며, 우주는 군의 형님인 참봉군의 후사로 출계(出系)하였고, 1녀는 역시 어리다.

장례를 치를 즈음에 서주가 대대로 집안 간의 교분이 있다 하여 벌써 나를 직접 찾아와서 묘지(墓誌)를 청하고는 또다시 아우를 보내어서 거듭 부탁하였다. 내가 사양하다 못해 다음과 같이 명을 쓴다.

나라의 대족이요	國之大族
고을의 선사로다	鄕之善士
아아, 어찌 천수도 지위도 얻지 못하였는가	於虖曷不年而位

고, 1592년(선조25) 임진왜란이 일어나자 의병을 이끌고 금산(錦山)에서 왜군과 싸우다 전사하였다. 저서에 《제봉집(霽峯集)》, 《서석록(瑞石錄)》 등이 있다.

20 금산(錦山) 전투 : 임진왜란 때인 1592년 7월부터 8월 사이에 의병장 고경명(高敬命)과 조헌(趙憲)이 거느린 의병이 왜군과 금산에서 싸운 두 차례의 전투를 가리키는데, 고경명과 고인후(高因厚)는 1차 전투에서 전사하였다.

유명조선국 통정대부 집현전 부제학으로 치사한 조공의 묘갈명 병서

有明朝鮮國通政大夫集賢殿副提學致仕曺公墓碣銘 幷序

세조(世祖)가 내선(內禪)[21]을 받아 등극하자, 이때 집현전 부제학 조공(曺公)이 상소하여 치사(致仕)를 청한 것은 나이가 많아서가 아니었다. 스스로 일컫기를 "세 아들이 모두 조정에 출사(出仕)하였다. 분수에 차서 넘치면 물러나야 마땅한 법이다." 하였는데, 세조가 윤허해서 마침내 고향으로 돌아가 여생을 마쳤다. 집안에 전해 오는 이야기가 대체로 이와 같다. 또 전하는 이야기 가운데, 공이 고향으로 떠나갈 때에 성지(聖旨)를 내려 백관으로 하여금 동대문 밖까지 전별(餞別)하도록 하였고 게다가 예조 참판으로 승진시키기까지 하였는데, 공은 하직 인사를 마쳤다 하여 사은(謝恩)하지 않고 떠나 버렸다고 한다. 아마도 이 일화는 국사(國史)에 상세하게 기록되어 있을 것이다.

보첩(譜牒)을 살펴보건대, 공의 가문은 본래 고귀하고 번성하였으며, 세 아들도 대단하게 현달한 벼슬에 오른 것이 아니었다. 그런데 공은 어찌 이렇듯 늙지도 않았으면서 늙었다는 이유로 벼슬에서 물러났단 말인가. 여기에는 필시 은미한 뜻이 있었으리라.

듣건대, 공은 세종(世宗) 1년(1419) 전시(殿試)의 대책(對策)에서

21 내선(內禪) : 원래 임금이 살아 있는 동안에 그 후계자에게 임금 자리를 물려주는 것을 뜻하는데, 여기서는 1455년(세조1) 세조(世祖)가 단종(端宗)을 겁박하여 왕위를 자신에게 선위(禪位)하게 하고 왕위에 오른 일을 가리킨다.

장원으로 급제하여 곧바로 사간원에 들어갔고, 그 후로 여러 관직을 거쳐 경연(經筵)의 장(長)[22]에 이르기까지 성삼문(成三問), 박팽년(朴彭年) 제공(諸公)과 더불어 세종에게 특별한 지우(知遇)를 받았다. 그렇다면 그 자정(自靖)의 의리[23]를 대개 알 만한데, 군신간의 관계와 진퇴의 기로에서, 또 어쩌면 그리도 온화하고 침착하게 처신하였던가. 옛날 삼인(三仁)[24]이 행위가 같지 않았으나 공자(孔子)는 아울러서 각각의 인(仁)을 허여하였으니, 훗날 성인이 나와 차례대로 논한다면 공과 성삼문, 박팽년 제공도 역시 가는 길은 달랐지만 목적지는 같았다[25] 하지 않겠는가. 아, 어질도다.

22 경연(經筵)의 장(長) : 집현전 부제학을 가리킨다. 1455년(단종3) 2월 조상치(曺尙治)가 집현전 부제학에 제수되었다. 《端宗實錄 3年 2月 13日》

23 자정(自靖)의 의리 : 신하가 지조를 지켜서 선왕(先王)에게 뜻을 바치는 의리를 뜻한다. 은(殷)나라가 점점 망해 가자, 은나라의 종실(宗室)인 미자(微子)가 기자(箕子)와 비간(比干)에게 앞으로의 일을 상의하여 말하기를 "스스로 의리에 편안하여 사람마다 스스로 자신의 뜻을 선왕에게 바칠 것이니, 나는 뒤돌아보지 않고 떠나가 은둔하겠다.〔自靖, 人自獻于先王, 我不顧行遯.〕"라고 한 데서 유래하였다. 《書經 微子》 여기서는 세종과의 의리를 지켜 단종을 몰아내고 즉위한 세조의 조정에서 벼슬하지 않는 것을 뜻한다.

24 삼인(三仁) : 은(殷)나라 말기에 있었던 세 사람의 인자(仁者)로, 미자, 기자, 비간을 이른다. 기자와 비간은 각기 은나라 마지막 임금 주(紂)의 백부와 숙부이고 미자는 그 서형(庶兄)인데, 미자는 주의 무도함을 보고 떠나서 종사를 보전하였고, 기자와 비간은 간쟁을 하여, 기자는 거짓으로 미친 체하여 욕을 당하고, 비간은 죽음을 당하였다. 이들의 행적을 두고 공자가 "은나라에 세 사람의 인자가 있다.〔殷有三仁焉〕"라고 칭송하였다. 《論語 微子》

25 가는……같았다 : 《주역(周易)》 〈계사전 하(繫辭傳下)〉에 "천하가 무엇을 생각하며 무엇을 생각하겠는가. 천하가 돌아감은 같으나 길은 다르며, 이치는 하나이나 생각은 백 가지이니, 천하가 무엇을 생각하며 무엇을 생각하겠는가.〔天下何思何慮? 天下同

공의 휘(諱)는 상치(尙治)이고, 본관은 창녕(昌寧)이다. 윗대에 휘 흠(欽)이 고려 태조(太祖)의 덕흥공주(德興公主)에게 장가들었고, 그 뒤로 8대를 연이어 평장사(平章事)를, 6대를 연이어 소감(少監)을 지냈다. 소감 휘 수(隨)가 휘 익청(益淸)을 낳았다. 익청은 다시 평장사에 오르고 양평(襄平)이라는 시호를 받았으며, 공민왕(恭愍王)의 묘정(廟庭)에 배향되었다. 양평공 익청이 휘 신충(信忠)을 낳았다. 신충은 강계 병마사(江界兵馬使)를 지냈고 영천 최씨(永川崔氏) 판서(判書) 최중연(崔仲淵)의 따님과 혼인하여 다섯 아들을 낳았는데, 공이 그중 넷째이다.

공은 여섯 아들을 두었는데, 장남 변흥(變興)은 문과에 급제하여 군수를 지냈고, 차남 변륭(變隆)은 지승문원사(知承文院事)를 지냈으며, 삼남 변안(變安)은 예조 참의를 지냈는데, 이들이 공이 분수에 차서 넘침이 두렵다고 말한 바로 그 당사자들이다. 사남 변강(變康)과 오남 변정(變正)도 벼슬하였고, 육남 변옹(變雍)은 무과(武科)로 벼슬에 나아갔다. 딸은 군수 권수(權需)에게 시집갔다.

공의 후세 가운데 가장 현달한 자는 다음과 같다. 망기당(忘機堂) 한보(漢輔)는 학술(學術)로, 사인(舍人) 석보(碩輔)와 검열(檢閱) 윤문(允文)은 재망(才望)으로, 좌찬성(左贊成) 창녕부원군(昌寧府院君) 충정공(忠貞公) 계상(繼商)과 그의 아들 우찬성(右贊成) 충경공(忠景

歸而殊塗, 一致而百慮, 天下何思何慮?〕"라는 말이 나온다. 곧 성삼문, 박팽년 등은 선왕인 세종과의 의리를 죽음으로 지켰고, 조상치는 벼슬에서 물러남으로써 의리를 지켰는데, 그들의 행동은 달랐지만 목적은 모두 선왕과의 의리를 지키는 것이었음을 말한다.

公) 광원(光遠)은 덕업(德業)으로, 찬성의 증손자 참판 문수(文秀)와 그의 아들 관찰사 한영(漢英)은 문한(文翰)과 기절(氣節)로 모두 당세에 저명하였다.

공이 고향에 돌아가서 생을 마쳤으므로 묘(墓)가 영천군(永川郡) 치소 동쪽으로 20리 떨어진 고제곡(高第谷)의 병좌(丙坐) 언덕에 있는데, 지금까지 그 근방에 사는 자손들이 3년에 한 번 성묘를 한다. 현 청도 군수(淸道郡守) 조전주(曺殿周)는 관찰공 한영의 중자(中子)인데, 묘에 찾아와서 배알한 뒤에 마침내 여러 종인(宗人)들과 함께 봉역(封域)을 개축하고 또 조그만 석비(石碑)에 공의 유적(遺蹟)을 기록하여 세우기로 하였다.

그런데 세월이 너무 오래되어 증빙으로 삼을 만한 공사(公私)의 문헌(文獻)이 없는 게 걱정이었거니와, 오직 《점필재집(佔畢齋集)》에서 공에 대하여 언급한 몇 구절을 찾았을 뿐이었다.[26] 대개 점필재가 그의 선친 사예공(司藝公)[27]의 사적을 기록한 글 가운데, "영락(永樂) 17년 기해(1419, 세종1)에 부제학 조상치의 방하(榜下)에 합격하였다."라고 하고, 또 "조공(曺公)이 이르기를 '다른 사람은 두려울 게 없었고 오직

26 점필재집(佔畢齋集)에서……뿐이었다 : 《점필재집》은 김종직(金宗直)의 시문집으로, 25권 7책이며, 목판본이다. 김종직이 죽은 다음 해인 1493년(성종24) 그의 제자 조위(曺偉)에 의하여 편집되었다. 《점필재집》 〈이준록 상(彜尊錄上) 선공사우(先公師友)〉에 조상치의 본관과 관직이 나온다.

27 사예공(司藝公) : 김종직의 부친 김숙자(金叔滋)를 가리킨다. 자는 자배(子培), 호는 강호산인(江湖山人), 시호는 문강(文康)이다. 성균관 사예를 지냈으며, 16세기에 사림에 의해 확립된 도통(道統)의 계보에서 길재(吉再)의 학통을 아들 김종직(金宗直)으로 하여금 잇게 하였다는 평가를 받는다.

김모(金某)를 두려워하였을 뿐이다.'라고 하였다." 한 내용이 있다.[28] 이는 점필재로서는 자기 선친의 미덕을 선양할 목적으로 공과 동방(同榜)이 된 것을 자랑한 뒤에 또 공의 한마디 말을 빌려서 신빙성을 더하고자 한 것인데, 이로써 그만큼 공이 존경을 받았음을 알 수 있는 것이다.

또 동향(同鄕)의 태재(泰齋) 유방선(柳方善)[29]이 과거에 응시하러 가는 공을 전송한 시의 서문[30]에 일컫기를 "공의 높은 문벌(門閥)은 인근에 견줄 데가 없을 정도였지만, 부귀한 티를 내지 않고 날마다 독서를 일삼았다." 하였고, 또 일컫기를 "공은 재주가 빼어나고 학문이 깊어 명성이 자자하였으며, 사문(斯文)을 떨쳐 일으키는 것을 자기 임무로 삼았다."라고 하였다. 더욱이 공의 부모 섬기는 예를 선망하고 칭송하기를 "매우 성대하고도 공근(恭謹)히 하였다."라고 하였다. 이것으로 보면 공의 재학(才學)과 지행(志行)에 대한 그 대강을 모두

28 영락(永樂)……있다 : 《점필재집(佔畢齋集)》 〈이준록 하(彝尊錄下) 선공사업(先公事業)〉에 "제학 조상치(曺尙治)의 방하(榜下)에서 병과(丙科) 제일인(第一人)으로 급제하였는데, 조공이 일찍이 남에게 말하기를 '전정(殿庭)에서 대책(對策)하던 날에 다른 사람은 두려울 것이 없었고, 오직 김모(金某)를 두려워했을 뿐이다.'라고 하였다. 조공의 아들 조변륭(曺變隆)이 경상도 도사가 되었을 때에 이 말을 하였는데, 내가 김산(金山)의 객관(客館)에서 들었다."라는 내용이 나온다. 영락은 명 성조(明成祖)의 연호이고, 김모는 김숙자이다.

29 유방선(柳方善) : 1388~1443. 본관은 서산(瑞山), 자는 자계(子繼), 호는 태재(泰齋)이다. 유일(遺逸)로 천거되었으나 벼슬하지 않았다. 변계량(卞季良), 권근(權近) 등에게 수학하여 일찍부터 문명이 높았고 학문이 깊었다. 이안유(李安柔), 조상치 등 문사들과 학문적인 교분을 맺고, 서거정(徐居正), 이보흠(李甫欽) 등 명사들을 문하에서 배출하였으며, 특히 시학에 조예가 깊었다. 저서에 《태재집(泰齋集)》이 있다.

30 과거에……서문 : 《태재집》 권4에 〈송조생원부성균관시서(送曺生員赴成均館詩序)〉로 수록되어 있다.

알 수 있다.

아, 공의 벼슬에 나아가고 물러나는 절조는 은근하면서도 거리낌이 없고 은미하면서도 분명하였으며 너그러이 받아들이면서도 깨끗하고 굳세어, 밝고 밝은 그 마음을 오히려 알 수 있을 듯하니,[31] 비록 다른 기록이 없다 하더라도 실로 백세에 그 빛을 드리우기에 충분할 것이다. 더구나 지금 조후(曺侯)가 상고하여 증빙한 것이 또 두세 쪽뿐만이 아님에랴.[32] 이 점이 명(銘)을 할 수 있는 까닭이다.

공의 부인(夫人)은 의성 김씨(義城金氏)로 목사(牧使) 김우해(金于海)의 따님이다. 묘는 영천군 삼곡(三谷)에 있는데, 공의 묘와의 거리가 20리쯤 된다고 한다.

명은 다음과 같다.

봉황은 깃털 하나로 오색을 알고[33] 鳳凰一羽知五色

31 밝고……듯하니 : 송(宋)나라 주희(朱熹)가, 윤돈(尹焞)이 기를 다스리고 마음을 수양한 사례에 대하여 찬양하며 말하기를 "전현이 덕행과 학업을 닦는 데 게을리하지 않아 죽은 뒤에나 그만두었던 그 밝고 밝은 마음을 오히려 알 수 있을 듯하다.〔前賢進修不倦, 死而後已, 其心炯炯, 猶若可識.〕"라고 한 데서 유래한 말이다. 《晦庵集 卷81 書和靜先生遺墨後》

32 조후(曺侯)가……아님에랴 : 조전주(曺殿周)가 조상치의 행적을 조사하여 고증한 자료가 대체로 믿을 만하다는 뜻이다. 이 말은 원래 맹자가 《서경》 〈무성(武城)〉의 주 무왕(周武王)이 은(殷)나라 주왕(紂王)을 정벌하여 목야(牧野)에서 싸울 적에 "피가 흘러서 절굿공이를 떠내려가게 했다.〔血流漂杵〕"라는 구절에 대하여 믿을 수 없음을 지적하여 말하기를 "《서경》의 내용을 모두 믿는다면 차라리 《서경》이 없는 것이 나을 것이다. 나는 〈무성〉에서 두세 쪽만 취할 뿐이다.〔盡信書, 則不如無書. 吾於武成, 取二三策而已矣.〕"라고 한 데서 유래하였다. 《孟子 盡心下》

군자는 큰 절조로 평생을 개괄한다네	君子大節槩平昔
의젓한 진퇴에 빛을 무궁히 드리울지니[34]	出處委蛇光無極
산천은 변하여도 이 비명은 볼 수 있으리라	山夷谷湮視此刻

33 봉황은……알고 : 한 가지 훌륭한 일만으로도 전체의 풍모를 판단할 수 있다는 말이다. 《주자어류(朱子語類)》 권48 미자거지장(微子去之章)에 "봉황의 깃털 하나를 보면 오색을 갖추고 있음을 알 수 있다.〔觀鳳一羽, 則知五色之備.〕"라는 말이 나온다.

34 의젓한……드리울지니 : 의젓한 진퇴란 본래 《시경》 〈고양(羔羊)〉에 "크고 작은 양의 가죽이여, 흰 실로 다섯 군데를 꿰맸도다. 조정에서 물러 나와 밥을 먹으니, 의젓하고 의젓하도다.〔羔羊之皮, 素絲五紽. 退食自公, 委蛇委蛇.〕"라고 한 데서 온 말인데, 여기서는 조상치가 단종과의 의리를 지켜 완곡한 언사로 세조의 조정에서 물러난 것을 뜻한다.

외조부 근수헌 조공 묘표음기
外王考近水軒趙公墓表陰記

외조부 조공(趙公)의 휘는 석형(錫馨)이고, 자는 자복(子服)이며, 자호는 근수헌(近水軒)이다. 묘는 외증조부 죽음공(竹陰公)[35]의 묘 앞쪽 몇 보 거리에 있는데, 윗대의 관벌(官閥)이 죽음공의 묘비에 모두 기록되어 있다. 죽음공의 정실부인은 해주 정씨(海州鄭氏)인데, 만력(萬曆) 무술년(1598, 선조31) 1월 20일에 공을 낳았다.

공이 태어나 겨우 말을 배우자마자 죽음공이 곧장 말로 글자를 가르쳤는데, 공은 한 번 듣고는 곧바로 깨우쳤다. 어린 시절 노는 것도 모두 글을 쓰고 짓는 따위의 일이었다. 조금 성장하여 스스로 알아서 학문에 힘쓰자 서법(書法)과 작시(作詩)의 뛰어난 역량을 일찌감치 성취하였다. 죽음공을 종유(從遊)하는 이들은 모두 당대의 대단한 문장가들이었는데, 누구 하나 공의 재주에 대하여 기특하게 여기지 않는 이가 없었다. 일찍이 호당(湖堂 독서당(讀書堂))에 부친을 배종(陪從)한 적이 있었는데, 하루는 제공(諸公)들이 공에게 백로시(白鷺詩)를 지어 보라고 하자, 붓을 잡고 즉시 시를 지었다. 청음(淸陰) 김공(金公)[36]과 학곡(鶴

35 죽음공(竹陰公) : 조희일(趙希逸, 1575~1638)의 호이다. 본관은 임천(林川), 자는 이숙(怡叔)이다. 1601년(선조34) 진사시에 장원으로 뽑혔고, 이듬해 별시 문과에 급제하고, 1608년(광해군 즉위년) 문과 중시에서 급제하였다. 이조 정랑을 지내다가 계축옥사(癸丑獄事)로 파직되었다. 인조반정 이후 재기용되어 정묘호란 때 강화로 인조를 호종하고, 후에 예조 참판, 강릉 부사를 역임하였다. 시문에 뛰어났고 서화에도 능하였다. 저서에 《죽음집(竹陰集)》, 《경사질의(經史質疑)》가 있다.

谷) 홍공(洪公)[37]이 마침 자리에 있다가 매우 감탄하며 서로 돌아보며 말하기를 "이 아이가 머지않아 이 자리에 다시 오겠군요."라고 하였다.

광해군(光海君) 때, 죽음공이 이산(理山)에 위리안치(圍籬安置)[38]되었다가 다시 하동(河東)으로 이배(移配)되었다. 공이 당시 약관의 나이로 남북 2000여 리를 다니며 부친을 시봉하다가 무더운 장기(瘴氣)를 쐬는 바람에 마침내 풍비병(風痺病)[39]에 걸렸는데, 이것이 평생의 질환이 되었다. 그러나 위리에서 혼정신성(昏定晨省)하는 가운데 더욱 깊이 훈도를 입어서 문장 솜씨가 날로 크게 진전되었다.

공은 집안과 나라에 일어난 재앙과 변고를 한창 가슴 아프게 생각하

36 청음(淸陰) 김공(金公) : 김상헌(金尙憲, 1570~1652)을 가리킨다. 본관은 안동(安東), 자는 숙도(叔度), 호는 청음·석실산인(石室山人), 시호는 문정(文正)이다. 대제학, 이조 판서, 예조 판서, 병조 판서 등을 지냈고, 대표적인 척화신(斥和臣)으로 추앙을 받았다. 저서에 《야인담록(野人談錄)》, 《독례수초(讀禮隨鈔)》, 《남사록(南槎錄)》, 《청음집(淸陰集)》이 있다.

37 학곡(鶴谷) 홍공(洪公) : 홍서봉(洪瑞鳳, 1572~1645)을 가리킨다. 본관은 남양(南陽), 자는 휘세(輝世), 호는 학곡, 시호는 문정(文靖)이다. 병조 참의, 좌의정, 영의정을 역임하였다. 1623년(인조1) 인조반정에 가담하였고, 병자호란 때에 화의를 주장하였으며, 소현세자(昭顯世子)가 급사하자 봉림대군(鳳林大君)의 세자 책봉을 반대하였다. 저서에 《학곡집(鶴谷集)》이 있다.

38 이산(理山)에 위리안치(圍籬安置) : 송시열(宋時烈)이 지은 〈죽음조공신도비명(竹陰趙公神道碑銘)〉에 의하면, 1616년 서궁(西宮)에 광해군의 죄악을 모두 늘어놓은 투서(投書) 사건이 있었고, 그 글이 실제로는 허균(許筠)이 지은 것이었는데, 이위경(李偉卿) 등이 조희일을 미워하여 이 사건에 얽어 넣어서 결국 이산에 위리안치되었다 한다. 《宋子大全 卷165》

39 풍비병(風痺病) : 비증(痺症)의 일종으로, 풍기(風氣), 한기(寒氣), 습기(濕氣) 따위가 침입하여 팔다리와 몸이 쑤시고 마비가 오는 병증이다. 《靈樞經 壽夭剛柔》

던 터라, 과거에는 일절 응시하지 않았다. 계해년(1623, 인조1)의 반정(反正)[40]에 이르러 마침내 갑자년(1624) 진사시(進士試)에 장원하였으니, 외고조 운강공(雲江公)[41]에서부터 공에 이르기까지 3대가 연이어 진사시에 장원한 것이다. 관례적으로 생원시와 진사시의 장원을 엄선할 적에, 반드시 가문의 명망과 덕행이 선비들 가운데 으뜸이 되는 자를 뽑고 오로지 문예만으로 뽑지 않았으니, 대개 옛 선거 제도의 유풍이 담겨 있는 것이다. 진사시 장원이 이처럼 한집안에서 연이어 배출된 경우는 더욱 기묘한 일인지라, 말하는 자들이 국조(國朝)의 명문가 어디에서도 없었던 사례라고 하였다.

이때부터 여러 차례 초시(初試)에 장원을 하였으나 정시(廷試)에는 번번이 급제하지 못하였다. 얼마 되지 않아 조정에서 공을 익위사 세마(翊衛司洗馬)에 제수하였고 다시 시직(侍直)에 제수하였는데, 이 모두 음사(蔭仕)로서는 최고의 인선이었다. 그러나 공은 병을 핑계로 직무를 수행하지 않았는데, 일찍이 말하기를 "우리 집안은 통례부군(通禮府君 조요(趙瑤))이래로 선군자(先君子)에 이르기까지 6대에 걸쳐 모두 문과에 급제하여 관직에 진출하였는데, 이제 내 대에 와서 어찌 구차하게 음사로 벼슬하여 가문의 명성을 무너뜨리겠는가." 하였다. 오로지 과거를 포기하지 않았음에도 끝내 급제하지 못하자, 세상 사람들이

40 계해년의 반정(反正) : 1623년(인조1) 이서(李曙), 이귀(李貴), 김류(金瑬) 등 서인(西人) 세력이 정변을 일으켜 광해군을 왕위에서 몰아내고 능양군(綾陽君) 이종(李倧)을 왕으로 옹립한 인조반정(仁祖反正)을 가리킨다.

41 운강공(雲江公) : 조원(趙瑗, 1544~1595)의 호이다. 자는 백옥(伯玉)이다. 조식(曺植)의 문인으로, 1564년(명종19) 진사시에 장원하였으며, 1572년(선조5) 별시 문과에 급제하여, 이조 좌랑, 삼척 부사, 승지를 역임하였다.

모두 탄식하며 애석하게 여겼다.

공이 비록 평소 풍비병을 앓기는 하였지만 몸에 별 탈이 없었는데, 병신년(1656, 효종7) 9월 갑자기 병이 들어 10월 22일에 서울 악록(嶽麓)의 집에서 생을 마치니, 그해 12월 모일에 장사를 지냈다. 유명(遺命)에 따라 선영(先塋)에 안장하였다.

공은 어려서부터 품성이 지극히 선하였고, 집안에서의 행실도 나무랄 데가 없었다. 7세에 정 부인(鄭夫人)의 상을 당해서는 마치 어른처럼 애훼(哀毁)하자 조문하는 사람들이 모두 감탄하였다. 계모 심 부인(沈夫人)을 뫼시 공근(恭謹)하게 섬겼는데, 심 부인이 공의 효성을 극구 칭찬하여 말하기를 "비록 내가 낳은 자식이 있다 한들 어찌 이보다 잘할 수 있으랴." 하였다.

죽음공의 상을 당해서는 여묘를 살면서 곡진하게 슬퍼하다가 거의 목숨을 잃을 지경에 이르러서도 오히려 자기 힘으로 선친의 문집을 날마다 정사(正寫)하였는데, 단아하고 섬세한 글씨체가 처음부터 끝까지 한결같았다. 그렇게 정사한 것이 모두 일곱 대편(大編)이나 되어 손에 온통 굳은살이 박였다. 상을 마친 뒤에도 여전히 안채에 들어가지 않았고 첩실(妾室)을 두지도 않았다. 이를 두고 모르는 이는 병을 조섭하기 위한 것이라고 하였지만, 아는 이는 복상(服喪)을 남보다 더 길게 하려는 것이라 하였다.

서모(庶母)를 봉양하고 서제(庶弟)들을 무육(撫育)하는 데에 모두 곡진하게 은의(恩義)를 베풀었다. 이씨(李氏)와 권씨(權氏)에게 시집간 두 여동생이 모두 후사가 없는 것이 공에게 특히 슬픈 일이었다. 그리하여 권씨가 들인 양자 권두추(權斗樞)를 공이 마치 자기 자식처럼 돌봐 주었으므로, 권군(權君)의 외숙으로서도 사람들에게 많이 알려지게 되었다.

평소에 집안 살림은 관심을 갖지 않고 오직 독서를 즐겼으며, 또한 집안 단속에 그다지 마음 쓰지 않았음에도 집안은 언제나 엄숙하였다. 객이 오면 언제나 술을 마시고 시를 읊으며 천고(千古)의 역사를 토론하였는데, 기상이 드높고 언론이 고상하여 당대의 동료 명사들이 다들 주눅이 들 정도였다. 과거 시험장에 갔을 때에도 잔뜩 술에 취해 거리낌 없이 행동하며 마치 답안을 작성할 마음이 없는 듯하더니, 날이 저물 무렵에 사람을 시켜 시험지를 높이 펼쳐 들게 하고는 붓을 한 번 휘둘러 문장을 지어 내었는데, 이 또한 장관(壯觀)이었다고 한다.

악록의 자택이 지난 시절부터 '제일명원(第一名園)'이라 일컬어져 온 것은 완상할 만한 기이한 풀과 진귀한 나무가 있었기 때문이다. 날씨가 좋고 풍경이 아름다울 적이면 늘 그 안에서 지팡이 짚고 느긋하게 거닐며 시를 읊조렸다. 일찍이 문련(門聯)을 쓰기를 "고운 새는 노래하는 기생이요, 이름난 꽃은 예쁜 희첩(姬妾)이며, 푸른 대는 정이 깊은 벗이요, 푸른 산은 존귀한 객이로다.〔好鳥爲歌姬 名花爲美妾 綠竹爲深朋 靑山爲尊客〕" 하였는데, 이를 두고 당시 사람들이 사실의 기록이라 하였다.

대체로 자기 회포를 부치는 것 외에 다시 세상을 향한 뜻을 품지는 않았지만 시절을 상심하여 의기가 북받칠 적엔 또 이따금 시로 표현하기도 하였는데, 정축력(丁丑曆)에 쓴 시[42] 같은 것은 시인의 비풍하천

42 정축력(丁丑曆)에 쓴 시 : 이의현(李宜顯)이 지은 〈증이조참판조공신도비명(贈吏曹參判趙公神道碑銘)〉에 "대명 정축 숭정력이여, 오늘날 어찌 눈물을 닦고 볼 수 있으랴.〔大明丁丑崇禎曆, 今日何堪拭淚看?〕"라는 구절이 전한다. 《陶谷集 卷11》

(匪風下泉)의 상념[43]이 곡진하게 함축된 시 작품이다. 듣건대, 태사씨(太史氏)가 채집하여 사책(史策)에 기록하였다고 하니, 훗날 반드시 상고하여 논하는 자가 있을 것이다.

평생토록 저술한 것이 많았으나 혹 흩어져 없어지기도 하여, 지금 《근수헌집(近水軒集)》 1권이 집에 보관되어 있다. 동명(東溟) 정두경(鄭斗卿)[44]은 공과 가장 친한 벗인데, 늘 공의 시는 후대에 전하지 않아서는 안 된다고 말하곤 하였다.

공의 부인은 안동 김씨(安東金氏)로, 이조 참판 휘 김광현(金光炫)의 따님이자 상국(相國) 선원공(仙源公)[45]의 손녀이다. 성품이 인자하고 점잖았으며 몸가짐이 검약하고 공근(恭勤)하여, 실로 좋은 배필로서 남편의 뜻을 어기지 않고 집안의 법도를 이루었다. 공보다 9년 뒤인

43 시인의 비풍하천(匪風下泉)의 상념 : 〈비풍(匪風)〉은 《시경》 〈회풍(檜風)〉의 편명인데, 이 시는 주(周)나라의 왕업(王業)이 쇠망해 가는 것을 보고 어진 사람이 이를 탄식하여 부른 노래이고, 〈하천(下泉)〉은 《시경》 〈조풍(曹風)〉의 편명인데, 이 시 또한 주나라 왕실이 쇠망해 감에 따라 조나라 같은 작은 나라가 점점 살기가 어려워지므로 이를 한탄하여 노래한 것이라 한다. 모두 나라가 쇠미하거나 멸망한 것에 대한 슬픈 감회를 주제로 하고 있는데, 조석형(趙錫馨)의 시에서는 명(明)나라의 멸망을 슬퍼하는 뜻을 함축하고 있다.

44 정두경(鄭斗卿) : 1597~1673. 본관은 온양(溫陽), 자는 군평(君平), 호는 동명(東溟)이다. 이항복(李恒福)의 문인이다. 부수찬, 정언, 교리 등을 지냈고, 병자호란 때에 '어적십난(禦敵十難)'을 상소하였다. 시문과 서예에 뛰어났고 대제학에 추증되었다. 저서에 《동명집(東溟集)》이 있다.

45 선원공(仙源公) : 김상용(金尙容, 1561~1637)을 가리킨다. 자는 경택(景擇), 호는 선원·풍계(楓溪)·계옹(溪翁)이며, 시호는 문충(文忠)이다. 인조반정 후에 대사헌, 형조 판서, 우의정을 지냈다. 병자호란 때 왕족을 호종하고 강화로 피란하였다가 이듬해 강화산성이 함락되자 자결하였다. 1758년(영조34) 영의정에 추증되었다.

갑진년(1664, 현종5) 5월 3일에 졸하니, 향년 64세이며, 공의 묘에 합장되었다.

장남 경선(景先)은 일찍 죽었고, 차남 경망(景望)은 지금 합천 군수(陜川郡守)이고, 막내아들 경창(景昌)은 처사(處士)이다. 장녀는 진사(進士) 이신현(李藎賢)에게 시집갔고, 막내딸은 첨추(僉樞) 임일유(林一儒)에게 시집갔는데, 나의 선고(先考)이다. 군수 경망은 아들이 넷인데, 정우(正宇)는 진사이고, 정만(正萬)은 진사에 장원하였으며, 셋째는 정화(正華), 넷째는 정하(正夏)이다. 그리고 딸이 셋이다. 처사 경창은 아들은 없고 딸만 둘 있다. 진사 이신현의 아들은 이명재(李命材), 이명추(李命樞), 이명식(李命植)이다. 첨추 임일유의 아들은 임영(林泳), 임정(林淨)이다. 내외 손증(孫曾) 남녀가 몇 명 더 있다.

외숙이 합천 군수를 지내면서 기이한 돌을 얻어서 그것으로 공의 묘표를 세우려고 앞면에 대자(大字)를 직접 쓴 뒤에 또 행록(行錄)을 지어서 나에게 부탁하여 말하기를 "네가 의당 음기(陰記)를 지어야 한다." 하였다. 내가 명을 받고 나자 부지불식간에 피눈물이 계속 흘러내렸다. 나의 선비(先妣)께서 외조부모의 일을 말할 적마다 꼭 울면서 "네가 아버님께 가르침을 받지 못한 것이 한스럽구나."라고 하셨고, 더욱이 오랫동안 덕행을 기록하지 못하고 있는 것을 늘 근심하셨다.

이제 외숙이 지은 행록을 읽어 보니, 흡사 다시 선비께 분부를 받는 듯하였다. 내 비록 어리석고 미련하지만 어찌 차마 이를 아무렇지 않게 할 수 있으랴. 이제 묘표를 세우려고 하여 내가 글을 지었건만 선비께서는 미처 보지 못하게 되었다. 오직 조심스레 채록하고 찬술하노니, 온통 서글픈 심정을 조금이나마 위로할 뿐이다.

유명조선국 증 가선대부 이조참판 겸 동지의금부사 오위도총부부총관 평녕군 행 통훈대부 양성 현감 신공 묘표음기
有明朝鮮國贈嘉善大夫吏曹參判兼同知義禁府事五衛都摠府副摠管平寧君行通訓大夫陽城縣監申公墓表陰記

증(贈) 이조 참판 평녕군(平寧君) 신공(申公)의 휘는 여정(汝挺)이고, 자는 설백(雪柏)이니, 영의정 평성부원군(平城府院君) 증시(贈謚) 충익공(忠翼公) 휘 경진(景禛)의 적장손이자, 판서 평흥군(平興君) 휘 준(埈)의 아들이다. 윗대의 명적(名積)은 충익공의 신도비(神道碑)[46]에 자세히 기록되어 있다.

판서공의 부인은 정부인(貞夫人) 안동 김씨(安東金氏)인데, 부사(府使) 휘 김질(金晊)의 따님이다. 만력(萬曆) 을묘년(1615, 광해군7)에 공을 낳았다.

공은 어려서부터 사람됨이 점잖고 대범하여 위인의 풍모가 있었으므로 충익공이 몹시 애지중지하였다. 21세에 사마시(司馬試)에 입격하였고, 얼마 후에 선대의 공훈으로 음보(蔭補)로 빙고 별검(氷庫別檢)이 되고, 조지서 별제(造紙署別提), 사복시 주부(司僕寺主簿)로 옮겼다가 양성 현감(陽城縣監)으로 나갔다. 얼마 되지 않아 파직되어 돌아왔다가 다시 상운도 찰방(祥雲道察訪)으로 나갔다. 신묘년(1651, 효종2) 6월 21일에 병으로 관사(官舍)에서 졸하였다.

공은 부귀한 집안에서 생장하였으나 청정(淸靜)한 마음을 지키며

46 충익공의 신도비(神道碑) : 《송자대전(宋子大全)》 권157에 나온다.

문장을 일삼기를 마치 빈한한 선비처럼 몹시 애를 써서 하였다. 평생 다급한 말투나 허둥거리는 기색이라고는 없었으며, 어린 자녀들에게도 반드시 예법을 가르쳤다. 벼슬살이는 꼼꼼하고 신중하면서도 청렴결백하여, 현감을 지낼 때에는 스스로 살림을 꾸리면서 이따금 본가에서 도움을 받기도 하였다. 귀한 신분이면서도 교만한 마음이 없었고 큰 인물이면서도 작은 범절에도 신중하였으니, 이 모든 것이 사람들이 하기 어려운 것들이다.

처음에 윗대의 정사 공신(靖社功臣) 종훈(從勳)[47]으로 승정원 좌승지에 증직되었으며, 뒤에 사자(嗣子) 완(琓)[48]이 현귀(顯貴)함에 따라 본관(本官)에 가증(加贈)되고 훈봉(勳封)을 이어받았다.

공의 초취 부인은 판서 김공 신국(金公藎國)의 따님인데, 어진 덕이 몹시 높았다. 계미년(1643, 인조21) 9월 2일에 졸하였다. 1남 3녀를 낳았는데, 아들은 일찍 죽었다.

재취 부인은 도사(都事) 이공 정관(李公廷觀)의 따님이다. 1남 1녀를 낳았는데, 아들 숙(璛)도 일찍 죽었다. 이 부인(李夫人)이 공의 조카 완(琓)을 후사(後嗣)로 삼아 종사(宗事)를 받들게 하였다.

47 윗대의 정사 공신(靖社功臣) 종훈(從勳) : 정사 공신은 인조반정(仁祖反正)에 공을 세운 사람에게 내린 칭호 또는 그 칭호를 받은 사람을 가리킨다. 신여정(申汝挺)의 조부 신경진(申景禛)은 1등 공신, 부친 신준(申埈)은 3등 공신에 책록되었다.

48 완(琓) : 1646~1707. 자는 공헌(公獻), 호는 경암(絅庵), 시호는 문장(文莊)이며, 박세채(朴世采)의 문인이다. 1680년(숙종6) 경신환국(庚申換局) 때 서인(西人)으로서 남인(南人) 권대운(權大運) 등의 죄과를 논박하였고, 강양도 관찰사(江襄道觀察使)를 거쳐 한성부 판윤, 대사헌, 이조 판서, 우의정을 지내고 영의정으로 평천군(平川君)에 봉해졌다. 저서에 《경암집(絅庵集)》이 있다.

부인은 천성이 엄숙하고 침착하며 총명하고 지혜로워서 사리를 막힘이 없이 훤히 알았다. 자녀를 교육하고 족당(族黨)을 접대하며 아랫사람을 통솔함에, 느긋하고 자연스러우며 온화하면서도 엄숙하게 하였으니, 다 보고 본받을 만한 것들이었다. 전 부인의 소생을 자기가 낳은 자식보다 더욱 마음을 써서 돌보았으며, 일찍 과부가 된 그 두 딸을 거두어 보살피고, 아래로 여러 손자에게도 은의(恩義)를 독실하게 베풀었다. 특히 제사에 공경을 다하여 부지런히 힘쓰고 정성을 쏟았는데, 이렇게 하기를 노년(老年)에 이를 때까지 조금도 게을리하지 않았다. 사자(嗣子)가 현귀한 지위에 오른 뒤에, 늘 권면하여 말하기를 "마땅히 할 일을 해야지, 내 걱정은 하지 말라." 하였다. 시사(時事)에 걱정스러운 점이 많은 것을 보고는 늘 일찌감치 은퇴하라고 훈계하기도 하였다. 부인의 고명한 식견이 대체로 이와 같았다. 기사년(1689, 숙종15) 3월 20일에 졸하니, 향년 64세였다.

사자 완은 사헌부 대사헌을 지냈는데, 승지 조원기(趙遠期)의 따님에게 장가들어 아들 성하(聖夏), 정하(靖夏)를 낳았다. 성하는 아들과 딸을 낳았는데, 모두 어리다.

김 부인은 딸이 셋인데, 사위는 조건주(曺建周), 이반(李磐), 이기석(李箕碩)이다. 이 부인의 아들 숙(璛)은 첨지(僉知) 이휘조(李徽祚)의 따님에게 장가갔는데, 지금은 부부가 모두 죽었다. 사위는 지평 유성운(柳成運)이다. 조건주는 딸이 둘인데 큰딸은 나의 아내이고 둘째 딸은 조명도(趙鳴道)에게 시집갔다. 이반은 이세형(李世馨), 이중형(李重馨) 두 아들을 두었다. 이기석은 후사를 잇는 아들 이평(李枰)이 있다. 유성운은 아들과 딸이 있는데, 모두 어리다.

처음에 공을 청주(淸州) 대전리(大田里)에 안장하였다가, 갑진년

(1664, 현종5)에 양주(楊州)의 선산에 이장하였는데, 충익공의 신도(神道)에서 약간 떨어진 곳이다. 김 부인은 오른쪽에, 이 부인은 왼쪽에 부장되었는데, 실은 같은 묘역(墓域)에 봉분(封墳)을 달리한 것이라 한다.

아아, 공이 어렸을 적에 선배들이 모두 큰 그릇이라고 칭찬하였고 성인이 되어서는 공업(功業)이 한창 성대해지던 차에 일찍 죽어 선대의 공렬을 독실하게 계승하지 못하였으니, 이 어찌 운명이 아니겠는가.

김 부인은 공과 같은 해에 태어났으나 공보다 10년 먼저 졸하였으므로 더욱 전해지는 행적이 없다. 슬프도다, 이 부인의 경우는 큰 가문의 영화가 극에 달하였다가 꺾이는 때를 맞아 몰락함이 더욱 심하였다. 40년 동안 엄숙하게 집안을 다스려 선조의 뒤를 계승하고 후손들을 개도하여 오늘날까지 좋은 가풍이 이어지도록 하였다. 이 부인이 신씨 가문에 끼친 공로가 더할 나위 없이 크거니와, 그 덕을 논해 보면 비록 옛 도서나 역사에 나오는 인물이라 하더라도 어찌 이보다 더 대단하겠는가. 말년에 존영(尊榮)을 누린 것은 아마도 하늘의 보응일 것이다. 도헌공(都憲公) 완이 묘표를 세우면서 나에게 음기(陰記)를 부탁하기에, 감히 사양하지 못하고 썼다.

행장 行狀

고 가선대부 이조 참판 이공 행장
故嘉善大夫吏曹參判李公行狀

공의 성은 이씨(李氏)이고, 휘는 정기(廷夔), 자는 일경(一卿), 본관은 한산(韓山)이다. 윗대 선조인 세칭 가정공(稼亭公) 휘 곡(穀)과 목은(牧隱) 선생 휘 색(穡)은 고려 말엽에 부자지간으로 함께 동토(東土)에 대명(大名)을 떨쳤다. 몇 대 지나 휘 증(增)은 우리 소경왕(昭敬王 선조(宣祖)) 때에 예조 판서를 지냈고, 실제로 평난(平難)의 공훈에 참여하여[49] 아천군(鵝川君)에 봉해졌으며, 죽은 뒤 영의정에 추증(追贈)되고 의간공(懿簡公)이라는 시호를 받았는데, 바로 공의 증조이다. 조부 휘 경류(慶流)는 병조 좌랑으로 임진왜란 때 상주(尙州) 전투[50]에서

49 평난(平難)의 공훈에 참여하여 : 평난의 공훈이란 1590년(선조23) 정여립(鄭汝立)의 난을 평정한 일을 말하는데, 이 일에 공훈을 세운 신하들에게 평난이라는 훈호(勳號)를 내렸다. 이증(李增)이 당시 대사간으로서 옥사(獄事)를 다스린 공으로 평난 공신 3등에 책록되었다.

50 상주(尙州) 전투 : 임진왜란 때인 1592년(선조25) 4월 23일 상주에서 왜군과 벌어진 전투이다. 순변사 이일(李鎰), 상주 판관 권길(權吉), 종사관 윤섬(尹暹)·박호(朴箎), 찰방 김종무(金宗茂), 병조 좌랑 이경류(李慶流) 등이 소서행장(小西行長)이 지

순국하였는데, 조정에서 그의 충성을 가상히 여겨 정려(旌閭)를 내리고 직제학(直提學)을 추증하였다.

선고(先考) 휘 제(穧)는 대구 부사(大丘府使)를 지냈는데, 젊은 나이에 사마시(司馬試)에 장원으로 뽑힌 뒤 대과(大科)에 급제하여 벼슬에 나아갔고, 43세에 졸하였다. 뒤에 아들인 공이 현귀(顯貴)하게 됨에 따라 직제학, 도승지에 가증(加贈)되고 부사, 이조 참판에 추증되었다. 참판공의 배필인 정부인(貞夫人) 나주 임씨(羅州林氏)는 관찰사(觀察使) 임서(林惰)의 따님으로, 품성과 조행이 탁월하여 여사(女士)의 풍모가 있었다. 만력(萬曆) 임자년(1612, 광해군4) 5월 2일에 공을 낳았다.

공은 어린아이 때부터 기우(氣宇)가 의젓하여 어엿한 성인(成人)의 풍도(風度)가 있었다. 외조부 관찰사공이 늘 기특하게 여기고 사랑하여 말하기를 "훗날 필시 가문을 크게 빛낼 아이이다." 하였다. 조금 자라서 글을 배움에 굳이 가르치지 않아도 묵묵히 글의 대의를 이해하였다. 한번은 여러 아이들과 함께 예부(禮部)에서 수업한 적이 있었다. 이때 선원(仙源) 김 상공(金相公)[51]이 예조 판서로 있었는데, 보통 아이들과 다르게 꼼꼼하면서도 침착하게 질의에 응대하는 공의 용모와 행동거지를 자세히 관찰하고는, "이 아이는 큰 그릇이다." 하고 마침내 손녀사위로 삼았다. 친하게 어울리는 사우(士友)들은 모두 당대의 명망가였는데, 늘 넓은 도량으로 그들을 감복시켰다.

휘하는 왜군과 분전하였으나 중과부적으로 대패하고, 이일이 몸을 피함으로써 상주가 함락되었다.

51 선원(仙源) 김 상공(金相公) : 김상용(金尙容)을 가리킨다. 298쪽 주45 참조.

신미년(1631, 인조9)에 참판공이 대구 부사로 재직 중에 졸하였다. 영남 지방에 달리 친고(親故)도 없었는데, 공은 어린 나이에 예법에 좇아 장례를 지냄에 성심을 다하여 후회가 없도록 하였다. 상중(喪中)에 슬픔을 극진히 쏟는 동안에도 글 읽기를 그만두지 않았으며 예제(禮制)를 상고하고 경서(經書)를 궁구하기를 날마다 과정을 세워 놓고 하였다. 훗날 공이 예학(禮學)과 경술(經術)로 진신(縉紳)들에게 자못 추앙을 받은 것은 그 발단이 실로 여기서 비롯된 것이다.

기묘년(1639)에 상사(上舍)에 선발되었다.

무자년(1648)에 정시(庭試)에서 장원으로 뽑혔다. 당시 사람들이 이번 일방(一榜)에서 훌륭한 인물을 많이 얻었다고 일컬으면서 지목하여 말하기를 "아무개는 재상감이고, 아무개는 장수감이며, 아무개는 문형감이다." 하였다. 재상감이라는 지목을 받은 사람이 바로 공이었다. 관례대로 성균관 전적에 제수되고 얼마 안 되어 예조 좌랑으로 옮겼다. 몇 달 뒤에 사간원정언 겸 춘추관기사관에 제수되었다가 곧 사헌부 지평, 병조 정랑으로 옮겼으며, 다시 정언으로 돌아갔다. 언관(言官)의 직분에 있을 때, 줏대 없이 남의 의견에 영합하지 않았고 무슨 말을 하든지 지성에서 우러나오지 않은 것이 없었으며, 일 처리는 너그러우면서도 간략하게 하여 오로지 예리한 기세로 남의 잘못을 들추어내는 것을 강직함으로 삼는 행태를 부끄럽게 여겼다.

경인년(1650, 효종1)에 조모 조 부인(趙夫人)의 상을 당하였다. 상기(喪期)를 마친 뒤에 홍문관 수찬에 제수되었고, 다시 정언, 교리로 옮겼다. 이후로는 주로 경연의 강독하는 직책에 있었는데, 그때 선왕(先王 효종(孝宗))이 막 양암(諒闇 임금의 상기(喪期))을 벗어나 더욱 부지런히 경연에 나아갔는데, 공은 입시(入侍)할 때마다 의논함에 경전

속에 담겨 있는 의리를 적용하여 근실하면서도 통창하게 부주(敷奏)하였으므로 주상에게 도움이 된 점도 많았다. 틈틈이 주상에게 원근 백성들의 고충이나 경학(京學 서울의 사학(四學))의 과시(課試)하는 법제에 대하여 차분히 진언하였는데, 조리가 매우 분명하여 늘 채택되었고, 이에 따라 사람들이 편리하게 여겼다. 사국(史局)의 낭청(郎廳)을 겸직하여《인조실록(仁祖實錄)》 편수에 참여하였고, 지제교(知製敎)에 뽑혀 겸대(兼帶)하였다.

계사년(1653) 봄에 헌납, 병조를 거쳐 부모 봉양을 위해 은산 현감(恩山縣監)으로 나갔다. 현이 세 읍(邑)을 관할하고 대로에 접해 있어서 관리의 직무가 몹시 복잡다단하였다. 공이 요령을 갖고 알맞게 조처하여 오래지 않아 정사가 간편해졌다. 이에 여가가 나면 늘 시종을 물리치고 고을의 선생이나 어른들과 자주 어울렸다. 대개 호서(湖西) 지역은 본래 명성과 덕망이 있는 선배들이 많은 곳으로, 현의 주변에 살고 있는 이들도 종종 있었는데, 공은 자주 그들과 왕래하면서 의심스러운 점을 자문하는 등 매우 즐겁게 지냈다. 가을에 교리로 소명을 받아 조정으로 돌아가려던 차에 현의 행정에 관련된 죄목[52]에 연좌되는 바람에 체차되어 태안(泰安)에 유배되었다.

52 행정에 관련된 죄목 : 원문의 '기회(期會)'는 규정된 기한 안에 정령(政令)을 실시함을 이르는 말로, 흔히 조정이나 관부(官府)와 관련된 재물의 출납을 기한에 맞추어 함을 뜻한다.《한서(漢書)》 권77 〈왕길전(王吉傳)〉에 "그들이 힘쓰는 것은 기한 안에 재물을 출납하고 장부를 정리하는 일과 옥사를 처결하는 일뿐인데, 이는 태평 정치의 기반이 아니다.〔務在於期會簿書, 斷獄聽訟而已, 此非太平之基也.〕"라는 말이 나온다. 1653년(효종4)에 안흥진(安興鎭)의 수군(水軍) 훈련이 있었는데, 소속 고을에 할당된 군인의 수를 채우지 못한 죄를 범한 것이다.《孝宗實錄 4年 10月 6日》

갑오년(1654, 효종5)에 사면을 받아 서용(敍用)되어 교리, 헌납, 이조 좌랑에 제수되었다.

을미년(1655)에 수찬 겸 시강원사서로 옮겼다. 얼마 뒤에 집을 세내면서 금법(禁法)을 위반하여 파직되었다.

병신년(1656)에 서용되어 부교리에 제수되었다. 이에 공은 사직소(辭職疏)를 올려 진언(進言)하기를,

"공로는 없고 허물만 있으니, 다시 기용되는 것은 옳지 않습니다. 조정에서 과연 억울하게 죄를 입은 사람을 신원(伸冤)해 주고 유능한 인재를 임용하여 재앙을 막는 방도로 삼으려고 한다면, 김홍욱(金弘郁)의 죄[53]는 망언(妄言)에 불과한데, 역률(逆律)로 논죄(論罪)하여 친속들까지 아울러 금고(禁錮)하였으니, 무엇보다 이 사람을 신원해 주어야 합니다. 유계(兪棨)는 재주와 학식이 있는 신하인데, 한마디 말이 성지(聖旨)를 거슬러 지금 같은 성명(聖明)한 시대에 버려져 있으니,[54] 이 사람을 필히 서용해야 합니다."

하였다. 말이 너무도 간절하고 정성스러웠고, 공의(公議)도 이를 옳게 여겼다.

지평, 헌납으로 옮겼을 적에, 마침 대사간 유철(兪撤)이 유도삼(柳道三)의 술 취해 저지른 잘못을 논핵(論劾)하였는데, 일이 인평대군

53 김홍욱(金弘郁)의 죄 : 김홍욱이 1654년(효종5) 황해도 관찰사를 지낼 때, 천재(天災)로 효종(孝宗)이 구언(求言)하자, 8년 전 사사(賜死)된 민회빈(愍懷嬪) 강씨(姜氏)의 억울함을 풀어 줄 것을 상소한 일을 가리킨다. 이에 효종이 격노하여 친국(親鞫)을 받던 중 장살(杖殺)되었고, 얼마 후 신원되어 1718년(숙종44) 이조 판서에 추증되었다.

54 유계(兪棨)는……있으니 : 유계가 인조(仁祖)의 묘호(廟號)를 정할 때 '인(仁)' 자의 사용을 반대하다 선왕을 욕되게 하였다는 죄로 유배된 일을 가리킨다.

(麟坪大君)에게까지 연관이 되는 바람에[55] 주상이 몹시 노하여 그날로 하옥하여 국문(鞫問)하였다. 그때 주상이 진노하여 군신들이 두려워 떨며 아무도 할 말을 다 하지 못하였다. 공은 어전(御前)에서 유철에게 다른 뜻이 없었음을 강력하게 아뢴 뒤에 물러나서 다시 소장(疏章)을 초하여 반복하여 설득해 아뢰기를,

"국가의 고질적인 폐단은 실로 임금과 신하 사이의 뜻과 마음이 어그러지고 막힌 데에 있습니다. 만약 임금이 성의로써 신하를 대하여 서로가 격의 없이 소통하지 않는다면 신하들은 매사에 임금의 뜻을 거스를까 두려워할 뿐이니, 종당에는 나라가 나라꼴이 되지 못하는 데 이르게 될 것입니다."

하였다. 주상이 그 성의를 가상하게 여겼다. 사람들이 말하기를 "유공(兪公)이 대죄(大罪)를 면한 것은 무슨 까닭인가. 공이 힘써 도와준 덕분이다." 하였다.

얼마 후 이조정랑 겸 중학교수 교서관교리로 옮겼고, 어사(御史)로서 영남(嶺南)에 가서 안렴(按廉)하였다.

정유년(1657, 효종8)에 응교에 승배(陞拜)되었다가, 사간으로 옮겼고, 악정(樂正), 보덕(輔德)을 맡았다가 사간으로 돌아갔다. 그때

55 대사간……바람에 : 인평대군(麟坪大君)이 손위 처남 오정일(吳挺一)의 집에서 허적(許積) 등과 함께 술을 마시고 있었는데, 그때 승지 유도삼이 취한 채 밖에서 들어와 대군이 있는 것을 살피지 않고 무례하게 굴다가 제지를 당한 뒤에 대군이 있음을 알고 황급히 일어나 사죄하고 '소신(小臣)'이라 한 일이 있었다. 이 말을 들은 천안군수(天安郡守) 서변(徐忭)이 상소하여 밀고하여 옥사(獄事)가 일어났고, 유철(兪撤)이 대사간으로서 유도삼의 파직을 주장하다가 효종의 노여움을 사서 진도(珍島)에 위리안치되었다. 《孝宗實錄 7年 5月 12日, 25日》

도신(道臣)[56]이 서원의 말폐(末弊)를 건언(建言)하여 일절 금지하도록 주청하였다. 이에 공이 상소를 올려 그 잘못을 변박(辨駁)하여 아뢰기를,

"서원은 본디 선비들이 글을 읽고 몸을 닦는 곳으로, 그것을 처음 세운 의도는 선하지 않은 점이 없습니다. 많은 선비들이 학문을 강마(講磨)하여 교화를 돕는 아름다움이 있다면 장려해야 할 것이요, 법을 이용하여 폐단을 낳고 공적인 일을 빙자하여 사사로운 이익을 도모하는 자가 있다면 죄주어야 할 것입니다. 그러니 서원에다 허물을 돌려서는 안 됩니다. 그가 향교(鄕校)를 도리어 서원보다 가볍게 여긴다고 비판한 것을 놓고 보면, 조정에서도 마땅히 학정(學政)을 닦고 밝혀 향교를 중시해야 할 것이요, 서원을 금지하여 향교와 서원을 다 똑같이 가볍게 취급하고서야 통쾌하게 여겨서는 더욱 안 될 것입니다."

하였다. 이윽고 도신의 논의가 과연 행해지지 않았다.

그리고 또 시정(時政)의 득실에 대한 원인과 요점을 논하되, 모두 군상(君上)의 성의가 미덥지 못한 데로 돌렸다. 또 아뢰기를,

"전하께서 현능한 인재를 대우하는 예의는 지니셨지만, 현능한 인재를 쓰는 방법은 지극하지 못합니다. 저 초야에 은둔하여 벼슬에 나아가기를 어렵게 여기는 사람[57]이 어찌 한때 배불리 먹는 것 때문에

56 도신(道臣) : 충청도 관찰사 서필원(徐必遠, 1614~1671)을 가리킨다. 그의 본관은 부여(扶餘), 자는 재이(載邇), 호는 육곡(六谷), 시호는 정헌(貞憲)이다. 대사간, 강화 유수, 형조 판서 등을 역임하였고, 민생을 구휼하고 지방의 폐단을 개혁하기 위한 실질적인 사업을 많이 하였다. 저서에 《육곡유고(六谷遺稿)》가 있다. 서필원이 서원의 폐단에 대하여 건언한 내용은 《효종실록(孝宗實錄)》 8년 6월 21일 기사에 나온다.

전하의 조정에 머무르고자 하겠습니까."

하였다. 그 의도가 본래 더욱 힘써 노력하라고 질책하는 데서 나왔고 더욱이 언사도 꽤 과격하였음에도, 그 이치가 곧고 뜻이 충성스러웠으므로 주상이 끝내 죄주지 않았다.

얼마 안 되어 부응교, 의정부 사인, 집의, 응교, 겸보덕으로 옮겼다.

무술년(1658, 효종9) 겨울에 낭관(郎官)이 되어 공주(公主)의 길례(吉禮) 때 도청(都廳)으로 공로가 있다 하여 통정(通政)의 품계에 올랐는데, 사양하였으나 윤허를 받지 못하였다. 동부승지에 제수되고 서승(序陞)되어 좌승지가 되었다가 체차되고 예조 참의가 되었다.

기해년(1659)에 대사성(大司成)에 제수되었는데, 마침 선왕(先王 효종)의 말년에 초야의 선비들을 대대적으로 기용하여 훌륭한 정치를 부흥하려던 차라 인재 양성을 담당하는 지위에 대해 특히 유념하였다. 공은 성균관 좨주(成均館祭酒) 동춘(同春) 송 선생(宋先生)[58]과 더불어 사석(師席)을 함께 맡아 정성스레 제생을 위해 강설(講說)하는 데

57 초야에……사람 : 《효종실록》 8년 8월 23일 기사에 실려 있는 상소문을 참고하면, 송준길(宋浚吉)을 염두에 두고 한 말이다. 산림 선비의 처신을 강조하여 일컫는 말로, 《예기(禮記)》 〈표기(表記)〉에 "신하가 군주를 섬길 적에 나아가는 것을 어렵게 여기고 물러가는 것을 쉽게 여기면 지위에 차서가 있게 되며, 나아가는 것을 쉽게 여기고 물러가는 것을 어렵게 여기면 어지럽게 된다. 그러므로 군자는 세 번 읍하고 나아가고 한 번 사양하고 물러가서 어지러움을 멀리하는 것이다.〔事君, 難進而易退, 則位有序; 易進而難退, 則亂也. 故君子, 三揖而進, 一辭而退, 以遠亂也.〕"라고 하였다.

58 동춘(同春) 송 선생(宋先生) : 송준길(宋浚吉, 1606~1672)을 가리킨다. 본관은 은진(恩津), 자는 명보(明甫), 호는 동춘당(同春堂), 시호는 문정(文正)이다. 성리학과 예학에 능하였고, 우참찬, 이조 판서를 지내면서 노론(老論)의 거두로 활약하였다. 저서에 《동춘당집》, 《어록해(語錄解)》 등이 있다.

온 힘을 쏟았고, 공부를 따라오지 못하는 이에 대해서는 지극정성을 다하여 지도하기도 하고 책망하기도 하였으며, 물자를 제공하는 절도에 대해서도 근실(勤實)하고 신중하게 감독하여 살폈다. 논하는 자들이 근래에 교육을 담당했던 자를 평할 때, 모두 공을 으뜸으로 꼽았으니, 공이 여기에 마음을 다하였기 때문이다.

얼마 되지 않아 선왕이 승하하여, 금상(今上 현종(顯宗))이 보위를 계승하였다. 공이 대사간으로 가장 먼저 숙배(肅拜)하고 상소를 올려 아뢰기를,

"생각건대, 우리 선왕께서 지치(至治)를 이루고자 애쓴 노력과 현능한 이를 좋아하신 성의는 천고(千古)에 우뚝할 만큼 훌륭하였지만, 대업(大業)을 마치지 못하고 중도에 승하하셨으니, 신민들이 몹시 아쉬워하고 깊이 애통해하고 있습니다. 전하께서 선왕의 유업을 더욱 확장하여 대업을 잇는 책임을 다하셔야 합니다. 선왕께서 등용하여 의탁하였던 대신들을 더욱 신임하고, 선왕께서 이루려다 미처 못다 한 것을 더욱 힘써 달성하여야 합니다. 그리하여 위로는 선왕의 뜻을 이루고 아래로는 신민의 바람을 위로하십시오."

하였다. 성상의 마음을 면려하여 새로운 정화(政化)의 근본으로 삼은 것이 진실로 그 요령을 얻은 것이었다. 그런데 당시에 또 정인(正人)을 시기하는 무리가 속임수로 나라를 위태롭게 하는 말을 떠벌리고 퍼뜨리자, 요행수를 바라며 한번 사욕을 채우려는 자들이 줄지어 일어났다. 공이 일이 있을 때마다 변박(辨駁)하였는데, 무엇 하나 적확하고 타당하지 않은 경우가 없었다. 새 임금이 처음으로 정사를 펼치는 마당에 사정(邪正)에 혼란을 겪지 않도록 하는 데에 공의 역량이 더욱 빛을 발하였다.

그 사이에 또 먼 지방의 수령이 법을 왜곡하여 백성을 좀먹는 실상과 궁가(宮家)에서 나뭇갓〔柴場〕[59]을 광범위하게 점유하는 폐단을 논하였는데, 말이 몹시 자세하면서도 간절하고 지성스러워 논한 것이 대부분 시행되었다. 혹자는 주상이 한창 상중(喪中)에 있는데 자잘한 일을 갖고 자꾸 번거롭게 할 필요가 없다고 의난(疑難)하기도 하였으나, 식자(識者)들은 일의 체모에 합당하다고 여겼다고 한다.

얼마 후에 곤수(閫帥) 이동현(李東顯)을 논핵한 사건[60]이 허위 사실이라는 죄목으로 사체(辭遞)되어 군직(軍職)에 붙여졌다. 병조 참지, 승지에 제수되었으나 다 사직하였다. 외직(外職)을 청하여 홍주(洪州)로 가게 되었으나 부임하기 전에, 보내서는 안 된다는 조정의 의론이 있어서, 다시 승지, 대사성, 대사간에 제수되었으나 역시 나아가지 않았다. 늙은 어버이를 봉양해야 한다는 이유로 더욱 간절하게 외직을 청하여 인천 부사(仁川府使)로 나갔다. 임지에 이르러서는 은혜와 사랑을 깊이 쏟아 피폐한 백성들을 어루만졌으며, 때때로 민간의 이해(利害)와 편부(便否)에 관한 일을 상소하였는데, 그때마다 이롭고 편한 것들은 시행되고 해롭고 불편한 것들은 혁파되는 은택을 입었다. 이에 고을 사람들이 더욱 감격하고 기뻐하여, 지금까지도 사민(士民)들이 공을 칭송하며 존모(尊慕)하고 있다.

이듬해에 조정으로 들어와 이조 참의에 제수되고, 곧 호조로 옮겼다

59 나뭇갓 : 관청의 땔감 채취를 위하여 특별히 지정된 삼림 지역을 말한다.

60 곤수(閫帥)……사건 : 전남 우수사(全南右水使) 이동현(李東顯)이 배 1척에 쌀과 베를 가득 싣고 그 배까지 싸잡아서 이조 참판 이응시(李應蓍) 등에게 뇌물로 보냈다면서 사간원에서 탄핵하였는데, 이것이 뒤에 허위 사실로 밝혀진 일을 가리킨다.《顯宗實錄 1年 6月 11日, 13日》

가, 얼마 안 되어 수원 부사(水原府使)로 나갔다. 수원부가 정치, 군사적으로 중요한 지방이었으므로 공은 더욱 스스로 노력하여, 백성을 다스리고 군대를 훈련하는 데에 감히 게을리하지 않았다. 얼마 후에 주상이 경기 관찰사로 발탁하여 제수하자, 공이 사양하였으나 주상이 가상히 여기는 뜻으로 유시하여 윤허하지 않았다.

한참 세월이 흐른 뒤에 한 어사(御史)가 현(縣)과 읍(邑)을 순행(巡行)하면서 공이 수원 부사로 재직할 때 있었던 일을 가지고 교묘하게 공을 중상(中傷)하였다.[61] 고사에 따르면 수령의 다스림을 감찰하는 것은 어사의 고유 권한이기는 하지만, 전직 때의 일로 도신(道臣)을 협박하는 것은 해서는 안 될 언사(言事)였다. 사람들이 그가 관례를 어기면서까지 공을 왜곡하여 얽는 것을 보고 당연히 무고임을 의심하였고, 정위(廷尉)에게 내려 변핵(辨覈)함에 본래 논죄할 만한 일이 없었음이 밝혀지자, 공을 음해하는 말을 한 사람의 의도가 애초부터 공을 질시한 데서 나온 것이지 공론(公論)이 아님을 다들 속 시원히 알게 되었다. 그러나 결국 사소한 법률에 연루되어 체탈(遞奪)되고 말았으니, 이해가 갑진년(1664, 현종5)이다.

공은 나라에서 두터운 은택을 입고서 책임을 다하여 보답하기는커녕 갑자기 죄과(罪過)에 빠진 것을 스스로 상심하고, 또 늙은 몸으로

61 한 어사(御史)가……중상(中傷)하였다 : 어사는 신후재(申厚載)를 가리킨다. 신후재가 당시 경기 우도 어사(京畿右道御史) 임무를 수행하고 복명하면서 이정기 등을 '불치(不治)'의 죄로 탄핵하였는데, 같은 해에 신후재가 인피(引避)하여, 이정기의 불치의 조목 가운데 하나인, 접경 지역에 집을 짓는데 부민이 가서 부역한 일은 이정기가 수원에 부임하기 전의 일이었음을 자백함에 따라 간원이 처치하여 체차되었다. 《顯宗實錄 5年 11月 28日, 12月 9日》

형리(刑吏)를 대함으로써 어버이에게 걱정을 끼친 것을 한스러워하였다. 마침내 벼슬을 단념하고는 곧바로 서울 집을 팔고 광진(廣津) 가에 집을 지어 모부인을 모시고 살았다. 모부인도 아들의 효성스러운 봉양을 편안히 여기고 자기 때문에 뜻을 굽혀 영록(榮祿)을 얻는 것을 바라지 않았다. 공은 더욱 스스로 확고하게 세상과 단절하여 마치 평생을 보낼 것처럼 하였다.

이듬해에 호군(護軍)에 특별히 서용(敍用)되고, 연이어 동지돈녕부사(同知敦寧府事), 예조 참판, 개성부 유수(開城府留守), 한성부의 우윤(右尹)·좌윤(左尹), 동지중추부사 등의 벼슬에 제수한다는 명이 내려왔지만, 공은 스스로 죄과(罪過)를 말하며 굳이 사양하고 나아가지 않았다.

병오년(1666)에 동뢰(冬雷)의 변괴가 있어서 대신들이 지방에 있는 몇몇 재신(宰臣)을 불러들여 재이(災異)를 없애는 방도를 강구하기를 주청하였다. 주상이 유지(有旨)를 내려 공을 특별히 불렀는데, 사지(辭旨)가 융숭하고 정중하였다. 공은 마지못해 조정에 들어가서 사은(謝恩)하고 곧바로 다시 물러나 집으로 돌아갔다.

그때 왕세자의 책례(冊禮)를 거행하려고 하면서 주상이 보양관(輔養官) 1원(員)을 증원하고자 하였는데, 적합한 인선(人選)을 하는 데에 상당한 어려움이 있었다. 대신들이 공의 학식이 이 직임에 적합하다고 아뢰자, 주상이 공을 보양관으로 특별히 제수하였다.

정미년(1667)에 책례가 끝나자, 곧 우부빈객(右副賓客)에 제수되었는데, 공이 상소하여 간곡히 사직하였다. 또 우윤, 형조 참판에 제수되자, 공이 본직(本職)을 사양하여 앞서의 뜻을 더욱 간곡하게 아뢰어, 끝내 모든 벼슬에 대한 사직을 허락받았다. 다시 대사간에 제수되었으나 역시 사직하였다. 그동안 사직하면서 지난번 일[62]을 말하지 않은 적이 없었다.

얼마 후에 모부인의 상을 당하였는데, 애훼(哀毁)가 심해 병을 얻어 하마터면 목숨을 보전하지 못할 뻔하였다.

기유년(1669, 현종10)에 상복을 벗고 공조 참판에 제수되었는데, 상소를 올려 진청(陳請)하고 인책하여 체차를 청하였다. 이에 주상이 지난 일을 가지고 꼭 혐의로 삼을 필요는 없다고 비답을 내려 유시하자, 공은 끝내 병을 이유로 체차를 얻고야 말았다. 얼마 후에 대사간, 호조 참판에 제수되었으나, 모두 사직하고 나아가지 않았다. 마침 병으로 의원을 찾아 서울에 들어갔는데, 또 대사성에 제수하여 패초하는 어명이 있었다. 공은 사양하다가 마지못해 잠깐 나아가 사은하고는 곧바로 휴가를 청하여 처모(妻母)를 귀장(歸葬)한 뒤에 면직을 청하였다.

마침 세자가 입학(入學)하는 시기가 되어, 결국 체차되었다가 얼마 안 되어 대사헌에 제수되었는데, 또 사직하여 체차되었다. 그때 동춘 송 선생이 막 소명(召命)을 받고 조정에 있었는데, 일찍이 주상에게 아뢰기를 "이모의 학식과 사람됨이 보통 사람에 비할 바가 아닙니다. 험난한 상황을 만나 곧바로 그친 것[63]으로 평소의 절조를 더욱 잘 알 수 있습니다." 하였다. 또한 반열에 있던 공경들도 번갈아 아뢰었다. 이에 주상이 이르기를 "이 일의 진상을 조정에서 이미 환하게 아는데, 해될 게

62 지난번 일 : 나라에서 두터운 은택을 입고서 책임을 다하여 보답하지 못했다는 상심을 초래한 것, 즉 수원 부사를 맡았을 때의 일로 어사에게 탄핵받은 것을 가리킨다.

63 험난한……것 : 경기 우도 어사 신후재의 탄핵을 받고부터 벼슬을 단념한 것을 가리킨다.

뭐 있겠는가. 이것으로 혐의를 삼는다면 자못 지나치다." 하였다.

경술년(1670)에 대사성 겸 빈객에 제수되었으나 역시 나아가지 않았다. 마침 또 병으로 도성에 들어갔는데, 다시 대사헌에 제수한다는 명이 내려왔다. 공이 상소하여 체차를 청한 것이 세 번, 긴 사직 단자를 올린 것이 세 번, 패초를 받고도 나아가지 아니한 것이 세 번이었는데, 패초가 네 번째로 내려오고서야 나아가 숙배하고는 다시 휴가를 청하여 성묘하였고, 오고 감에 기한을 넘겼다는 이유로 사체(辭遞)되었다. 마침내 교외의 집으로 돌아왔으나 연이어 예조 참판, 대사성, 공조 참판, 이조참판, 대사헌에 제수되었는데, 모두 굳게 사양하고 나아가지 않았다.

겨울에 예조참판 겸 동지의금부사에 제수되었다. 공은 스스로 생각하기를 '세 조정의 구신(舊臣)으로서 더욱 융숭한 권우(眷遇)를 입었거늘 매번 명을 어기는 것은 의리상 감히 편안히 여겨서는 안 되는 것이니, 잠시 나가서 국은(國恩)에 사례하고 곧바로 다시 초야로 돌아오는 것도 나쁘지 않을 것이다.'라고 하고는 마침내 조정에 나아가 직임을 수행하였고, 얼마 후에 대사헌에 제수되었다.

그때 신해년(1671)의 대기근을 당하여 죽은 백성들이 이루 헤아릴 수 없을 지경이었다. 공이 말하기를 "하루라도 관직에 있으면 책임을 다하지 않아서는 안 된다." 하고는 차자(箚子)를 올려 진구(賑救)할 방책을 극언하였다. 그 대강은 조세를 감면함으로써 백성을 보호하는 근본으로 삼고 어사를 파견함으로써 수령을 일깨우는 요체로 삼는 내용이었는데, 그 말이 매우 간절하여 사람을 감동시켰다. 주상이 가납(嘉納)하여 장려하며 권유하였고, 계책도 대부분 시행되었다.

얼마 후에 사체되었다가 좌윤 겸 동지성균관사에 제수되고, 다시 대사헌으로 옮겼다. 곧 사체되었다가 다시 좌윤에 제수되어 한성부

진휼청(賑恤廳)에서 기민(饑民) 진휼을 감독하였는데, 잠시도 게을리 함이 없이 새벽부터 한밤중까지 갖은 수고를 다하였다. 이는 관직을 맡아 스스로 책임을 다하는 도리를 본래 그렇게 수행하였던 것이지 평소의 뜻은 하루도 물러나는 데에 있지 않은 적이 없었다. 늘 자적하지 못하고 우울한 나날을 보내며 기근의 근심만이라도 조금 해소되기를 기다려 곧바로 옛집으로 돌아가고자 하였다. 남들과 대화를 나누면서도 종종 이 마음을 스스로 감추지 못하였다. 불행히도 염병에 걸려 이해 4월 10일에 졸하니 향년이 겨우 60세였다.

집안이 본래 궁핍하여 상자에 여벌 옷조차 없었으므로 친척과 벗들의 부의(賻儀)에 힘입어 염습(殮襲)을 하였다. 부음이 조정에 전해지자, 주상이 예관(禮官)을 보내어 조제(弔祭)하고 치부(致賻)하기를 예법대로 하였고, 사방의 사람들이 부음을 듣고는 평소 공을 알거나 모르거나 할 것 없이 모두 애석해하며 말하기를 "훌륭한 대부가 돌아가셨구나. 나라를 어찌할꼬." 하였다. 그해 8월 모일에 광주(廣州) 번천리(樊川里) □좌(坐) □향(向)의 언덕에 안장되니, 선영(先塋)에 장사지낸 것이다.

공은 성품이 온화하고 후덕하며 덕기(德器)와 도량이 자연스레 이루어져서, 너그러우면서도 개결하였고 간솔하면서도 예(禮)를 좋아하였다. 평소에 급히 서두르는 태도를 보이지 않았고 남과 어울릴 때는 오만하게 잘난 체하는 기색을 드러내지 않았으며, 사람됨이 온화하고 의젓하며 진실하고 솔직하여 저절로 도에 가까웠으니, 한번 보자마자 순수하고 선량한 군자임을 알 수 있었다.

항상 젊어서 부친을 여의어 미처 영양(榮養)하지 못한 것을 종신의 한으로 여겼고, 모부인을 깊은 효심으로 섬기며 힘을 다해 받들어 모셨으니, 보통 사람들이 따르기 어려운 점이 많았다. 벼슬자리는 늘 내직은 사양하고 외직을 구하였고 위험과 치욕을 당하여 즉각 은퇴를 결행한 것은 모두 모부인이 계신 곳으로 돌아가기 위해서였다. 슬픔으로 몸을 훼손하지 않아도 되는 나이에 친상을 당하여 예를 극진히 하되, 근력(筋力)을 쓰면서까지 스스로 최선을 다하였다.[64]

하나 있는 아우를 길러 사랑으로 극진히 보살피고 의식주에서부터 아무런 차별이 없도록 하였으며, 더욱이 가르치고 경계하기를 그만두지 않았다. 죽은 누이의 어린 자식을 거두어서 가르쳐 기르고 혼사를 치르기를 자기 자식과 똑같이 하였다. 몹시 궁핍하여 찾아온 동향의 일족에게는 반드시 힘을 다하여 고휼(顧恤)하여 조금도 귀찮게 여기는 마음이 없었다. 사람을 만나거나 어울릴 적에는 친소(親疏)를 따지지 않고 반드시 성실하고 미덥게 하여 겉으로만 꾸며서 하지 않았다. 사람들이 말하기를 "요즘 세상에 현귀(顯貴)한 뒤에도 포의(布衣) 때의 초심을 지키는 이는 오직 아무개 공뿐이다." 하였다.

조정에서 임금을 섬길 적에는 오로지 충군애국(忠君愛國)을 근본으로 하였고, 성궁(聖躬)이 범한 과실이나 조정에서 저지른 궐실(闕失)을 보면 마음속으로 근심하고 번민하면서 반드시 할 말을 다 하고야 말았다. 비록 과격하거나 준엄한 논설을 펼치지는 않았지만 뜻이 깊고 성의가 간절하며 말이 순조롭고 이치가 통창(通暢)하였으므로, 조정에서 아뢴 상주와 조정 밖에서 올린 상소가 늘 주상에게 가납되었다.

64 근력(筋力)을……다하였다 : 《예기》 〈곡례 상(曲禮上)〉에 "가난한 사람은 재물을 가지고 예를 행하지 않고, 늙은 사람은 근력을 가지고 예를 행하지 않는다.〔貧者不以貨財爲禮, 老者不以筋力爲禮.〕"라는 말이 나온다.

벼슬을 맡아 직무를 수행할 적에는 유별나거나 명성을 얻기 위한 일은 하지 않고, 빈틈없으면서도 너그럽게 수행하여 자기 직분을 다하고자 힘쓸 따름이었다.

만년에 비록 강호에 물러나 있으면서도 처음부터 끝까지 한시도 게을리하지 않으며 시대를 걱정하고 나라를 염려하였다. 조정에서 정사를 온당하게 조처하지 못하였다거나 이론(異論)이 제멋대로 일어나는 따위의 소문을 들으면 은연중에 상심하고 분개하며 마음을 놓지 못하고 거듭 염려하였다. 어쩌다 선한 이들이 잘 호응하여 화합하는 형세가 있다는 소식을 들으면, 그때마다 기뻐하는 기색이 온몸에 가득 넘쳤다. 대개 선을 즐기고 현인을 좋아함이 특히 지성에서 나왔으므로 사사로이 말을 할 때나 공적으로 언론을 펼칠 때에 항상 여기에 마음을 썼고, 이것으로 몸을 세우고 나라에 보은하려고 하였으니, 그 뜻을 분명히 알 수 있다.

평소 염정(恬靜)함을 숭상하고 번화함을 싫어하여, 한창 청요직에 있을 때에도 살림살이가 한사(寒士)와 같았으며, 한가한 신세가 된 뒤로는 보통 사람들이 감내하지 못하는 누더기 옷을 걸치고 거친 음식을 먹으면서도 매우 편안하게 지냈다. 늘 말하기를 "전려(田廬) 안에서 먹는 조악한 음식이 서울 저잣거리의 기름진 고기보다 훨씬 좋다." 하였다. 이는 본래 그 마음에 스스로 편안히 여기는 것이 있는 데다가 또 이전에 검소함을 익힌 저력에서 나온 것이다.

집에 있을 적에는 언제나 속무(俗務)를 신경 쓰지 않으며, 책을 가까이 두고 종일토록 조용히 앉아 있었다. 객이 오면 때로 바둑을 두기도 하였지만 또한 그다지 마음을 두고 하지는 않았다. 보통 밖에 나가는 것을 귀찮게 여겼고, 나갈 때는 종 하나를 데리고 조랑말을 탔는데,

그 채비가 조촐하여 마주치는 이들이 공인 줄 알아채지 못하였다. 공도 또한 더욱 담박하게 지내며 다시 세상을 향한 마음을 품지 않았다. 말년에 비록 잠깐 조정에 나아갔으나, 단지 물러나는 것은 시간문제일 뿐이었고 본래 오래 있을 뜻이 없었다. 출처의 도리를 논하지 않더라도 한가함을 좋아하는 일념이 이미 기욕(嗜欲)처럼 되어서 스스로 억누른다고 되는 것이 아니었던 것이다. 살아서 길을 떠났다가 죽어서 돌아온 것은 예측할 수 없는 인간사일 따름이니, 어찌 공의 본심이었겠는가.

공은 평소 독서를 즐겼고 특히 경학(經學)에 힘써서, 경서의 은미한 말과 깊은 뜻을 깨달아 아는 것이 많았고, 한가한 때에 완역(玩繹)하고 더욱이 전일하게 연구하기도 하였다. 그렇다면 터득한 것이 필시 더욱 진실하고 적절하였을 것인데, 다만 가벼이 논설한 적이 없었으므로 아는 이가 더욱 적었던 것이다. 상제(喪祭)에 대한 절차는 한결같이 예교(禮敎)를 준수하였고, 의심스럽고 막힌 데가 조금이라도 있으면 번번이 자세히 연구하고 강습하며 질의하여 지당함을 얻으려 힘썼으니, 모든 행사가 모범이 될 만하였다.

평소 남의 과오에 대하여 말하는 것을 부끄럽게 여기면서, 늘 말하기를 "내가 기억력이 없어서 남의 선을 들은 것도 잘 잊어버렸는데, 하물며 남의 잘못에 대하여 기억할 수 있겠는가." 하였다. 특히 남과 더불어 잘잘못에 대하여 따지는 것을 싫어하여, 곧 말하기를 "내가 스스로 옳다고 하는 것을 누가 믿겠는가." 하였다. 그러므로 갑진년(1664, 현종5)의 횡역(橫逆)[65]에 대하여 많은 사람들이 통탄하고 분개하였지만, 공은

65 갑진년의 횡역(橫逆) : 1664년(현종5) 경기 우도 어사 신후재(申厚載)에게 근거 없이 탄핵을 당한 일을 가리킨다.

이 일에 대한 시비를 절대 입에 담지 않았다. 자제들이 혹 말을 하면 역시 꾸짖으며 그치게 하였다. 혹시 누가 그것을 언급하기라도 하면 말투와 낯빛을 더욱 온화하게 하여 분노하고 성내는 기색이라곤 전혀 없었다. 이에 사람들이 공의 넓은 도량에 더욱 감복하였고, 공을 공격한 이들도 자못 참회하며 안타까워하였다고 한다.

공은 문장을 지을 때 본래 깊이 구상하지 않았고 장소(章疏) 같은 글을 지을 적에는 언제나 손이 가는 대로 빨리 작성하였지만 내용이 자세하면서도 논리가 통창하여 흥미롭게 읽어 볼 만하였다. 시는 비록 적게 지었지만 역시 염담(恬淡)하면서도 운치가 있었다. 공의 저술로 《월파만록(月坡漫錄)》과 《순외편(順外編)》이 집에 소장되어 있다.

공의 배필 김 부인은 고(故) 이조 참판 휘(諱) 김광현(金光炫)의 따님인데, 3남 5녀를 낳았고 친손주와 외손주도 아울러 몇 명이 있다.

아아, 공은 일찌감치 재상감이라는 기대를 받았음에도 큰 벼슬에 오르지 못하여 지닌 역량 다 펼치지 못하였고, 만년에 물러나 숨어 살려는 계획을 결행하였으나 천수가 짧아서 그 뜻을 잘 마무리하지도 못하였다. 하늘과 사람의 사이가 몹시 나빠서 마치 사람의 아름다움을 도와서 이루어 주기를 좋아하지 않는 것인지 진실로 알지 못하겠다. 오직 공의 평생의 포부와 업적은 실로 인멸되어서는 안 될 것이니, 대군자의 한마디 말을 얻어서 길이 전해지기를 도모한다. 삼가 몇 가지 보고 들은 것들을 모아서 이상과 같이 기록하노니, 깊이 살피기를 바란다.

숙조 사헌부 지평 동리 다른 호는 무민당이다. 임공의 행장
叔祖司憲府持平東里 一號無悶堂 林公行狀

공의 휘는 위(瑋)이고, 자는 평중(平仲)이며, 세거지는 나주(羅州) 회진리(會津里)이다. 시조 휘 비(庇)는 고려 때에 상장군 판사재시사(上將軍判司宰寺事)를 지냈고 공훈을 세워 철권(鐵券)[66]을 하사받았는데, 그 사적이 《고려사》〈충렬왕기(忠烈王紀)〉에 나온다. 증조 휘 붕(鵬)은 승정원 좌승지를 지내고 예조 참판에 추증되었는데, 일찍이 태학생(太學生)으로서 조 문정공(趙文正公)을 위해 송원(訟冤)한 일[67]로, 당시에 중망(重望)을 받았다. 조부 휘 복(復)은 승문원 정자를 지내고 병조 판서에 추증되었다. 부친 휘 협(愜)은 선교랑(宣敎郎)을 지내고 승정원 좌승지에 추증되었다. 모친 숙부인(淑夫人) 박씨(朴氏)는 사헌부 지평 휘 박광옥(朴光玉)의 따님인데, 만력(萬曆) 정유년(1597, 선조30) 12월 25일에 공을 낳았다.

공은 태어나 첫돌이 되기도 전에 부친 승지공이 세상을 떠났다. 이보다 앞서 온 가족이 왜구를 피해 호서(湖西)로 가서 살았는데, 승지공을 나주의 선산으로 반장(返葬)한 뒤에도 일가가 오랫동안 돌아오지 못하였다. 돌아올 때에 공의 나이 6, 7세쯤 되었는데 고을의 경내에 들어오

66 철권(鐵券) : 임금이 공신들에게 나누어 주던 철제(鐵制)의 계권(契券)을 말하는데, 맨 위에 단사(丹砂)로 서사(誓詞)를 썼으므로, '단서철권(丹書鐵券)'이라고도 한다.

67 태학생(太學生)으로서……일 : 문정은 조광조(趙光祖)의 시호이다. 1519(중종14) 임붕이 성균관 생원으로서 240여 인과 함께 조광조의 억울함을 호소한 바 있다. 《中宗實錄 14年 11月 17日》

자마자 선인의 묘가 어디에 있는지 묻고 눈물을 줄줄 흘렸다. 매번 시절에 따라 향사(享祀)를 지낼 때면 대부인(大夫人)이 공을 데리고 제사를 지내며 때때로 감격하여 목메어 울었고 공도 역시 아버지를 부르며 슬피 곡을 하자, 보는 사람들도 감동하였다.

대부인을 섬김에 지성으로 효양(孝養)하며 최선을 다해 곁에서 모시어 즐겁게 해 드렸다.[68] 장난치고 희학하는 행동을 하면서까지 대부인의 마음을 기쁘게 하면서 늘 말하기를 "만일 부모가 바라는 것이라면 도둑질 따위를 제외하고는 못 할 짓이라고는 없으리라." 하였다. 그러나 대부인은 실로 식견이 높은 데다 서사(書史)를 섭렵하고 의리를 좋아하여, 처음부터 공으로 하여금 구차히 따르는 일이 없도록 하였다.

대부인이 연로하여 자주 병을 앓자, 공은 새벽부터 밤중까지 곁을 떠나지 않았고, 매번 밤이 깊어 물러가기를 명하면 공은 모친의 뜻을 거스를까 걱정하여 감히 버티고 있지 못하고 물러나서는 문 밖에 귀를 대고 기식(氣息)을 살펴서 반드시 편안히 잠들기를 기다린 뒤에야 물러나 쉬었다.

어느 날 공이 밖에서 자는데 갑자기 가슴이 두근거리고 살이 떨리며 식은땀이 나기에 놀라 깨어서는 급히 대부인의 침소에 가보니, 대부인이 막 곽란(癨亂)을 일으켜 절박한 순간에 옆에서 자고 있는 여종을 깨워 일으키게 할 수도 없는 상황이었다. 공이 와서 급히 약을 올리고서야 소생하였다.

정축년(1637, 인조15) 5월 대부인의 병환이 점차 위독해지자, 공은

68 곁에서……드렸다 : 원문은 '左右悞侍'인데, 문맥을 살펴 '悞'를 '娛'로 바로잡아 번역하였다.

변을 맛보아 병세를 살피기도 하였다. 대부인이 수박을 먹고 싶어 하였는데, 아직 철이 일렀으므로 백방으로 수박을 구하였으나 얻지 못한 채로 병세가 결국 악화되기에 이르렀다. 공은 맨발로 뜰로 내려가서 하늘을 우러러 울며 기도하기를 "하늘이시여, 제 어머니의 수명을 조금 늘려 주시어 수박을 맛보게 해 주소서." 하고는 마치 미친 사람처럼 구슬피 울부짖으며 방황하였다. 이윽고 대부인이 기운을 조금 차리고 십수 일이 지나서, 과연 수박을 맛보고는 "제철 과일이 맛있구나." 하고 며칠 후에 생을 마쳤다.

공은 예제(禮制)에 지나칠 정도로 애훼(哀毁)하였고, 상기(喪期)가 끝나고도 3년 동안 부인과 동침하지 않았다.[69] 제사 때에는 공경을 다하여 엄숙하게 거행하여, 똑바로 서서 반듯하게 바라보기를 마치 모친의 혼령을 직접 대하는 듯이 하였다. 사람들이 그 몸가짐과 안색을 보고 지극한 성경(誠敬)에서 우러나온 것임을 알았다. 나이 예순이 지나 근력이 이미 쇠약해졌는데도 자력으로 봉행하기를 게을리하지 않았고 일흔 살이 넘어 직접 제사를 올리지 못할 즈음에도 제사가 있는 밤이면 반드시 촛불을 밝히고 단정히 앉아 스스로 성의를 다하였다. 여름 장마철만 되면 말하기를 "땅속이 어떨지 알 수가 없구나." 하며, 항상 빗물이 분토(墳土)에 스며들어 갈까 걱정하여 자나 깨나 불안해하였다. 공의 효심은 종신토록 이처럼 독실하였다.

69 부인과 동침하지 않았다 : 원문의 '비어유불입자(比御猶不入者)'는 본래 《예기》 〈단궁 상(檀弓上)〉에 "맹헌자가 담제를 지낸 뒤 악기를 걸어 놓기만 하고 연주하지 않았으며, 부인을 거느릴 때가 되었는데도 침소에 들어가지 않으니, 공자가 말하기를 '헌자는 보통 사람들보다 한 등급 위에 있구나.' 하였다.〔孟獻子禫, 縣而不樂, 比御而不入, 夫子曰: 獻子加於人一等矣.〕"라고 한 데에서 유래하였다.

만형 목사공(牧使公)과는 우애가 지극히 두터웠는데, 목사공이 먼 길을 떠날 때면 가끔 슬피 울면서 이별을 못 하기도 하였고, 돌아오면 침식을 함께하며 밤낮으로 곁을 떠나지 않곤 하였다. 서로 공손함을 다하면서도 경계하여 바로잡기도 하며, 늘 따사롭고 정다운 분위기가 넘쳐흘렀다. 자제를 가르칠 때에는 그때그때 사정에 따라 합당한 의리를 제시하였으므로 많은 말을 하지 않아도 듣는 사람이 감복하였다.

집안 살림의 형편을 헤아리지 않고 궁핍한 일족에게 도움을 베풀었다. 한번은 흉년을 당하여 자제들 중에 전답을 늘리고자 하는 이가 있었는데, 공이 노여워하며 못 하게 하고 말하기를 "백성들이 지금 굶어 죽고 있거늘, 비록 모두를 구제하지는 못할지라도 어찌 차마 이런 때를 기회로 이익을 도모할 수 있겠느냐." 하였다. 노복이 시장에서 지불한 가격보다 지나치게 물건을 가지고 오면 번번이 언짢아하였고, 더러 되돌려 보내기도 하였다.

수령이 선물을 보내오기라도 하면 거절하거나 받음에 반드시 의리를 따져서 하였으며, 비록 평소에 친분이 두터운 사이라도 역시 명분이 없이는 공에게 아무것도 주지 못하였다. 공을 찾아온 사람 중에 어떤 이가 말하기를 "오랫동안 벼슬자리에 계셨으면서도 공은 한마디 청탁도 하지 않으시니, 어찌 이리도 소원하게 대하십니까." 하자, 공은 딱히 할 말이 없다고 사과하였는데, 기실 탐탁지 않게 여긴 것이다.

중년 이후로는 발걸음이 마을을 벗어나는 일이 드물었고 더욱이 어지간해서는 성부(城府)에 들어가지 않았다. 읍재(邑宰)가 방문하는 경우에도 스스로 늙고 병들었다 말하고 끝내 답방(答訪)하지 않았으니, 사람들도 아예 공이 찾아와 주기를 기대하지 않았다. 출세한 친구에게 먼저 문안 서신을 보낸 적이 없었고 반드시 여러 차례 서신을 받은 뒤에야 겨우 한 번 답장을 보냈다. 어떤 사람이 그 이유를 묻자, 대답하기를 "출세한 사람과 은둔한 사람이 길을 달리하는 것은 의리상 당연한 것이다. 번다하게 서신을 주고받다 보면 어찌 사달이 많아지지 않겠는가." 하였다. 고을의 늙은이와 젊은이 할 것 없이 모두 존경하고 감복하였고 지향을 달리하는 사람들도 감히 한마디 비방조차 하지 못하였다.

읍인(邑人)들이 박사암(朴思菴)[70]의 사원(祠院)을 건립하고 석채(舍菜)[71]를 지내는 날에 여러 군의 인사들이 다 모여서 공에게 원장(院長)을 맡기기로 의결하였다. 모두가 말하기를 "이 고을에 모 선생이 계시거늘, 어찌 딴 지역으로 가서 찾을 일이 있겠습니까." 하였다. 제생(諸生)들이 문서와 예물을 갖추어 와서 청하자, 공은 문전에서 거절하여 만나 주지도 않고 말하기를 "세상에 본디 적임자가 있을 터인데, 제군들은 이 노물(老物)에게 무엇을 얻으려고 꼭 이리 강요를 하는 건가. 내 이제부터 제군들을 다시 보지 않겠네." 하였다. 그리하여 마침내 제생들이 굳이 청하지 못하였다. 당시의 현명한 사대부들이 대부분 공의 행의(行誼)를 존중하였으며, 이 지역을 지나는 이들은 거의 그 집에 들러 예를 올렸다. 더러는 물러가면서 홀로 탄복하여 말하기를

70 박사암(朴思菴) : 사암은 박순(朴淳, 1523~1589)의 호이다. 본관은 충주(忠州), 자는 화숙(和叔), 시호는 문충(文忠)이다. 1553년(명종8) 문과에 장원하여, 벼슬이 우의정, 영의정에 이르렀다. 서경덕(徐敬德)의 제자로, 이이(李珥), 성혼(成渾) 등과 깊이 사귀었으며, 중년에 이황(李滉)을 사사(師事), 기대승(奇大升)과도 교분이 두터웠다. 나주 월정서원(月井書院) 등에 제향되었다. 저서에 《사암집(思菴集)》이 있다.

71 석채(舍菜) : 석채(釋采)라고도 하는데, 예전에 학교에 입학할 때 선성(先聖)과 선사(先師)에게 채소류를 제물로 하여 제사를 지내는 전례(典禮)를 이른다. 《周禮 春官 宗伯 大胥》

"이 어른과 담소를 나누면 하도 깊이 빠져들어 돌아가는 것을 잊게 한다." 하였다.

공은 젊어서부터 속마음이 염담(恬澹)하여 출세하려는 뜻이 없었고, 남들이 영화로운 벼슬에 오르는 것을 보더라도 담담하게 마음에 두지 않았다. 중간에 대부인의 명으로 한두 차례 향시(鄕試)를 보았으나, 그때마다 합격만 하고는 끝내 복시(覆試)에 응시하지는 않았다.

사계(沙溪) 김 선생(金先生)[72]의 문하(門下)에서 종유(從遊)하여 예서(禮書)를 수학하였는데, 선생이 공을 몹시 기중(器重)하였다. 그 뒤에 조정에서 인재를 구하고자 순문(詢問)한 일이 있었는데, 김 선생이 곧 공의 이름을 상문(上聞)하여, 마침내 상의원 별좌(尙衣院別坐)에 제수되었으나, 공은 본래 벼슬에 나아갈 마음이 없다고 하여 나아가지 않았다. 다시 경양도 찰방(景陽道察訪)에 임명되었는데, 대부인이 그 임지가 가깝고 편리하다고 기뻐하며 부임하도록 권하였으므로, 공이 마지못해 명을 따랐으나 몇 달 만에 그만두고 돌아왔다.

이때부터 수십 년 동안 시골에서 한가로이 지냈으니, 공은 이미 세상을 향한 미련을 버렸고 세상에서 공을 찾아내어 천거하는 이도 없었다. 효종(孝宗) 말년 유일(遺逸)을 대거 기용할 적에, 마침내 공이 익위사 시직(翊衛司侍直)에 제수되었고, 얼마 후 추천으로 여섯 품계를 초수(超授)하여 형조 좌랑에 제수되었으며, 뒤에 또 익위사 사어(翊衛司司

72 사계(沙溪) 김 선생(金先生) : 김장생(金長生, 1548~1631)을 가리킨다. 본관은 광산(光山), 자는 희원(希元), 호는 사계, 시호는 문원(文元)이다. 이이(李珥)의 제자이며, 조선 예학(禮學)의 태두로서 송시열(宋時烈) 등 많은 명사들을 배출하였다. 저서에 《가례집람(家禮輯覽)》, 《상례비요(喪禮備要)》, 《의례문해(疑禮問解)》, 《근사록석의(近思錄釋疑)》, 《경서변의(經書辨疑)》 등이 있다.

禦), 사헌부 감찰, 공조 정랑에 제수되었으나 모두 나아가지 않았다. 한번은 말하기를,

"근자에 성은을 받고도 나아가지 않은 일이 많은데, 분의(分義)로 보아 몹시 온당치 못한 것이다. 내가 이제 여러 차례 조정의 명을 받고 대궐에 나아가 진사(陳謝)하고 물러나고 싶은 마음이 절실하였으나 쇠병(衰病)이 극심해지는 바람에 실로 강행할 수가 없었으니, 몹시 황공하고 민망하다."

하였다.

지평(持平)에 임명되어 소지(召旨)가 내려왔는데, 이때 공은 이미 병이 위독하였으나 부축을 받고 나아가 맞이하고는 이어 소장(疏章)을 써서 면직을 청하려고 하다가 미처 그리하지 못하고 세상을 떠났다. 이때가 무신년(1668, 현종9) 1월 13일이다.

공은 타고난 성품이 순수하였고 겉으로는 온화하였으나 속은 곧고 굳세었다. 가정에서는 효제(孝悌)가 충만하였고 고을에서는 신의(信義)가 두드러졌다. 겸손하고 신중한 절조는 늙을수록 독실하였고 온화하고 활달한 풍도는 절로 세속을 벗어났다. 이러한 점은 공의 풍도를 듣고 덕행을 목도한 이들이라면 모두가 아는 것들이다.

공은 선을 즐기고 학문을 좋아하기를 늙을수록 더욱 절실히 하였다. 늘 문을 닫고 조용히 앉아 종일토록 적막한 가운데 좌우의 서적을 쉬지 않고 열람하였다. 마음에 맞는 격언(格言)을 얻으면 벽 가득 손수 써서 붙여 놓고서 늘 보고 반성하였다. 다만 강설(講說)을 좋아하지 않아서 비록 자제들이라 하더라도 반드시 질문한 다음에야 응답해 주었다. 이 때문에 공의 학문 경지를 엿본 이가 별로 없었다. 더러 좋은 질문을 하는 이가 있으면 얼굴에 기쁜 표정을 드러내었고, 항상 묻는 자에게

말하기를 "학문은 단지 경(敬)과 의(義) 두 글자에 요점이 있으니, 겉으로 드러난 후회나 과실을 구차히 면하는 것은 도리어 그다지 어렵지 않거니와, 오직 경을 잡아 지키는 것이 가장 어려운 것이다. 한순간에 마음을 보존하거나 잃어버림이 여기에 달려 있으니, 어찌 몹시 어려운 것이 아니겠는가." 하였다. 또 말하기를 "고요히 앉아서 마음을 보존하거나 책을 펴서 묵묵히 읽기를 되풀이하면서 다른 일을 섞지 않으면 의미가 절로 깊어질 것이다." 하였다. 또 말하기를 "옛사람이 천만 인 가운데 있으면서도 항상 자기 자신이 있음을 아는 것으로 경을 잡아 지키는 공부로 삼았는데,[73] 지금 한 방에 혼자 들어앉아 있으면서도 항상 자기 자신이 있음을 알지 못하니, 공부가 몹시 허술함을 알 수 있겠다." 하였다. 이는 모두 경험을 거쳐 터득한 절실한 말이요, 구차히 입으로만 하는 말이 아니다.

누군가 선배들의 조예에 대하여 물으면, 그때마다 겸양하여 대답하지 않고 말하기를 "보통 사람도 오히려 가벼이 논의할 수 없거늘, 하물며 현자를 어떻게 논평하겠는가." 하였다. 더욱 간절하게 묻자, 말하기를 "율곡(栗谷)의 저술이 대부분 자득한 말이고 소견도 가장 친절한

73 옛사람이……삼았는데 : 옛사람은 노재(魯齋) 허형(許衡)을 가리킨다. 《심경(心經)》 권3 〈맹자 우산지목장(孟子牛山之木章)〉에, 노재 허형이 "정할 때에 경하여 항상 천지 귀신이 강림하고 있음을 생각하여 감히 조금이라도 소홀히 하지 않고, 동할 때에 경하여 보고 들음, 얼굴빛과 모양, 말과 일, 의심과 분함, 얻음에서부터 일일이 성찰해서 외물을 따라가지 않게 하여 비록 천만 인 속에 있더라도 항상 자신이 있음을 알아야 하니, 이것이 경을 잡아 지키는 대략이다.〔靜而敬, 常念天地鬼神臨之, 不敢少忽, 動而敬, 自視聽色貌言事疑忿得一一省察, 不要逐物去了, 雖在千萬人中, 常知有己, 此持敬之大略也.〕"라고 하였다.

듯하다. 그 외에는 각기 정도의 차이는 있지만 문구에나 얽매인 병통을 면하지 못한 듯하다." 하였다. 출처의 마땅함에 대하여 묻자, 말하기를 "때를 헤아리고 자신을 헤아려 출처를 정하는 것이 좋을 것이다. 학자들은 응당 퇴계(退溪)의 출처를 배워야 할 것이다." 하였다. 그 견해와 언론이 대체로 이러하였다. 그러나 공은 스스로 부족한 듯이 겸양하였고 항상 늙도록 학문을 모른다고 부끄러워하였다.

평소 부모님을 모시고 지낼 적에, 단지 충만한 덕기(德氣)만 볼 수 있었으므로 누구도 공의 학문에 근본이 있음을 알지 못하였다. 비록 초야에 있으면서도 우국의 뜻은 지성(至誠)에서 나왔다. 그릇된 사람을 임용하였다는 조정(朝廷) 소식을 들으면 탄식해 마지않았고, 선한 이들이 벼슬길에 올랐다는 소식을 들으면 몹시 기뻐하면서도 여전히 마음속으로 근심을 풀지 못하고 말하기를 "선한 이들이 목적하는 일을 이루는 것은 예전에도 어려웠다. 나는 감히 그것을 바라지도 않거니와, 그들이 화패(禍敗)를 면하기라도 하면 다행이겠다." 하였다.

법을 어기면서 자기를 살찌우고 백성을 야위게 하는 수재(守宰)를 보면 몹시 미워하여 말하기를 "백성이 무슨 죄가 있기에, 나라에서 맡긴 소임을 받고서 어찌 차마 이런 짓을 한단 말인가." 하였다. 때때로 자제들을 돌아보고 말하기를 "나는 사람들이 나쁜 짓을 하는 것을 볼 때마다 너무 심하게 분노하고 미워한다는 것을 안다. 이는 본래 지나친 것이지만 악을 미워하지 않으면서 의를 좋아할 수 있는 사람은 없는 법이다." 하였다.

공이 남과 교제할 때, 비록 모난 말과 행동을 전연 겉으로 드러내지 않았으나 옳고 그름을 명백히 하고 선과 악을 분별하는 마음이 그 사이에 행해지지 않은 적이 없었다. 그러므로 사람들이 모두 경외하였고 감히 쉽게 범접하지 못하였다.

공이 생을 마친 날, 조문하러 온 고을 사람들이 모두 눈물을 흘리며 탄식하여 말하기를 "이제부터 선행을 하는 사람에게는 권장해 줄 분이 없겠고, 악행을 하는 사람이 더 이상 눈치를 볼 대상이 없겠구나." 하였다. 원근의 식자(識者)들은 부음을 듣고 말하기를 "이제 호남의 명덕(名德)이 다하였구나." 하였다.

공은 또 사람을 보는 감식안이 있어서 간혹 후배들을 품평하면 결국 그 말대로 되었고, 일을 헤아리는 데에도 사람들의 의표를 뛰어넘는 경우가 많았으니, 또한 덕의(德義)만 훌륭하였던 것이 아니다.

공의 배필 영인(令人) 오씨(吳氏)는 참봉 오언표(吳彦彪)의 따님이자, 내한(內翰) 오희도(吳希道)의 누이동생인데, 역시 훌륭한 덕행이 있어서 종당(宗黨)의 모범이 되었다. 오 내한(吳內翰)은 당대에 이름난 선비로서 사람에 대하여 좀처럼 인정해 주는 법이 없었는데, 공을 처음 만나고는 곧바로 탄복하며 국기(國器)로 여겼다.

공은 1남 2녀를 두었는데, 아들 지유(之儒)는 참봉을 지냈다. 손자는 여섯인데, 수(滫)·명(溟)·옥(沃)이고, 나머지는 어리다. 장녀는 사인(士人) 박세해(朴世楷)에게 시집가서 아들 박태우(朴泰宇)·박태형(朴泰衡)·박태항(朴泰恒)을 두었다. 차녀는 사인(士人) 양화남(梁華南)에게 시집갔다. 친손녀와 외손녀가 4명이 있는데, 모두 출가하여 사인의 아내가 되었다.

공이 생을 마친 처음에 고을 서쪽 선산 곁에 임시로 안장하였다가, 4년 뒤 오 영인(吳令人)이 세상을 떠나자 마침내 상여를 받들어 합장하였다. 이해에 참봉군 지유가 상을 치르며 몸을 가누지 못하고 죽자 어린 손자 수(滫)가 선친의 뜻을 추술(追述)하여 분주히 일을 주선하여 공과 영인의 영구를 받들어 고을 서남쪽 100리쯤에 있는 삼향리(三鄕里) 군산동(群山洞)으로 이장하였다. 장사를 겨우 마쳤으나 무엇보다 묘비를 새기지 못하였으므로 선덕(先德)을 후대에 전하지 못할까 몹시 걱정하여 나에게 행적을 찬술해 주기를 부탁하여, 향후 그것을 가지고 당세의 덕을 알아보는 군자에게 명(銘)을 청하고자 하였다.

내가 가만히 홀로 생각하건대, 공이 세속에서 실속 없이 겉만 번지르르하게 문장을 꾸미는 것을 볼 때마다 몹시 싫어하던 것이 염려되었다. 공은 늘 말하기를,

"근세에 사람이 죽으면 그 사람의 현부(賢否)를 따지지 않고 모두 비지(碑誌)를 구하고 비지가 한번 나오면 누구나 선한 사람이 되고 만다. 이것으로 뒷사람을 속이는 것이 과연 무슨 도움이 되겠는가. 비록 선한 사람의 일이라 하더라도 으레 과중하게 포양(褒揚)하니, 당사자가 안다면 어찌 이것을 편안하게 여기겠는가."

하였다. 그 말씀이 늠연하여 아직까지도 귀에 들리는 듯하다. 공의 아름다운 덕과 높은 풍도 같은 것은 전술(傳述)해야 한다는 것은 의심할 나위가 없다. 다만 아무것도 모르고 함부로 지어서 공이 예전에 말한 지극한 경계를 범할까 걱정이었다. 이 때문에 오래도록 글을 짓지 못하였다. 그리고 또 생각하기를 '일가에서 공공연히 외우고 있는 말을 채집하고 삼가 기록하되, 질박하게 할지언정 화려하게 꾸미지 않고 간략하게 할지언정 장황하게 하지 않는다면 거의 큰 과오는 없으리라.' 하였다. 더욱이 수(滫)가 서두르는 마음이 있는 것 같았으므로, 감히 이상과 같이 차례로 기록하여서, 다음에 가려 뽑기를 기다린다.

질손(姪孫) 통사랑(通仕郎) 승문원 정자 임영(林泳)은 삼가 행장을 짓다.

죽은 아내 안인 조씨에 대한 행장

亡室安人曺氏行狀

안인(安人)의 성은 조씨(曺氏)이고, 본관은 창녕(昌寧)이다. 증조부 조문수(曺文秀)는 공조 참판을 지냈고, 조부 조한영(曺漢英)은 경기 관찰사를 지냈고, 부친 조건주(曺建周)는 통덕랑(通德郞)이다. 통덕랑이 평산 신씨(平山申氏)에게 장가들었는데, 판서 신준(申埈)의 손녀이고, 증(贈) 좌승지 신여정(申汝挺)의 따님이다. 통덕랑이 딸 둘을 낳았는데, 안인이 그중 장녀이다. 통덕랑이 일찍 세상을 떠났는데, 그때 안인의 나이가 겨우 여섯 살이었으나 슬퍼하며 통곡하는 것이 어른과 다름이 없었다. 또 어머니가 과부가 되어 슬퍼하는 것을 걱정할 줄을 알아서 어머니가 곡하고 울면 그때마다 따라서 곡하고 울어서 반드시 어머니가 그친 뒤에야 그쳤고, 어머니가 식사를 하지 않으면 안인 또한 먹지 않고서 반드시 어머니가 식사한 뒤에야 먹었다. 그 어머니가 오직 이 딸을 의지하면서 가련히 여기고 마음을 상할까 염려하여 많이 절제하여 서로 안정을 찾았다. 그 어머니가 나중에 사람들에게 매번 말하기를 "미망인인 내가 지금까지 목숨을 연명한 것은 이 딸이 있었기 때문이다."라고 하였다.

어려서 외가에서 자랐는데, 어머니의 계모인 이 부인(李夫人)은 실로 고상한 행실이 있어서 집안의 모범이 되는 사람이었다. 안인을 가르칠 때에 매우 엄하게 법도가 있었다. 안인이 어릴 때부터 저속하고 무식한 말을 하지 않고, 겨우 10세 때에 길쌈하고 음식 장만하는 일에 능숙하지 않은 것이 없었으니, 이는 이 부인의 가르침 덕분이었다.

안인은 타고난 자품이 총명하였고, 뜻이 높고 생각이 넓어서 한번 보고 들은 것은 아무리 긴 말이라도 즉시 기억하고 평생 잊지 않았다. 또 그 말의 선악을 거울삼아 자기의 경계로 삼았기 때문에 자기의 처신이나 남을 관찰하는 것이 자연히 옛사람의 도리에 맞는 것이 많았으니, 글을 읽지 않았어도 그 식견과 생각이 속된 선비보다 훨씬 뛰어났다. 어릴 때에 어른이 혼란스럽고 난처해하는 일을 들으면 이따금 곁에서 가만히 제시하기를 "이렇게 하면 타당할 것 같습니다."라고 하였는데, 그 말이 맞지 않은 경우가 적었다. 어른이 나무라는 것이 혹 타당하지 않은 점이 있더라도 순순히 받아들이고 전혀 따지려는 기색이 없었다. 평소에 마음 쓰는 것이 매번 외적인 사물에 구애하지 않아서 해어지거나 검소한 의복을 입고서 비단옷을 입은 사람과 함께 있어도 전혀 부끄러워하거나 부러워하는 기색이 없었고, 그 후에 혼자 지내는 것을 살펴보아도 모방해서 좋은 옷을 입으려고 하는 뜻이 없었다. 안인을 깊이 이해하는 집안사람들이 모두들 남들과 다른 점을 칭찬하면서 말하기를 "남자가 되지 못한 것이 애석하다."라고 하였다.

안인이 혼인한 때가 겨우 비녀를 꽂을 나이였으나 남편을 섬길 때에 부인의 도리를 잘 알아서 지극히 정성스럽고 공손히 하였다. 남편이 원하지 않는 일은 법령처럼 여겨 삼가 피하였고, 남편이 하려고 하는 일은 자신의 이해(利害)와 고락(苦樂)을 따지지 않고 힘껏 행하였다. 이것은 대개 그 마음이 긴장하여 한 가지 일이라도 법도에 어긋나서 그 남편에게 누가 될까 두려워하여서였고, 처음부터 끝까지 한결같이 지니고 있던 마음은 오로지 그 남편이 훌륭한 덕으로 자립(自立)하게 하려는 것이었다. 그러므로 자기의 사욕을 이겨 내고 의리를 행하는 일에 조금도 꺼리거나 게으름이 없었다. 그 남편에게 과실이 있으면 간곡하게 지적하여 말하였고, 그 남편도 그 정성을 알기 때문에 부인 대하기를 매우 도타이 하였다. 일찍이 그 남편에게 마음이 너무 관대하고 사람을 너무 쉽게 인정한다고 지적하였는데, 그 남편이 식견이 있는 말이라고 자주 칭찬하였다.

남편의 집이 호남에 있었는데, 남편이 왕래하면서 서울에서 머물 때면 항상 안인의 조부인 관찰사공의 집에 묵어서 관찰사공과 뜻이 매우 잘 맞았다. 관찰사공이 매번 그 남편을 돌아보고 안인에게 말하기를 "우리 집안에 옛날에는 사위가 많았다. 지금 너의 남편이 이와 같고 너 또한 복을 받을 만한 행실이 있으니, 이것을 내가 매우 기쁘게 여긴다. 다만 네 아비가 보지 못하니 슬프다."라고 하였다. 5년 후 남편의 집이 서울로 옮겨 와서 안인이 비로소 시부모를 뵈었다. 이때에 안인이 이미 죽을병에 걸려 있었으나 오히려 힘을 다해 날마다 부엌에 들어가서 좋은 반찬을 마련하였는데, 삶고 익힌 것이 시부모의 뜻에 맞지 않는 것이 없었다. 그러나 시부모는 안인의 병이 잦은 것을 염려하여 자주 제지하였는데, 오히려 완곡하게 방편을 찾아 그 뜻을 행하니, 시부모가 그 효성을 기쁘게 여겨 특별히 매우 사랑하고 소중히 여겼다. 이로 인해서 더욱 감격하여 시부모의 뜻을 기쁘게 해 드릴 만한 일이 있으면 쉽고 어려움을 따지지 않고 반드시 마음을 다하고 힘을 다해서 행하였다. 철따라 좋은 음식이나 새로운 음식을 보면 즉시 서둘러 마련하여 올려서 오직 시부모가 한번 맛보시는 것을 지극한 다행으로 여겼다. 비록 자기 자신은 여벌의 옷이 없고 상자에 쓸 만한 물건이 없었으나 이 또한 돌아보지 않았다. 그 친정의 존장(尊長) 또한 그 효성에 감격하여 한 가지 음식을 얻으면 그때마다 안인에게 주면서 말하기를 "단지 네가 봉양하는 것을 돕는 것이다."라고 하였고, 사이가 먼 친속들도 안인의 뜻을 아는 사람이면 도와주려고 하지 않은 사람이 없어서 남에게 얻어다가 주기까지 하였다. 이 때문에 자신은 춥고 주림을 면치 못했지만 시부모를 봉양하는 것은 실로 사람마다 따라할 수 있는 것이 아니었다. 그러나 안인의 마음은 오히려 항상 부족하게 여겨서 그 남편에게 가난해서 봉양을 제대로 하지 못하는 것을 탄식하지 않은 적이 없었다.

남편 집의 대인(大人)이 자주 관직에 나가 있었는데, 안인이 그 사이에 집안 살림을 꾸린 지가 여러 해 되었다. 남편은 천성이 물정에 어두워서 원래 집안일에 마음을 쓰지 않았는데, 안인은 더욱 집안의 자잘한 일로 그 남편에게 근심을 끼치지 않고 그 남편이 문학(文學)에 전념하도록 더욱 권면하면서 오직 조석의 끼니를 마련하는 데에 힘을 다하였다. 이 때문에 집안이 매우 가난하였으나 그 남편은 도리어 알지 못하였다. 남편이 어쩌다 좋은 음식이 올라오면 간혹 물리면서 말하기를 "담박한 음식을 먹는 도리가 아니지 않는가."라고 하면, 안인이 말하기를 "안팎이 각각 그 직분이 있는데, 이것은 나의 직분이니 감히 버릴 수 없습니다."라고 하였다. 이때에 안인이 죽도 넉넉하게 먹지 못했으나 항상 밝은 얼굴로 태연자약하였으므로 근심하고 괴로워하는 모습을 남들이 보지 못하였다.

그 남편이 어버이의 뜻에 따라 젊어서 과거에 급제하기는 하였으나 벼슬은 하려고 하지 않고 매번 시골에 터를 잡아 살려고 하였다. 안인이 그 뜻을 알고 또한 기꺼이 따르면서 말하기를 "당신이 남들 뒤나 따라다니면서 한때의 부귀를 얻더라도 내가 어찌 영광스럽겠습니까. 산야(山野)에 몸을 숨긴다면 잘되면 은거하여 뜻을 구하는 선비가 되고, 못되어도 몸을 온전히 하고 해(害)를 멀리하는 사람이 될 것입니다. 시골에 사는 노고는 내가 견딜 수 있으니, 당신의 뜻에 맞는다면 그것으로 족합니다."라고 하였다. 오호라, 이것은 평범한 부녀자가 미칠 수 있는 것이 아니다. 이것은 소군(少君)[74]과 덕요(德耀)[75]의 기풍에 감동하여 마음을 일으킨 것이다. 이때부터 보관하고 있던 패물을 모두 내다 팔아서 산(山)을 살 비용을 마련해 두었고, 그 사이에 직접 친족 사람들을 통해 적당한 전답과 집을 찾고 물어서 한 해 안에 기필코 함께 은거할 계획을 이루겠다고 다짐하였으며, 또 그 모친 신씨를 모셔오려고 하였는데, 불행히 안인이 갑자기 세상을 떠났다. 오호라, 이 또한 슬프도다. 대체로 부인의 덕은 원래 유순하고 선량함을 꼽는다. 그러나 높은 식견과 넓은 도량과 굳센 뜻이 있어서 그것으로 근본을 삼는 경우가 아니라면 대부분 작은 일에 얽매이는 것을 면치 못하여 이른바 유순하고 선량하다는 것이 결과적으로 고식적이고 잗달게 되니, 참으로 이른바 부인의 덕이 아니다. 안인의 경우는 본가에 있을 때부터 남편을 섬기고 시부모를 섬기는 일에 이르기까지 모두 선(善)

74 소군(少君) : 한(漢)나라 발해(渤海) 사람 포선(鮑宣)의 처인 환씨(桓氏)로, 자가 소군이다. 포선이 일찍이 소군의 아버지에게 배웠는데, 소군의 아버지가 포선의 청렴함을 훌륭히 여겨 소군을 그에게 시집보내면서 많은 재물을 주었다. 이에 포선이 기뻐하지 않으며 처에게 이런 예물을 감당할 수 없다고 하자 처가 기꺼이 남편의 뜻을 따라 재물을 모두 돌려보내고 짧은 베치마를 입고 녹거(鹿車)를 끌고 시댁으로 가서 물동이를 이고 물을 길어 나르며 부도(婦道)를 수행하니 온 나라 사람들이 칭송하였다. 《後漢書 卷84 列女傳 鮑宣妻》

75 덕요(德耀) : 후한(後漢) 때 양홍(梁鴻)의 처인 맹광(孟光)의 자이다. 맹광은 몹시 박색이었으나 양홍의 뜻을 따라 함께 은거하였으며, 남편을 위해 공경을 다하여 밥상을 올릴 때 눈썹에 맞추었다고 한다. 《후한서》에는 자가 덕요(德曜)로 되어 있다. 《後漢書 卷83 逸民列傳 梁鴻》

으로 자신의 뜻을 확립하였고, 처음부터 끝까지 평탄한 때나 험난한 때나 의(義)를 잃지 않았다. 이는 타고난 천성이 선량하고 아름다워서 일 뿐만 아니라 식견과 도량이 원대하고 의지가 굳세어서 안으로 확고하게 서고 밖으로 미루어 행한 것이 있어서 그렇게 된 것이다. 만약 더 오래 살아서 그 뜻을 끝까지 이루었다면 그가 어찌 옛날 여사(女士)라고 일컬어졌던 사람들만 못하였겠는가. 애석하다. 뜻이 참으로 아름다웠는데 다 채우지 못하였고, 행실을 한창 닦고 있었는데 다 드러나지 못하였으니 이 또한 운명인가 보다.

안인은 숭정(崇禎) 후 신묘년(1651, 효종2) 8월 15일에 태어나서 갑인년(1674, 현종15) 2월 3일에 세상을 떠났으니, 겨우 24년을 살았다. 일찍이 아들 하나를 낳았으나 일찍 죽었고, 세상을 떠나기 2일 전에 딸을 낳았으나 또 바로 죽었으니, 이 때문에 마침내 자식이 없게 되었다. 병이 위독해졌을 때에 향리에 전답을 팔겠다는 사람이 있다는 소식을 듣고 그 남편에게 말하기를 "어찌 그 전답을 사서 당신의 뜻을 이루지 않으십니까."라고 하였으니, 그 마음이 이 일에 간절하였음을 볼 수 있다. 임종하려 할 때에 시어머니와 친정어머니를 오시라고 해서 양쪽으로 손을 잡고 종일토록 잠시도 놓지 않았다. 울면서 시어머니에게 말하기를 "사랑해 주신 은혜를 갚지 못하고 이제 죽게 되었습니다. 시어머니께서 저를 불쌍히 여겨 잊지 않으신다면 원하는 것은 우리 어머니를 돌봐 주시는 것뿐입니다."라고 하였다. 또 그 친정어머니를 돌아보고 말하기를 "누군들 죽지 않겠습니까마는 나의 죽음이 가장 슬픕니다. 우리 어머니가 더욱 의지할 데가 없게 되었으니 어쩌면 좋습니까. 어찌하여 우리 어머니의 운명이 한결같이 이런 지경에 이른단 말입니까."라고 하였다. 또 그 남편을 불러서 앞으로 오라고 하고서 말하기를 "내가 죽더라도 당신은 우리 어머니를 잊지 마십시오."라고 하고, 또 말하기를 "만난 지 10년 만에 부부의 의가 끝날 줄은 생각지 못했습니다. 본래 당신과 시골에서 함께 살고 싶었는데 어찌 그렇게 될 수 있겠습니까."라고 하고 끊임없이 눈물을 흘리니 사람들이 모두 참담하여 차마 보지 못하였다. 자주 시각이 얼마나 되었는지 묻고 말하기를 "내 기력으로 보아 필시 오늘을 넘기지 못할 것입니다."라고 하였다. 숨이 끊어지려고 할 때에도 오히려 곁에 있는 사람들에게 물러나 쉬라고 권하였고, 얼마 뒤에 세상을 떠났다. 그 정신이 흐트러지지 않고 은혜로운 뜻이 각각 극진한 것이 이와 같았고, 염습(殮襲)의 일에 대해 분부한 것이 매우 상세하였다. 목숨이 간당간당하여 끊어지려고 하는 때에 겨우 애써 소리를 냈는데도 한 말이 조금도 흐트러지거나 빠뜨린 것이 없이 모두 그대로 실행할 수 있는 것이었으니, 슬프다. 죽음에 임하여 뜻이 어지럽지 않은 것은 장부라도 어렵게 여기는 것이다. 그해 4월 20일에 여주(驪州)의 읍치(邑治) 북쪽 다송(多松)이라는 마을에 있는 제봉(霽峯)의 언덕에 장사 지냈다. 그 묘의 왼쪽을 비워 두어 훗날 남편이 묻힐 수 있도록 하였다.

안인이 죽어서 장사 지내고 나서 그 남편이 탄식하기를,

"나는 들으니 선을 행한 사람은 반드시 그 보응을 받는데 자신이 받지 못하면 그 후손이 받는다고 한다. 그런데 지금 안인 같은 사람은 그 뜻과 행실이 선하지 않은 것이 아닌데도 아버지가 있었으나 일찍 세상을 떠났고, 어머니가 있었으나 끝까지 봉양하지 못하였고, 남편이 있었으나 해로(偕老)하지 못하였고, 자식을 낳았으나 또 기르지 못하였다. 자신이 누린 것이 어떠하며, 후손이 보응받기를 기대하는 것이 어떠한가. 이른바 선을 하면 보응을 얻는다는 것이 과연

어디에 있는가. 다만 그의 구구한 뜻과 행실은 참으로 후세에 전하지 못하게 할 수 없는 점이 있다. 만약 다시 인멸되어 알려지지 않게 된다면 어찌 죽은 이의 혼백을 위로하고 살아 있는 나의 애통한 마음을 풀 수 있겠는가. 이것은 어진 사람이 의당 유념해야 할 점이다. 이 때문에 평소에 직접 보고 들은 것과 마음에 걸려 있는 것을 서술하여 행장을 지어서 반남(潘南) 박 선생(朴先生)께 명(銘)을 청한다. 슬프다. 죽은 자와 살아 있는 자의 유감을 풀 수 있는 것이 오직 이것에 의지할 뿐이다."

하였다.

그 남편 금성(錦城) 임영(林泳)은 현재 승문원 정자를 맡고 있는데 병을 핑계 대고 벼슬에 나아가지 않은 지 3년이 되었다. 임영의 아버지는 군수를 지낸 휘 임일유(林一儒)이고, 조부는 행 목사(行牧使) 휘 임타(林墵)이고, 증조부는 증(贈) 승지(承旨) 휘 임협(林恢)이고, 외조부는 시직(侍直) 조공(趙公) 휘 석형(錫馨)이다.

갑인년(1674, 현종15) 모월 모일에 임영이 짓다.

창계집

제18권

경연록 經筵錄

경연록 經筵錄

경신년(1680, 숙종6) 7월 7일에 부수찬 임영(林泳)이 패초(牌招)를 받고 사은숙배한 뒤에 옥당(玉堂)에 입직하였는데, 상번 교리는 오도일(吳道一)이었다.

9일 희정당(熙政堂)에서 소대(召對)를 행하였다. 승지 정재희(鄭載禧), 시독관(試讀官) 오도일, 검토관(檢討官) 임영, 기사관(記事官) 신엽(申曅)·윤홍리(尹弘离)·윤덕준(尹德駿)이 입시하였다.

오도일이 《자치통감강목(資治通鑑綱目)》 한경제조(漢景帝條)[1]의 '시월회일식(是月晦日食)'에서 '율희에한이사(栗姬恚恨而死)'까지 한 번 읽었다. 상(上)이 친히 한 번 읽었는데, 상의 목소리가 맑고 그윽하였다. 부복하고 들으니 기쁜 마음을 금할 수 없었다. 오도일이 글 뜻을 풀이하였다. '제(齊)나라가 협박 때문에 역모에 참여한 것이라고 하여 그 태자를 불러서 제왕(齊王)으로 세워 주었다.'[2]라는 대목에 이르러

1 자치통감강목(資治通鑑綱目) 한경제조(漢景帝條) : 원문은 '강목한경제기(綱目漢景帝記)'로 되어 있는데, 《자치통감강목》은 왕조나 왕별로 나누지 않고 주(周)나라 때부터 당(唐)나라 때까지 연대순으로 기록한 역사서이기 때문에 한 경제에 대한 내용이 중제목이나 소제목으로 구분되어 있지 않다.

2 제(齊)나라가……주었다 : 한 경제(漢景帝) 3년(기원전 154)에 있었던 오초칠국(吳楚七國)의 난 때의 일이다. 경제가 조조(鼂錯)의 말에 따라 제후의 봉지(封地)를

임영이 아뢰기를,

"협박 때문이었다고 하여 그 후사를 세워 주기까지 하였으니, 한(漢)나라의 법이 매우 엄격했으나 또한 이렇게 관대한 부분이 있었습니다. 이것이 그 원대한 규모입니다. 아랫글에 오왕(吳王) 비(濞)를 제외하고, 초(楚)나라의 후사 또한 세웠습니다."

하였다. 오도일이 아뢰기를,

"한나라가 고대와 멀지 않기 때문에 법이 비록 엄하더라도 관대한 부분이 있습니다."

하였다. '왕 부인(王夫人)이 몰래 대행(大行)에게 사람을 보내 율희(栗姬)를 황후로 세우도록 청하게 함으로써 경제(景帝)를 격노하게 하였다.'[3]라는 대목에 이르러 임영이 아뢰기를,

깎으려 하자, 오왕(吳王) 비(濞)가 주동하여 오(吳), 초(楚), 조(趙), 교서(膠西), 교동(膠東), 치천(菑川), 제남(濟南) 칠국의 제후들이 조조의 죄상을 열거하고 조조를 죽이겠다는 명분으로 반란을 일으켰다. 이에 경제는 조조를 동시(東市)에 끌어내어 참형(斬刑)에 처하였으나 반란이 그치지 않았다. 이에 주아부(周亞夫) 등을 보내 난을 진압하자, 오왕 비는 동월(東越)에서 죽음을 당하고, 제왕, 교서왕, 조왕은 자살하고, 교동왕, 치천왕, 제남왕은 모두 복주(伏誅)되었다. 이 난이 일어난 초기에 제나라가 참여했다가 나중에 후회하고 발병(發兵)하지 않아 제후국들의 합동 공격을 받았다. 난이 실패로 돌아가자 제나라 왕 역시 자살했으나 경제는 제나라가 난에 참여한 것이 위협 때문이었다고 하여 제나라 왕 장려(將閭)의 태자 수(壽)를 불러서 다시 제나라 왕에 봉하였다. 《御批資治通鑑綱目 第4上》

3 왕 부인(王夫人)이……하였다 : 한 경제 7년(기원전 150)에 있었던 일이다. 경제의 부인 율희(栗姬)의 아들 유영(劉榮)은 태자에 책봉되었고, 왕씨 부인에게서 낳은 아들 유철(劉徹)은 교동왕(膠東王)에 책봉되어 있었다. 이때 문제(文帝)의 딸 장공주(長公主) 유표(劉嫖)가 자기 딸을 태자에게 시집보내려고 하였는데 율희가 반대하자 교동왕 유철에게 시집보냈다. 이때부터 왕씨 부인과 장공주가 율희를 미워하여 여러모로 음해

"이것은 후궁이 총애를 질투하여 서로 알력을 빚은 일입니다. 소인이 군자를 참소할 때에 그 계교가 매우 교묘한 것 또한 늘 이와 같습니다. 만약 그 악한 점을 바로 가리켜서 참소한 것이라면 임금이 듣고서 변별하기가 어렵지 않을 것입니다. 간혹 교묘한 계교를 많이 부려 임금의 마음을 뒤흔들어서 임금이 자기도 모르는 사이에 그 계략에 빠지게 하니, 지극히 밝은 사람이 아니라면 어떻게 살필 수 있겠습니까. 공자가 말하기를 '물이 서서히 젖어 드는 것과 같이 하는 참소가 통하지 않는다면 밝다고 할 수 있다.'라고 하였습니다. 신은 바라건대 성상께서 이런 정상(情狀)에 대해 깊이 통찰하여 마치 직접 그 상황에 직면해 그 허실을 보듯이 하소서. 그렇게 하신다면 밝게 비춰 보는 도리에 유익함이 없지 않을 것입니다."

하였다. 오도일이 아뢰기를,

"임영이 아뢴 말이 옳습니다. 참소하는 말이 만약 곧바로 가리키고 드러나게 말한다면 용렬한 군주라도 구별할 수 있을 것입니다. 그러나 매우 교묘하기 때문에 영명한 군주도 살피지 못하는 것입니다."

하였다. 글 뜻을 풀이하기를 마쳤다.

하였다. 그러다가 경제가 화난 틈을 타 왕씨 부인이 몰래 대행(大行)을 시켜 율희를 황후로 책봉하라는 청을 하자 경제가 대로하여 대행을 처벌하고, 왕씨 부인을 황후로 삼고, 교동왕 유철을 황태자로 삼고, 태자를 폐위하여 임강왕(臨江王)으로 강등해 버렸다. 이에 율희가 원한을 품고 죽었다. 이 일은 장공주와 왕씨 부인이 워낙 치밀하고 교묘하게 진행했기 때문에 경제가 사태를 제대로 파악하지 못하고 잘못을 저지른 일로서 후세 임금들이 귀감으로 삼을 만한 사례이다. 《御批資治通鑑綱目 第4上》 대행은 진(秦)나라 때 만들어진 관직으로, 귀의(歸義)한 만이(蠻夷)를 담당하던 전객(典客)을 가리킨다. 한 경제 때 대행령(大行令)으로 고쳤다가 무제(武帝) 때 대홍려(大鴻臚)로 고쳤다. 《漢書 卷19 百官公卿表》

임영이 아뢰기를,

"오도일이 '용전출입(用傳出入)'을 풀이하면서 잘못 아뢰었습니다. 고금의 글에 승전(乘傳)이나 치전(馳傳) 등의 말이 있는데 모두 역마(驛馬)를 가리켜서 전(傳)이라고 했습니다. 그렇기 때문에 오도일이 '용전(用傳)'을 역마를 사용하여 출입하는 것이라 아뢰었습니다. 그러나 이 전(傳)은 관문(關門)에서 출입을 기찰(譏察)하는 물건으로 나무로 된 부신(符信)을 사용하기도 하고 비단을 사용하기도 하는데, 둘로 나누어서 하나는 통행자에게 주고 하나는 관문에 보관했다가 나갔다 돌아오는 출입자를 확인하는 것입니다. 문제(文帝) 때에 사방이 태평하였기 때문에 관문을 없애고 전(傳)을 사용하지 않다가 칠국(七國)이 평정된 초기에 아직은 위태롭고 불안한 형세가 있었기 때문에 다시 전을 사용하여 그 출입을 기찰하였습니다. 신들이 밖에서 한 차례 강론하였는데, 마침 이 부분을 방과하고 강론하지 못했습니다. 입시한 뒤에 신이 소주(小註)를 보니 문제 때에 관문을 없앴다는 말이 있어서 즉시 살펴보니 관문을 없앴다는 내용 아래의 주해(註解)가 이와 같았으니,[4] 오도일이 잘못 아뢴 것입니다."

하였다. 오도일이 아뢰기를,

"임영이 아뢴 말이 맞습니다."

하였다. 임영이 아뢰기를,

4 소주(小註)를……같았으니 : 한 경제(漢景帝) 4년(기원전 153) 기사에 나오는 "4년 봄에 관(關)을 다시 설치하고 전(傳)을 사용하여 출입하였다."라는 내용 아래의 소주에 "문제(文帝) 12년(기원전 168) 관문을 없애고 전을 사용하지 않았는데, 지금 다시 관을 설치하고 전을 사용한 것은 칠국(七國)이 새로 반란을 일으켰기 때문에 비상(非常)을 대비하기 위해서이다."라고 하였다. 《御批資治通鑑綱目 第4上》

"역사서를 읽는 방법은 치란(治亂)의 계기를 살펴서 그 원인을 알아내서 감계(鑑戒)로 삼아야 합니다. 오늘 진강(進講)한 대목으로 말하면, 이 부분이 바로 오초칠국의 난이 처음 평정된 대목으로 한나라 때에 발생한 대단히 큰 난이었습니다. 한나라 초기에는 여씨(呂氏)들의 내란(內亂)이 있었고, 그 후로는 오초칠국의 난이 가장 큰 난입니다. 지금 의당 그 자취를 상세히 살펴서 성패(成敗)의 이유를 알아야 하지, 지난 자취를 범범하게 보기만 해서는 안 됩니다. 오초칠국의 난이 결국은 실패하였지만 당시의 형세는 지극히 위태로웠습니다. 오나라의 부강함은 이미 천하에서 으뜸이었고, 오왕 비는 나이가 많고 사리에 밝았으며, 또 여섯 나라와 연대를 맺고 있었으므로 천하의 절반이 모두 강력한 세력이 있는 반적(叛賊)이었습니다. 그 무리 중에 군대를 나누어서 무관(武關)으로 공격해 들어가는 계책을 낸 자도 있었고, 서쪽으로 빠르게 치고 들어가 낙양(洛陽)을 점거하는 계책을 낸 자도 있었습니다. 오왕 비가 그 계책을 받아들였을 경우 형세로 말한다면 8, 9할은 성공했을 것입니다. 한나라가 역적을 토벌할 때에 주아부(周亞夫)가 상장(上將)이 되었는데, 만약 조섭(趙涉)이 길을 막고 건의하지 않았다면 주아부는 필시 효산(崤山)과 민지(澠池) 사이에서 붙잡혀 한나라가 온전했을지 알 수 없습니다.[5] 상황이 이러했는데도 오나라는 결국 패망하고 한나라는 결국

5 만약……없습니다 : 조섭(趙涉)에 대한 기록이 없어서 어떤 인물인지 알 수 없다. 주아부(周亞夫, 기원전 199~기원전 143)는 한나라의 개국 공신 강후(絳侯) 주발(周勃)의 아들이다. 한 경제 3년(기원전 154) 오(吳), 초(楚) 등 칠국이 반란을 일으켰을 때 주아부가 그들을 정벌하게 되었다. 형양(滎陽)에 군대를 집합시키기 위해 출발하여 패상(霸上)에 이르렀는데, 조섭이 길을 막고 주아부에게 말하기를 "장군께서 동쪽으로

무사하였던 것은 이유가 있어서 그렇게 된 것입니다. 이치를 따르는 자는 도와주고, 이치를 거스르는 자는 제거하는 것이 고금의 공통된 이치입니다. 또한 한나라가 일어난 이래 백성과 함께 휴식을 취하고, 정치를 관대하게 하고 규모를 원대하게 하였으며, 문제와 경제가 공손하고 검소하며 은혜를 베푼 정치가 매우 많아 깊은 사랑과 두터운 은택이 사람들의 마음에 깊이 박혀 있었기 때문에 민심을 단단하게 결속시킬 수 있었던 것입니다. 민심이 결속되면 천명(天命)이 돌봐 주고, 천명이 돌봐 주면 자주 위태로운 지경에 처하더라도 망하지 않으니, 이것은 필연의 이치입니다. 그렇다면 임금이 평소에 인정(仁政)을 행하여 민심을 결속시킴으로써 천명을 기원하는 데에 힘쓰지 않을 수 있겠습니까. 이렇게 한다면 위급한 일이 발생하더라도 그 나라는 반드시 보전될 것입니다."

하였다.

오도일 또한 이 뜻을 미루어 말하고 이어 아뢰기를,

오나라와 초나라를 쳐서 이긴다면 종묘가 편안하겠지만 이기지 못한다면 천하가 위태로울 것입니다. 신의 말을 써 보시겠습니까?"라고 하자, 주아부가 수레에서 내려 예를 표하고 물었다. 조섭이 말하기를 "오왕은 평소 부유하여 결사대를 갖추어 놓은 지 오래입니다. 장군이 행군한다는 것을 알고 있으니 반드시 효산(崤山)과 민지(澠池) 사이의 험한 곳에 복병을 숨겨 두었을 것입니다. 게다가 군대의 일이란 은밀함을 숭상하는 것이니, 장군께서는 이곳에서 오른쪽으로 우회하여 남전(藍田)으로 가서 무관(武關)으로 나와 낙양(洛陽)에 이른다면 왼쪽으로 가서 효산과 민지를 경유하는 것보다 하루나 이틀 정도만 늦을 것입니다. 그렇게 해서 곧바로 무고(武庫)로 들어가 북을 쳐서 울리면 제후들이 그것을 듣고 장군이 하늘에서 내려온 줄로 알 것입니다."라고 하였는데, 주아부가 그 계책대로 하여 낙양에 이르고, 효산과 민지 사이를 수색해서 오나라와 초나라의 복병을 잡았다. 《漢書 卷40 周勃傳》

"제왕이 독서를 하는 것은 단지 이치를 궁리하기 위해서이지만, 역사서를 읽을 때에는 감계(鑑戒)로 삼는 것이 귀합니다. 성상께서 깊이 유의하셔야 합니다."

하였다. 임영이 아뢰기를,

"감계로 삼는 법에도 많은 절목(節目)이 있으니, 신이 감히 다시 상세히 진달하겠습니다. 지금 한나라의 일로 말하면 한 왕조의 규모가 있으니, 고제(高帝)가 번다하고 가혹한 법령을 폐지하고 관대한 제도를 수립한 것이 바로 한 왕조의 규모에 해당합니다. 한 임금의 규모가 있으니, 고제의 관대함, 문제(文帝)와 경제(景帝)의 인후(仁厚)함, 무제(武帝)가 많은 일을 해낸 것이 바로 한 임금의 규모입니다. 역사서를 읽는 법은 먼저 한 왕조의 규모를 보고, 다음으로 한 임금의 규모를 보고, 또 하나의 정사와 하나의 명령에 이르기까지도 모두 상세히 살펴서 그 선악과 시비의 귀결을 깊이 밝혀서 선하고 옳은 것은 흠모하고, 악하고 그른 것은 징계해야 합니다. 그리하여 반드시 오늘날에 돌이켜 보아 그 감계의 뜻이 실제로 정령과 조치에 드러나게 하면 비로소 실제적인 이익이 있게 됩니다. 역사서에서 전하고 있는 한 왕조의 규모를 가지고 우리나라가 나라를 세운 규모를 돌이켜 보아 그 크기와 득실이 어떠한지를 알아서 좋은 법과 아름다운 뜻은 반드시 거듭 밝혀서 정비하여 거행하고, 진선(盡善)하지 않은 것은 변통해서 더욱 빛나게 하는 것 또한 하지 않아서는 안 됩니다. 한 임금의 규모를 가지고 오늘날 정치의 규모를 돌아보아 그 공(公)과 사(私), 광(廣)과 협(狹)의 실상을 살펴서 선하기는 하되 극진하지 못한 것은 반드시 미루어서 극진한 데까지 이르게 하고, 불선(不善)한 것은 반드시 그 뿌리를 제거해야 합니다. 먼저 대체(大體)의 규모를 세우고, 미세한 정무(政務)까지도 반드시 진미(盡美)하기를 구한다면 감계의 도가 이루어질 것입니다."

하였다.

오도일이 아뢰기를,

"역사서에 전하는 감계는 한나라, 당나라, 송나라의 일에 불과합니다. 정치를 하는 도(道)는 의당 당우(唐虞)와 삼대(三代)를 법으로 삼아야 합니다."

하니, 임영이 아뢰기를,

"오도일이 아뢴 것이 지극히 옳습니다. 지금 역사서를 진강(進講)하고 있기 때문에 신이 감히 역사서를 읽고 감계로 삼는 법을 진달한 것입니다. 만약 정치를 하는 표준을 논한다면 마땅히 성왕(聖王)을 법으로 삼아야 합니다. 후세의 선악 또한 감계로 삼지 않아서는 안 되지만 그 선에서 더 올라가 다시 지선(至善)의 도를 구해야 하는 것이지 그 선을 극진한 일로 여겨서는 안 됩니다. 다만 당우와 삼대의 설은 고금의 유신(儒臣)들이 진달할 때에 인용한 자가 참으로 많았지만 당우와 삼대를 끝내 볼 수 없었습니다. 이런 말은 듣기에 현실과 동떨어진 것 같을 뿐만 아니라 말할 때에도 형식적인 것 같습니다. 그러나 그 실상은 그렇지 않은 점이 있습니다. 만약 당우와 삼대가 왜 당우와 삼대가 되었는지를 깊이 연구해서 안으로 자신을 수양하고 밖으로 나라를 다스릴 때에 하나하나 본받고 배운다면 지극히 훌륭한 정치를 참으로 점차적으로 이룩할 수 있을 것이니, 이런 말이 어찌 형식적인 말로 귀결되겠습니까. 성상께서 반드시 깊이 유의하여 성왕의 정치를 오늘날 다시 볼 수 있게 하신다면 국가에도 매우 다행일 것이고 백성들에게도 매우 다행일 것입니다. 신들의 간곡한 바람이 바로 여기에 있습니다."

하고, 이어 자리에서 비껴나 절하고 아뢰기를,

"당우와 삼대의 정치는 다른 것이 아니라 바로 정치의 극치입니다. 극치의 정치를 하려고 한다면 의당 먼저 극치의 학문에 힘써야 하고, 극치의 학문은 원래 그 규모가 있습니다. 신이 참으로 아는 것이 없지만 옛 책에서 엿본 것을 가지고 진달하겠습니다. 첫 번째는 의당 먼저 큰 뜻을 세워서 반드시 성현이 되겠다고 스스로 다짐해야 합니다. 이 뜻이 있게 되면 곧 듣고 안 것을 존숭해서 실천하여 자기의 심신과 동정으로부터 정령(政令)과 행사에 이르기까지 털끝만큼도 사사로운 뜻을 용납하지 않고 반드시 지선(至善)의 경지에 이르러 떠나지 않게 해야 합니다. 또 책을 읽고 이치를 궁리하여 지식이 점차 더욱 통명(通明)해지게 하면 만나는 일마다 모두 지선의 소재를 알아서 또한 자연히 선을 하는 것을 즐거워하게 되니, 억지로 노력해서 숭상하여 행하는 자와는 의사(意思)가 현격히 다르게 됩니다. 선유(先儒)들이 학문을 논하면서 한 말이 매우 많지만 그 큰 요체를 말한다면 입지(立志), 역행(力行), 궁리(窮理) 이 세 가지일 뿐입니다. 그러나 세 가지 중에 입지가 최초의 기본이 됩니다."

하였다.-학문을 논한 것에 대한 내용이 매우 길어 모두 기록할 수는 없고 대강이 이와 같은데, 매 절(節)마다 권면하는 뜻을 극진히 말하였다.- 상이 이르기를,

"권면하고 경계하는 말이 모두 지극히 합당하니 내가 각별히 유념하겠다."

하였다.

승지 정재희(鄭載禧)가 아뢰기를,

"임영은 문재(文才)가 많을 뿐만 아니라 유가서(儒家書) 공부도 뛰

어나다는 것은 온 세상 사람들이 알고 있습니다. 지금 권강(勸講)하는 말을 들으니 모두 지극히 합당하여 성상께서 각별히 유념하겠다고 하셨으니 참으로 매우 다행입니다."

하였다. 상이 이어 이르기를,

"교리 오도일이 병진년(1676, 숙종2) 겨울에 사관(史官)에 천거되었을 때 강석빈(姜碩賓)이 상소하여 배격하였는데, 내가 당시에는 그가 자기 당(黨)에 들어온 사람은 비호하고 자기 당이 아닌 사람은 배격하는 뜻을 살피지 못하여 강석빈의 말이 참으로 옳다고 생각하였다. 그런데 지금 연석에서 하는 것을 보니 문학이 매우 뛰어나다."

하였다. 상이 또 이르기를,

"부수찬은 이름을 들은 지 오래되었다. 지금 연석(筵席)에서 반복하여 토론하는 것을 보니 문학(文學)과 재행(才行)이-행(行) 자는 한참 있다가 하교하였다.- 과연 탁월하다는 것을 알겠다."

하니, 일어나서 절하고 사양하였다. 이어 아뢰기를,

"신이 학문에 있어 실로 얻은 것은 없고 단지 보고 들은 것을 꿰맞추어 아뢰었는데 성상께서 또한 가납(嘉納)하셨습니다. 만약 산림(山林)에 있는 유일(遺逸) 가운데 공부가 많이 쌓인 사람으로 하여금 경연에 출입하게 한다면 도움 되는 것이 어찌 적겠습니까. 근자에 상례(常例)에 구애하지 말고 초치하라는 명이 이미 내려져 선비들의 마음이 지금 흥기되어 있으니, 성상께서 더욱 성의를 기울여 기필코 초치해서 권강하는 자리에 출입하게 하신다면 성상의 덕에 반드시 더욱 도움 되는 바가 있을 것입니다."

하였다. 성상 또한 유음(兪音)을 내리셨다.

이윽고 오도일이 공주의 집을 수선하는 것이 지나치게 사치스러우니 줄여서 검소하게 해야 한다고 아뢰었다. 말이 여러 차례 주제를 바꾸자 성상이 상당히 머뭇거리는 기색이 있었다. 임영 또한 진달하기를,

"소신(小臣)이 장구(章句)와 문학(問學)에 대해 지극히 거칠고, 정체(政體)와 다스리는 규모에 대해서는 더욱 어둡기 때문에 감히 대뜸 논하지 못하였습니다. 그런데 동료가 이미 말을 꺼냈고 신 또한 조금 소회(所懷)가 있으니 어찌 감히 묵묵히 있을 수 있겠습니까. 신은 듣건대 국가의 경비를 절약하고 백성을 사랑하는 것이 나라를 다스리는 데 있어 급선무라고 하는데, 국가의 경비를 절약하지 않고서 백성을 사랑하는 정치를 하는 자는 있지 않으니, 국가의 경비를 절약하는 것이 더욱 급선무가 됩니다. 오도일이 아뢴 공주의 집에 관한 일은 오늘날 국가의 경비를 절약하는 하나의 큰일이니 성상께서 의당 속히 윤허하고 따르셔야 합니다. 신이 생각하건대 오늘날 줄여서 절약해야 할 일이 또 여기에 그치지 않습니다. 성상께서 즉위하신 이래로 백성들이 발돋움하고 유신(維新)의 정치를 보리라고 생각하여 모두들 조정에서 반드시 대단히 특별한 큰 은정(恩政)을 베풀 것이라고 합니다. 신이 향리에 있을 때에 조정에서 주현(州縣)에 공문을 보내 달아났거나 죽은 군정(軍丁)의 수효와 포흠(逋欠)난 환곡과 세금의 수량을 각각 조사해서 보고하라고 했다는 말을 들었습니다. 이것으로 보건대 조정에서도 백성들의 바람에 위로하고 부응하려는 뜻이 있는 듯합니다. 앞으로 견감(蠲減)할 수량이 장차 얼마나 될지는 신이 모르겠습니다만, 적게 견감하면 혜택이 크지 않고, 많이 견감하면 국가의 재정에 필시 문제가 될 것입니다. 대체로 국가의 경비를 먼저 절약하지 않고서 백성에게 혜택이 미치는 정치를 어떻게 행할 수 있겠습니까. 국가의 경비를 절약하여 백성을

사랑하는 것은 바로 학자가 사욕(私慾)을 극복하고 의(義)를 행하는 것과 같습니다. 반드시 사욕을 극복하여 얽매이는 것이 없어야 의를 행할 수 있고, 반드시 경비를 절약하여 구애되는 것이 없어야 백성을 사랑하는 정치를 행할 수 있습니다. 오늘날 위로 궁궐 안의 경비에서부터 아래로 모든 관서의 경비에 이르기까지 통합하여 계산해서 지출을 크게 줄여야 합니다. 그래서 그것이 없으면 나라의 모양새가 이루어지지 않는 것만을 남기고 그 밖의 것은 모두 없애서 상하가 한마음으로 고통을 인내한다면 견감하는 정치를 행할 수 있고 민심을 단결시킬 수 있을 것입니다."

하니, 상이 이르기를,

"추수의 상황을 보아서 변통하게 할 것이다."

하였다. 임영이 아뢰기를,

"견감하는 것은 추수를 기다려서 할 수 있지만 절약하는 것은 속히 대신과 유사(有司)의 관장(官長)들에게 명하여 일찍 참작해서 정하게 해야 거취를 결정할 때에 거칠고 구차한 폐단이 없게 할 수 있습니다. 대체로 농사가 풍년이 들었더라도 달아났거나 죽었거나 포흠난 것을 크게 탕감하려면 지출을 크게 줄이지 않고서는 결코 그 재원을 마련할 수 없습니다."

하니, 상이 이르기를,

"천천히 대신들과 의논하여 변통할 것이다."

하였다. 임영이 또 아뢰기를,

"자고로 신하가 진언(進言)할 때에 학문의 방법에 대해 범범하게 진달하면 군주가 메아리처럼 호응하다가 조정의 실제 일을 언급하면 흔쾌히 따르는 경우가 드물었으니, 이것이 예로부터 있었던 근심거리였습니다. 지금 신이 학문을 논한 말은 다행히 받아들이셨으나, 오도일이 아뢴 공주의 집에 관한 일과 신이 아뢴 크게 절약해야 한다는 말은 모두 조정의 실제 일인데 성상께서 끝내 흔쾌히 받아들일 뜻이 없으시니 성상께 바라는 바가 아닙니다."

하니, 상이 이르기를,

"받아들이지 않으려는 것이 아니라 차분히 대신과 의논하여 처리할 것이다."

하였다. 이에 물러 나왔다.

8월 2일 선정전(宣政殿)에서 주강(晝講)을 행하였다. 영사(領事) 김수항(金壽恒), 지사(知事) 민유중(閔維重), 승지 정재희(鄭載禧), 시강관(侍講官) 최석정(崔錫鼎), 검토관 임영, 사관(史官) 신엽(申曅)·유득일(兪得一)·김익구(金益九)가 입시하였다.

최석정이 《서경》 다방편(多方篇)의 첫머리부터 '대불극개(大不克開)'까지 한 번 읽었다. 주상이 친히 한 번 읽었다. 최석정이 편제(篇題)의 소씨설(蘇氏說)[6]을 읽었다. 임영이 아뢰기를,

"나라를 다스리면서 은(殷)나라의 일곱 왕처럼 덕과 인을 쌓아 은택이 백성들의 마음에 깊이 젖어 들게 하면 비록 문왕(文王), 무왕(武王), 주공(周公)과 같은 성인이라도 쉽게 새 왕조를 개창할 수 없는데, 어찌 한때의 혼란으로 인하여 나라를 망하게 하는 결과를 초래할 이치가 있겠습니까. 이것이 이 편의 한 가지 의리입니다. 그리고

6 편제(篇題)의 소씨설(蘇氏說) : 《서경》 〈다방(多方)〉의 편제에 실린 소식(蘇軾)의 설을 가리킨다.

은나라의 백성들이 옛날을 그리워하는 정을 품고서 여러 차례 반란을 일으켰습니다. 당시에는 완민(頑民)이라고 불렀는데, 이는 감화하기가 지극히 어렵다는 뜻입니다. 무왕과 주공이 이처럼 지성스럽게 어루만지고 일깨웠기 때문에 성왕(成王)과 강왕(康王)의 융성기에 이르러 형법(刑法)을 사용하지 않아도 더 이상 법을 어긴 자가 있다는 말이 들리지 않았으니, 이것은 덕화(德化)의 힘입니다. 덕화가 참으로 두터우면 전대(前代)의 완민이라도 오히려 감복시킬 수 있는데, 조종(祖宗)이 남겨 주신 백성이야 말할 것이 있겠습니까. 이것이 또 하나의 의리입니다. 삼가 바라건대 이렇게 돌이켜 보시고 깊이 유념하소서."

하였다.

제1절과 제2절을 강하였다. 임영이 아뢰기를,

"은나라 백성들이 주나라에 복종하지 않는 것을 주나라의 관점에서 말한다면 난역(亂逆)입니다. 그러나 주나라가 그 난역의 잔당들을 엄한 형벌로 제압하여 굴복시키지 않고 반드시 말로 경계시키고 타이른 것이 한두 번이 아니니 이것이 바로 삼대(三代) 시대의 충후(忠厚)한 도리입니다. 반드시 이렇게 한 뒤에야 사람들이 비로소 심복(心服)하는 것이고, 사람들의 심복을 얻어야 비로소 왕도(王道)인 것입니다. 만약 엄한 형벌을 사용하여 강제로 제압한다면 이것이 어찌 오래도록 안정될 수 있는 방법이겠습니까."

하였다.

제3절과 제4절을 강하였다. 임영이 아뢰기를,

"경계하고 권고한 주지(主旨)가 전적으로 천명(天命)을 가지고 말하였으니, 이는 아득한 하늘에 의탁하여 사람을 속이는 것이 아닙니다. 예로부터 국가의 흥망은 실로 천명의 거취(去就)에 말미암으니, 한순간의 성패에서 뚜렷하게 볼 수 있는 곳이 있습니다. 이른바 천명이라는 것은 전적으로 인사(人事)의 득실(得失)에 달려 있으니, 얻는 것이 지극한 경우에는 필부(匹夫)라도 천록(天籙)을 받고, 잃는 것이 심한 경우에는 국가가 패망하고 하늘의 복록이 영원히 끊어지니, 이것은 필연의 이치입니다. 이 몇 구절은 모두 하(夏)나라와 상(商)나라가 흥하고 망한 일을 먼저 말하여 상나라와 주(周)나라가 흥하고 망한 이치를 보인 것이 또한 단지 이와 같습니다. 하늘이 하나라에 재이(災異)를 내려 경고하였으나 걸(桀)의 소행이 이와 같으니 천명이 어찌 끊어지지 않을 수 있겠습니까. 대체로 '일(逸)'이라는 한 글자가 바로 나라를 잃는 근원입니다. 일(逸)과 근(勤)은 완전히 반대가 되니, 부지런하면 온갖 일이 거행되고 방일(放逸)하면 모든 악(惡)이 생겨납니다. 걸이 나라를 잃은 근원 또한 단지 이 '일' 자에 있으니 경계하지 않아서야 되겠습니까. 일락(逸樂)에 안주하였기 때문에 더 이상 백성을 근심하는 말이 없었습니다. 백성을 근심하는 말이 끊어지지 않았더라도 실제 혜택이 백성들에게 미치지 않는다면 부질없는 것이 될 뿐인데, 그 말까지 없으니 더 말할 것이 있겠습니까. 백성을 근심하는 뜻이 전혀 없음을 알 수 있으니 그 나라가 어찌 망하지 않을 수 있겠습니까. 음혼(淫昏) 또한 방일에서 근원합니다. 대체로 안일하여 도모해서 하는 것이 없으면 음욕(淫欲)이 반드시 일어납니다. 옛사람이 말하기를 '옥토(沃土)의 백성은 안일하다.'라고 하였는데, 안일하면 선(善)을 잊고, 선을 잊으면 욕심이 생기니, 참으로 지당한 말입니다. 그리고 음란하면 반드시 사리에 어두워집니다. 대체로 천리(天理)와 인욕(人欲)은 서로 소장(消長)하는 관계라서 인욕이 치성하면 본심(本心)의 밝은 기능 또한 점점 가려지기 때문에 어두워지는 것입니다. '상제의 인도함〔帝之迪〕'은 '하늘의 일〔上天之載〕'과 같습니다. 대체로 일상생활의 모든 일이 상제의 인도 아닌 것이 없으니, 모든 사물의 당연한 법칙이 모두 이것입니다. 걸의 음혼이 이미 심한 지경에 이르렀으니 비록 하루 동안이라도 어찌 천리의 당연한 법칙에 권면할 수 있겠습니까. 대체로 이것은 모두 걸의 일이니, '방일하였다', '음혼하였다', '백성을 근심하는 말을 하지 않았다.', '상제의 인도함에 권면하지 않았다.'라는 말이 모두 지극히 심한 것입니다. 비록 이와 같은 극도의 지경에 이르지 않았더라도 게으르고 방자한 생각만 있어도 이것은 곧 방일함이고, 편벽되고 욕심을 즐기는 사심만 있어도 이것은 곧 음란함이고, 사리를 살피지 않으면 곧 사리에 어두움이고, 백성을 사랑하지 않고 하늘을 공경하지 않으면 곧 이것이 백성을 근심하는 말을 하지 않고 상제의 인도를 권면하지 않는 조짐입니다. 선유(先儒)가 말하기를 '순(舜) 임금과 도척(盜跖)이 갈리는 분계가 매우 은미하다.'라고 하였으니, 이는 성상께서 깊이 유념하셔야 합니다. 뒤의 절(節) 또한 이 뜻으로 미루어 보소서."

하니, 상이 이르기를,

"그렇다."

하였다.

제6절을 강하였다. 임영이 아뢰기를,

"이 절 또한 걸이 천명을 잃은 일을 말하였는데, 위 절의 뜻과 대략 같습니다. 천명을 누리려고 한다면 의당 백성을 보호하는 데에 힘써야 하는데 지금 걸은 백성이 의지하는 것을 전혀 열어 주지 못하였으니, 세금을 무겁게 거두고 멋대로 거두어 백성들이 입고 먹지 못하게 한 것이 바로 그것입니다. 심지어 형벌을 크게 자행하여 백성들의 목숨을 해쳤으니 그 어지러움이 또 더욱 심한 것입니다. 그러나 그 원인을 찾아보면 실로 내란(內亂)에서 시작되었으니 말희(妺喜)[7]를 총애한 것이 그것입니다. 안이 이미 어지러운데 어떻게 밖으로 백성을 잘 보호할 수 있겠습니까. '여(旅)'는 백성을 가리키는데 '승(承)'이라고 말한 것[8]은 임금이 두려워할 대상이 백성보다 심한 것이 없기 때문입니다. 순 임금이 말하기를 '두려워할 대상이 백성이 아닌가.'라고 하였고, 공자가 이르기를 '백성 부리기를 큰 제사를 받들 듯하라.'라고 하였으니, 백성이 두려운 대상이라는 것을 임금이 깊이 인식하여 항상 제사를 받드는 마음으로 백성을 부린다면 또 어찌 민심을 얻지 못할 근심이 있겠습니까. 걸이 한 행위를 모두 반대로 한다면 이것이 곧 요순의 일이니, 이른바 '선악이 모두 스승이다.'라는 것이 그런 것입니다. 걸의 포학함이 이와 같기 때문에 그가 중용(重用)한 자들이 탐욕스럽고 흉포한 사람들이라서 마침내 서로 도와 악행을 저질러 백성의 생명을 해치는 것만 일삼았습니다. 대체로 이런 임금이 있으면 반드시 이런 신하가 있는 것이니, 현명한 군주와 충성스러운 신하가 있는 시대에만 그런 것이 아니라 어두운 군주와

7 말희(妺喜) : 말희(末喜)라고도 한다. 하(夏)나라 걸(桀)이 유시씨(有施氏)를 정벌하고 얻은 미인이다. 걸은 말희를 몹시 총애하여 그녀가 하자는 대로 경궁요대(瓊宮瑤臺)를 짓고 술과 고기로 향락을 벌여 하나라의 국력을 극도로 피폐시켰다. 그 결과 은(殷)나라의 탕왕(湯王)에 의해 멸망당했다. 《史略 卷1 夏后氏》

8 여(旅)는……것 : 《서경》 〈다방(多方)〉에 "능히 백성을 잘 받들지 못하며〔不克靈承于旅〕"라고 한 내용을 가리킨다.

사나운 신하가 있는 시대에도 그러합니다. 대체로 이 절의 말뜻은 반복되고 완곡하게 표현한 것이 있지만 위 절의 뜻과 대략 같습니다."
하였다.

제7절을 강하였다. 임영이 아뢰기를,

"걸과 주(紂)가 이와 같기 때문에 하늘이 따로 군주를 구하여 탕(湯) 임금으로 하여금 하(夏)를 벌(伐)하게 하신 것입니다."
하였다.

제8절을 강하였다. 임영이 아뢰기를,

"이 장은 걸이 나라를 잃은 이유를 다시 거듭 말하였습니다. 대체로 당시 천하에 현자(賢者)가 없지 않았으나 걸이 등용하려고 하지 않았고, 복록을 함께 누리려고 하지 않았습니다. 그가 중용한 사람들은 함께 백성을 보호할 수 없는 사람들이고 서로 포학한 짓을 하는 사람들일 뿐이었습니다. 이 때문에 모든 행위가 한 가지도 백성들의 의식(衣食)의 근원을 열어 주지 못하여 백성들의 궁핍함이 극에 달하였습니다."
하였다.

강을 마쳤다. 임영이 아뢰기를,

"독서하는 법은 매 글자와 글귀에서 그 지취(指趣)를 하나하나 정밀히 연구하여야 하고, 또 반드시 전체적인 대지(大旨)를 총괄하여 그 핵심을 깊이 살펴야 합니다. 이렇게 한 뒤에야 장구(章句)에 얽매이지 않고 받아들여 실천하는 실익이 있게 됩니다. 지금 이 편으로 말하면 천명(天命)의 거취(去就)가 바로 대지이고, 그 거취는 군주가 하는 행위의 잘잘못에 달려 있습니다. 군주가 하는 일을 크게 나누면 두 가지가 있는데, '사람을 등용하는 것'과 '백성을 다스리는 것'에 불과합니다. 지금 걸의 악행을 나열하면 모두 백성을 학대한 일과 소인(小人)을 등용한 일입니다. 이른바 악한 군주의 일이 모두 이와 같은 것에 불과하고, 현명한 군주는 또한 이것과 반대로 하는 것에 불과합니다. 이것이 바로 군도(君道)의 큰 절목(節目)이니, 성상께서 유념하여 그 시비와 이해의 실상을 깊이 연구하고 일상생활 속에서 상세히 살피소서. 그리고 또 하나의 의리가 있으니, 백성을 보호하고 현자를 등용하지 못하는 것이 또 내란(內亂)에서 연유합니다. 내란이 있으면 어진 사람이 반드시 등용되지 못하여 백성이 그 학정을 받게 되니 이 일은 더욱 마음을 써야 합니다."

하였다.-영사(領事)가 '내란' 두 글자로 인하여 뜻을 미루어 말하기를 매우 간곡하게 하였다.- 최석정이 아뢰기를,

"경서는 의당 궁리해야 하지만 군주의 학문은 역사서를 보는 것을 더욱 급선무로 삼아야 하니, 치란과 흥망의 자취가 모두 역사서에 있기 때문입니다."

하였다.

임영이 아뢰기를,

"치란과 흥망의 자취는 참으로 역사서에 있지만 치란과 흥망의 이치는 경서에 갖추어져 있습니다. 경서를 잘 연구하면 역사서를 보지 않아도 치란의 이치를 밝힐 수 있습니다. 그리고 반드시 경서에서 요약된 이치를 얻어야 합니다. 그런 뒤에 역사서를 보면 또한 득력(得力)할 수 있습니다. 그렇게 하지 않으면 또한 넓게 보기만 하고 실익은 없게 될까 염려됩니다."

하였다. 또 아뢰기를,

"경서를 읽는 것과 역사서를 읽는 것이 본말(本末)의 순서가 있기는

하지만 동시에 힘을 쏟을 수도 있습니다. 진강(進講)은 경서로 하고, 소대 때에는《자치통감강목》을 강하는 것이 참으로 좋을 것입니다. 다만《자치통감강목》은 분량이 매우 많아서 한 번 소대를 할 때에 몇 장을 강하는 데에 불과하고, 한 달 동안에 소대가 몇 차례에 불과하니, 이렇게 해서야 어느 세월에 고금 성패의 자취를 연구해 볼 수 있겠습니까. 이것이 걱정스럽습니다."

하니, 상이 이르기를,

"진강하지 않은 부분은 궁중에 있을 때에 일찍이 보았다."

하였다. 임영이 아뢰기를,

"그렇다면 매우 다행입니다. 강하지 않은 곳이라도 보다가 의심나는 곳이 있으면 신들을 불러서 강론하더라도 문제 되지 않습니다."

하였다. 제공(諸公)들이 일을 아뢰었는데 공주의 집 문제에 이르러 오랫동안 결론이 나지 않았다. 임영이 앞으로 나아와 아뢰기를,

"이것은 필시 자성(慈聖)의 뜻을 받들려고 하기 때문에 성상께서 이처럼 어렵게 여기시는 것입니다. 무릇 사람이 부모의 명으로 하는 일에 있어서는 다른 사람의 말을 듣더라도 곧바로 따르기 어려운 것은 형세가 참으로 그러합니다. 제신(諸臣)이 아뢴 뜻으로 자성께 아뢰어 지극히 합당하게 되도록 하소서. 지금은 평상시와 달라서 백성들이 눈을 비비고서 비상한 덕정(德政)을 보기를 기대하고 있습니다. 그런데 아직 실제적인 혜택이 백성에게 미친 것은 없고 단지 공주를 위해서 사는 집을 크게 치장하기만 한다면 어찌 실망하지 않겠습니까. 민심은 한번 잃으면 수습하기가 쉽지 않으니 이 일에 관계된 바가 어찌 무겁지 않겠습니까. 그리고 검약이 곧 복을 누리는 도리이니, 사치가 어찌 좋은 일이겠습니까. 공주를 위해 복을 기르

는 방법 또한 의당 절검(節儉)을 힘써야 할 것이니, 어찌 절약하여 줄이는 도리를 생각지 않아서야 되겠습니까. 의당 이 뜻으로 자성께 들어가 고해야 할 것입니다. 자성께서 성명(聖明)하시니 어찌 끝까지 어렵게 여기시겠습니까."

하니, 상이 이르기를,

"대신(大臣)과 유신(儒臣)의 말이 이와 같으니 마땅히 자성께 들어가 여쭙고 처리하겠다."

하였다.

임영이 또 아뢰기를,

"《서전(書傳)》의 강을 이미 마쳤습니다. 옛사람이 말하기를 '《서전》으로 정사(政事)를 말하였다.'라고 하였습니다. 대체로 이제(二帝)와 삼왕(三王) 등 많은 성인들의 덕업(德業)과 공로가 모두 이 책에 들어 있으니, 만약 실제로 이 책을 깊이 연구하여 깨달음을 얻는다면 제왕의 정치를 어찌 시행할 수 없겠습니까. 정자(程子)가 학자들이 독서를 잘못하는 폐단을 논하기를 '가령 《논어(論語)》를 읽을 경우 이 책을 읽기 전에도 이런 수준의 사람이고, 이 책을 읽은 뒤에도 이런 수준의 사람이면 비록 많이 읽었더라도 무슨 소용이 있겠는가.'라고 하였는데, 《논어》뿐만이 아닙니다. 모든 독서가 다 그렇습니다. 성상께서는 성명한 지혜를 타고났고 부지런히 학문을 닦아 권질이 많은 책을 이미 다 공부하셨으니, 그 안에 들어 있는 요체를 반드시 심신에 체득(體得)하여 정사에 시행하신 것이 많을 것입니다. 그러나 독서를 통해 크게 유익함을 취하는 법은 전적으로 성현이 한 일을 자기 자신에게 요구하는 데에 달려 있습니다. 그리고 이 책에서 가장 요체가 되는 말은 '공경하고, 명철하고, 문채(文彩)나고, 사려 깊고, 편안히 행하였으며, 진실로 공손하고 능히 겸양하였다.〔欽明文思安安 允恭克讓〕'라는 것입니다. 어떻게 하는 것이 공경하는 것이며, 어떻게 하는 것이 명철한 것이며, 요 임금이 공경하고 명철한 것이 어떻게 한 것이며, 또 요 임금의 공경하고 명철함을 본받으려면 어떻게 한 뒤에야 미칠 수 있는지를 반드시 깊게 생각하여야 합니다. 흠(欽) 자는 흠경(欽敬)의 뜻이니, 정밀하게 살피고 경(敬)을 견지하는 방법은 마음을 전일하게 하여 게으르지 않는 것입니다. 명(明) 자는 명예(明睿)라고 할 때의 명(明)이니, 이치를 밝히는 데에 종사(從事)하는 방법은 학문을 쌓고 쌓아서 전체를 관통하는 것입니다. 아랫글의 문(文) 자와 사(思) 자와 공(恭) 자와 양(讓) 자도 이런 방식으로 의미를 구해서 반드시 이 덕(德)이 사방에 입혀지고 하늘과 땅에 이르는 것을 목표로 삼아 털끝만큼이라도 물러섬이 없으면 이전(二典)과 삼모(三謨)[9] 안에 제(帝)가 되고 왕(王)이 되는 규모와 길이 참으로 이미 갖추어져 있을 것입니다. 요 임금이 큰 덕을 밝혀서 구족(九族)으로부터 만방(萬邦)에 이르렀고, 순 임금이 9관(官)에게 명하고 12목(牧)에게 물어서[10] 내외(內外)의 지치(至治)를 이루었으니, 이것이 바로 덕화(德化)와 정치를 통한 공적의 조리가 명백한 대목입니다. 또한 앞에서 진달한 뜻을 가지고

9 이전(二典)과 삼모(三謨) : 《서경》의 편명으로, 이전은 〈요전(堯典)〉·〈순전(舜典)〉이고, 삼모는 〈대우모(大禹謨)〉·〈고요모(皐陶謨)〉·〈익직(益稷)〉이다.

10 9관(官)에게……물어서 : 9관은 순 임금 때 설치되었던 9개의 관서로, 백규(百揆)·후직(后稷)·사도(司徒)·작토(作土)·공공(共工)·우(虞)·질종(秩宗)·전악(典樂)·납언(納言)이고, 12목(牧)은 순 임금 때에 설치되었던 12주(州)의 목민관(牧民官)이다. 《書經 舜典》

그 뜻을 깊이 연구하여 반드시 자신에게 요구한다면 학문의 공효가 반드시 작지 않을 것입니다. 이것이 바로 반드시 성인을 배우겠다는 것으로 뜻을 삼는 것입니다. 반드시 이 뜻이 있어야 비로소 글과 내가 겉도는 폐단이 없을 것입니다. 신이 감히 성상께 길게 말씀드릴 수 없어 그 대강의 단서만을 이처럼 간략하게 말씀드렸으니, 강을 마치신 뒤에라도 다시 익히실 때에 이 뜻으로 이해하신다면 도움되는 바가 작지 않을 것입니다. 지난날 이단하(李端夏)[11]가 명경과(明經科)를 글 뜻을 풀이하는 것을 위주로 하자는 뜻으로 아뢰었는데 그 뜻이 참으로 좋습니다. 다만 가르치고 기르는 법은 없고 단지 시험 과목에만 조금 변통을 가한다면 인재를 육성하기에 부족할 것입니다. 임금은 본래 사람을 다스리고 사람을 가르치는 것으로 직분을 삼는데, 더군다나 오늘날 선비들의 버릇이 날이 갈수록 더욱 쇠퇴해지고 있으므로 인재를 육성하는 방도를 참으로 조금이라도 소홀히 해서는 안 됩니다. 학교의 성쇠(盛衰)는 규범이나 절목에 달려 있는 것이 아니라 가장 중요한 점이 좋은 스승을 가려 뽑아 오랫동안 맡기는 데에 달려 있습니다. 대체로 관서의 여러 직책은 반드시 오랫동안 맡긴 뒤에야 공효를 요구할 수 있는데, 더구나 인재를 성취하는 직책은 말할 것이 있겠습니까. 듣자 하니 지금 대사성(大司成)이 학정(學政)에 상당히 마음을 쓰고 있다고 하니, 특별히 오랫동안

11 이단하(李端夏) : 1625~1689. 본관은 덕수(德水), 자는 계주(季周), 호는 외재(畏齋)·송간(松磵), 시호는 문충(文忠)이다. 벼슬은 교리, 승지, 대제학, 예조 판서 등을 거쳐 좌의정에 이르렀다. 문명(文名)이 높았다. 저서에 《외재집(畏齋集)》이 있고 편서에 《북궐지(北闕誌)》가 있다.

맡겨서 2, 3년 뒤에 공효를 이루도록 요구한다면 지금처럼 아침에 부임했다가 저녁에 갈리는 것과는 같지 않을 것입니다. 대신에게 물어서 처리하는 것이 어떻겠습니까? 신은 듣건대 조종조(祖宗朝)의 인재는 대부분 사유(師儒)에 적임자를 얻어서 오랫동안 맡긴 데서 말미암았으니, 김반(金泮),[12] 김말(金末),[13] 윤탁(尹倬)[14] 등이 오랫동안 국자감의 수장이 되어 인재를 성취시킨 공효가 실로 많아서 한 시대의 명인(名人)들이 그 문하에서 많이 배출되었습니다. 근세

12 김반(金泮) : 서강현(西江縣) 사람으로, 본관은 문화(文化), 자는 사원(詞源), 호는 송정(松亭)으로, 권근(權近)의 문인이다. 1399년(정종1) 문과에 급제하여 1448년(세종30)까지 행 대사성(行大司成)을 지냈고, 실록에 1454년(단종2) 쌀 5섬을 하사한 기록이 마지막으로 나온다. 성균관에 20여 년간 재직하였는데, 김구(金鉤), 김말(金末)과 함께 같은 때에 성균관에서 교수하면서 많은 인재를 길러내, 사람들이 이들을 '삼김(三金)', '경학삼김(經學三金)' 혹은 '관중삼김(館中三金)'이라고 일컬었다. 학동서원(鶴洞書院)에서 제향하며, 박태보(朴泰輔)가 지은 〈강서현고대사성김반서원사액제문(江西縣故大司成金泮書院賜額祭文)〉으로 볼 때 숙종 때에 사액된 것으로 보인다.

13 김말(金末) : 1379~1464. 조선 전기의 문신이다. 본관은 의성(義城), 자는 간지(幹之), 시호는 문장(文長)이다. 1417년(태종17) 식년 문과에 급제하였다. 1449년(세종31) 사성이 되었는데, 대사성 김반, 겸사성 윤상(尹祥)과 경서(經書)의 이동(異同)에 대해 논쟁하다가 김반은 파직되고, 그는 종학(宗學)으로 옮겨졌다. 경사에 박통하고 성리학에도 정통하였다. 당시 후진 교육과 경학 발전에 공로가 컸으므로 김구, 김반과 더불어 '삼김' 또는 '경학삼김' 혹은 '관중삼김'이라 일컬었다. 성질이 굳고 정확하며 몸가짐이 방정하였다. 당시 조정의 많은 유사(儒士)들이 그의 문하에서 배출되었다.

14 윤탁(尹倬) : 1472~1534. 본관은 파평(坡平), 자는 언명(彦明), 호는 평와(平窩)이다. 김굉필(金宏弼)의 문인이자 종실(宗室) 이심원(李深源)에게 수학하였다. 1501년(연산군7) 식년 문과에 급제하였다. 1506년(중종1) 중종반정으로 등용되어 사성, 대사성, 동지성균관사 등을 역임하였다. 학문이 높아 조광조(趙光祖) 등 여러 대신에게 도학(道學)을 가르쳤고, 송인수(宋麟壽), 이황(李滉) 등이 그의 강수(講授)를 받았다.

의 일로 말하자면 정엽(鄭曄)[15]이 대사성이 되었는데 자헌대부(資憲大夫)의 품계를 그대로 띠고 있게 하였으며, 또한 인재를 성취시킨 공효가 상당히 있었습니다. 선비를 선발하고 공부시키는 방법에 대해서는 사유가 이미 인재를 성취시키는 것을 자기의 임무로 삼았으니 자연히 강론하여 결정할 것입니다. 신이 정자가 논한 학제(學制)에 관한 설을 보니, 소옹(邵雍)과 장재(張載)를 맞이하여 학교에 있게 해서 선비들의 본보기가 되도록 하려고 하였으니, 이것이 가장 근본이 되는 중요한 도리입니다. 오늘날 산림(山林)의 선비들을 이미 초치(招致)하였으니 성상께서 반드시 정성과 예를 다하여 기필코 오게 하고, 온 뒤에는 경연(經筵)에 출입하여 성학(聖學)을 보도(輔導)하게 할 뿐만 아니라 성균관의 관직을 겸임하게 하여 선비를 가르치는 직임을 맡게 하신다면 선비를 기르는 방법에 도움 되는 것이 또한 작지 않을 것이니, 이 일을 미리 유념하소서. 그리고 아직 출신(出身)하지 않은 사람이 성균관의 관원이 되는 자리는 사업(司業) 1원(員)뿐인데, 적임자의 많고 적음에 따라 두 사람이나 세 사람으로 인원수에 한정을 두지 않는 방안 또한 대신과 상의하여 강정(講定)하는 것이 어떻겠습니까?"

하였다.

15 정엽(鄭曄) : 1563～1625. 본관은 초계(草溪), 자는 시회(時晦), 호는 수몽(守夢)이다. 송익필(宋翼弼), 성혼(成渾), 이이(李珥)의 문인이며, 1583년(선조16) 문과에 급제하였다. 인목대비를 폐위하는 데 반대하여 벼슬을 그만두었다가 인조반정 후에 다시 벼슬하여 대사헌, 우참찬 등을 역임하였다. 문집으로 《수몽집(守夢集)》이 있다.

10월 14일 사현전(思賢殿)에서 소대를 행하였다. 영중추부사 송시열(宋時烈), 시독관 임영, 검토관 홍만종(洪萬鍾), 승지 홍만용(洪萬容)과 사관 3인이 입시하였다.

《자치통감강목》 권4 중(中)을 진강하였다.

'회남왕(淮南王) 유안(劉安)[16]이 조회(朝會) 왔다.'라는 대목에 이르러, 임영이 아뢰기를,

"유안은 제부(諸父)에 해당되는 사람입니다. 고제(高帝)의 아들 회남 여왕(淮南厲王) 유장(劉長)이 문제(文帝)의 형이고, 유안은 유장의 아들이기 때문에 경제(景帝)에게는 종형제가 되고, 무제(武帝)에게는 제부에 해당되는 사람입니다. 재능과 글재주가 있었습니다."

하였다. 송시열이 아뢰기를,

"공자가 애공(哀公)의 정치에 대한 질문에 답하면서 구경(九經)을 논하였는데, 친친(親親)이 세 번째였습니다."[17]

하니, 상이 이르기를,

"그렇다."

16 회남왕(淮南王) 유안(劉安) : 기원전 179~기원전 122. 한 고조(漢高祖)의 손자로, 아버지 회남 여왕(淮南厲王) 유장(劉長)의 봉작을 승습하여 회남왕에 봉해졌다. 독서와 음악을 좋아하고 글을 잘하여 무제(武帝)가 중히 여겼다.

17 공자가……번째였습니다 : 노(魯)나라 애공이 공자에게 정치에 대해 묻자 공자가 대답하기를 "무릇 천하와 국가를 다스림에 구경이 있으니, 몸을 닦음과 어진 이를 높임과 친척을 친히 함과 대신을 공경함과 신하들의 마음을 체찰(體察)함과 백성들을 자식처럼 사랑함과 백공들을 오게 함과 먼 지방의 사람을 회유(懷柔)함과 제후들을 은혜롭게 하는 것이다.〔凡爲天下國家, 有九經, 曰, 修身也, 尊賢也, 親親也, 敬大臣也, 體群臣也, 子庶民也, 來百工也, 柔遠人也, 懷諸侯也.〕"라고 하였는데, 여기에서 친친(親親)이 순서로 세 번째에 해당한다. 《中庸章句 第20章》

하였다. 송시열이 아뢰기를,

"제왕가(帝王家)에서 이 일이 가장 어렵습니다. 한결같이 친애(親愛)하기만 하고 재제(裁制)하는 것이 없으면 그 폐단이 반드시 교만하고 사악한 데에 이르러 친친의 정의(情誼)를 보전하지 못하게 되니, 회남왕의 뒤가 또한 좋게 끝나지 못했습니다."

하니, 상이 이르기를,

"회남왕이 후에 모반하여 복주(伏誅)되었다."

하였다. 송시열이 아뢰기를,

"구경에서 친친에 대해 논하기를 '그 지위를 높여 주고, 그 녹봉을 많이 준다.'라고 하였는데, 여기에서 말한 존중(尊重)이라는 말이 구경에서 나온 듯합니다."

하니, 임영이 아뢰기를,

"이 존중은 단지 존대(尊待)하고 중대(重待)한다는 뜻으로 구경의 '그 지위를 높여 주고 그 녹봉을 많이 준다.'라는 것과는 말뜻에 차별이 있습니다. 그러나 영중추부사가 진달한 친친의 뜻은 매우 합당하니 성상께서 특별히 유념하소서."

하였다.

'조관(趙綰)[18]과 왕장(王臧)[19]을 법사(法司)에 넘기고, 석경(石慶)을

18 조관(趙綰) : ?~기원전 139. 서한(西漢) 대군(代郡) 사람으로, 신공(申公)에게 《시경》을 배웠다. 무제(武帝) 때 어사대부(御史大夫)가 되었다. 일찍이 명당(明堂)을 세워 제후들의 조회를 받으라고 청하였고, 또 동궁(東宮) 즉 두 태후(竇太后)가 정치에 간여하는 것을 배제하기 위해 동궁에게 정사를 보고하지 말라고 청했다가 두 태후의 노여움을 사서 하옥되었다가 자살하였다.

19 왕장(王臧) : ?~기원전 139. 서한의 동해(東海) 난릉(蘭陵) 사람으로, 신공에게

낭중령(郎中令)으로 삼고, 석건(石建)을 내사(內史)로 삼았다.[20]'라는 구절에 이르러, 임영이 아뢰기를,

"조관과 왕장이 말한 유술(儒術)이라는 것은 명당(明堂)을 세우고 책력을 바꾸고 복색(服色)을 바꿀 것을 건의한 것에 불과하고, 그들의 의론과 사업은 더 이상 볼만한 것이 없으니, 그들의 유술은 참으로 대단하지 않습니다. 그들이 죄를 얻을 때에도 좋지 못한 점이 있었습니다. 다만 무제가 이 일로 인하여 마침내 유술을 멀리하고 버린 점은 지나칩니다. 당시의 유자(儒者)였던 동중서(董仲舒) 같은 사람을 공경하고 믿어서 위임했다면 어찌 조관이나 왕장에 비하겠습니까. 이렇게 하지 않고 단지 석건의 무리를 취했을 뿐입니다. 석건 집안의 행실은 참으로 보통 사람보다는 뛰어납니다. 그러나 이들은 학식은 없고 선하기만 한 사람들일 뿐입니다. 훗날 재상이 되어서도 볼만한 일이 전혀 없었으니, 무제는 유학을 좋아하는 황제로 일컬어지지만 인재를 쓰고 버리는 것이 이와 같으니, 어찌 유자가 좋다는 것을 참으로 안다고 하겠습니까."

하였다. 또 아뢰기를,

《시경》을 배웠다. 경제(景帝) 때 태자소부(太子少傅)가 되었고, 무제(武帝) 건원(建元) 초에 문학(文學)으로 여러 차례 천거되어 낭중령(郎中令)이 되었다. 유학(儒學)을 숭상하고 황로(黃老)를 배척하여 어사대부 조관과 명당을 건립하여 제후들의 조회를 받으라고 청하였으나 뜻을 이루지 못하였다. 두 태후의 미움을 받아 하옥되었다가 자살하였다.

20 석경(石慶)을……삼았다 : 《자치통감강목》에는 "석건을 낭중령으로 삼고, 석경을 내사로 삼았다.〔石建爲郎中令, 石慶爲內史.〕"라고 하였다. 석건과 석경은 만석군 석분(石奮)의 맏아들과 넷째 아들이다. 《資治通鑑綱目 卷4上》

"석건이 황제의 곁에 있을 때에는 주변 사람을 모두 내보내고서 아무 거리낌 없이 함부로 말을 하다가 조정에서 뵐 때에는 마치 말을 하지 못하는 사람처럼 하였으니, 이것은 임금이 직언(直言)을 싫어하는 마음을 연 행위입니다. 간언을 하는 자가 많은 사람이 있는 조정에서 분명한 말로 곧게 간언하여, 임금이 받아들여 허물을 고친다면 이것이 참으로 좋은 일입니다. 그런데 지금 석건은 주변 사람을 내보낸 자리에서는 함부로 말을 하고 조정에서 임금을 뵐 때에는 말을 하지 않았으니, 이미 구차하게 용납받으려는 뜻이 있는 것입니다. 무제가 이 때문에 그를 친하게 대한 데에서 무제 또한 직간을 좋아하지 않는다는 것을 알 수 있으니, 이것이 어찌 밝은 임금의 일이겠습니까."

하니, 상이 이르기를,

"그렇다. 조정에서 뵐 때에 말하지 않았으니, 또한 곧지 못하다."

하였다. 송시열이 아뢰기를,

"《상서》에 성왕(成王)이 '이 꾀와 이 계책은 오직 우리 임금의 계책이다.〔斯謨斯猷 惟我后之謨猷〕'라고 하라고 그 신하를 경계한 것[21]이 바로 이 일과 유사합니다."

하였다. 임영이 아뢰기를,

"성왕은 이것으로 그 신하를 경계하였는데, 석건은 이것으로 그 임금

21 성왕(成王)이……것 : 《서경》 〈군진(君陳)〉에 성왕이 군진에게 말하기를 "너는 아름다운 꾀와 아름다운 계책이 있거든 안으로 들어와 네 임금에게 고(告)하고, 너는 밖으로 나와 말하기를 '이 꾀와 이 계책은 우리 임금님의 덕이다.〔斯謨斯猷, 惟我后之德.〕'라고 하라. 아, 신하가 모두 이와 같이 하여야 어질고 드러날 것이다."라고 한 것을 가리킨다. 송시열은 '유아후지덕(惟我后之德)'의 '덕(德)' 자를 '모유(謨猷)'로 바꾸어 말하였다. 아마도 송시열이 착각한 듯하다.

을 섬겼으니, 임금과 신하의 말은 비록 다르지만 그 뜻은 같습니다." 하였다.

'위청(衛青)[22]을 태중대부(太中大夫)로 삼았다.'라는 구절에 이르러, 송시열이 아뢰기를,

"임금이 창업(創業)하여 자손에게 전할 때의 일은 반드시 후대 임금의 본보기가 됩니다. 이후로 성제(成帝)가 조비연(趙飛燕)[23]을 얻은 것과 무제가 위자부(衛子夫)를 얻은 일이 완전히 일치합니다. 성제가 붕어한 것에 대해 《자치통감강목》에서는 분명하게 말하지 않았지만 《한서》 〈조비연전(趙飛燕傳)〉[24]으로 보건대 지극히 처참한 점

22 위청(衛青) : ?~기원전 106. 자는 중경(仲卿)이다. 평양후(平陽侯)의 관리였던 아버지 정계(鄭季)와 평양후의 첩 위온(衛媼) 사이에서 태어났기 때문에 아버지의 본처 자식들로부터 머슴 취급을 받는 처지였지만, 장년이 되어 평양후 집의 기사(騎士)가 되고, 소명을 받아 건장감 시중(建章監侍中)이 되었다. 그 후에 누이 위자부(衛子夫)가 한 무제의 총애를 받아 부인(夫人)이 되자 위청이 태중대부가 되었다. 기원전 130년에 거기장군(車騎將軍)이 되었고, 이듬해 흉노(匈奴) 정벌에 나서 전후 7회에 걸친 정벌에서 전공을 세워 기원전 127년 장평후(長平侯), 기원전 124년 대장군(大將軍)의 지위에 올랐다.

23 조비연(趙飛燕) : 한(漢)나라 성양후(成陽侯) 조림(趙臨)의 딸이다. 처음에 가무를 배워 몸이 가볍기가 나는 제비 같았으므로 비연이라고 하였다. 성제(成帝)의 총애를 받아 동생과 함께 궁에 들어가 자신은 첩여(婕妤)가 되고 동생은 소의(昭儀)가 되었는데, 허 황후(許皇后)를 참소하여 폐위시키고 황후가 되었다. 애제(哀帝) 때 황태후(皇太后)가 되었다. 애제가 죽자 왕망(王莽)이 태후에게 건의하여 황태후에서 효성황후(孝成皇后)로 격하시켰고, 한 달여 뒤에 폐서인(廢庶人)이 되자 자살하였다. 《漢書 卷97 外戚傳》

24 조비연전(趙飛燕傳) : 《한서》에 〈조비연전〉이 따로 독립되어 있는 것이 아니고, 〈외척전(外戚傳)〉 안에 효성조황후(孝成趙皇后)로 정리되어 있다. 《漢書 卷97 外戚傳》

이 있습니다. 이는 당초에 바르지 않게 얻었기 때문에 그 화가 이와 같은 것입니다."

하였다. 임영이 아뢰기를,

"지금 이 위자부가 훗날 황후가 되어 아들을 낳게 되는데 그 이름이 거(據)로, 이 사람이 여 태자(戾太子)[25]가 됩니다. 무제가 결국 이 때문에 부자간의 변고를 만났으니, 이 또한 처음을 바르게 하지 못했기 때문에 그 끝의 폐단이 이 지경에 이른 것입니다."

하였다. 송시열이 아뢰기를,

"정도로 얻지 않았기 때문에 그 화가 이와 같은 것입니다."

하였다. 임영이 아뢰기를,

"무제가 원년(元年)[26]에는 유학을 좋아하는 뜻이 있었기 때문에 현량(賢良)들에게 책문(策問)을 내고 잡술(雜術)을 혁파하였으니, 모두 아름다운 정사였습니다. 명당과 책력과 복색의 경우는 비록 급무는 아니지만 그래도 예악을 토론하는 일입니다. 조관과 왕장이 죄를 입어 버려진 뒤에 유술을 멀리하고 버렸기 때문에 여색에 빠져서 총애하는 여자의 동모제(同母弟)를 발탁하여 대부로 삼는 데에 이르

25 여 태자(戾太子) : 기원전 128~기원전 91. 한 무제(漢武帝)의 장자(長子) 유거(劉據)로, 무제 말년에 강충(江充)이 용사(用事)하면서 무고(巫蠱)의 옥사를 일으켜 태자를 무고(誣告)하자 견디다 못한 태자가 군사를 이끌고 난을 일으켜 강충을 베었다. 그러고는 끝내 자신도 자살하고 말았다. 뒤에 무제가 태자의 억울함을 깨닫고 후회하던 끝에 사자궁(思子宮)을 짓고 귀래망사지대(歸來望思之臺)를 만들었는데, 이 소식을 들은 천하 사람들이 모두 눈시울을 적셨다. 《漢書 卷63 武五子傳》

26 원년(元年) : 한 무제는 11개의 연호를 사용했는데, 두 번째 사용한 연호가 원광(元光, 기원전 134~기원전 129)이다. 여기에서 말하는 원년은 원광 원년인 기원전 134년을 가리킨다. 이해 5월 현량조(賢良詔)를 내렸다. 《漢書 卷6 武帝紀》

렸습니다. 위청이 후에 흉노를 물리친 공이 있지만 이때에 발탁하여 등용한 것은 필시 위자부를 총애하였기 때문일 것입니다. 무제의 마음이 이때부터 황폐해지기 시작하여 이후로 해마다 점점 좋지 않은 일이 있었으니, 이것은 모두 유술을 멀리하고 버렸기 때문입니다. 그 내면에 욕심이 많았기 때문에 또한 오랫동안 유술을 좋아하지 못했던 것입니다."

하니, 상이 이르기를,

"그렇다."

하였다.

'중산왕(中山王) 유승(劉勝)[27]이 와서 조회하였다.'라는 구절에 이르러, 임영이 아뢰기를,

"조조(鼂錯)가 한나라를 위해서 계책을 세웠다가 참소로 인하여 죽음을 당한 것은 참으로 원통한 일입니다. 그런데 의논하는 자들이 이 일로 인하여 제후왕(諸侯王)을 억압한 것은 너무 심하며, 제후왕들이 모두들 슬퍼하고 원망하는 데까지 이르게 한 것은 또한 너무 지나친 것입니다. 대체로 굽은 것을 펴려고 하면 반드시 정도가 지나치게 되는 폐단이 있게 되니, 이것은 깊이 살펴서 중도(中道)를 얻지 않아서는 안 됩니다."

27 중산왕(中山王) 유승(劉勝) : 기원전 165~기원전 113. 한 경제(漢景帝)의 아홉째 아들인 유승이다. 친왕(親王)들이 조회 와서 한 무제(漢武帝)와 함께 술을 두고 음악을 듣는데 성대한 잔치 자리인데도 중산왕이 눈물을 흘렸다. 한 무제가 까닭을 물으니, 황제의 유사(有司)들이 제후왕을 침모(侵侮)하는 일을 상세히 아뢰었다. 이에 한 무제가 제후에 대한 예를 후하게 하고, 유사가 제후왕의 일에 대해 보고하는 것을 줄이고, 친왕에 대한 은혜를 더 융숭히 하였다. 《漢書 卷53 景十三王傳》

하였다. 송시열이 아뢰기를,

"조조의 계책 또한 진선(盡善)하지는 않습니다. 오(吳)나라의 과실은 실로 봉지(封地)를 깎아 내야겠지만 나머지 제후국은 또 작은 일로 봉지가 깎여서 반기를 든 자가 더욱 많아지게 하여 오나라와 함께 봉기하게 하였으니, 옛사람이 조조는 이해(利害)를 알지 못하였다고 하였습니다."

하였다. 임영이 아뢰기를,

"오나라의 당여(黨與)가 더욱 많아진 것은 한나라로서는 이익이 아니니 이해가 참으로 이와 같습니다. 제왕(帝王)이 통치하는 방법은 의당 관대함을 위주로 하고 작은 과실은 덮어야 합니다. 그런데 자잘한 일로 제후국의 봉지를 깎았으니, 의리로 말하더라도 매우 옳지 않습니다."

하였다.

'큰 기근이 들어 사람들이 서로 잡아먹었다.'라는 구절에 이르러, 임영이 아뢰기를,

"무제가 동중서(董仲舒)의 말을 채택하여 자기의 마음을 바르게 해서 조정을 바르게 하고, 사방의 만민을 바르게 하는 데에 이르렀다면 음양이 조화를 이루고 비바람이 제때를 맞추는 것은 필연의 결과일 것입니다. 그런데 지금 그렇게 하지 못해서 큰 기근이 발생하기에 이르렀으니 한탄스럽기 그지없습니다. 설사 흉년을 만났더라도 당시에 문제(文帝)와 경제(景帝)의 풍후한 기업(基業)을 이어받았으므로 만약 창고에 있는 곡식을 모두 풀어서 서둘러 구제했다면 어찌 사람이 서로 잡아먹는 지경에 이르렀겠습니까. 여기에서 당시의 임금과 신하들이 백성을 구휼하는 정치에 뜻이 없었음을 더욱 볼 수

있으니, 더욱 깊이 경계해야 할 것입니다."

하였다.

'민월(閩越)을 구원하여 그 백성들을 이주시켰다.'[28]라는 구절에 이르러, 송시열이 아뢰기를,

"이 일이 한나라 전성기에 있었기 때문에 요행히 무사할 수 있었습니다. 진(晉)나라 무제(武帝)가 여러 강족(羌族)들을 중국에 섞어 두었다가 마침내 오호(五胡)의 난을 초래하였는데, 한나라가 우연히 무사하였으나 이 또한 좋은 조처는 아닙니다."

하였다. 임영이 아뢰기를,

"《춘추(春秋)》의 의리가 구원하는 것을 좋게 여기므로 지금 민월을 구원한 것은 괜찮지만 그 백성들을 이주시킨 것은 옳지 않습니다. 그렇기 때문에 《자치통감강목》에서 '사중(徙衆)'[29] 위에 '수(遂)' 자를 놓았습니다. 이것이 바로 글을 쓰는 법이니, 이것은 인정하지 않는다는 뜻입니다."

하였다. 송시열이 아뢰기를,

28 민월(閩越)을……이주시켰다 : 사실 관계에 문제가 있다. 이 사건은 한 무제(漢武帝) 건원(建元) 3년(기원전 138)의 일로, 민월이 동구(東甌)를 포위하자 동구가 구원을 요청하여, 무제가 군대를 동원해서 동구를 구원한 사건이다. 한나라 군대가 동원되어 미처 동구에 도착하기 전에 민월이 포위를 풀고 철수하였고, 이때 동구가 백성들을 한나라로 옮겨 주기를 요청하여, 그 백성들을 강수(江水)와 회수(淮水) 사이로 옮겼던 것이다. 따라서 민월을 구원한 것이 아니라 동구를 구원한 것이고, 여기에서 말하는 그 백성이란 민월의 백성이 아니라 동구의 백성인 것이다. 《漢書 卷95 西南夷兩粵朝鮮傳》

29 사중(徙衆) : 대본에는 '從衆'으로 되어 있는데, 《자치통감강목》 권4에 의거하여 '從'을 '徙'로 바로잡아 번역하였다.

"'수(遂)' 자는 '지리(支離)'의 뜻입니다."

하였다. 임영이 또 아뢰기를,

"무제가 처음 즉위하여 군대를 수고롭게 하고 백성을 동원하지 않으려고 하였으니, 군대를 징발하지 않는 것이 마땅합니다. 그런데 지금 호부(虎符)를 사용하지 않고 절(節)을 사용하였는데 이것이 무슨 차이가 있겠습니까."

하니, 상이 이르기를,

"부(符)를 사용했든 절을 사용했든 군대를 동원한 점에서는 마찬가지이다."

하였다. 임영이 아뢰기를,

"호부를 사용하지 않았기 때문에 회계 태수(會稽太守)가 법을 들어 거절하고 군대를 일으키지 않았고, 사마(司馬) 한 사람을 참수(斬首)하는 데에 이른 뒤에야 군대를 일으켰으니, 회계 태수가 법을 들어 거절한 것이 옳고 사마가 참수를 당한 것은 잘못된 것입니다. 이것은 호부를 사용하지 않은 소치입니다. 어찌 군대를 일으킨 것에 차이가 없을 뿐이겠습니까. 또한 폐단이 있는 것입니다."

하였다.

'일식(日食)' 구절에 이르러, 송시열이 아뢰기를,

"성상께서는 일식의 이치를 아십니까?"

하자, 상이 이르기를,

"경은 자세히 설명하여 식견이 얕고 사리에 어두운 나를 가르쳐 주기 바라노라."

하자, 송시열이 일식의 법에 대해 상당히 자세하게 설명하였다. 임영이 아뢰기를,

"이른바 '도수가 같고 궤도가 같다.〔同度同道〕'[30]에서 '도(度)'는 하늘의 도수(度數)입니다. 하늘의 도수는 동서와 남북이 모두 365와 4분의 1도(度)인데, 여기에서 이른바 도(度)는 동서의 도수를 위주로 말한 것입니다. '도(道)'는 해와 달이 운행하는 궤도로서 남북이 매번 다른데, 동도(同道)라고 하면 남북으로 궤도가 같은 것입니다. 대체로 하나가 동쪽으로 가고 하나가 서쪽으로 가거나, 하나가 남쪽으로 가고 하나가 북쪽으로 가면 서로 만나지 않아서 서로 가리는 일이 없습니다. 그믐과 초하루 사이에는 동서로 반드시 서로 합쳐지는 때가 있지만 하나는 남쪽으로 가고 하나는 북쪽으로 가서 정확히 서로 합쳐지지 않으면 또한 식(食)이 일어나지 않습니다. 만약 도수가 같고 궤도가 같아서 동서와 남북으로 정확히 서로 합치되면 식이 일어납니다. 이와 같더라도 오히려 식이 일어나지 않는 경우가 있으니, 해는 양이고 달은 음인데 양이 성대하여 음이 피하면 또한 식이 일어나지 않습니다."

하였다. 송시열이 아뢰기를,

"이것이 이른바 식이 일어나야 할 때를 당해서 식이 일어나지 않는

30 도수가……같다 : 《시경》 〈시월지교(十月之交)〉의 집주(集註)에 나오는 내용으로, 천동설(天動說)을 근간으로 만들어진 이론이다. 동도(同度)의 '도(度)'란 구형(球形)으로 된 하늘을 구의 중심을 기준으로 가로 또는 세로로 분할했을 때 그 반구의 원주가 365와 4분의 1도임을 말한 것이다. 여기에서 동도란 해와 달이 지구를 중심으로 천체를 돌 때에 동서 즉 가로로 같은 도수에 있게 되는 경우를 말한 것이다. 동도(同道)의 '도(道)'란 해의 궤도인 황도(黃道)와 달의 궤도인 백도(白道)를 가리킨다. 여기에서 동도란 지구를 중심으로 해와 달이 일직선 즉 지구·달·해의 순서이거나 해·지구·달의 순서로 일직선상에 놓여서 일식 또는 월식이 일어나는 상황을 가리킨다.

것입니다. 임금이 덕을 닦아서 양을 성대하고 음을 미약하게 하면 식이 일어나야 할 때를 당해서도 식이 일어나지 않는 것입니다. 그러므로 일식이 비록 일정한 법칙이 있지만 쇠란한 시대에는 일식이 늘 많이 일어납니다. 해와 달이 서로 빛을 가리는 법은 역가(曆家)들이 추산하여 미리 알 수 있으니, 역관(曆官)으로 하여금 탑전(榻前)에서 추산하게 하여 살펴본다면 아실 수 있을 것입니다."

하였다. 임영이 아뢰기를,

"역가들은 가설에 의한 추산을 통해서 일식과 월식의 시기를 도출하는 것이지 서로 빛을 가리는 이치에 대해서는 실로 알지 못합니다. 그 이치는 《시전》 〈시월지교(十月之交)〉의 주(註)에 상세히 설명되어 있으니, 성상께서 그 글을 상세히 연구해 보고 의문 나는 점을 신하들에게 묻는다면 그 대강을 아실 수 있을 것입니다."

하니, 상이 이르기를,

"〈시월지교〉의 주에 이 일을 상세히 논하였는데 나 또한 그것을 보았다."

하였다. 송시열이 아뢰기를,

"정자(程子)가 말하기를 '역사서를 읽을 때에는 치란과 안위의 기미를 보아야 한다.〔讀史當觀治亂安危之幾〕'라고 하였는데, 기(幾) 자를 가장 정밀하게 음미해야 합니다. 이것이 바로 '하루 이틀 사이에도 기미가 만 가지나 됩니다.〔一日二日萬幾〕'라고 할 때의 기 자입니다. 치세는 치세의 기미가 있고 난세는 난세의 기미가 있습니다. 기미는 비록 작더라도 그 결과는 크게 차이가 납니다. 성상께서 역사서를 읽을 때에 그 치란과 안위의 기미를 가장 깊이 살피셔야 합니다. 기미는 참으로 일을 하는 사이에 있는 것이지만 이 마음이 싹트는 곳을 더욱 치밀하게 살펴야 합니다."

하였다. 임영이 아뢰기를,

"역사서를 읽을 때는 참으로 기미를 살피는 것을 요법(要法)으로 삼아야 합니다. 학문을 하는 요령 또한 단지 기미가 되는 곳에 힘을 쓰는 데에 달려 있으니, 《대학》에서 이른바 '그 기미를 살핀다.〔審其幾〕'라는 것과 《중용》에서 이른바 '홀로를 삼간다.〔謹獨〕'라는 것이 모두 기미가 되는 곳에 힘을 쓰는 것입니다. 송나라 염계(濂溪) 주자(周子 주돈이(周敦頤))는 《태극도설(太極圖說)》을 지은 사람인데, -《태극도설》을 진강하기를 청하고 있었기 때문에 말한 것이다.- 그가 학문을 논하면서 기 자에 매우 힘을 쏟았기 때문에 주자(朱子)가 칭송하기를 '염계는 일생 동안 단지 기 한 자만을 말하였다.'라고 하였습니다. 그 대강을 말한다면 공사(公私), 사정(邪正), 시비(是非), 득실(得失)이 모두 한 생각이 싹트는 곳에서 갈라지니 여기에 힘을 쓴다면 얻는 효과가 매우 크다는 것입니다."

하였다. 송시열이 아뢰기를,

"상고로부터 성현이 학문을 논할 때에 매번 각각 다르게 주장하는 요법이 있었습니다. 염계는 매번 기 자를 말하였고, 정자(程子)는 매번 경(敬) 자를 말하였고, 횡거(橫渠 장재(張載))는 매번 예(豫) 자를 말하였고, 주자에 이르러서는 매번 성(誠) 자를 말하였습니다."

하였다. 임영이 아뢰기를,

"회암(晦庵 주희(朱熹))이 성(誠)을 말한 대목은 참으로 많습니다. 그러나 주돈이, 장재, 이정(二程)은 모두 도(道)를 안 선각자이고 회암이 모두 스승으로 존경하였으나 학문의 방법에 있어서는 전적으로 이정의 설을 따랐습니다. 그렇기 때문에 회암이 학문을 논할 때에 매번 거경(居敬)과 치지(致知)를 말한 것은 마치 정자가 '함양(涵養) 함에 있어서는 모름지기 경(敬)을 써야 하고, 학문을 진전시키는 것은 치지에 달려 있다.'라고 한 말과 같습니다. 회암이 항상 이 말을 인용하였으니, 회암이 학문을 논한 것은 이것을 주로 삼은 듯합니다. 신이 처음에 학문의 규모(規模)를 진달할 때부터 번번이 입지(立志)를 우선으로 하였고, 거경과 치지를 실제 공부의 착수처로 삼았는데, 이 또한 정자와 주자의 설에 의거하여 그렇게 한 것입니다."

하니, 상이 이르기를,

"그렇다."

하였다. 이날에 《태극도서명통해(太極圖西銘通解)》를 이어서 강하였는데, 상이 송시열에게 대문(大文)의 글 뜻을 해석하게 하고, 임영에게 통해의 글 뜻을 해석하게 하였다.

16일 흠정전(欽政殿)에서 주강을 행하였다. 영중추부사 송시열, 영사 김수항(金壽恒), 지사 김석주(金錫胄), 특진관 신여철(申汝哲), 승지 정재희(鄭載禧), 시독관 임영, 검토관 송광연(宋光淵)이 입시하였다.

《시전(詩傳)》의 서문을 한 차례 읽었다. 글 뜻을 풀이하려고 할 때에 송시열이 김수항을 돌아보고 아뢰기를,

"영사가 글 뜻을 풀이해야 합니다."

하니, 김수항이 아뢰기를,

"옥당이 풀이해야 합니다."

하였다. 임영이 아뢰기를,

"어제 《태극도서명통해》를 진강할 때에 성상께서 영중추부사에게 글 뜻을 풀이하라고 명하셨습니다."

하니, 상이 이르기를,

"옥당이 글 뜻을 풀이할 때에 미진한 곳이 있었으니, 영중추부사가 해석하는 것이 좋겠다."

하였다. 임영이 서문을 풀이하려고 할 때에 송시열이 아뢰기를,

"먼저 대의(大意)를 아뢰야 합니다."

하였다. 임영이 아뢰기를,

"《서경》에 이르기를 '시(詩)는 뜻을 말한 것이고, 노래〔歌〕는 말을 길게 한 것이다.'라고 하였으니, 이것이 시가 생겨난 동기입니다."

하였다. 말을 마치지 않았는데 상이 이르기를,

"그렇다."

하였다. 송시열이 아뢰기를,

"'사무사(思無邪)'에 대해 아뢰야 합니다."

하니, 임영이 아뢰기를,

"사무사는 주자가 말하기를 '《시경》을 읽는 자는 생각에 간사함이 없어야 한다.'라고 하였는데, 이는 《시경》이 있은 뒤의 일이기 때문에 먼저 시가 생겨난 동기를 아뢴 것입니다."

하고, 이어 아뢰기를,

"시가 뜻을 말한 것이라고 한 것은, 사람의 뜻이 같지 않으므로 그 말 또한 다릅니다. 그 말이 선한 것은 그 생각에 참으로 간사함이 없기 때문에 그 시를 읽는 자 또한 선한 마음을 감발할 수 있으므로 그 생각 또한 저절로 간사함이 없게 됩니다. 그 말이 선하지 않으면 그 생각이 간사함이 없다고 할 수 없으므로 그 시를 읽는 자가 이로 인하여 그 안일한 뜻을 징계하여 다스린다면 이 또한 간사함이 없게 되는 것입니다. 그러므로 이 삼백 편(篇)에 정(正)도 있고 변(變)도

있어서 모두 바를 수 없으니, 읽는 자가 그 선을 좋아하고 그 악을 징치한다면 어디를 가든 사무사 아님이 없을 것입니다. 그렇기 때문에 공자가 말하기를 '《시경》 삼백 편의 뜻을 한마디의 말로 대표할 수 있으니, 「생각에 간사함이 없다.」라는 말이다.'라고 하였으니, 이것이 《시경》의 대의입니다."

하였다.

비로소 서문을 풀이하기를,

"주자의 글이 평이하고 명백하여 그 글에 특별히 난해한 부분이 없으니, 먼저 그 대체(大體)가 되는 절목(節目)을 살펴야 합니다. '혹문(或問)'으로 시작한 것은 문답을 가설하여 자기의 뜻을 밝히기 위해서입니다. 처음에 '시는 무엇 때문에 지어진 것인가?'라고 묻고, 답하기를 '이것이 시를 짓게 된 이유이다.'라고 하였으니, 이것이 하나의 절(節)입니다."

하니, 상이 이르기를,

"《중용》의 서문에도 '《중용》은 무엇 때문에 지은 것인가?'라고 하였는데, 이것과 같은가?"

하자, 대답하기를,

"같습니다. 다만 《중용》은 이렇게 시작하였고, 이 서문은 전편(全篇)이 모두 문답입니다."

하였다. 이어서 아뢰기를,

"혹자가 또 《시경》이 가르침이 되는 까닭을 물으니, '《시경》이 가르침이 되는 것이 그러하다.'라고 답하였으니, 이것이 하나의 절입니다. 혹자가 또 《시경》 문체가 같지 않은 이유를 물었는데, 그 답이 이와 같아서 윗글에서 말한 것처럼 '이것이 《시경》의 문체가 같지 않은 이유이다.'라고 분명하게 말하지 않았습니다. 그러나 풍(風)과 아(雅)와 송(頌)의 문체를 하나하나 가리켜 말한 것이 이와 같으니, 그 답이 상세합니다. 이것이 또 하나의 절입니다. 혹자가 또《시경》을 배우는 법을 묻자 답한 것이 또 이와 같으니, 이것이 또 하나의 절입니다. 절목을 분명히 본다면 대체의 뜻을 충분히 이해할 수 있을 것입니다."

하니, 상이 이르기를,

"그렇다."

하였다.

이어 처음부터 다시 풀이하기를,

"'사람이 태어나서 정(靜)할 때'라는 이 말은《예기》〈악기(樂記)〉에 나오는 말인데, 장차 시가 지어진 것이 성정(性情)에 근본한다는 말을 하려고 하기 때문에 성정상에서 말한 것입니다. 사람의 마음이 정(靜)할 때에는 단지 천리(天理)이므로 '하늘의 성(性)'이라고 한 것이고, 마음이 외물에 감촉하여 동(動)함에 이르러서는 성(性)이 발(發)하여 정(情)이 되니, 대의가 이와 같습니다."

하였다. 이어 잠시 정지하여 송시열이 다시 풀이하기를 기다렸다. 송시열이 아뢰기를,

"〈악기〉에서 음악을 말하면서 먼저 성정을 논했는데, 시라는 것 또한 음악의 일종입니다. 그러므로 주자가《시경》서문에서 이것을 인용하여 말한 것이 더욱 매우 타당합니다. 사람의 마음이 동하지 않았을 때에는 하나의 성(性)이 혼연한 상태로 있다가 외물이 와서 교감하면 성이 곧 발동하니, 여기에서 이른바 욕(欲)은 좋지 않은 인욕(人欲)이라고 할 때의 욕이 아니라 단지 정(情) 자의 뜻입니다."

하였다. 임영이 아뢰기를,

"이 욕(欲) 자는 주자가 일찍이 말하기를 '이 또한 불선한 것이 아니다.'라고 하였으니, 불선한 욕을 가리키는 것이 아님을 알 수 있습니다."

하였다. 김석주가 아뢰기를,

"집주(輯註)에 주자가 말하기를 '성(性)의 욕(欲)이 곧 이른바 정(情)이다.'라고 하였으니,[31] 그 뜻을 볼 수 있습니다."

하였다.

임영이 또 풀이하여 '시를 짓게 된 이유이다.'라는 구절에 이르러 말하기를,

"'사람이 태어나서 정(靜)할 때'부터 '말이 없을 수 없다.'까지는 '시는 뜻을 말한 것이다.'의 뜻입니다. '이미 말이 있으면'부터 '음향의 절주(節族)가 있어서 그칠 수 없다.'까지는 곧 '노래〔歌〕는 말을 길게 한 것이다.'의 뜻입니다. 시(詩)와 가(歌)를 합쳐서 말한 뒤에야 시를 설명하는 뜻이 갖추어질 것입니다. 신이 처음에 《상서(尙書)》의 '시(詩)는 뜻을 말한 것이고, 노래〔歌〕는 말을 길게 한 것이다.'라는 것으로 시가 생겨난 동기로 삼았기 때문에 이 절(節)의 뜻을 들어서 말한 것입니다."

하니, 상이 이르기를,

"그렇다."

하였다. 임영이 아뢰기를,

31 집주(輯註)에……하였으니 : 집주는 《예기집설(禮記集說)》의 소주(小註)를 가리킨다. 《어정주자전서(御定朱子全書)》와 《회암집(晦庵集)》에도 같은 내용이 실려 있다.

"성(性)의 욕(欲)이 곧 정(情)입니다. 지금 '이미 욕이 있으면 생각이 없을 수 없다.'라고 하여 욕과 사(思)를 층절(層節)로 만들어 말한 것은 욕은 성의 발동을 범범하게 말한 것이고, 사는 또 정이 하나의 일에 전적으로 향하는 부분을 가리켜 말한 것입니다."

하였다.

또 풀이하여 '이 또한 가르침이 된다.'라는 구절에 이르러 김수항이 아뢰기를,

"'말의 나머지에 나타난 것'은 '자차(咨嗟)하고 영탄(詠歎)한 나머지'와 상응합니다."

하였다. 송시열이 아뢰기를,

"'소감(所感)'의 '감(感)' 자를 다시 상세히 음미해 봐야 합니다. '소감'과 '기언(其言)'은 모두 상하(上下)에 통용됩니다. 성인이 사물에 감동한 것이 바르지 않음이 없으므로, 당시 사람이 감발(感發)한 것 또한 바르지 않음이 없을 것입니다. 성인의 말씀은 모두 가르침이 될 수 있고, 당시 사람의 말 또한 가르침이 될 수 있으니, 아랫글의 문세(文勢) 또한 이와 같습니다. 윗사람이 스스로 돌이키는 것은 이것 때문입니다.-이 설은 임영이 처음 풀이한 것과 같지 않다.-"

하니, 임영이 아뢰기를,

"미루어 말하면 상하에 통한다고 할 수 있지만 이 문세를 보면 단지 시를 지은 사람을 말한 것입니다."

하였다. 송시열이 아뢰기를,

"신이 깨달은 것이 이와 같습니다. 다만 시를 지은 사람 중에는 또한 윗자리에 있는 성현이 있습니다."

하니, 김수항이 아뢰기를,

"상하에 통한다고 보는 것이 옳을 듯합니다."

하였다. 임영이 아뢰기를,

"감(感) 자는 위아래에 통할 수 있으나 '그 말이 모두 가르침이 될 수 있다.'라는 말과 '발한 것 중에 가릴 것이 없을 수 없다.'라는 말은 분명히 시인(詩人)을 가리키는 말입니다. 대체로 성인이 위에 있으면 당시의 사람들이 마음으로 느낀 것이 모두 바르므로 그 말이 모두 가르침이 될 수 있습니다. 그렇지 않은 경우에는 그 느낀 바가 순수하지 않아서 말로 발한 것에 가릴 만한 것이 없을 수 없습니다. '기감(其感)'과 '기언(其言)'은 모두 아래에 있는 시인을 가리킨 듯합니다."

하니, 김석주가 아뢰기를,

"이 설이 옳은 듯합니다."

하자, 상이 옳게 여겼다. 임영이 아뢰기를,

"'모두 가르침이 될 수 있다.'와 '이 또한 가르침이 된다.'를 참고해서 보아야 합니다. 느낀 바가 바르고 그 말이 선한 것은 참으로 모두 가르침이 될 수 있지만 혹 느낀 바가 모두 바를 수는 없고, 말한 것이 모두 선할 수만은 없을 경우에는 위에 있는 사람이 이것으로 인하여 스스로 돌이켜 보아 그 선한 것은 권면하고 그 악한 것은 징계한다면 이 또한 가르침이 됩니다. 참고하여 보면 뜻이 절로 분명해질 것입니다."

하니, 김수항이 아뢰기를,

"참고하여 보는 것이 마땅합니다."

하였다.

임영이 또 풀이하여 '출척(黜陟)의 법'이라는 구절에 이르자, 송시열

이 아뢰기를,

“천자가 5년에 한 번 순수(巡狩)하면서 열국(列國)의 시를 살펴서 시가 선하면 그 나라가 잘 다스려지고 있다는 것을 알 수 있으므로 상을 주고, 시가 불선하면 그 나라가 어지럽다는 것을 알 수 있으므로 벌을 줍니다. 우리나라의 조종(祖宗)이 법을 제정한 것 또한 이런 뜻이 있습니다. 감사(監司)가 열읍(列邑)을 순행(巡行)하면 향교 유생들이 반드시 그 읍에서 지어진 시사(詩詞)와 가요(歌謠)를 올렸는데, 임진왜란 이후로 폐지되어 시행되지 않는다고 합니다.”

하였다.

임영이 또 풀이하여 ‘먼 후세에 보여’라는 구절에 이르자, 송시열이 아뢰기를,

“주(周)나라의 문물(文物)이 대부분 노(魯)나라에 있었기 때문에 공자가 그 전적(典籍)을 바탕으로 산정(刪定)할 수 있었습니다. 사서(史書)에 고시(古詩)가 3000편이었는데 공자가 산삭하여 300편으로 만들었다고 하였습니다.”

하니, 임영이 아뢰기를,

“사서에는 단지 공자가 시(詩)를 산삭하였다고만 말하였고, 그 사이에 취사(取捨)하는 법에 대해서는 상고할 수 없는 점이 있습니다. 주자가 의리(義理)로 미루어 이와 같다는 것을 알았습니다. 산정할 때에 중복되는 것은 반드시 제거할 대상이 되었고, 분란한 것은 반드시 바로잡을 대상이 되었고, 선악 중에서 감계(鑑戒)가 되기에 부족한 것은 당연히 삭제하는 대상이 되었으니, 이와 같이 한 뒤에야 간략해져서 먼 후세에까지 전해서 보일 수 있을 것입니다.”

하였다. 또 풀이하여 ‘가르침이 되는 것이 그러하다.’라는 구절에 이르

자, 송시열이 아뢰기를,

"선왕(先王)이 출척하고 권징(勸懲)하는 정치는 참으로 가르침이 됩니다. 공자가 산정하여 학자로 하여금 선을 본받고 악을 고치게 한 것 또한 가르침입니다."

하였다. 또 풀이하여 '여기에서 변하였다.'라는 구절에 이르러 아뢰기를,

"이것은 풍(風)의 정(正)과 변(變)을 말한 것입니다."

하였다. 또 풀이하여 '능히 미칠 바'라는 구절에 이르러 아뢰기를,

"이것은 아(雅)와 송(頌)의 정(正)과 변아(變雅)를 말한 것입니다."

하였다. '그 말이 온화하면서도 장엄하고, 그 뜻이 너그러우면서도 치밀하여'라는 구절에 이르러 송시열이 아뢰기를,

"이것은 《서경》의 '구덕(九德)'[32]과 주자(胄子)를 가르치라고 명한 뜻[33]과 비슷하니, 온화하되 능히 장엄하고, 너그럽되 능히 치밀한 것입니다."

하였다. 상이 '관이율(寬而栗)' 이하 몇 마디를 외고서 이르기를,

"그렇다."

하였다. '우(尤)' 자에 이르러 임영이 아뢰기를,

32 구덕(九德) : 고요(皐陶)가 우(禹)에게 사람의 덕을 총괄하여 한 말로, '너그러우면서도 장엄하며, 유순하면서도 꼿꼿하며, 삼가면서도 공손하며, 다스리면서도 공경하며, 익숙하면서도 굳세며, 곧으면서도 온화하며, 간략하면서도 모나며, 굳세면서도 독실하며, 강하면서도 의를 좋아하는 것〔寬而栗, 柔而立, 愿而恭, 亂而敬, 擾而毅, 直而溫, 簡而廉, 剛而塞, 彊而義.〕'을 가리킨다. 《書經 皐陶謨》

33 주자(胄子)를……뜻 : 순(舜)이 기(夔)를 전악(典樂)에 임명하면서 "주자를 가르치되 곧으면서도 온화하며 너그러우면서도 엄하며 강하되 사나움이 없으며 간략하되 오만함이 없게 할 것이다.〔教胄子, 直而溫, 寬而栗, 剛而無虐, 簡而無傲.〕"라고 한 말을 가리킨다. 《書經 舜典》

"우 자는 유(猶) 자와 가까운데, 우 자는 반드시 유 자가 되어야 뜻이 비로소 명백해집니다."

하였다. 송시열이 글 뜻으로 밝히고, 김석주가 자획(字劃)으로 고하였다. 또 풀이하여 '하나의 이치도 갖추어지지 않은 것이 없다.'라는 구절에 이르자, 송시열이 아뢰기를,

"'가까이는 아버지를 섬길 수 있고 멀리는 임금을 섬길 수 있다.'라는 것이 바로 인사(人事)이고, '하늘의 일은 소리도 없고 냄새도 없다.' 라는 것이 바로 천도(天道)입니다."

하니, 임영이 아뢰기를,

"임금을 섬기고 아버지를 섬긴다는 것은 큰 것을 들어서 말한 것이고, 그 사이에 부부, 형제, 붕우의 인륜으로부터 인정(人情)과 세태의 크고 작은 곡절에 이르기까지 포괄되지 않는 것이 없습니다. 천도 또한 그러하니, 예를 들어 '호천(昊天)이 매우 밝아'나 '하늘이 뭇 백성을 내시니' 등 사례가 매우 많습니다. 그렇기 때문에 '하나의 이치도 갖추어지지 않은 것이 없다.'라고 한 것입니다."

하였다.

또 풀이하여 '시를 배우는 대지(大旨)이다.'라는 구절에 이르자, 송시열이 아뢰기를,

"군자의 도는 그 단서가 부부에서 시작되니, 이남(二南)은 규문(閨門)을 바로잡는 시입니다. 그렇기 때문에 '그 단서를 찾는다.'라고 한 것입니다. 송(頌)은 성덕(盛德)의 형용을 찬미한 것으로 모두 찬미하는 말이기 때문에 '송에서 화평하게 한다.'라고 한 것입니다."

하였다. 임영이 아뢰기를,

"이 화(和) 자는 송을 배우는 자의 일이지, 송의 화평함을 말하는

것이 아닙니다. 그러나 송이 화평하기 때문에 송을 배우는 자 또한 화평할 수 있습니다."

하였다.

또 풀이하여 종편(終篇)에 이르자, 송시열이 아뢰기를,

"언(言)을 풀이한 것을 훈(訓)이라고 하고, 어(語)를 풀이한 것을 고(詁)라고 하는데, 이것은 고주(古註)를 가리킨 것입니다."

하였다. 임영이 아뢰기를,

"주자가 고주를 가리키기는 했지만 지금은 주자의 훈고(訓詁)를 가지고 공부해야 합니다."

하니, 상이 이르기를,

"그렇다."

하였다. 송시열이 성정(性情)의 은미한 사이에서 살핀다는 뜻을 매우 절실하게 미루어 말하였다. 김수항이 아뢰기를,

"정성(情性)이라고만 하지 않고 굳이 정성은미(情性隱微)라고 한 것은, 은미한 곳은 사람이 소홀히 하기 쉬우므로 반드시 이것을 살핀 뒤에야 덕이 순수해지기 때문입니다."

하니, 임영이 아뢰기를,

"어제 진달한 기(幾) 자의 뜻이 이것입니다."

하자, 상이 이르기를,

"그렇다."

하였다. 송시열이 염계(濂溪)가 기(幾) 자를 말한 것과 정자(程子)가 경(敬) 자를 말한 것과 횡거(橫渠)가 예(豫) 자를 말한 것을 다시 외고서, 자기가 깨우친 견해를 말하였다. 임영이 아뢰기를,

"《시경》을 읽는 방법을 상세히 설명하였으나 그중에서 '읊어서 흥기

시킨다.〔諷詠以昌之〕'라는 것이 가장 핵심이 되는 법입니다. 대체로 다른 책들 중에 어떤 책인들 선은 마땅히 해야 하고, 악은 마땅히 버려야 한다고 말하지 않겠습니까. 그러나 오직 《시경》은 자차(咨嗟)하고 영탄(詠歎)한 나머지 나온 것이기 때문에 배우는 자가 익숙히 읽고 외워서 음미한다면 더욱 감발하고 홍기하는 유익함이 있는 것입니다. 주자가 《시경》을 배우는 것은 전적으로 풍송(諷誦)하는 데에서 득력(得力)한다고 하였으니, 어찌 맞는 말이 아니겠습니까. 공자가 이르기를 '《시경》에서 홍기한다.'라고 하였는데, 만약 《시경》을 잘 읽으면 반드시 홍기하는 마음이 있게 되고, 홍기하면 선을 하는 것에 즐거워하여 억지로 노력해서 하는 것과는 같지 않을 것입니다. 정자 또한 말하기를 '《시경》을 배우면 사람으로 하여금 한 격(格)의 가치를 늘어나게 한다.'라고 하였는데, 이 말은 《시경》을 읽으면 인품(人品)이 한층 늘어난다는 말입니다."

하니, 송시열이 아뢰기를,

"일격(一格)은 일등(一等)이라고 말하는 것과 같습니다. 가(價)는 속어(俗語)로 형용하자면, 가령 어떤 사람이 처음 가치가 100금(金)이었는데 《시경》을 읽은 뒤에는 가치가 200금이 될 수 있다는 것입니다."

하였다. 임영이 아뢰기를,

"《시경》의 유익함이 이와 같지만 반드시 잘 배워서 주자가 말한 것처럼 익숙히 익고, 깊이 체득하고, 힘써 행한 뒤에야 비로소 이런 유익함이 있습니다. 만약 이와 같이 하지 않으면 또한 유익함이 있기 어렵습니다. 정자가 일찍이 학자들이 《시경》을 잘 배우지 않는 폐단에 대해 말하기를 '《시경》을 읽지 않았을 때에도 이런 등급의 사람이고, 《시경》을 읽은 뒤에도 이런 등급의 사람이다.'라고 하였으니, 고금에 이와 같은 자가 많고 이와 같지 않은 자가 적습니다. 성상께서는 깊이 유념하소서."

하니, 상이 그렇게 하겠다고 대답하였다.-풍영(諷詠) 이하 몇 구절을 이어서 풀이하였는데, 지사(知事)가 그렇지 않다고 하였고, 임영 또한 곧바로 깨달았고, 또 김석주의 뜻으로 미루어 설명하여 아뢰었다.-

17일 주강을 행하였다. 영중추부사 송시열, 지사 민유중(閔維重), 특진관 남용익(南龍翼), 시독관 임영, 검토관 송광연(宋光淵)이 흥정전(興政殿) 합문(閤門) 밖에 입시하였다.

'필처(匹處)'의 '필(匹)'과 〈관저(關雎)〉의 애락(哀樂)은 문왕(文王)의 애락을 시인이 형용했다는 뜻을 강정(講定)하였다. 강독을 마쳤다. 〈국풍(國風)〉의 편제(篇題)를 풀이하기를,

"풍(風)이란 윗사람의 감화를 받아 말이 있게 되고, 말이 또 사람을 감동시키기에 충분합니다. 윗사람의 감화를 받음으로 말미암아 말이 있게 되니, 이 때문에 풍속을 고찰하고 정치를 알 수 있습니다. 그 말이 또 사람을 감동시키기에 충분함으로 말미암아 이 때문에 천하를 감화하고 후세에 감계(鑑戒)를 드리우니, 상하의 글 뜻이 자연히 서로 조응(照應)됩니다."

하였다.

〈주남(周南)〉의 편제를 풀이하고, 수장(首章)의 훈고(訓詁)를 풀이하여 말하기를,

"저구(雎鳩)는 언해(諺解)에서 풀이한 물명(物名)으로 보건대 원앙(鴛鴦)과 비슷합니다. 그러나 원앙의 성질은 암수가 서로 사랑하는

점은 있으나 지나치게 친압하니 결코 정의가 돈독하면서도 분별이 있는 새가 아닙니다. 저구는 주자 또한 직접 그 새를 보지 못했고, 단지 회수(淮水) 지역 사람들이 전하는 말이 이와 같다고 하였으니, 원앙이 아니라는 것이 또 분명합니다."

하였다. 송시열이 아뢰기를,

"원앙은 정의가 매우 돈독하다고 할 수는 있지만 분별이 있다고 할 수는 없습니다."

하였다. 임영이 아뢰기를,

"'필처'의 '필'을 '필우(匹偶)'의 '필'로 말한다면, 저구는 원래 두 마리씩 짝지어 다니는 새이니, 어찌 필처가 아니겠습니까. '필' 자가 '필부(匹夫)'의 '필'과 같다면 무리 지어 지낸 적도 없고 또한 홀로 지낸 적도 없음을 말한 것입니다."

하니, 상이 이르기를,

"그렇다."

하였다.

또 풀이하여 '글 뜻이 모두 이와 같다.'라는 구절에 이르러 아뢰기를,

"흥(興)이란 먼저 다른 사물을 말해서 실제 뜻을 제기하는데, 그 어세(語勢)와 문법이 위아래가 같습니다. 이 장(章)처럼 '관관(關關)하며 우는 저구는 하수의 모래톱에 있고, 얌전한 숙녀는 군자의 좋은 짝이로다.'라고 한 것이 바로 흥체(興體)입니다. 저구의 정은 돈독하면서도 분별이 있어서 숙녀가 화락(和樂)하면서도 공경하는 것과 흡사하니 또한 비(比)라고 할 수 있습니다. 다만 비체(比體)는 암중에 실제의 뜻을 부쳐서 말하고 다시 실제의 뜻을 말하지 않는 것인데, 이 장은 실제의 뜻을 말하고 문세와 문맥이 상하가 서로

호응하니, 홍 안에 비의 뜻을 띠고 있다고 해야 할 것이고, 비라고 해서는 안 됩니다."

하였다. 송시열이 아뢰기를,

"고례(古禮)에 후비(后妃)는 군왕과 함께 제사를 돕기 때문에 지존과 짝이 되어 종묘의 제주(祭主)가 됩니다. 이 예가 지금은 비록 시행되지 않지만 이미 지존과 배합되었으니, 곧 종묘의 제주가 되는 것입니다."

하였다. 임영이 아뢰기를,

"광형(匡衡) 당시에 '시를 해설하여 사람의 입을 벌어지게 한다.'라는 말이 있었기 때문에 주자가 '시를 잘 해설하였다.'라고 한 것은 그 말이 근본한 바가 있는 것입니다."[34]

하였다.

제2장의 대문(大文)과 주를 풀이하여 아뢰기를,

34 광형(匡衡)……것입니다 : 광형은 서한(西漢) 선제(宣帝), 원제(元帝), 성제(成帝) 때 사람으로 자는 치규(稚圭)이다. 벼슬은 태자소부(太子少傅), 승상(丞相)에 이르렀고, 낙안후(樂安侯)에 봉해졌다. 후창(后蒼)에게 제시(齊詩)를 배웠다. 문장에 능하고 《시경》의 해설을 잘하였다. '시를 해설하여 사람의 입을 벌어지게 한다.'라는 것은 《한서(漢書)》 권81 〈광형전(匡衡傳)〉에 실린 내용으로, 당시의 유자들이 "시를 해설하지 말라. 광형이 온다. 광형이 시를 해설하는 것은 사람의 입을 벌어지게 한다. 〔無說詩, 匡鼎來. 匡說詩, 解人頤.〕"라고 한 말을 인용한 것이다. '주자가 시를 잘 해설하였다.'라는 것은 〈관저〉의 주에 인용한 광형의 해설인 "요조숙녀 군자호구라는 것은 능히 그 정숙함을 지극히 하여 그 지조(志操)를 변치 않아서, 정욕의 느낌이 용의에 개입함이 없고, 연사의 뜻이 동정에 나타나지 않음을 말한 것이다. 그러한 뒤에야 지존에 짝하여 종묘의 제주가 될 수 있는 것이니, 이는 기강의 머리요, 왕교의 단서이다.〔窈窕淑女, 君子好逑, 言能致其貞淑, 不貳其操, 情欲之感, 無介乎容儀, 宴私之意, 不形乎動靜. 夫然後, 可以配至尊而爲宗廟主, 此綱紀之首, 王教之端也.〕"라고 한 말을 가리킨다.

"'오매사복(寤寐思服)'과 아래 장의 '우지(友之)'와 '낙지(樂之)'는 집전(集傳)을 범범하게 보면 궁중 사람의 일 같습니다. 그러나 집주(輯註)에서 주자가 '첩잉(妾媵)이 오매반측(寤寐反側)의 일을 형용한 것이다.'라고 하였으니, 이는 문왕의 일인데 궁중 사람이 형용한 것입니다."

하였다. 송시열이 아뢰기를,

"문왕이 태사(太姒)를 얻기 전에 이미 첩잉이 있었던 듯한데 어질고 덕 있는 배필을 얻으려고 하였기 때문에 근심하고 그리워하는 것이 이와 같은 것입니다."

하였다.

제3장의 대문과 주를 풀이하여 말하기를,

"이 시는 태사가 처음 왔을 때에 궁인이 지은 것입니다. 위 장에서는 태사를 얻지 못했을 때의 일을 추후에 말했기 때문에 본(本)이라고 하였고, 이 장에서는 처음 왔을 때의 일을 바로 말했기 때문에 거(据)라고 한 것입니다."

하니, 상이 이르기를,

"그렇다."

하였다.

장하주(章下註)를 풀이하여 아뢰기를,

"후비가 화락하면서도 공경하였으니, 이것은 즐거워하되 음란하지 않는 한 부분의 일이기 때문에 '그 일단(一端)을 볼 수 있다.'라고 한 것입니다. 시인이 말한 '자나 깨나 생각하고 그리워한다.'라는 것과 '친애(親愛)하고 즐거워한다.'라는 것은 슬퍼하되 상심하지 않고 즐거워하되 음란하지 않은 뜻이 갖추어져 있기 때문에 '전체(全

體)'라고 한 것입니다. 슬퍼하되 상심하지 않고 즐거워하되 음란하지 않은 것은 참으로 문왕의 일이지만 시인의 성정(性情)이라고 말한 것은, 문왕의 성정이 바른 것은 말할 필요가 없고, 궁중에서 시를 지은 사람의 성정 전체 또한 모두 바르다는 것이니, 문왕의 덕화(德化)가 지극히 융성했음을 더욱 볼 수 있습니다. 이는 반드시 시인의 성정이 바름을 얻은 뒤에야 이와 같이 형용할 수 있습니다."

하였다. 강을 마쳤다.

좌우에서 아무도 말하는 사람이 없었다. 임영이 또 《시경》 서문을 펼쳐서 '성인이 위에 있으면〔聖人在上〕' 이하 한 절을 가리켜 아뢰기를,

"이 한 절은 어제 경연할 때에 여러 신하의 소견이 각각 달랐는데, 성상께서 이해하셨는지 모르겠습니다. 송시열은 '감(感)' 자와 '언(言)' 자와 '소발(所發)' 자가 모두 상하에 통용된다고 말하였고, 소신(小臣)은 전적으로 아래에 있는 시인이 느끼고 발한 것이라고 말하였는데, 김석주는 신의 설이 옳다고 하였습니다. '성인이 위에 있으면'에 대해서 신은 그 뜻이 의당 '모두 가르침이 되기에 충분하다.〔皆足爲敎〕'에 그쳐야 한다고 하였고, 김수항은 아랫글과 통해야 한다고 하였는데, 그때에 대체적으로 뒤에 나온 설을 정론으로 삼았습니다. 신이 물러나서 자세히 살펴보니, '소감(所感)'과 '기언(其言)'과 '소발'이 분명히 아래에 있는 시인을 가리켜 말한 것이었습니다. 다만 '감지(感之)'의 '감(感)'은 의당 위에 있는 사람을 위주로 보아야 하고, '성인이 위에 있으면'은 의당 '모두 가르침이 되기에 충분하다.'에 그쳐야 하는 것 또한 매우 명백하였습니다."

하고, 이어 해당 부분을 가리키며 밝혔다. 송시열이 아뢰기를,

"이 설이 옳습니다."

하니, 상이 이르기를,

"그렇다."

하였다.

임영이 아뢰기를,

"무릇 글 뜻은 익숙하게 읽은 뒤에는 처음 볼 때와 자별하게 됩니다. 처음에 의심이 없던 것이 혹 익숙하게 읽으면 의심이 생기게 되고, 처음에 의심이 있던 것이 혹 익숙하게 읽으면 의심이 없게 됩니다. 다만 이 한 절의 글 뜻은 신이 물러난 뒤에 자세히 살펴본 뒤에야 비로소 그 바름을 얻었습니다. 성상께서는 총명하시니 참으로 신하들이 빗대어 논할 것은 아니지만 옛날의 현유(賢儒)인 주자 같은 사람도 평생 동안 독서를 했는데도 초년과 말년의 소견이 다른 곳이 매우 많습니다. 성상께서 만약 익숙히 읽으신 공부가 있다면 그간에 필시 점점 의문이 생긴 곳이 있을 것이고, 또한 반드시 전에 의심스러웠던 것이 시원스럽게 풀린 곳이 있을 것입니다. 그런데 강연(講筵)의 규정이 전에 배운 글은 단지 읽고만 지나가고 다시 토론하는 일이 없으니 이것은 매우 의미가 없습니다. 앞으로는 성상께서 전에 배운 대목〔前受音〕[35]을 강한 뒤에 만약 의문 나거나 자득(自得)한 것이 있으면 간혹 그것을 하유(下諭)하신다면 매우 좋겠습니다."

하니, 상이 이르기를,

35 전에 배운 대목 : 새로 배울 대목〔新受音〕과 상대되는 말이다. 경연이나 서연 때에는 그 전차에 진강했던 내용인 전수음을 왕이나 세자가 한 번 읽고 나서 당차에 진강할 부분인 신수음을 강관이 한 번 읽으면 왕이나 세자가 따라서 한 번 읽는다. 《六典條例 禮典 世子侍講院 書筵》

"그렇게 하겠다."

하였다.

임영이 앞으로 나아와 아뢰기를,

"근자의 일은 매우 성대하다고 이를 만합니다. 유현(儒賢)을 초빙하여 예를 갖추고 날마다 경연을 여시니 선을 즐거워하고 배우기를 좋아하는 진실한 마음이 지극하고 극진합니다. 다만 생각건대 배우기를 좋아하는 것은 장차 정령(政令)을 내거나 의견을 들을 때에 사용하기 위해서입니다. 그런데 근자에 양사(兩司)의 신하들이 입시하여 아뢴 것에 대해 모두 윤허하지 않으시니, 거스르지 않고 간언을 받아들이는 도리가 아닌 듯합니다."

하니, 상이 이르기를,

"대계(臺啓)는 조경(趙絅)의 일[36]과 추록(追錄)하는 일[37]과 강만철(姜萬鐵)의 일[38]인데, 계청을 따르지 않은 것은 모두 이유가 있다.

36 조경(趙絅)의 일 : 조경이 1676년(숙종2) 현종대왕의 묘정(廟廷)에 배향(配享)되었는데, 1680년 삼사(三司)에서 조경이 효종 이래로 벼슬에 나오지 않았고, 현종대왕과는 제우(際遇)가 없었다는 이유로 출향(黜享)할 것을 주장하여, 1681년 6월에 출향되었다.《肅宗實錄 7年 6月 17日》

37 추록(追錄)하는 일 : 1680년 김석주(金錫胄)의 주도로 경신대출척(庚申大黜陟)을 일으켜 조정에서 남인들을 숙청하는 데 적극 참여한 공을 인정하여 추후에 공신에 녹훈한 일을 가리킨다. 이때 이사명(李師命)·김익훈(金益勳)·조태상(趙泰相)·신범화(申範華)를 보사 이등공신(保社二等功臣)으로, 이광한(李光漢)·이원성(李元成)을 보사 삼등공신으로 삼고, 김익훈은 광남군(光南君)으로, 이광한은 용성군(龍城君)으로, 이원성을 완흥군(完興君)으로 봉하였다.《肅宗實錄 6年 11月 22日》

38 강만철(姜萬鐵)의 일 : 경신대출척 때 강만철이 허적(許積)의 아들 허견(許堅) 등과 함께 역모를 꾸몄다가 일이 탄로 나게 되자 도리어 고변하여 모면하려고 하였으나

조경의 일은 배향(配享)하는 일이 중대한데 이미 입향(入享)했다가 다시 출향(出享)하는 것은 일의 체통에 문제가 있을 것 같기 때문이다. 추록하는 일은 분명하게 훈로(勳勞)가 있다면 어찌 보답하는 은전이 없겠는가. 강만철의 일은 처음에 이미 사형을 면하게 해 주겠다고 허락하였으므로 지금 약속을 저버릴 수 없다."

하였다. 송광연이 앞으로 나아와 출향하고 추록하자는 뜻을 진달하였고, 임영이 이로 인하여 다시 매우 장황하게 진달하고 강만철을 끝내 법대로 처형하지 않을 수 없음을 진달하였다. 상이 이르기를,

"아무래도 따르기 어려우니 번거롭게 논할 필요 없다."

하여, 물러 나왔다.

신유년(1681, 숙종7) 3월 7일 진수당(進修堂)에서 주강을 행하였다. 지사 김석주(金錫胄), 특진관 구일(具鎰), 시독관 임영, 검토관 박태보(朴泰輔), 승지 정재희(鄭載禧), 가주서 조석주(趙錫周), 사관 정제선(鄭濟先), 겸춘추 김익구(金益九)가 입시하였다.

〈갈담(葛覃)〉의 강석(講釋)을 마쳤다. 또 아뢰기를,

"칡잎이 무성하고 꾀꼬리가 꾀꼴꾀꼴 우니, 이때는 아직 칡넝쿨을 벨 때가 아닌데 이미 노래에 표현하고 있으니, 여기에서 그 부지런함을 볼 수 있습니다. 대체로 일에 부지런하면 반드시 항상 제때에 미치지 못할까 염려하는 생각이 있어서 일에 앞서 경계하는데, 게으

나중에 역모에 참여한 사실이 밝혀져 1680년 윤8월 11일에 유배되었다. 그러나 서인 측에서 끝까지 처형하기를 주장하여 결국 1682년 5월 16일에 복주(伏誅)되었다. 《肅宗實錄》

른 자는 이와 반대로 해서 항상 오늘 하지 않아도 내일이 있다는 생각을 가지고 있어서 제때를 잃고서 후회해도 소용없게 됩니다. 모든 일이 다 그러해서 학문을 하건 정치를 하건 그렇지 않은 것이 없습니다. 원컨대 성상께서는 유념하소서."

하니, 상이 이르기를,

"그렇게 하겠다."

하였다. 박태보가 아뢰기를,

"소주(小註)에 풍성 주씨(豐城朱氏)의 설에 '여공(女工)에 대한 생각이 싹텄다.'라고 한 것이 이미 이 뜻을 얻은 듯합니다."

하니, 임영이 아뢰기를,

"참으로 이미 이런 뜻을 조금 내기는 했지만, 신의 생각으로는 또 일찍이 '이것은 그 생각이 싹트기만 했을 뿐만이 아니다. 그 말뜻을 음미해 보면 의연(依然)히 이것은 귀로 듣고 눈으로 본 광경이니, 의당 이것은 직접 가서 이와 같다는 것을 듣고 보고서 그대로 서술한 것이니, 지극히 부지런함을 더욱 볼 수 있다.'라고 하였습니다. 어떤 사람이 '후비(后妃)가 비록 부지런하더라도 어찌 스스로 골짜기 안에 가서 칡넝쿨을 베는 데까지 이르겠는가.' 하여, 신이 말하기를 '이것은 필시 원유(苑囿) 안에 후세의 공상(公桑) 같은 것이 있었을 것이다.'라고 하였습니다."

하니, 상이 이르기를,

"그렇다."

하였다. 임영이 또 아뢰기를,

"'입음에 싫증 남이 없다.'라고 하였으니, 이것이 바로 검소할 수 있는 이유입니다. 보통 사람이 신기한 것을 기뻐하고 사치스러운 것을 좋아하는 것은 모두 해지고 질박한 것을 싫어하는 마음에서 나온 것입니다. 참으로 능히 해지고 질박한 것을 싫어하는 마음이 없으면 자연히 검소할 수 있게 됩니다. 집주에 '친히 수고로운 일을 하여 그 이루어짐이 쉽지 않음을 알기 때문에 마음에 진실로 아껴서 비록 지극히 때가 끼고 해졌으나 차마 싫어하여 버리지 못하는 것이다.'라고 하였으니, 이것이 또 입음에 싫증 남이 없을 수 있는 뜻을 설명한 것입니다. 대체로 친히 그 수고를 한 뒤에야 이루기 어렵다는 것을 알고, 이루기 어렵다는 것을 안 뒤에야 마음으로 아껴서 싫증 남이 없을 수 있습니다. 옛날에 왕후(王侯)가 친경(親耕)을 하고 후부인(后夫人)이 친잠(親蠶)을 한 것은 모두 그 수고를 직접 해서 그 일의 어려움을 알고자 해서입니다. 그러나 후세에도 이 예를 행한 자가 있기는 하지만 형식만 갖추고 남 보기 좋게 하는 것에 불과할 뿐이니 또한 어찌 큰 이로움이 있겠습니까. 옛사람의 시에 있는 '누가 그릇에 담겨 있는 밥[39]이 한 알 한 알 모두 고생의 산물임을 알겠는가.〔誰知盤中飱 粒粒皆辛苦〕'나 '창문 아래 베 짜는 여인은 밤늦게까지 베를 짜지만 추워도 입을 옷이 없네.〔窓下擲梭女 夜織寒無衣〕'[40] 등의 말을 때때로 암송하고 항상 체념(體念)하시며, 외부에 있는 신하를 자주 불러서 백성들의 질고(疾苦)를 물으신다면 몸소 그 고생을 하지 않더라도 그 고생이 어떠한지를 알 수 있을 것입니다. 만약 공어(供御)

39 밥 : 대본에는 '粟'으로 되어 있는데, 《고문진보 전집(古文眞寶前集)》 권1 〈민농(憫農)〉에 의거하여 '粟'을 '飱'으로 바로잡아 번역하였다.

40 창문……없네 : 우분(于濆)의 〈고신음(苦辛吟)〉이라는 시에 나오는 내용이다. 원시에는 '窓下擲梭女, 手織身無衣.'로 되어 있는데, 기억에 의지하여 기록하였기 때문에 오자가 생긴 것으로 보인다. 《才調集 卷9》

하는 모든 물건이 다 백성들이 고생하여 얻은 물건이라는 것을 잘 안다면 스스로 절약하는 데에 힘써서 재물을 손상하고 백성에게 해를 끼치는 근심이 없을 것입니다."

하니, 상이 이르기를,

"그렇다."

하였다. 임영이 또 아뢰기를,

"후비의 덕성이 지극한데도 일동일정(一動一靜)을 반드시 사씨(師氏)에게 고하였으니, 이것은 공경의 지극함이고 성인이 더욱 성스러워지는 것입니다. 옛날 성제(聖帝)나 명왕(明王)이 모두 스승이 있어서 그 덕업(德業)을 성취하였습니다. 내전의 경우에도 여사(女師)를 두어 부도(婦道)로 가르치게 하였으니, 이것이 바로 그 치화(治化)의 성대함을 후세에서 따를 수 없는 이유입니다. 대저 성대하고 아름다운 고사(古事)를 볼 때는 그 일이 이와 같다는 것을 아는 데에만 그쳐서는 안 됩니다. 반드시 추종(追蹤)할 방법을 생각하여야 비로소 계고(稽古)를 잘했다고 할 수 있습니다. 신은 바라건대 성상께서 현자를 존중하고 선비를 예우하여 빈사(賓師)로 대하시고 그들을 초빙해서 자문을 구하여 지선(至善)의 정치를 이루소서. 그리고 내전에도 궁중에 있는 사람 중에서 충실하고 근신하며 예법을 잘 아는 자를 가려서 내교(內敎)를 돕게 하신다면 옛날의 도를 점차 이룰 수 있을 것입니다. 장하(章下)의 소주(小註)는 한 편의 대의를 총괄하여 설명한 것으로 밝혀낸 것이 매우 좋으니 가장 깊이 음미해야 합니다. 사람의 심리가 신분이 귀해지면 안일해지기 쉽습니다. 이미 귀해졌는데도 능히 부지런하다면 이는 참으로 부지런한 것입니다. 부유해지면 사치하기 쉽습니다. 그런데 이미 부유한데도 능히 검소하다면 이는 참으로 검소한 것입니다. 장성하면 자기 뜻대로 행하기 쉽습니다. 그런데 매사를 반드시 사부에게 묻는다면 이는 공경하는 마음이 해이해지지 않은 것입니다. 이미 시집간 여자는 본가에 있을 때와는 다른 것인데, 부모님께 돌아가 문안하려는 뜻이 항상 있으니, 이는 효도가 쇠하지 않은 것입니다. 이것은 모두 사람들이 잘하기 어려운 것으로서 덕이 지극히 두터운 것입니다. 덕이 두터우면 복이 두텁게 되니 주나라가 하늘의 복을 받아 800년이나 누린 것은 그 조짐이 여기에서 비롯된 것입니다. 소주에 나오는 남헌(南軒) 장식(張栻)은 주자와 뜻이 같고 도가 합치되는 벗입니다. 이 설은 그 임금인 송(宋)나라 효종(孝宗)에게 고한 말입니다. 당시에 장식이 강관(講官)으로서 마침 이 장(章)을 강하면서 이렇게 말한 것입니다. 그가 말하기를 '치(治)는 항상 경외하는 데에서 생기고, 난(亂)은 항상 교만하고 사치하는 데에서 생깁니다. 만약 나라를 다스리는 자가 매번 농사의 어려움을 생각하고, 그 후비(后妃)가 길쌈하는 일에 게으르지 않는다면 마음이 보존되지 않는 경우가 적을 것입니다. 이 마음이 항상 보존되면 교만하고 방자한 마음이 어디에서 생겨나겠습니까.'라고 하였는데, 대체로 그가 이른바 '이 마음'이라는 것은 본연의 양심(良心)인 인의(仁義)입니다. 사람 마음이 경외하면 곧 본연의 선(善)이 자연히 발용(發用)되고, 경외하지 않으면 바로 방자하고 사치하는 것이 이르지 않는 곳이 없게 됩니다. 일신의 안위와 나라의 흥망이 항상 반드시 여기에서 말미암으니 경계하지 않을 수 있겠습니까. 만약 장식이 오늘날 다시 태어나더라도 전하를 위해 강설하는 것은 또한 반드시 이와 같을 것입니다. 원컨대 다시 유념하여 깊이 살피소서."

하니, 상이 이르기를,

"그렇게 하겠다."

하였다.

〈권이(卷耳)〉의 강석을 마쳤다. 박태보가 아뢰기를,

"이 시는 이른바 '정(情)에서 발(發)하여 예에서 그친다.'라는 것입니다."

하니, 임영이 아뢰기를,

"그렇지 않습니다. 조금 다른 점이 있습니다. 정에서 발하여 예에서 그친다는 것은 처음에는 정욕(情欲)에서 발하였으나 끝에 가서는 예의로 그친다는 것입니다. 이것은 이른바 슬퍼하되 상심하지는 않는다는 것으로, 처음부터 끝까지 한결같이 천리(天理)를 따르는 것입니다."

하자, 김석주가 아뢰기를,

"임영의 설이 옳습니다. 정에서 발하여 예에서 그친다는 것은 곧 변풍(變風)을 말하는 것이니, 이것으로 이 장을 설명해서는 안 될 듯합니다."

하였다. 임영이 아뢰기를,

"이 시는 달리 장(章)마다 미루어 부연한 뜻이 없습니다. 한 편의 대강을 말한다면, 후비가 군자를 그리워하는 것이 처음부터 끝까지 매우 지극하여 반복해서 마음에서 내려놓지 못하는 것이 이와 같은 데에 이르렀으나 사적으로 친압하는 뜻과 급박한 말이 조금도 없어서 성정이 정대하고 말과 뜻이 완곡하니 그 정이 돈독하되 분별이 있음을 볼 수 있습니다. 대체로 그리워하는 마음이 깊어서 처음부터 끝까지 마음에서 내려놓지 못하는 것은 정이 돈독한 것이고, 사적으로 친압하는 뜻과 급박한 말이 없는 것은 분별이 있기 때문입니다. 장하주에서 정숙하고 조용하며 전일하다고 평하였으니, 익숙히 음미해 보면 그 기상을 알 수 있을 것입니다. 그리고 이 시에서 말한 권이(卷耳)를 캐고, 높은 산을 오르고, 금 술잔에 술을 따르고, 마부가 병들고, 말이 병들었다는 것은 모두 가설한 말로 위 편에서 그 일을 곧바로 서술한 것과 다르니, 이것은 부(賦)의 한 체(體)입니다. 말은 비록 가설하였으나 실제 정은 그 안에 절로 깃들어 있습니다. 대체로 가설한 말로 그 실정(實情)을 형용하였으니, 후세의 사부(辭賦)에도 이런 체(體)가 있습니다."

하였다.

〈규목(樛木)〉의 강석을 마쳤다. 박태보가 아뢰기를,

"이 시가 비록 흥(興)이지만 또한 비(比)의 뜻이 있습니다. 규목이 아래로 휘어져 있기 때문에 칡이나 등나무가 타고 뻗을 수 있는 것이, 후비의 덕이 능히 아랫사람에게 미치기 때문에 여러 첩이 위로 의지하여 섬길 수 있는 것과 같습니다."

하고, 임영이 아뢰기를,

"이것은 고주(古註)의 설입니다. 무릇 시에 비의 뜻이 있는데 구어(句語)가 흥체(興體)인 경우 흥이라고 이름하니, 이는 흥 가운데 비가 있는 것입니다. 예를 들어 관저가 후비의 덕과 같은 것은 비라고 할 수 있습니다. 그런데 그 상하 2구의 수미(首尾)가 화응(和應)하는 것은 흥체에 부합하기 때문에 흥이라고 하니, 이런 부류가 많습니다. 이 장의 경우 규목이 아래로 휘어져 칡이나 등나무가 타고 올라가는 것이 바로 군자가 온화한 덕이 있어서 복록으로 편안하게 하는 것과 같으니, 이것은 흥 가운데 비가 있다고 할 수 있습니다.

고주의 설 같은 것 또한 하나의 뜻이 됩니다. 다만 이와 같이 되면 위 구의 뜻이 스스로 하나의 뜻을 이루어서 다시 아래 구와 호응하지 않으므로 홍 가운데 비가 아닙니다. 만약 이 설을 남겨 두려고 했다면 의당 '혹자는 비라고 한다.〔或曰比也〕'라고 했을 텐데 주자가 고주의 설을 채택하지 않은 것은 아마도 이 때문인 듯합니다."

하였다. 김석주가 아뢰기를,

"나뭇가지가 아래로 휘어진 것과 후비의 덕이 아랫사람에게 미친 것은 뜻이 매우 서로 부합됩니다. 반드시 바른 풀이는 아니라고 하더라도 하나의 설이 될 만합니다."

하였다. 임영이 아뢰기를,

"군자가 인후한 덕이 있어서 사람들이 마음으로 기뻐하고 존경하여 받들게 한다면 복이 내리는 것은 이치상 반드시 이르는 것입니다. 당시에 여러 첩이 이 시를 지은 것은 단지 그 덕을 즐거워하여 찬송한 것뿐이지 애당초 이치가 어떠한지는 따지지 않았습니다. 이치로 말한다면 이는 반드시 이르는 일입니다. 《중용》에 이르기를 '하늘이 사물을 기를 때에 각각 그 바탕에 따라서 돈독하게 하는 것이니, 제대로 심어진 것은 키워 주고 기울어진 것은 엎어 버린다.'라고 하였으니, 이치로 볼 때 참으로 그러합니다. 그러므로 《시경》을 인용하여 말하기를 '아름다운 군자(君子)여, 드러나고 드러난 훌륭한 덕(德)이로다. 백성들에게 마땅하며 사람들에게 마땅한지라 하늘로부터 복을 받았는데, 보우(保佑)하여 명(命)하시고 하늘로부터 거듭 복을 내리셨도다.' 하였으니, 무릇 덕이 백성들에게 마땅하고 사람들에게 마땅하면 하늘이 반드시 보우하여 명을 내리는 것입니다."

하였다. 상이 다시 〈가락(嘉樂)〉 시 몇 구를 외우고 이르기를,

"그렇다."

하였다. 임영이 아뢰기를,

"갈(葛)의 유(虆)와 황(荒)과 영(縈), 복리(福履)의 유(綏)와 장(將)과 성(成)은 말이 모두 천심(淺深)과 차례가 있으니, 장하(章下)의 소주에 있는 보씨(輔氏)[41]의 설에서 볼 수 있습니다."

하니, 상이 이르기를,

"이른바 '갈수록 점점 더 깊어진다.〔一節深於一節〕'라는 것이다."

하였다.

〈종사(螽斯)〉의 강석을 마쳤다. 아뢰기를,

"이 시의 5장(章) 9구(句)가 모두 전적으로 종사를 가리켜 말하였는데, 그 뜻은 실제로 후비를 가리킨 것이니 이것이 바로 비체(比體)입니다. 혹 한두 구가 비체인데 그 아래 구가 곧바로 일을 서술한 것이라도 비(比)라고 할 수 있습니다. 만약 그 위 구와 아래 구가 호환(呼喚)하고 상응(相應)한다면 비의 뜻이 있다고 하더라도 흥(興)이라고 합니다. 비와 흥의 체는 이것으로 구하면 거의 맞을 것입니다."

하였나. 또 아뢰기를,

"종사가 화평하게 모여 있으면 의당 그 자손이 많은 것이고, 후비가 이런 덕이 있어서 이런 복이 있는 것 또한 이와 같습니다. 대체로 화평한 기운은 상서를 부르고 어그러진 기운은 재이를 초래합니다.

41 보씨(輔氏) : 경원 보씨(慶源輔氏)를 가리킨다. 송(宋)나라 월주(趙州) 사람으로, 이름은 보광(輔廣), 자는 한경(漢卿), 호는 잠암(潛庵)이다. 처음에는 여조겸(呂祖謙)에게 배웠지만 뒤에 주희(朱熹)에게 배웠다. 경학에 뛰어났고, 전이서원(傳貽書院)을 지었기 때문에 사람들이 전이선생(傳貽先生)이라고 불렀다. 저서에 《사서찬소(四書纂疏)》, 《육경집해(六經集解)》, 《통감집의(通鑑集義)》, 《일신록(日新錄)》 등이 있다.

마음이 화평하면 기운이 절로 화평하고, 마음이 화평하지 않으면 기운 또한 어그러집니다. 자손이 많은 것은 길상장(吉祥章)에서 가장 중요한 것인데 모두 화(和)라는 한 글자로 인하여 초래하는 것입니다. 한 집안으로 말하면 적처와 첩이 화목하여 자손이 많게 됩니다. 한 나라로 말하면 임금과 신하가 화목하여 만민이 편안한 것 또한 같은 이치입니다. 다만 이른바 화라는 것이 또 그 도리가 있으니, 적처와 첩으로 말하면 존비(尊卑)의 구분이 바르게 된 뒤에 상하의 정(情)이 화합하게 됩니다. 군신으로 말하면 임금이 경계하는 말을 기꺼이 듣고 신하가 임금의 잘못을 바로잡는 일을 꺼리지 않은 뒤에 계합(契合)되는 것이 깊어져서 여러 일이 흥기하게 됩니다. 만약 적처와 첩 사이에 예모(禮貌)가 엄하지 않고, 임금과 신하 사이에 서로 비위를 맞추는 것만 힘쓴다면 눈앞에서는 비록 화목한 것 같지만 결국은 반드시 크게 어그러지는 데에 이르니, 집안을 어지럽히고 나라를 망하게 하는 것이 대체로 여기에서 말미암으니 이 뜻을 의당 깊이 생각해야 합니다. 선유(先儒)가 예악에 대해 논하기를 '예(禮)가 먼저이고 악(樂)이 나중이다.'라고 하였습니다. 반드시 예의 경(敬)이 있은 뒤에야 비로소 악의 화(和)가 있는 것이니, 화는 참으로 경에서 생기는 것입니다."

하니, 상이 모두 그렇다고 하였다.

책을 덮은 뒤에 박태보가 앞으로 나아와 아뢰기를,

"강론할 때에 성상께서 듣고 받아들이신 것은 있었으나 묻고 논란한 것은 적었으니, 강학하여 유익을 구하는 뜻이 미진한 듯합니다."

하니, 임영이 아뢰기를,

"이 말이 옳습니다. 소신 또한 일찍이 누차 이 뜻으로 앙달할 때마다 성상께서 체념하겠다고 하시지 않은 적이 없었으나 수작하고 논란하는 경우는 끝내 드물었으니, 강학하는 방법에 미진함이 있을 뿐만 아닙니다. 군신 상하 간에 식견과 사려가 미치는 바가 또한 끝내 서로 마음을 알아주지 못하니 이름은 경연을 연 것이지만 매번 이와 같을 뿐이라면 어찌 크게 유익한 것이 있겠습니까."

하니, 상이 이르기를,

"차후로는 더욱더 체념하겠다."

하였다. 임영이 아뢰기를,

"성상께서 묻고 논란하시는 일이 드문 것에 대해 신은 성상의 마음이 반드시 아래 신하에게 묻기를 꺼려서 그런 것이 아니라 물을 만한 단서가 없어서 그럴 것이라고 생각합니다. 성상의 학문이 문자와 장구 사이에서는 이미 막힌 곳이 없을 것이고, 신들이 진강할 때에 천근한 글 뜻을 또 이미 상세히 풀이하였기 때문에 성상께서 필시 다시 물을 만한 것이 없다고 여겨서 자연히 하문하시는 곳이 없을 것입니다. 그러나 생각건대 강학하여 유익을 구하는 도리는 장구를 해석하는 데에만 있지는 않습니다. 반드시 글로 인하여 이치를 궁리하고 옛것을 살펴서 자신을 반성한 뒤에 학문이 비로소 큰 유익이 있습니다. 만약 이것으로 마음을 삼는다면 글은 비록 대략 알았더라도 이치가 모두 분명하지 못하고, 옛날에는 비록 그렇게 하였더라도 오늘날 갑자기 똑같이 할 수 없는 것들이 모두 의심할 만한 단서 아닌 것이 없을 것입니다. 이미 의심스러운 단서가 있으면 반드시 하문하지 않을 수 없는 것이 있을 것입니다. 그리고 〈관저〉 한 장으로 말하면 장하주에서 주자가 말하기를 '배우는 자가 그 말에 나아가 그 이치를 관찰하여 마음을 기른다면 시를 배우는 근본을 얻을 수 있다.〔學者卽其詞玩其理以養心 則可以得學詩之本矣〕'라고 하였는데, 이른바 '사(詞)'라는 것은 '관관저구(關關雎鳩)'부터 '종고락지(鍾鼓樂之)'까지가 모두 사입니다. 이른바 '이(理)'라는 것은 무엇을 가리켜 말한 것인지 모르겠습니다. 한 구 한 자에 참으로 모두 이치가 있으니, 그 대체(大體)를 말하면 슬퍼하되 상심하지 않고 즐거워하되 음란하지 않는 것이 바로 그 이치의 총괄입니다. 자나 깨나 생각하고 그리워하며 이리저리 뒤척이며 잠 못 이루는 것이 참으로 이른바 '애(哀)'인데, 슬퍼하되 상심한 데에 이르지 않는 것은 무엇으로 인하여 그러한 것입니까? 금(琴)과 슬(瑟)을 타며 친애하고 종과 북을 울리며 즐겁게 하는 것이 참으로 이른바 '낙(樂)'인데, 즐거워하되 음란한 데에 이르지 않는 것은 또 무엇으로 인하여 그러한 것입니까? 이른바 '애락(哀樂)'이라는 것은 모두 궁중에 있는 시인의 애락이니, 문왕 후비의 덕화(德化)가 어떠하였기에 능히 궁중의 첩잉(妾媵)들까지도 애락의 바름을 얻은 것이 이와 같은 것입니까? 천천히 외고 침잠해서 생각하며 깊이 음미하고 오래도록 체험해 보면 기뻐할 만한 것도 있고 의심할 만한 것도 있어서 반드시 범연하지만은 않을 것입니다. 신이 이른바 글로 인하여 이치를 궁리한다는 것이 대체로 이와 같습니다. 그러나 이것은 모두 옛사람의 일입니다. 또 반드시 돌이켜서 오늘날 성상의 몸에서 구해야 할 것이니, 반드시 궁중의 모든 사람이 성정의 바름을 얻게 하려면 그 방법은 또 어떻게 해야 하겠습니까? 궁중의 사람은 곧 전하의 집안사람입니다. 《대학》의 도는 그 집안을 가지런히 하고자 하면 먼저 그 몸을 닦아야 한다고 하였습니다. 지금 궁중 사람들로 하여금 모두 성정의 바름을 얻게 하려고 한다면 그 근본이 또 어찌 전하의 성정에 달려 있지 않겠습니까. 전하께서 여기에서 마땅히 또 자신의 성정을 돌이켜 보아 '어느 것이 그 바름을 얻은 것이고 어느 것이 그 바름을 얻지 못한 것인가? 그 바름을 얻은 것이 얼마나 되고 그 바름을 얻지 못한 것이 얼마나 되는가? 그 바름을 얻은 것은 무엇으로 인하여 그 바름을 얻었으며, 그 바름을 얻지 못한 것은 무엇으로 인하여 그 바름을 얻지 못한 것인가? 모두 그 바름을 얻게 하려면 그 방법은 또 어떻게 해야 하는가?'라고 하여, 이와 같이 세세하게 반복해서 생각한다면 성상의 자질이 고명(高明)하시니 필시 자득(自得)하는 효과가 많을 것이고, 또한 어찌 하문하실 만한 것이 없겠습니까. 신이 이른바 옛것을 살펴서 자신을 반성한다는 것이 이와 같습니다. 신이 우선 그 대강의 단서를 진달하였으니 삼가 바라건대 성상께서는 깊이 살피시고 실제로 체험하소서."

하니, 상이 재삼 가납하였다. 김석주가 앞으로 나아와 아뢰기를,

"임영이 진달한 것이 매우 지성스럽고 간곡하니 각별히 체념하셔야 할 듯합니다."

하였다.

이어서 윤증(尹拯)과 박세채(朴世采) 두 사람을 중간에 탕척(蕩滌)한 일을 진달하였다. 임영이 또 앞으로 나아와 아뢰기를,

"중간에 탕척하는 것으로 말하면 이 또한 성조(聖朝)에서 현자를 좋아하고 선비를 예우하는 뜻입니다. 이 뜻이 매우 성대하지만 반드시 초치하여 보좌하게 하여야 실익이 있으니, 이것이 또 더욱 뜻을 기울여야 할 일입니다."

하였다. 이어 박세채와 윤증의 학행(學行)을 상세히 진달하였다. 박태보 또한 윤증의 정세(情勢)를 진달하였다. 임영이 아뢰기를,

"정세가 참으로 다른 사람과 다르니 성상께서 지성으로 회유하신다면 또한 본조(本朝)에 벼슬하지 않을 의리가 없습니다."

하였다.

임영이 또 아뢰기를,

"〈감당(甘棠)〉은 문왕이 참으로 성대한 덕이 있었지만 선포하는 관원 또한 적임자를 얻었기 때문에 덕화(德化)가 유행한 것이 이와 같은 정도에 이른 것입니다. 그리고 이 시가 비록 문왕을 언급하지 않고 소백(召伯)만을 사랑하고 있으나 문왕을 추앙하려는 뜻 또한 그 안에 들어 있습니다. 지금 만약 외직을 맡은 관원이 직무를 잘 수행하고 백성을 사랑하면 덕이 조정에 돌아오지만 그렇지 않으면 곧 원망이 조정에 돌아옵니다. 〈야유사균(野有死麕)〉은 〈행로(行露)〉와 대의가 대략 같아서 〈주남(周南)〉에 〈한광(漢廣)〉이 있는 것과 같습니다. 다만 교화를 입은 것에 천심(淺深)이 있고, 그 풍속이 〈주남〉의 순수하고 아름다운 것과 같을 수 없는 것은 그 형세가 참으로 그러합니다. 사람들이 삼대(三代)의 성대한 때의 풍속이 아름다운 것을 보고는 곧 옛날의 민속이 자연적으로 순수하고 아름다웠다고 하고, 후세에 인심이 야박하고 사나운 것을 보고는 곧 세도(世道)가 낮아지고 풍속이 퇴패하여 다시 선(善)해질 수 없다고 하는데, 이것은 모두 살피지 못한 의론입니다. 문왕 때에 그 백성들의 풍속이 본래 아름다웠던 것이 아닙니다. 주(紂)의 악에 물들어서 음란한 풍속이 크게 유행하였는데, 오직 문왕이 뜻을 성실히 하고 마음을 바르게 하여 집안으로부터 나라에 미치는 도덕이 있었기 때문에 백성들이 따라서 감화된 것이니, 처음에는 순수하지 않았더라도 끝에 가서 진선(盡善)으로 돌아간 것입니다. 이것으로 보건대 옛날의 풍속이 어찌 본래 아름다웠겠으며, 오늘날의 풍속을 어찌 다시 변화시킬 수 없겠습니까. 단지 임금이 몸소 행하여 솔선하는 데에 달려 있으니 이 뜻을 깊이 살펴야 합니다."

하니, 상이 이르기를,

"그렇게 하겠다."

하였다. 임영이 또 아뢰기를,

"〈하피농의(何彼襛矣)〉에 '어찌 엄숙하고 화락하지 않으리오.〔曷不肅雝〕'라고 하였는데, 엄숙하고 공경하는 것이 바로 예(禮)의 근본이고, 화락한 것이 바로 악(樂)의 근본입니다. 예와 악의 근본이 이와 같은 데에 불과한데, 옛사람이 말하기를 '예가 먼저이고 악이 나중이다.'라고 하였으니, 이는 먼저 엄숙하고 공경한 뜻이 있어서 모든 일에 한결같이 예법을 따른다면 비록 엄격한 데에 지나쳐서 화락한 기상이 없는 것 같지만 그 실상은 그 안에 저절로 화락한 뜻이 있는 것입니다."

하였다.

9월 28일 선정전에서 주강을 행할 때에, 강을 마치고 앞으로 나아와 아뢰기를,

"소신이 지난날 몇 달 동안 교외에 물러나 칩거하고 있다가 다시 명을 받들고 호남을 왕래하였습니다. 그간에 도로에서 듣고 본 것이 없지 않았는데 지난번 입시했을 때에는 시각이 너무 오래되어 감히 앙달하지 못했으니, 지금 대략 진달하겠습니다. 성상께서 즉위한 이후로 백성들이 은덕을 바라고 있었는데 끝내 크게 관대한 휼전(恤典)이 없었으므로 원근의 민심이 대체로 모두 실망하고 있습니다.

이것은 작은 문제가 아니니 깊이 염려하지 않아서는 안 됩니다. 금년 농사로 말하면 신이 본 것이 경기부터 호남까지 1000여 리이고, 만나 본 공사(公私)의 인원이 많습니다. 모두들 이 지역이 우심(尤甚)이라고 하는데, 신이 본 것을 참고해 보면 대체로 같습니다. 대체로 경기는 5월 하순에 비가 오는데 절기가 항상 이르고, 호남은 절기가 조금 늦은 데다 또 6월에 비가 오며, 호서의 북쪽 경계는 경기와 대략 같고, 그 남쪽 경계는 호남과 같습니다. 원래 수원(水源)이 있는 곳이 아니면 모두 늦게 내리는 비로 인하여 비로소 이앙할 수 있었기 때문에 모두 미처 익지 못하거나 싹이 짧아서 이삭이 하나만 나오거나 심한 곳은 전혀 이삭이 나오지 않았습니다. 대체로 가을에 1000리에 걸쳐 큰 바람이 불었기 때문에 재해를 입은 것이 이와 같습니다. 농사가 이와 같은데도 해당 조(曹)의 사목(事目)에 애당초 분재(分災)[42]를 인정해 주지 않았으니 일이 지극히 한심합니다. 나중에 대신과 대간의 청으로 인하여 비로소 등급을 나누어 분재를 인정해 주라는 명이 있었으니, 당초의 사목과 비교하면 참으로 낫습니다. 다만 생각건대 등급을 나눈다는 것은 군읍(郡邑)의 등급을 나누는 것을 말합니다. 올해 농사가 관개(灌漑)가 되는 곳이 아닌 경우에는 모두 분재를 인정해 줄 만하니 어느 주(州) 어느 현(縣)이든 그렇지 않은 곳이 없습니다. 따라서 등급을 나누어 분재를 인정해

42 분재(分災) : 재해를 입은 전지에 대한 면세 혜택을 이른다. 《경국대전(經國大典)》 〈호전(戶典) 수세(收稅)〉에 "반이 넘게 재상을 입은 전지는, 그 재상이 6분(分)에 이른 것은 6분을 면세하고 4분을 수세하며, 9분에 이르기까지 모두 이 예에 따른다." 하였다.

주는 것은 끝내 균등하지 못하게 되는 근심이 있습니다. 우리나라의 수리(水利)는 중국과 비교할 바가 못 되니, 관개가 되는 곳이 한 고을에서 10분의 1이 되지 못합니다. 신이 왕래한 곳으로 말한다면 호남의 장성(長城)이 수리가 잘되어 있다고 가장 이름난 곳인데 고을 수령에게 물어보니 절반이 되지 못한다고 합니다. 이것으로 미루어 보면 다른 곳은 보지 않아도 알 만합니다. 만약 분재를 두루 인정해 주지 않으면 반드시 치우치게 고통 받는 지역이 있어서 백성들의 실망이 반드시 더 심해질 것입니다. 신이 사국(史局)에 부임하여 마침 호남 방백의 장계를 보았는데, 등급을 나누기 어렵다는 뜻으로 말을 하고 조정에서 경차관(敬差官)을 신칙해 달라고 청하였는데, 그가 등급을 나누는 것을 어렵게 여긴 것은 참으로 옳습니다. 그러나 경차관을 신칙한다면 이 또한 형식에 지나지 않을 뿐입니다. 경차관이 복심(覆審)하는 것이 본래 형식적인 것이고, 더구나 금년처럼 온 나라가 똑같이 재해를 입었는데 경차관 또한 무슨 수로 정밀하게 등급을 나누겠습니까. 신의 생각으로는 특별히 덕음(德音)을 내려서 등급을 나누지 말고 분재를 두루 인정해 주게 한다면 피폐한 백성들의 갈망하는 마음을 위로할 수 있을 것입니다."

하니, 상이 이르기를,

"당초에 묘당(廟堂)과 해당 조가 충분히 강구하여 결정한 것이니, 등급을 나누지 않으면 허실(虛實)이 뒤섞이는 폐단이 있을까 염려해서였다."

하자, 신이 아뢰기를,

"등급을 나누는 것이 도리어 허실이 뒤섞이는 폐단이 있습니다. 똑같이 재해를 입은 읍(邑)인데 어떤 읍은 재읍(災邑)에 들어가고 어떤 읍은 재읍에 들어가지 못하며, 어떤 읍은 재결(災結)을 인정해 주고 어떤 읍은 재결을 인정해 주지 않는다면 그 허실이 뒤섞이는 것이 어찌 심하지 않겠습니까. 만약 두루 인정해 주라는 명을 내리면 비록 서로 뒤섞이는 폐단이 있는 것은 면하지 못하겠지만 그러나 조정 일의 체모에 있어서는 참으로 적절할 것입니다. 먼저 조정 일의 체모를 바르게 하고 주현(州縣)에 엄히 신칙해서 혼잡하지 않게 하는 것이 곧 정치를 하는 일의 체모이지, 어찌 허실이 혹시 서로 뒤섞일까를 먼저 염려하여 크게 고르지 않은 정령(政令)을 지레 시행할 수 있겠습니까. 그리고 묘당과 해당 관사의 뜻은 필시 허실이 서로 뒤섞일까만을 염려한 것은 아닐 것입니다. 아마도 분재를 두루 인정해 주면 국가의 수입이 반드시 적어지기 때문에 부득이 고르지 않은 일을 했을 것입니다. 국가의 수입이 만약 적어지면 재정이 어려워지니 이것은 참으로 염려할 만합니다. 그러나 다만 수입을 헤아려 지출을 하고 배로 더 절약해야 할 따름이니, 어찌 이것 때문에 취해서는 안 되는 물건을 취할 수 있겠습니까. 재결을 인정해 줘야 하는데 인정해 주지 않고 그대로 그 세금을 징수하는 것이 어찌 취해서는 안 되는 것이 아니겠습니까. 필부(匹夫)의 집이 비록 가난해도 자기 자신을 아낄 줄 아는 자는 오히려 취해서는 안 되는 물건을 취하려 하지 않는데, 당당한 큰 조정이 도리어 그만 못해서야 되겠습니까. 신이 삼가 기억하기로 무오년(1678, 숙종4) 가을에 성상께서 '비록 우심(尤甚)한 곳이 아니더라도 분재를 인정해 주라.'라는 명을 특별히 내리셨습니다. 신이 당시에 시골에 있었는데, 성상의 지혜가 하늘로부터 타고난 것을 우러르며 전야(田野)의 부로(父老)들과 즐겁게 칭송하였습니다. 그런데 그 일이 끝내 유사(有司)에 의해 저지되었으므로 신은 참으로 지금까지 한탄스럽게 여깁니다. 성상께서는 학문이 날로 진전되고 정신을 가다듬고 잘 다스리려고 노력하는 것이 지난해와 비교할 때 더욱 부지런한데 어찌하여 이 일은 도리어 무오년에 미치지 못하시는 것입니까."

하니, 상이 이르기를,

"해당 조가 사목을 반포한 후에 절차가 더욱 더해져서 이미 등급을 나누어 재결을 인정해 주라는 명을 내렸고, 지금은 가을이 이미 깊어서 다시 연이어 변통하기 어렵다."

하였다.

또 앞으로 나아와 아뢰기를,

"국가가 부세(賦稅) 외에 연호(煙戶)를 침징(侵徵)한 일이 없었고 이것으로 법을 정했더라도 주현에서는 각종 침징하는 일이 아직 많이 있는데, 더군다나 국가가 먼저 침징을 한다면 그 폐단이 또 어떠하겠습니까. 신은 듣건대 호남 연해(沿海)의 주현에서 구마군(驅馬軍)을 조발(調發)할 때 대동사목(大同事目)에 한 사람당 하루에 쌀 9되를 지급하도록 허락했다고 합니다. 한 사람이 하루에 먹는 식량이 3되에 불과한데도 반드시 9되를 지급한 것은 값을 주고 모집하여 부리려는 뜻이 있어서이니, 그 뜻이 매우 아름답습니다. 삼가 듣건대 금년에 구마군을 조발할 때 쌀 9되를 지급하지 않을 것이라고 합니다. 이 또한 절약하는 일이기는 하지만 다만 절약을 귀하게 여기는 이유는 절약해서 백성을 사랑하기 위해서입니다. 그런데 지금 절약하는 것이 도리어 백성을 사랑하는 좋은 법을 무너뜨리고 있으니, 얻는 것은 얼마 되지 않고 민심을 잃는 것은 큽니다. 이 또한 예전 관례대로 해야 마땅합니다."

하니, 상이 이르기를,

"이 일은 일찍이 이조 판서의 건의에 따라 예전 관례대로 하라고 이미 명하였다."

하였다.

또 앞으로 나아와 순천 부사(順天府使) 조시원(趙時瑗)의 일을 아뢰었다. 상이 이르기를,

"파직하고 서용하지 말라."

하였다.-이상 한 건은 거행 조건(擧行條件)[43]을 냈으므로 다시 상세히 기록하지 않는다.-

또 아뢰기를,

"박성의(朴性義)가 상소에 구사한 말이 추하고 패려하기 짝이 없다는 것은 성명께서 이미 통촉하고 계시고, 방금 연신(筵臣)-승지 이유(李濡)-이 또한 상세히 진달하였습니다. 신이 다시 번거롭게 진달할 필요는 없지만 박성의 등이 미혹에 빠진 실상은 실로 서글프고 우스운 점이 있으니 그 대강을 다시 밝히겠습니다. 이이(李珥)가 선문(禪門)에 들어간 적이 있고, 성혼(成渾)이 호가(扈駕)하지 않았다는 것은 곧 이 무리가 이전에 헐뜯고 무함한 하나의 큰 표적이었는데, 그간의 사적에 대해서는 연신이 이미 갖추 진달하였습니다. 신의 견해로는 이 또한 많은 변론이 필요 없습니다. 이이가 산에 들어갔다가 돌아온 뒤에 곧바로 예안(禮安)에 가서 이황(李滉)을 방문하였습니다. 이황은 당세(當世)의 유종(儒宗)으로서 우리나라의 유학을 담당하고 있었고, 또 이이와 같은 시대에 살아서 보고 들은 것이

43 거행 조건(擧行條件) : 신하들이 연석에서 진달한 말들 중에 조보(朝報)에 낼 만한 것을 승지가 뽑아서 조보에 반포하는 것을 말한다. 《正祖實錄 22年 11月 17日》

필시 상세할 것인데, 그가 융숭하게 인정하고 기대한 것을 시문(詩文)에서 지금도 확인할 수 있습니다. 그 시에 이르기를 '명성이 있는 선비 중에 허망한 선비가 없다는 것을 비로소 알았으니, 연전에 몸을 공경치 않은 것이 몹시 부끄럽네.〔始知名下無虛士 堪媿年前闕敬身〕' 라고 하였고, 그 편지에 이르기를 '높은 재능에 젊은 나이로 정도를 출발하였으니 훗날의 성취를 어찌 헤아릴 수 있겠는가.'라고 하였고, 이 외에 추중한 말을 또 이루 다 기록할 수 없습니다. 이황은 당론(黨論)이 일어나기 전에 죽었기 때문에 이 무리가 존숭할 줄만 알고 그 말은 믿지 않은 채 도리어 송응개(宋應漑)와 정인홍(鄭仁弘) 등이 주장했던 말을 따라서 함부로 글에 쓰면서 태연히 부끄러워할 줄을 모릅니다. 인심이 함닉된 것이 한결같이 이 지경에 이르렀으니, 가증스러울 뿐만 아니라 실로 또한 슬퍼할 만합니다. 성혼은 본래 산림(山林)의 선비로 평생토록 벼슬에 나아가지 않다가 선묘(宣廟)께서 공경을 다하고 예를 다한 뒤에야 겨우 조정에 오게 하였으나 끝내 또한 오래 머문 적이 없었습니다. 임진왜란이 일어났을 때에 또 당색으로 지목받아 오랫동안 물러나 은둔하였으니, 조정에서 만약 초치(招致)하는 거조가 없었다면 어찌 어려움이 있다는 핑계로 몸을 가볍게 놀려 스스로 조정에 나왔겠습니까. 단지 받은 은혜가 이미 깊고 임금께 충성하고 나라를 사랑하는 마음을 잊기 어려워 길가에 엎드려 곡하고서 임금의 처분을 기다리려고 생각했는데, 일의 형세가 갑자기 급박해져 미처 뜻을 이루지 못했으니, 이것은 한때의 형세가 마침 그렇게 된 것입니다. 대저 말고삐를 잡고 임금을 따라가는 것은 범부(凡夫)라도 모두 할 수 있고 반드시 충절이 과인(過人)한 사람만 할 수 있는 일이 아닙니다. 어찌 일생 동안 법도를 지키면서 성현을 흠모하는 사람이 이런 보통의 일을 어렵게 여길 이치가 있겠습니까. 이것을 가지고 성혼의 허물이라고 하는 것은 실로 식자들의 한차례 웃음거리도 되지 못합니다. 바른 사람을 헐뜯는 무리가 서로 전해 가면서 온갖 방법으로 흠을 잡아 헐뜯는데, 그 말이 이 두 가지 일을 가지고 두 현인의 제일가는 허물로 삼은 것에 불과하니, 그 밖의 견강부회한 말은 더욱 변론하여 밝힐 가치도 없습니다. 지금 공의(公議)가 크게 정해져서 성상의 명이 이미 내렸는데도 이 무리가 오히려 고칠 줄을 모르고 감히 함부로 헐뜯는 것이 이와 같으니 참으로 지극히 놀랍습니다. 그러나 그 뿌리와 유파는 일조일석에 만들어진 것이 아니니, 이것은 한때 형벌을 가해 억지로 복종시킬 수 있는 것이 아닙니다. 그 요체는, 분명하게 표준을 세워서 선비들의 추향(趨向)을 일치시키고, 학교를 일으켜서 인심을 바르게 하여 날로 선으로 옮겨 가고 마음을 바꾸게 하는 것이니 그런 뒤에야 일제히 크게 정해지는 때가 있게 될 것입니다."

하였다.

10월 2일 선정전에서 주강을 행하였다. 〈위풍(魏風)〉을 진강하였다. 〈원유도(園有桃)〉의 대의(大義)가 시인이 그 나라가 작고 정치가 없는 것을 근심한 것이라는 데 이르러 임영이 아뢰기를,

"위(魏)나라는 소국(小國)으로 진(秦)나라와 진(晉)나라 사이에 끼어 있고 또 정치가 없었으니 이는 스스로 노력해서 강해지기를 도모할 수 없는 나라입니다. 그 후에 과연 진(晉)나라에게 멸망당했으니 시인이 근심하는 것이 마땅하지 않겠습니까. 위나라 또한 제후국이니 멸망하지 않았을 때에 어찌 규례를 따라서 하는 정사가 없었겠습

니까. 생각건대 그 군신 상하가 조회하고 접견하는 의식, 백관과 유사(有司)가 업무를 수행하고 물자를 공급(供給)하는 절차, 조정과 주현(州縣)이 안팎에서 유지하는 도구, 문서와 명령을 출납하고 응대하는 일 또한 반드시 있었을 것입니다. 그런데도 정치가 없다고 한 것은 전복되려 하고 위태로운 상황을 지탱할 만한 정치가 없었음을 말하는 것입니다. 가령 위나라 임금이 사전에 그 나라가 장차 망하리라는 것을 미리 알아서 깊이 근심하고 장구하게 생각하여 크게 분발해서 나라를 부지하는 정치를 했더라면 어찌 갑자기 나라가 멸망하는 지경에 이르렀겠습니까. 맹자(孟子)가 말하기를 '국가가 한가하거든 이때에 그 정치와 형벌을 정비한다면 비록 큰 나라일지라도 반드시 그 나라를 두려워할 것이다.'라고 하였으니, 진실로 정치를 잘하면 비록 큰 나라일지라도 반드시 그 나라를 두려워할 것인데 하물며 감히 멸망시키겠습니까. 성상께서 이 대목에 대해 깊이 유념해서 생각해 보소서. 당시에 위나라가 어떻게 해야 전복되려 하고 위태로운 상황을 지탱하여 정치가 있다고 말할 수 있겠습니까? 여기에 깊이 생각하여 얻은 것이 있다면 오늘날 국가 또한 거의 다스려질 수 있을 것입니다."

하였다. 한참 있다가 다시 아뢰기를,

"위나라 임금이 당시에 취할 계책으로 말하자면 심상한 조치로는 나라를 부지할 수 없습니다. 정치를 하려면 반드시 먼저 규모(規模)를 바로잡아야 합니다. 옛날 제 환공(齊桓公)이 패자(霸者)가 되고 자산(子産)이 정(鄭)나라를 다스린 것 또한 모두 하나의 규모를 세웠기 때문에 끝내 공을 수립하였던 것입니다. 여기에서 더 나아가면, 공자가 말한 '기월(期月)'[44]과 '필세(必世)',[45] 맹자가 말한 '소국

(小國)은 7년이 걸리고 대국(大國)은 5년이 걸린다.'[46]라는 것이 모두 규모를 정해서 하는 것입니다. 그러므로 1년이면 1년의 공부가 있어서 때가 이르러 정치가 이루어지면 다스리는 도리가 안정됩니다. 그렇지 않고 단지 하나의 일이나 하나의 명령에 구구하게 힘을 쓴다면 결국 또한 나라가 위태롭고 망하는 데에서 구제할 수 없을 것입니다."

하였다. 또 아뢰기를,

"옛일을 논하는 이유는 오늘날을 반성하기 위해서입니다. 오늘날 나랏일 또한 매우 염려스럽습니다. 성상께서 깊이 생각해 보소서. 이 시의 낙구(落句)에 '그 누가 알리오, 또한 생각지 않아서이다.〔其誰知之 蓋亦勿思〕'라고 하였는데, 모든 일이 생각하면 알게 되고 생각하지 않으면 깊이 알 수 없습니다. 참으로 항상 국가의 형세를 염려해서 생각하고 또 생각하면 자연히 염려되는 점을 알아서 구제하는 방책에 대해서도 반드시 마음속에 자득(自得)하는 것이 있게 될 것입니다."

하였다. 이어서 사(思) 자가 치지(致知)의 요체라는 뜻을 진달하였다.

44 기월(期月) : 공자가 "만일 나를 등용해 주는 자가 있다면 1년만 하더라도 괜찮을 것이니, 3년이면 이루어짐이 있을 것이다.〔苟有用我者, 期月而已可也, 三年有成.〕"라고 한 말을 가리킨다. 《論語 子路》

45 필세(必世) : 공자가 "만일 왕천하 하는 자가 있다 하더라도 반드시 한 세대가 지난 뒤에야 백성들이 인해질 것이다.〔如有王者, 必世而後仁.〕" 하였다. 《論語 子路》

46 소국(小國)은……걸린다 : 맹자가 당시의 정치에 대해 논하면서 "문왕을 본받으면, 대국은 5년, 소국은 7년이면 반드시 천하에 정사를 하게 될 것이다.〔師文王, 大國五年, 小國七年, 必爲政於天下矣.〕"라고 한 말을 가리킨다. 《孟子 離婁上》

수찬 김진귀(金鎭龜)가 앞으로 나아와 박성의 등에게 죄를 더하는 일을 청하였다. 임영이 앞으로 나아와 아뢰기를,

"소신이 일찍이 이 일은 한때의 위엄이나 형벌로 억지로 복종시킬 수 있는 일이 아니라는 뜻으로 진달하였습니다. 이 일이 만약 박성의 등 몇몇 사람이 성품과 행실이 패악하여 이런 무함하는 일을 한 것이라면 박성의를 엄히 다스리면 곧바로 진정할 수 있을 것입니다. 그러나 현재 상황은 그렇지 않아서 한쪽 사람들이 대부분 함닉되었고 세대가 오래되어 갈수록 더욱 고질이 되어 이 지경에 이르렀으니, 지금 한 사람에게 형벌을 가한다고 해서 뒤따라 계속해서 일어나는 자들을 어찌 금할 수 있겠습니까. 일의 체모로 말하면, 성상의 명이 내려진 뒤이니, 두 신하는 곧 문묘에 배향될 선현들[47]인 것입니다. 지금에 와서 헐뜯는 것은 실로 전날 한쪽 사람들은 존숭하고 한쪽 사람들은 헐뜯던 때와는 같지 않으니 그 죄가 더욱 무겁습니다. 그러나 신의 생각으로는, 이 일은 끝내 위엄과 형벌로 복종시킬 수 있는 일이 아니고, 오직 성상께서 진작하는 방도에 더욱 유념하여 장기적인 효과를 기대하고서 점차 개과천선하게 하는 것이 좋을 것입니다."

하였다.

47 두 신하는……선현들 : 1681년(숙종7) 9월 25일에 이이(李珥)와 성혼(成渾)의 문묘 종사(文廟從祀)가 허락되었는데, 이틀 뒤인 9월 27일 경상도 유생 박성의(朴性義) 등이 두 사람의 문묘 종사를 반대하는 상소를 올렸다. 그 후로 8개월 동안 이 문제에 대한 공방이 계속되다가 1682년 5월 20일 문묘 종사가 단행되었다. 본문은 1681년 10월 28일 주강 때 논의된 내용인데, 당시에 이이와 성혼의 문묘 종사를 허락하는 명이 내려졌으나 아직 종사되지는 않았으므로, '곧 문묘에 배향될 선현들'이라고 말한 것이다. 《肅宗實錄 7年 9月 25日・27日, 10月 28日, 8年 5月 20日》

지은이 **임영(林泳)**

1649년(인조27)~1696년(숙종22). 조선 후기의 문신, 학자이다. 본관은 나주(羅州), 자는 덕함(德涵), 호는 창계(滄溪)이다. 이단상(李端相), 박세채(朴世采)의 문인이다. 1666년(현종7) 사마시에 입격하였고, 1671년 문과에 급제하였다. 호당(湖堂)에 선발되어 사가독서(賜暇讀書)하였다. 이후 이조 정랑, 홍문관 부제학, 사헌부 대사헌, 전라도 관찰사 등을 역임하고 공조 참판에까지 이르렀다. 천인성명설(天人性命說)을 깊이 연구하였고 경사(經史)에 정통하였다. 기호학파의 일원이지만 이기론(理氣論)에 있어서는 이황(李滉)과 이이(李珥)의 학설을 절충하여 독자적인 이기심성설(理氣心性說)을 전개하였다. 나주의 창계서원(滄溪書院), 함평의 수산사(水山祠)에 제향되었다.

옮긴이

변구일(邊球鎰)

1979년 서울에서 태어났다. 고려대학교 국어국문학과를 졸업하고, 동 대학원에서 문학석사 학위를 취득하였으며, 민족문화추진회 국역연수원 연수부와 한국고전번역원 부설 고전번역교육원 전문과정을 졸업하였다. 한국고전번역원에 재직 중이다. 번역서로《당송팔대가문초-구양수》,《동천유고》,《일성록》 등이 있다.

정동화(鄭東和)

1966년 경북 영주에서 태어났다. 단국대학교 국어국문학과를 졸업하고 고려대학교 대학원에서 박사 과정을 수료하였다. 민족문화추진회 국역연수원을 졸업하였고 단국대학교 동양학연구원《한한대사전》편찬에 참여하였다. 한국고전번역원 역사문헌번역실에 재직하고 있으며《일성록》번역에 참여하고 있다.

홍기은(洪起殷)

전남 나주에서 태어났다. 송담(松潭) 이백순(李栢淳) 선생에게 한학을 수학하고, 성균관대학교 대학원에서 한국사학으로 석사 학위를 받았다. 민족문화추진회 국역연수원 상임연구부를 졸업하였고, 한국고전번역원에 재직 중이다. 번역서로《갈암집》,《홍재전서》,《기언》,《명재유고》,《대산집》,《성호전집》,《번암집》,《일성록》 등이 있다.

창계집 5
임영 지음 | 변구일 정동화 홍기은 옮김

2018년 12월 20일 초판 1쇄 발행

발행인 신승운 | 발행처 한국고전번역원
등록 2008. 3. 12. 제300-2008-22호
주소 (03310) 서울시 은평구 진관1로 85
전화 02-350-4886 | 팩스 02-350-4899 | 홈페이지 www.itkc.or.kr

번역 변구일(제15권~제16권 140쪽) 정동화(제16권 141쪽~제17권 333쪽)
홍기은(제17권 334쪽~제18권)
연구총괄 이기찬 | 연구기획 이제유 | 자문 임정기 허호구

책임편집 정영미 | 편집진행 박정열 서윤이
편집교정 박성희 서세영 임유경 | 조판 김지현 | 제작 김형석
디자인 씨디자인 | 인쇄 반디컴

값 20,000원
ISBN 978-89-284-0570-1 94810
978-89-284-0338-7 (세트)
* 이 책은 2018년도 교육부 고전번역사업비로 출간한 것임.